소통의 神
SNS 완전 정복

페이스북, 트위터, 카카오톡, 라인 한 권으로 끝내기

정은숙 지음

정보문화사
Information Publishing Group

페이스북, 트위터, 카카오톡, 라인 한 권으로 끝내기
소통의 神 SNS 완전정복

초판 1쇄 인쇄 | 2014년 1월 3일
초판 1쇄 발행 | 2014년 1월 10일

지 은 이 | 정은숙
발 행 인 | 이상만
발 행 처 | 정보문화사
기획팀장 | 이미향
책임편집 | 고진주
표지 디자인 | 신경숙
내지 디자인 | 서정희
주　　소 | 서울특별시 종로구 동숭동 1-81
전　　화 | 02-3673-0037~9(편집부), 02-3673-0114(대)
팩　　스 | 02-3673-0260
등　　록 | 제1-1013호
I S B N | 978-89-5674-606-7

도서문의 및 A/S 지원
정보문화사 홈페이지 | http://infopub.co.kr
저자 이메일 | forjjessie@gmail.com

이 책은 저작권법에 따라 보호받는 저작물이므로 무단 전재와 무단 복제를 금하며,
이 책 내용의 전부 또는 일부를 사용하려면 반드시 저작권자와 정보문화사의 서면동의를 받아야 합니다.

• 정보문화사는 독자 여러분의 의견에 항상 귀를 기울이고 있습니다.
• 잘못된 책은 구입처에서 교환해드립니다.
• 가격은 뒤표지에 있습니다.

우리는 뉴미디어의 홍수 속에서 살고 있습니다. 매일 새로운 정보들이 쏟아지고 실시간으로 정보의 교환이 이루어지는 세상 속에서 매번 새롭게 등장하는 미디어에 빠르게 적응하는 것은 쉬운 일이 아니며 능숙하게 사용하는 것은 더욱 어려운 일입니다. 그러나 우리는 시대의 변화에 발맞춰 갈 수밖에 없고, 이러한 생각들이 지금 이 책을 집어 들게 했을 것입니다.

현재 뉴미디어에서 가장 조명 받는 주제는 단연 SNS(Social Network Service)의 등장과 확산입니다. 국내에서만 무려 2천만 명이 넘는 사용자가 SNS를 이용하고 있으며 전 세계적으로는 12억 명에 이르고 있습니다. 특히 스마트폰의 확산으로 SNS가 실생활과 더 밀접해지고 활용도가 높아져 수십만 킬로미터나 떨어져 살고 있는 먼 친구와 실시간으로 안부를 주고받거나, 지구 반대편의 소식을 언론 기사보다 더 빨리 접할 수 있고 한 번도 만난 적 없는 다양한 분야의 친구들과 쉽게 친해질 수 있는 것은 매우 매력적인 일이 아닐 수 없습니다.

그러나 대부분의 사람들은 처음 접해보는 생소한 SNS의 인터페이스에 적응하지 못하고 금방 포기해 버립니다. 사용법이 익숙하지 않을 뿐더러 관계를 맺은 친구와의 소통이 없어 흥미를 잃어버리기 때문입니다. 모든 것이 그렇듯 한 번에 익숙해지기는 어려우므로 SNS의 사용법을 먼저 익힌 다음 SNS를 사용하게 되면 좀 더 쉽게 적응할 수 있을 것입니다.

이 책은 SNS 중에서 가장 많은 사용자를 보유하고 있는 페이스북, 트위터, 카카오톡과 라인의 사용법에 대해 다루고 있습니다. SNS를 처음 시작하는 초보자들도 쉽게 따라 할 수 있도록 자세하게 설명하였고, 실생활에서 직접 사용할 수 있는 다양한 활용법도 알려드립니다.

부족하지만 이 책이 여러분의 SNS 입문에 조금이나마 도움이 되기를 바라며 마지막으로 이 책을 쓰는 동안 도움을 주었던 많은 분들께 감사의 말을 전합니다.

— 저자 정은숙

Chapter

SNS별로 챕터를 나누어 필요한 내용을 효율적으로 볼 수 있도록 구성하였습니다.

Lesson

주제별로 레슨을 나누고 제목을 통해 레슨에서 배울 내용을 한 눈에 파악할 수 있습니다.

 기초/활용

챕터를 기초와 활용으로 구분하여 단계별로 학습할 수 있도록 도와줍니다.

따라하기

연필 아이콘을 따라 과정을 진행합니다.

PC version
스마트폰으로 활용할 수 없는 부분은 PC에서 활용할 수 있도록 추가적으로 설명하였습니다.

친해지기
배우는 내용에 대한 추가적인 설명이나 각 항목에 관한 자세한 설명을 담고 있습니다.

point
본문을 따라하는 과정에서 필요한 정보를 추가적으로 제공합니다.

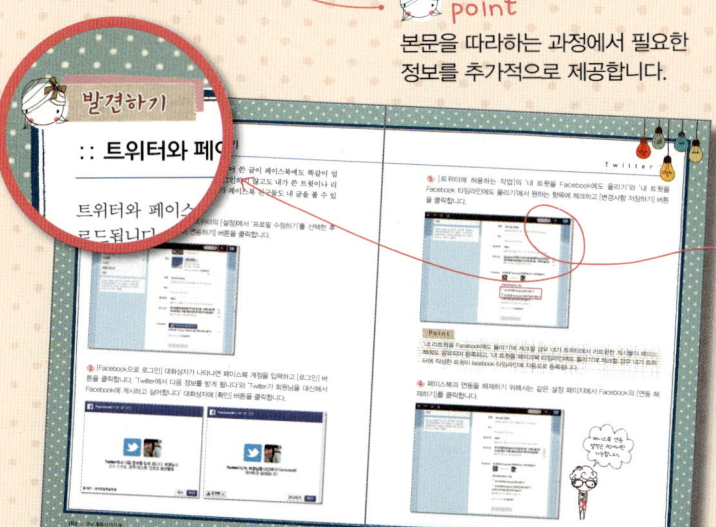

발견하기
본문에서 소개하지 못한 내용이나 추가적인 앱 등을 설명함으로써 SNS를 더 광범위하게 사용할 수 있도록 도와줍니다.

★ 5

Chapter 01 일상을 공유하라 : 페이스북

페이스북 시작하기

Lesson 01 페이스북 살펴보기 ······ 19
페이스북이란? • 19 | 페이스북에서 자주 사용하는 용어들 • 20 | 페이스북 화면 구성 • 22

Lesson 02 계정 만들기 ······ 23
페이스북 가입하기 • 23 | 추가 정보 입력하기 • 24

Lesson 03 프로필 등록하기 ······ 26
프로필 사진 등록하기 • 26 | 자기소개 등록하기 • 28 | 커버 사진 꾸미기 • 29

Lesson 04 개인 정보 관리하기 ······ 31
정보공개 설정 • 31 | 비밀번호 변경 • 33 | 비밀번호 재설정 • 34 | 메인 이메일 변경 • 36 | 페이스북 앱 설정 • 37 | 알림 설정 • 37 | 계정 비활성화 및 계정 폐쇄 • 38

  계정 비활성화 및 계정 폐쇄 • 40
  페이스북 메뉴 관리하기 • 42

Lesson 05 타임라인 글 올리기 ······ 43
글 쓰기 • 43 | 사진 올리기 • 44 | 동영상 올리기 • 45 | 위치 공유하기 • 45 | 게시글 삭제/타임라인 에서 숨기기 • 46 | 타임라인 글 공개 설정하기 • 47

목차

Lesson 06 친구에게 공감 표시하기 ·········· 49
좋아요 • 49 | 공유하기 • 50 | 공유 장소, 공개 범위 설정 • 50

Lesson 07 친구와 비공개 대화하기 ·········· 51
메시지 대화하기 • 51 | 여러 명에게 메시지 보내기 • 53 | 메시지 대화 삭제하기 • 54 | 스팸 차단하기 • 56

PC version 메시지 삭제 및 읽지 않음 설정 • 55 | 스팸 차단/해제 • 57

Lesson 08 친구 관리하기 ·········· 58
친구 맺기 • 58 | 친구 검색하기 • 59 | 친구 차단하기 • 59

PC version 친구 목록 관리하기 • 60

발견하기 페이스북 주의사항 • 62

Lesson 09 친구 리스트 관리 ·········· 63
리스트 만들기 • 63 | 리스트 목록 관리 • 65

Lesson 10 그룹 관리하기 ·········· 66
그룹 만들기 • 66 | 그룹 목록 관리하기 • 67 | 그룹 탈퇴하기 • 68

PC version 그룹 게시물 작성하기 • 69

Lesson 11 페이스북 앱 센터 ·········· 70
모바일 앱 센터 이용하기 • 70 | 모바일 앱 센터 활용하기 • 71

PC version 웹 앱 센터 이용하기 • 72

★ 7

페이스북 활용하기

Lesson 01 나만의 페이스북 페이지 만들기 ································ 75
페이지 만들기 • 75 | 페이지 프로필 꾸미기 • 79 | 페이지 주소 만들기 • 80 | 페이지 관리자 권한 설정하기 • 81 | 페이지 통계 자료 보기 • 82 | 페이지 삭제하기 • 85

발견하기 효과적인 페이지 개설 TIP • 86

Lesson 02 페이지 운영하기 ································ 87
페이지 게시글 올리기 • 87 | 페이지 설정 및 관리하기 • 88

Lesson 03 페이지 팬 모으기 ································ 89
친구 초대하기 • 89 | 페이지 소식 공유하기 • 90

발견하기 내 페이지 글의 노출 빈도 높이기 • 92

Lesson 04 페이지 이벤트 알리기 ································ 93
페이지에 이벤트 만들기 • 93 | 페이스북 페이지 이벤트 알리기 • 96 | 페이스북 이벤트 페이지 유료 광고하기 • 97 | 광고 관리자 설정하기 • 100

발견하기 광고 용어 정리 • 102

Lesson 05 페이지 앱 달기 ································ 103
앱 센터 • 103 | 페이지에 앱 달기 • 104 | 유튜브 앱 달기 • 105 | 블로그 앱 달기 • 106 | 트위터 앱 달기 • 110

Lesson 06 페이지 꾸미기 ································ 112
iframe tap 설치하기 • 112 | iframe 앱으로 이미지 가져오기 • 114

Lesson 07 소셜 플러그인 ································ 116
좋아요 박스 • 116 | 좋아요 박스 활용하기 • 118 | 댓글 상자 • 120 | 댓글 상자 활용하기 • 122 | 좋아요 버튼 • 123 | 좋아요 버튼 활용하기 • 124 | 보내기 버튼 • 125 | 보내기 버튼 활용하기 • 126

Chapter 02 140자로 소통하기 : 트위터

트위터 기초 다지기

Lesson 01 트위터 이해하기 ·· 131
트위터란? • 131 | 트위터에서 자주 사용하는 용어들 • 132 | 트위터 사이트 둘러보기 • 134

Lesson 02 계정 만들기 ··· 135
트위터 가입하기 • 135
　발견하기　계정 이메일 인증하기 • 137
　PC version　트위터 계정 만들기 • 138

Lesson 03 프로필 설정하기 ·· 140
프로필 등록하기 • 140 | 친구 프로필 보기 • 141
　발견하기　매력적인 자기소개 만들기 • 143

Lesson 04 스킨 변경하기 ··· 144
스킨 변경하기 • 144 | 테마 만들기 • 146

Lesson 05 개인 정보 관리 및 설정 변경 ·· 150
계정 추가 • 150 | 계정 설정 • 151 | 일반 설정 변경 • 151
　PC version　계정 설정 변경 • 152

Lesson 06 트위터 아이디/비밀번호 관리하기 ·· 153
아이디/비밀번호 찾기 • 153 | 아이디/비밀번호 바꾸기 • 155

Lesson 07 트위터 친구 만들기 ··············· 156
친구 신청하기 • 156 | 친구 삭제하기 • 160 | 친구 검색하기 • 160

PC version 트위터 친구 추가하기 • 158

Lesson 08 친구 관리 ··············· 161
팔로우 목록 관리하기 • 161 | 팔로워 목록 관리하기 • 162 | 친구 쪽지 보내기 • 162 | 친구 알림 받아보기 • 163 | 친구 차단하기 • 163

발견하기 PC에서 친구 관리하기 • 165

Lesson 09 트위터에 글쓰기 ··············· 166
트윗 작성하기 • 166 | 사진 올리기 • 167 | 동영상 올리기 • 169 | 위치 공유하기 • 179 | 트윗 글 삭제하기 • 180 | 트윗 비공개 설정하기 • 180 | 긴 URL 짧게 줄여쓰기 • 181

발견하기 아이폰에서 유튜브 동영상 업로드하기 • 172
트위터와 페이스북 연동 설정하기 • 182

Lesson 10 친구와 소통하기 ··············· 184
리트윗 • 184 | 멘션 • 185 | 다이렉트 메시지 • 186 | 해시태그 • 187

파워트위터리안 되기

Lesson 01 친구 그룹으로 관리하기 ··············· 189
리스트 만들기 • 189 | 리스트에 친구 추가하기 • 190 | 리스트 수정/삭제하기 • 191

PC version 리스트 이용하기 • 192

발견하기 간편한 트위터 명령어 • 193

목차

Lesson 02 트위터 앱 활용하기 · 194
사진, 동영상을 마음껏 공유하자 · 194 | 나의 트위터 가치는 얼마? · 195 | 트위터 친구 얼굴을 모아 배경화면 만들기 · 196 | 더 쉽게 트위터 사용하기 · 197 | 트위터 프로필 사진에 트위본 달기 · 202 | 트위터 위젯 만들기 · 205 | 트위터 핫이슈 보기 · 206 | 나의 트위터 생활 패턴 살펴보기 · 207 | 팔로우, 팔로워 분석 · 208 | 트위터 백업하기 · 211

PC version twtkr 이용하기 · 200
트위본으로 캠페인 적용하고 해제하기 · 204

발견하기 트위터 주의사항 · 213

Lesson 03 파워트위터 계정 만들기 · 214
트윗 작성요령 · 214 | 파워트위터리안 벤치마킹하기 · 215

Lesson 04 팔로워 늘리기 · 217
한국 트위터 사용자 모임 · 217 | 한글판 트위터 앱 · 221 | 한국 트위터 사용자 자기소개 · 226

PC version 애드온즈캡쳐 사용하기 · 220 | 한국 트위터 디렉토리 · 224

Lesson 05 트위터 서프라이즈 이벤트 · 228
이벤트 만들기 · 228 | 이벤트 알리기 · 229

Lesson 06 트위터 쉽게 관리하기 · 231
PC로 손쉽게 트위터 관리하기 · 231 | 트위터 설문조사하기 · 234 | 블로그 글을 트위터와 연동하기 · 238 | 여러 개의 SNS를 한 번에 관리하기 · 241

PC version 훗스위트 사용하기 · 246

Chapter 03 스마트 모바일 라이프 : 카카오톡

카카오톡과 친해지기

Lesson 01 카카오톡 사용하기 ········· 251
계정 등록 • 251 | 이메일 계정 설정 • 252 | 카카오계정 변경 • 254 | 카카오톡 아이디 설정 • 255 | 프로필 변경 • 256

Lesson 02 카카오톡 대화하기 ········· 257
채팅방 만들기 • 257 | 친구 초대하기 • 258 | 사진, 동영상, 파일 공유하기 • 258 | 공지 만들기 • 261
채팅방 배경 바꾸기 • 262 | 음성 대화하기 • 264 | 카카오톡 대화 기능 활용하기 • 265

Lesson 03 보이스톡 하기 ········· 269
보이스톡 • 269 | 음성 필터 • 271 | 그룹콜 • 271
 채팅 플러스 • 272

Lesson 04 친구 관리하기 ········· 274
친구 추가 • 274 | 친구 검색 • 275 | 친구 삭제/차단/숨김 • 275 | 친구 추천 해제 • 276 | 플러스 친구 • 277

Lesson 05 카카오톡 설정하기 ········· 278
카카오톡 잠금 • 278 | 비밀번호 변경하기 • 279 | 알림 설정 • 279

Lesson 06 카카오톡 계정 이동 ········· 280
계정 이동 • 280 | 카카오톡 탈퇴 • 281
발견하기 스마트폰 분실 시 카카오톡 탈퇴 • 282

목차

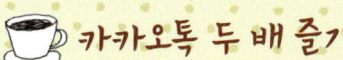

카카오톡 두 배 즐기기

Lesson 01 카카오톡으로 쇼핑하기 ·· 285
선물하기 샵 • 285 | 친구에게 선물하기 • 286

Lesson 02 카카오톡의 꽃 이모티콘 ·· 288
이모티콘 사용하기 • 288 | 이모티콘 다운로드하기 • 289
발견하기 카카오톡으로 게임하기 • 292

Lesson 03 카카오톡 꾸미기 ·· 294
테마 바꾸기 • 294 | 테마 다운로드하기 • 295
발견하기 무료 테마 다운로드하기 • 296

Lesson 04 카카오톡 백업하기 ·· 298
카카오톡 친구 백업 • 298 | 카카오톡 대화 백업 • 299

Lesson 05 카카오톡 PC 버전 ··· 301
카카오톡 PC 버전 다운로드 • 301 | 카카오톡 사용자 인증 • 302

Lesson 06 새로운 SNS 카카오스토리 ·· 305
카카오스토리 시작하기 • 305 | 프로필 사진 설정하기 • 306 | 카카오스토리에 일상 공유하기 • 308 |
친구 일상 공유하기 • 310 | 카카오스토리에서 친구 관리하기 • 311

Lesson 07 카카오그룹 ·· 313
카카오그룹 시작하기 • 313 | 카카오그룹 만들기 • 314 | 그룹에 글 올리기 • 316 | 카카오그룹 나가기 • 318

Lesson 08 카카오 페이지 ·· 319
카카오 페이지 시작하기 • 319 | 카카오 페이지 이용하기 • 321 | 카카오 페이지 캐시, 이용권 구매하기 • 323
발견하기 카카오 페이지 콘텐츠 등록하기 • 325

Lesson 09 스마트폰 테마 만들기 ·· 326
카카오홈 시작하기 • 326 | 테마 변경하기 • 327 | 위젯 설치하기 • 329

Chapter 04 개성 있는 커뮤니케이션 : 라인

  라인 살펴보기

Lesson 01 라인 가입하기 ·· 333
계정 등록 • 333 | 네이버 아이디 등록 • 336 | 프로필 수정 • 338

발견하기 [프로필] 메뉴 살펴보기 • 339

Lesson 02 멀티미디어 대화하기 ······································ 340
대화방 만들기 • 340 | 친구 초대하기 • 341 | 사진, 동영상, 파일 공유하기 • 341 | 위치 정보 전송하기 • 343

발견하기 라인 앱으로 멀티 대화하기 • 345

Lesson 03 대화 노트 사용하기 ······································ 346
대화방 노트 만들기 • 346 | 그룹 노트 만들기 • 348

Lesson 04 전 세계 어디든 무료 음성통화 ························ 350
음성통화하기 • 350 | 음성메시지 보내기 • 352 | 음성통화 거절하기 • 353 | 영상통화하기 • 354

Lesson 05 친구 추가하기 ·· 355
친구 추가 • 355 | 친구 차단/숨김 • 357 | 그룹 만들기 • 358 | 공식 계정 • 358

발견하기 여러 가지 방법으로 친구 추가하기 • 356

Lesson 06 라인 설정 변경 ·· 359
라인 잠금 • 359 | 알림 설정 • 360 | 대화방 바로 가기 • 361

Lesson 07 스마트폰을 바꾸었어요 ·································· 362
계정 이동 • 362 | 라인 탈퇴 • 363

라인 제대로 사용하기

Lesson 01 개성있는 라인 스티커 대화 ··· 365
스티커 사용 • 365 | 스티커 관리 및 삭제 • 367
발견하기 네이버 블로그에서 라인 스티커 사용하기 • 369

Lesson 02 라인 타임라인 · 홈 사용하기 ·· 370
타임라인에 글쓰기 • 370 | 타임라인 글 관리하기 • 372 | [홈] 놀러가기 • 373 | 타임라인 공개 설정하기 • 374 | 특정 친구 글 숨기기 • 376 | 공개 리스트 만들기 • 377

Lesson 03 라인 꾸미기 ··· 379
대화창 배경화면 변경하기 • 379 | 테마 변경하기 • 380 | 커버 이미지 꾸미기 • 381
발견하기 테마 리팩 • 382

Lesson 04 대화 내용 백업하기 ·· 383
라인 대화 백업 • 383 | 라인 대화 복구 • 384

Lesson 05 PC에서 라인 사용하기 ··· 385
라인 PC 버전 다운로드 • 385 | 라인 PC 로그인 • 386 | PC에서 무료통화 • 388

Lesson 06 새로운 개념의 모임, 밴드 ·· 389
밴드 만들기 • 389 | 밴드에 글쓰기 • 393 | 일정 공유&투표하기 • 395 | 밴드 테마 변경하기 • 397 | 이벤트별 사진보기 • 399 | 밴드 정보 수정 • 401 | 밴드 탈퇴 및 계정 삭제하기 • 402 | 밴드 PC 버전 • 403
발견하기 밴드 숨은 기능 찾기 • 404
발견하기 라인 패밀리 앱 활용 • 406

Chapter 01

일상을 공유하라
: 페이스북

Facebook 기초

페이스북 시작하기

'페이스북 시작하기'에서는 페이스북을 사용하면서 기본적으로 알고 있어야 하는 기능들과 활용법에 대해 설명합니다. 기본 기능이라고는 하지만 페이스북에서 가장 많이 사용하는 기능들입니다. 초보자들도 쉽게 따라할 수 있도록 쉬운 설명과 내용으로 구성되어 페이스북을 처음 시작하려는 사용자에게 많은 도움이 될 것입니다.

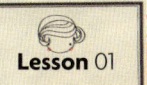

페이스북 살펴보기

페이스북을 처음 시작하는 사용자라면 페이스북에서 사용하는 용어들의 의미를 쉽게 이해하지 못하거나 페이스북 페이지에서 원하는 기능을 찾지 못해 헤매는 경우가 종종 있습니다. 이번 레슨에서는 페이스북의 기본 개념부터 타임라인, 좋아요, 공유, 페이지 등 페이스북에서 자주 사용하는 용어의 의미를 살펴보고, 페이스북을 구성하고 있는 기본 화면, 기능에 대해 익혀 페이스북을 쉽게 이해하고 사용할 수 있도록 합니다.

01 페이스북이란?

페이스북은 온라인에서 사용자 간에 의견, 생각, 경험 등을 서로 공유하며 인맥을 새롭게 쌓거나 기존의 인맥을 관리할 수 있는 소셜 네트워크 서비스(SNS)입니다. 친구를 맺은 사람끼리 뉴스피드를 통해 서로 소식과 정보를 주고받을 수 있으며, 메시지 기능을 통해 실시간 대화를 나눌 수도 있습니다. 페이스북에 글을 올릴 때 사진이나 동영상, 위치 정보 등을 함께 첨부할 수 있어 맛집, 여행지 등 친구들에게 추천하고 싶은 장소나 내가 있는 위치, 나의 모습, 재밌는 사진 등 친구에게 공유하고 싶은 나의 생활을 보다 더 생생하게 공유할 수 있습니다.

또한 페이스북 페이지를 통해 블로그처럼 내가 올린 콘텐츠를 나의 페이지 팬들이 구독할 수 있으며 각종 이벤트나 정보를 홍보하고 반대로 내가 좋아하는 기업이나 브랜드, 유명인의 페이지를 구독해 정보를 얻을 수도 있습니다.

우리나라의 싸이월드와 비슷한 형태라고 할 수 있으나 싸이월드보다 개방적이고 정보가 더 빠르게 이동한다는 특징이 있으며 페이스북 고유의 [좋아요]라는 기능을 통해 친구들이 나의 글에 반응하고 공감하는 것이 중요하게 작용합니다.

02 페이스북에서 자주 사용하는 용어들

페이스북을 시작하기 전에 먼저 페이스북에서 자주 사용하는 용어를 익혀봅시다. 용어가 익숙해지면 페이스북을 배우는 것이 훨씬 수월해질 것입니다.

★ **뉴스피드** : 친구들이 올린 글과 내가 올린 글이 보이는 곳으로 '최신글 순으로 보기'와 '인기소식 순으로 보기' 두 가지 방법으로 정렬할 수 있습니다.

★ **좋아요** : 등록된 글에 [좋아요]를 눌러 공감을 표시합니다. [좋아요]를 한 글이나 사진 등은 내 페이스북 뉴스피드에 공유됩니다.

★ **공유하기** : [좋아요]와 달리 [공유하기]는 공유 위치, 공개 범위 등을 설정할 수 있고 공유하는 글에 대한 나의 의견을 함께 올릴 수 있습니다.

★ **친구(페친)** : 페이스북의 친구를 의미합니다. 나에게 친구 요청이 올 경우 수락을 하거나, 내가 먼저 친구 요청을 하고 상대방이 수락을 하면 서로 친구가 됩니다. 페이스북에 올린 글의 공개 설정을 제한할 경우 해당되는 친구만 내 글을 볼 수 있습니다. 개인 계정은 최대 5,000명까지 친구를 추가할 수 있습니다.

★ **타임라인** : 예전의 '담벼락'이 지금은 '타임라인'으로 바뀌었습니다. 타임라인은 내 프로필 페이지의 기능을 하는 곳으로 나의 정보, 활동 로그 등을 시기별로 한 눈에 볼 수 있습니다. 또한 타임라인에서는 내가 쓴 글, 사진, 동영상과 나의 타임라인에 방문한 친구들이 쓴 글을 모아서 볼 수 있습니다. 타임라인에 올린 글은 뉴스피드에도 노출됩니다.

★ **페이지** : 페이스북 안의 홈페이지 같은 곳으로 개인 계정 외에 브랜드, 기업, 유명인 등을 위한 공간입니다. 개인 계정은 친구 수가 5,000명으로 제한되어 있지만 페이지는 친구 제한 없이 팬 수를 늘릴 수 있습니다. 서로 친구가 아니더라도 페이지에 [좋아요]를 누르면 팬으로 등록됩니다.

★ 이벤트 : 모임을 주최하거나 홍보할 때 페이스북으로 친구들을 초대할 수 있습니다. 또는 친구들이 만든 이벤트 초대에 응답할 수 있으며 모임이나 이벤트에 관한 정보를 이벤트 페이지로 공유할 수 있고, 초대된 친구들의 참석 여부를 미리 파악할 수도 있습니다.

★ 그룹 : 같은 관심사에 따라 묶어놓은 모임입니다. 페이스북 친구들끼리 소규모 모임 활동을 할 때 사용하면 효과적입니다. 그룹에 등록한 글은 그룹에 가입한 회원들에게만 나타나며, 회원이 올린 글을 따로 모아 볼 수도 있어 모임 관련 공지나 활동 내역, 정보 등을 공유하고 의견을 나누는 커뮤니티로 활용할 수 있습니다.

★ 리스트 : 페이스북 친구를 관리하는 기능으로, 리스트를 설정하면 친구들이 올린 글을 리스트별로 모아서 볼 수 있습니다. 예를 들어 동아리 친구들을 리스트로 설정하여 동아리 관련 글을 보고 싶을 때 뉴스피드를 일일이 찾아보지 않고 리스트를 통해 한 번에 찾아볼 수 있습니다.

★ 메시지 : 1:1 대화 기능으로 페이스북 친구 전체에게 공개되는 타임라인의 글과는 달리 메시지 대화를 지정한 친구와만 대화할 수 있습니다. 여러 명의 친구들과 그룹 대화도 할 수 있어 특정 친구들과 공유가 필요한 이야기들은 메시지를 이용해 주고 받을 수 있습니다.

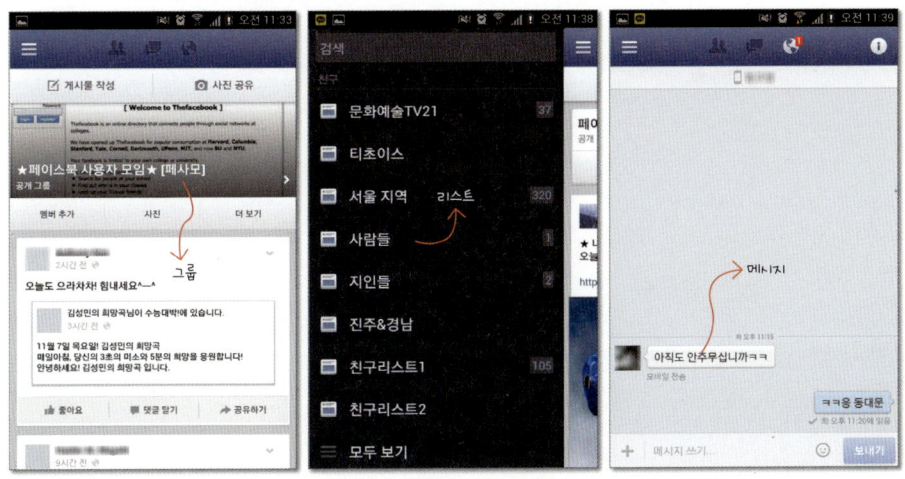

📘 03 페이스북 화면 구성

페이스북에 익숙한 사용자가 아닐 경우 페이스북을 사용하려고 해도 복잡한 화면 구성으로 인해 원하는 기능을 단번에 찾아내기가 쉽지 않습니다. 화면 구성을 익혀두면 페이스북에서 어떤 기능을 제공하는지 이해하여 원하는 기능을 빨리 찾아 쉽게 활용할 수 있습니다.

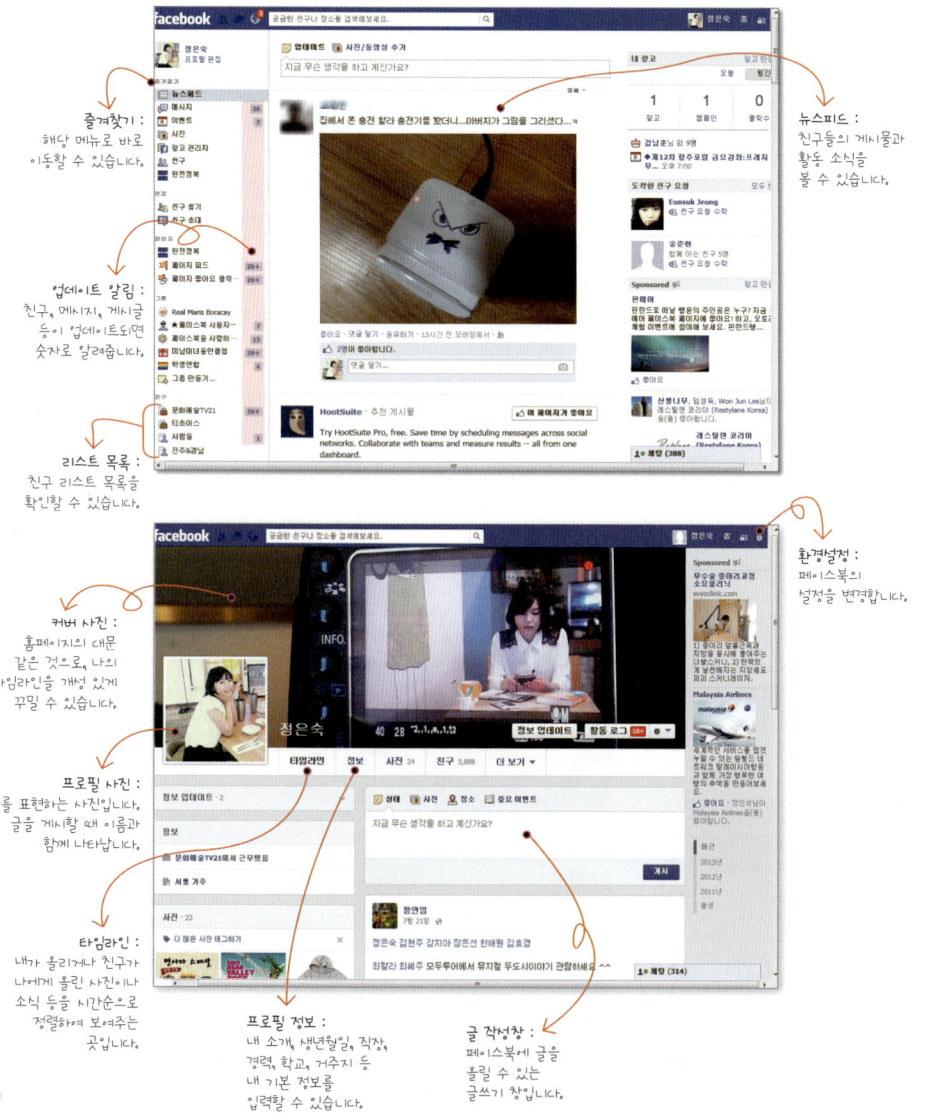

계정 만들기

페이스북을 사용하려면 먼저 계정을 등록해야 합니다. 여기서 계정이란 우리가 웹에서 흔히 쓰는 아이디(ID)와 같습니다. 페이스북 계정은 주민등록번호나 연락처 없이도 이메일 주소로 간단하게 만들 수 있으며, 로그인뿐만 아니라 페이스북 친구 관계를 맺는 부분에서도 중요한 역할을 합니다.

01 페이스북 가입하기

1. 페이스북 계정에 가입하기 위해 먼저 구글 play 스토어에서 페이스북 앱을 다운로드합니다. 페이스북 앱은 모바일에서도 페이스북 콘텐츠를 쉽고 편리하게 이용할 수 있도록 화면 구성 및 메뉴 등이 모바일에 최적화되어 있는 애플리케이션입니다.

Point
페이스북 가입은 모바일 페이스북 홈페이지(www.m.facebook.com)나 PC 페이스북 홈페이지(www.facebook.com)에서도 가능합니다.

페이스북의 강점
페이스북은 정보가 실시간으로 이동하는 SNS지만, [좋아요]나 공유를 통해 원하는 정보를 사용자에게 지속적으로 노출할 수 있습니다. 무엇보다 다양한 애플리케이션을 추가로 설치할 수 있어 기능의 확장이 가능하며 다른 SNS와 연동이 자유로워 모든 SNS 채널의 젠더 역할을 수행할 수 있습니다.

② 설치가 완료되면 페이스북 앱을 실행한 후 하단의 [Facebook 가입]을 선택하여 '이름', '이메일', '생일', '새 비밀번호' 등을 입력합니다. 하단의 [가입하기] 버튼을 누르면 [프로필 정보] 화면으로 이동합니다.

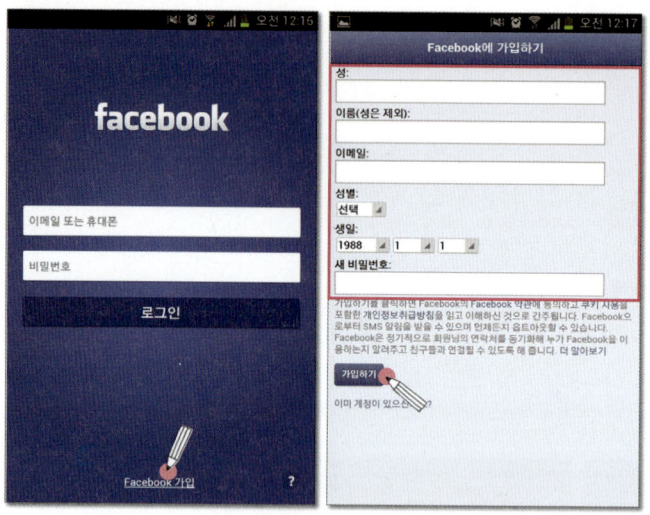

02 추가 정보 입력하기

① [프로필 정보], [친구 찾기], [페이지 제안], [사진 추가] 등의 추가 정보를 입력합니다. 정보 입력을 원하지 않을 때는 [건너뛰기] 버튼을 눌러 해당 단계를 건너뛸 수 있습니다.

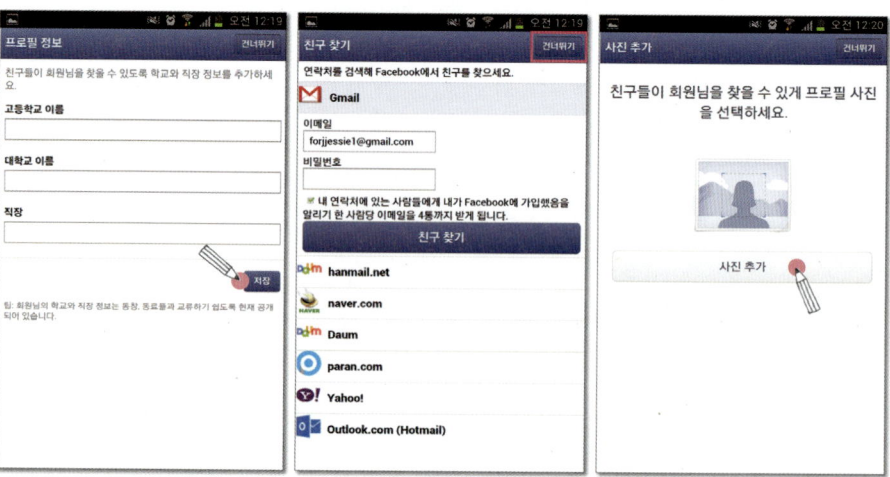

❷ 가입 완료 후 가입 시 입력한 이메일에 로그인하여 인증코드를 한 번 더 입력해야 계정이 완전히 만들어집니다. 승인 메일을 확인하여 메일의 인증 코드를 입력하거나, 혹은 [계정 인증] 버튼을 눌러 계정 만들기를 완료합니다. [계정 인증이 완료되었습니다.]라는 화면이 나타나면 정상적으로 페이스북 계정이 만들어진 것입니다.

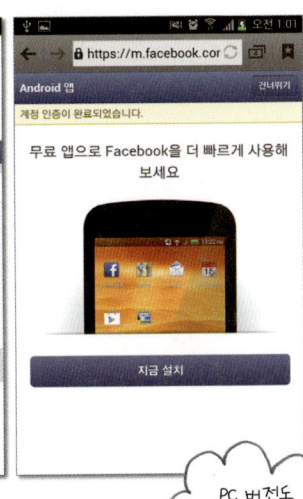

PC 버전도 모바일 버전과 동일합니다.

이메일 인증은 꼭 해야하나요?

페이스북에서는 등록한 페이스북 계정의 소유자를 확인하고 계정을 무단으로 도용하는 것을 방지하기 위해 이메일 인증 절차를 꼭 거쳐야 합니다. 페이스북에서 이메일 인증을 하지 않을 경우 최대 3일 동안은 해당 계정이 유지되지만 3일 이후부터는 이 단계를 완료하기 전까지 계정을 사용할 수 없습니다.

프로필 등록하기

친구들에게 보일 프로필을 등록해봅시다. 되도록이면 프로필 사진은 본인의 얼굴이 잘 나온 사진으로 설정하는 것이 좋습니다. 개인 사진을 등록할 경우 친구를 맺거나 지인들과 소통할 때 서로 누구인지 파악하거나 찾기가 쉬워집니다. 프로필은 페이스북에서 나를 표현하는 가장 직접적인 수단이므로 프로필을 잘 활용하여 나를 개성 있게 표현해봅시다.

01 프로필 사진 등록하기

① 페이스북 [홈]에서 왼쪽 상단의 메뉴(☰)를 누르면 페이스북 설정 메뉴 목록이 나타납니다. 상단의 [내 이름]을 선택해서 내 프로필 화면으로 이동합니다.

아이폰에서는 화면 하단의 [더보기]를 누르면 메뉴가 나타납니다.

Point
프로필 사진은 내 페이스북을 방문하는 사람들이 가장 먼저 보게 되는 나의 첫 이미지이므로 나를 가장 잘 나타낼 수 있는 사진으로 설정합니다.

❷ 프로필 사진 박스를 누르면 '프로필 사진 편집'이 나타납니다. 프로필 사진은 새로 찍거나 휴대폰에 저장된 사진을 불러와 설정할 수 있습니다.

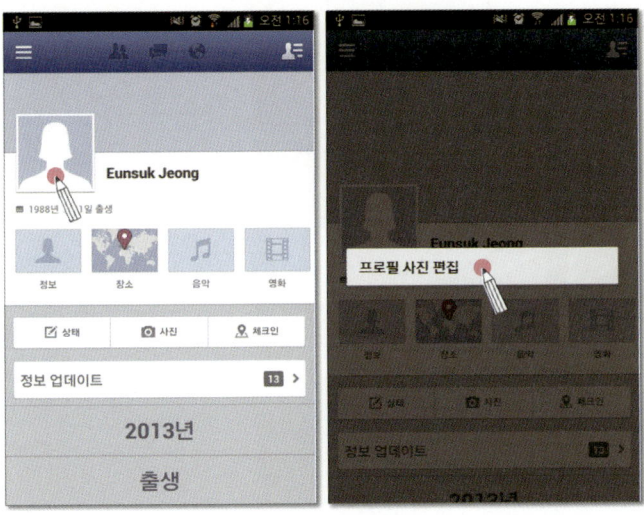

❸ 프로필로 설정할 사진을 선택한 후 크기와 위치를 조정한 뒤 [완료] 버튼을 누르면 프로필 사진이 등록됩니다.

④ 등록한 사진을 다른 사진으로 변경하려면 프로필 사진을 눌러 나타난 단축 메뉴에서 '프로필 사진 편집'을 선택한 후 다른 사진을 선택합니다.

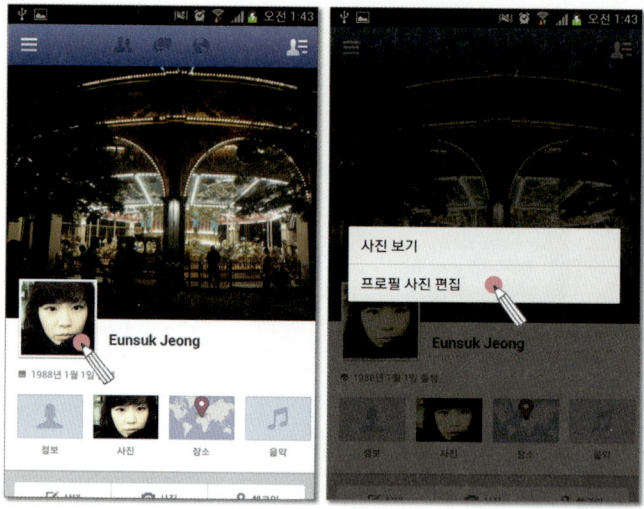

02 자기소개 등록하기

① 이번엔 자기소개를 등록해봅니다. 내 프로필 화면의 [정보 업데이트]를 누르고 [프로필 보기]를 선택합니다.

❷ [내 소개]에서 [내 소개 쓰기]를 눌러 자기소개를 등록하거나 변경합니다. 정보 업데이트 메뉴에서 '직장', '학력', '전문 기술', '거주지', '기본 정보', '연락처' 등의 정보도 변경할 수 있습니다.

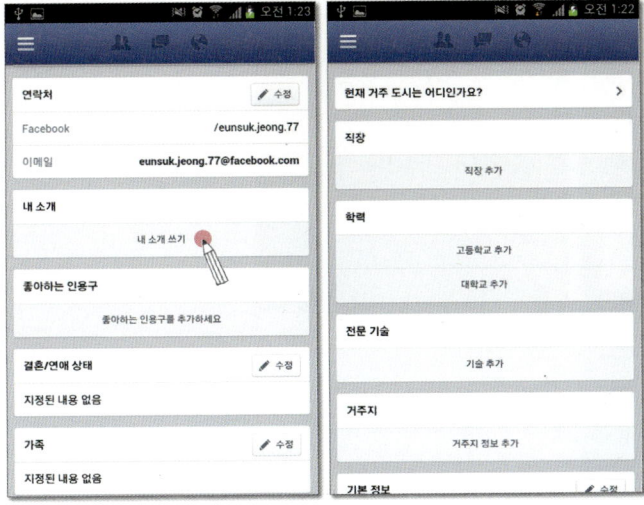

03 커버 사진 꾸미기

❶ 내 프로필 화면에서 비어있는 커버 사진 박스를 길게 누르면 '커버 바꾸기'가 나타납니다. 메뉴를 선택하여 사진을 새로 찍거나 기존의 사진을 불러와 위치를 지정한 후 [저장]을 선택합니다.

Point
PC 버전도 모바일 버전과 동일합니다.

② 커버 사진을 변경하고 싶다면 내 프로필 화면에서 커버 사진을 길게 눌러 '커버 바꾸기'를 선택합니다. 원하는 사진을 선택한 후 위치를 지정하고 [저장]을 눌러 사진을 변경합니다.

커버 사진 이미지 조절하기

커버 사진의 비율이 맞지 않을 경우 '조정하려면 마우스를 끌어보세요'라는 화면이 나타납니다. 사진을 이동하여 위치를 조절한 후 [저장]을 눌러 설정을 저장합니다.

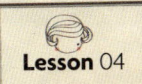

Lesson 04 개인 정보 관리하기

페이스북은 '사용자 정보', '비밀번호', '이메일 주소' 등을 자유롭게 변경할 수 있으며 '친구들에게만 내 글을 공개하기', '내 위치정보를 비활성화하기' 등 개인 정보 공개 여부를 설정할 수도 있습니다. 그 밖에도 모바일 앱 설정, 계정 추가, 이메일 알림 등도 자유롭게 변경할 수 있습니다.

01 정보공개 설정

① 공개 범위 설정을 변경하기 위해 페이스북 설정 메뉴 목록 하단의 [계정 설정]에서 [공개 범위]를 선택합니다.

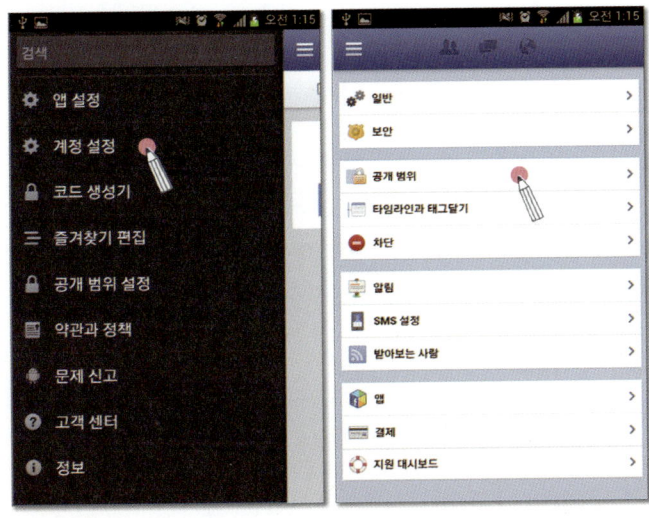

공개 범위 설정하기

내 페이스북 콘텐츠를 볼 수 있는 사람의 범위를 '전체 공개', '친구만', '아는 사람', '가족', '친한 친구' 등으로 상세히 설정할 수 있습니다. 게시물을 친구들에게 공개하고 싶지 않다면 공개 범위를 '나만 보기'로 설정합니다.

② '향후 게시물을 볼 수 있는 사람은?'을 선택한 후 나타나는 화면에서 사용자가 원하는 공개 대상 범위를 선택합니다. 변경 후부터 등록된 게시물의 공개 범위가 변경됩니다.

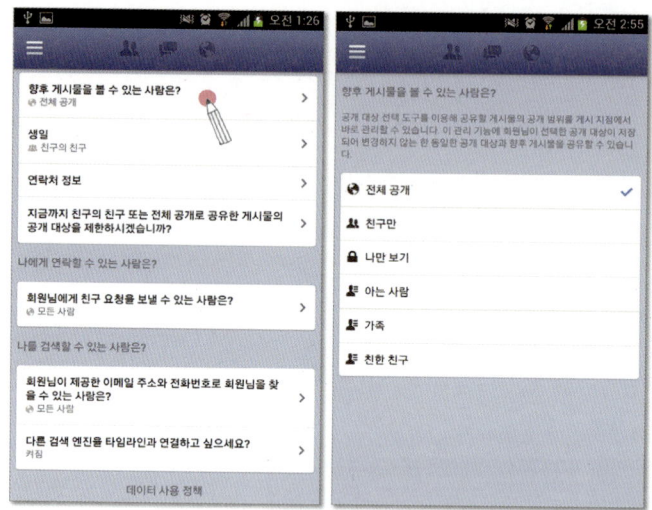

③ 변경 전에 등록한 글까지 모두 공개 대상을 설정하려면 [공개 범위 설정]에서 '지금까지 친구의 친구 또는 전체 공개로 공유한 게시물의 공개 대상을 제한하시겠습니까?'를 선택합니다. 이 밖에도 [나에게 연락할 수 있는 사람]과 [나를 검색할 수 있는 사람]도 공개 설정이 가능합니다.

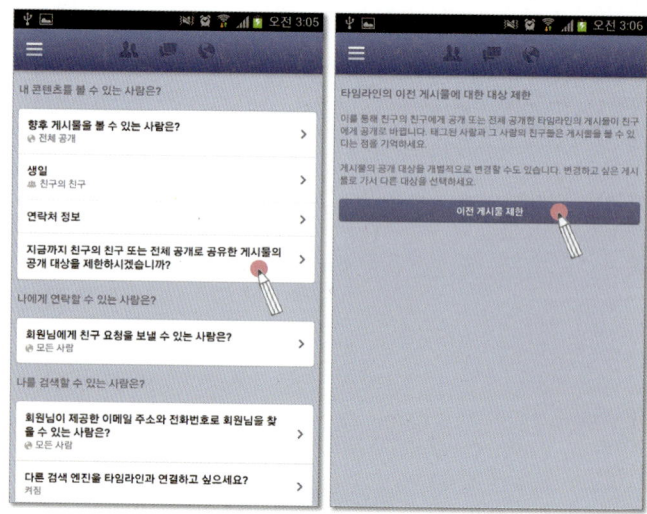

Point
PC 버전에서는 페이스북 상단의 [설정]을 클릭한 후 [공개 범위 설정]을 선택하여 공개 범위를 변경할 수 있습니다.

02 비밀번호 변경

① 비밀번호를 변경하기 위해 페이스북 설정 메뉴 목록의 [계정 설정]을 누르고 [일반]을 선택합니다.

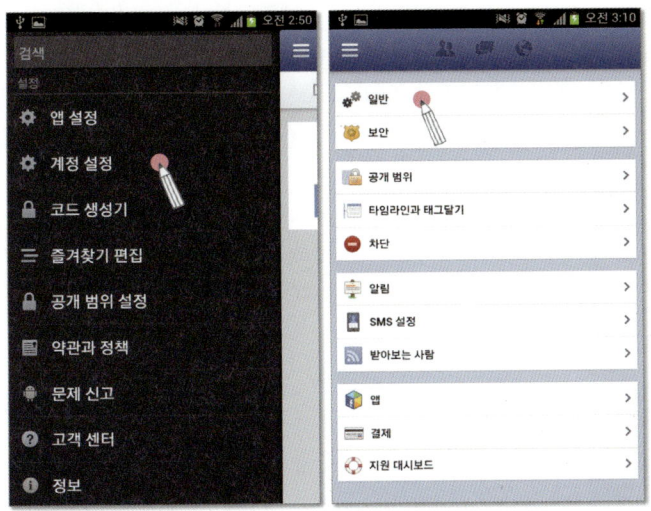

② 항목에서 [비밀번호]를 선택하고 '현재 비밀번호'와 '새 비밀번호', '새 비밀번호 재입력'을 차례대로 입력한 후 [비밀번호 바꾸기]를 눌러 비밀번호를 변경합니다.

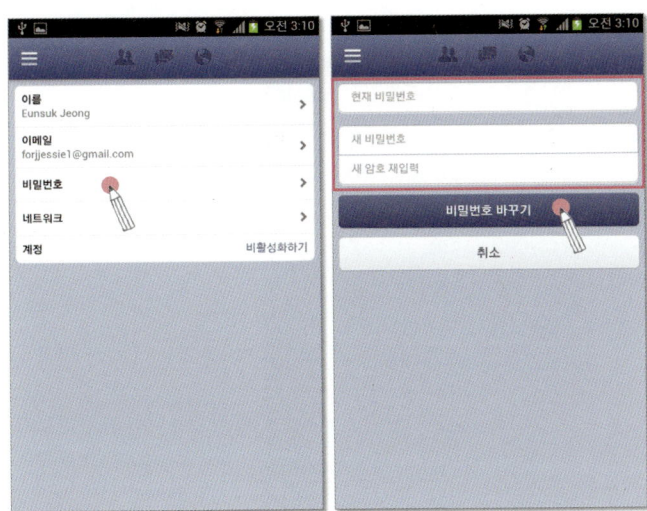

Point
PC 버전에서는 페이스북 상단의 [설정]을 클릭한 후 [계정 설정]에서 '비밀번호 수정'을 선택하여 새 비밀번호를 설정합니다.

03 비밀번호 재설정

① 비밀번호를 잊어버렸다면 페이스북 앱 메인화면 하단의 [?]를 눌러 비밀번호를 재설정할 수 있습니다. [고객 센터]의 [자주 묻는 질문]에서 '비밀번호를 분실해 재설정해야 합니다.'를 선택합니다.

② '비밀번호 변경 또는 재설정'을 눌러 계정을 설정할 때 등록했던 '이메일'이나 '전화번호' 또는 '이름'을 입력한 후 [검색]을 누릅니다.

③ 검색된 항목이 나타나면 내 계정을 선택한 후 '비밀번호 재설정을 위한 링크를 이메일로 받기'를 선택한 다음 [계속하기]를 누릅니다.

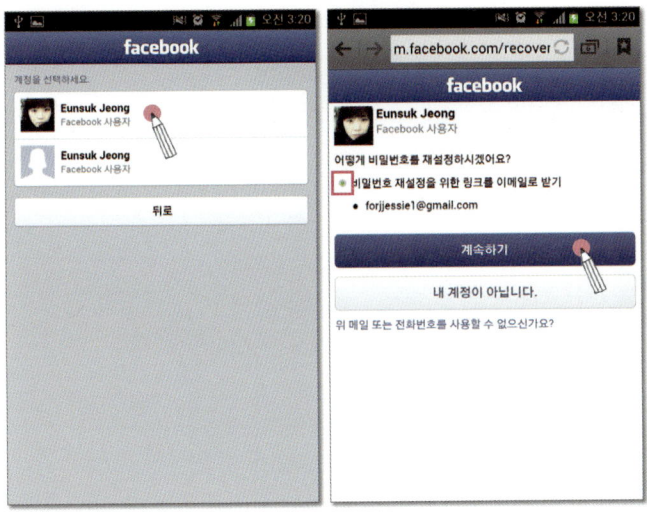

④ 계정으로 설정된 이메일 주소로 메일이 전송됩니다. 이메일에 포함된 확인 코드 6자리를 입력한 후 [계속하기]를 눌러 새 비밀번호를 설정해 줍니다.

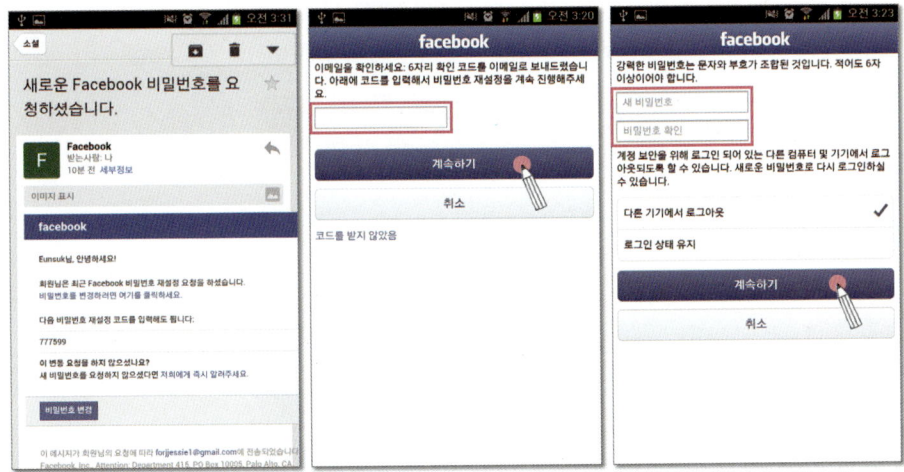

Point

PC 버전의 비밀번호 변경 방법도 모바일 버전과 동일합니다. 페이스북 앱에서는 비밀번호를 변경할 수 없으므로 PC나 스마트폰의 인터넷 앱을 이용해서 페이스북 홈페이지에 접속하여 변경합니다.

04 메인 이메일 변경

① 메인 이메일을 변경하기 위하여 페이스북 설정 메뉴 목록의 [계정 설정]에서 [일반]을 선택합니다.

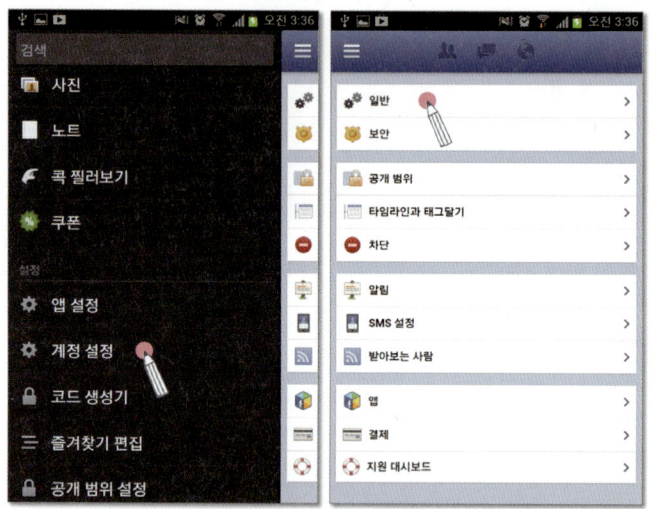

② [이메일]을 선택하면 등록되어 있는 계정 이메일을 확인할 수 있습니다. '계정 이메일'에서 이메일의 '삭제'를 눌러 계정 이메일을 삭제하거나 '다른 이메일 추가'로 다른 이메일 주소를 추가할 수 있으며 '기본 이메일'을 선택하면 메인 이메일 주소를 변경할 수도 있습니다.

05 페이스북 앱 설정

페이스북 설정 메뉴 목록의 [앱 설정]에서 '채팅 가능여부', '새로 고침 간격', '알림 및 진동', '주소록 동기화' 등의 설정을 할 수 있습니다. 알림을 원치 않는 경우에는 알림 옆의 체크박스에 체크를 해제합니다.

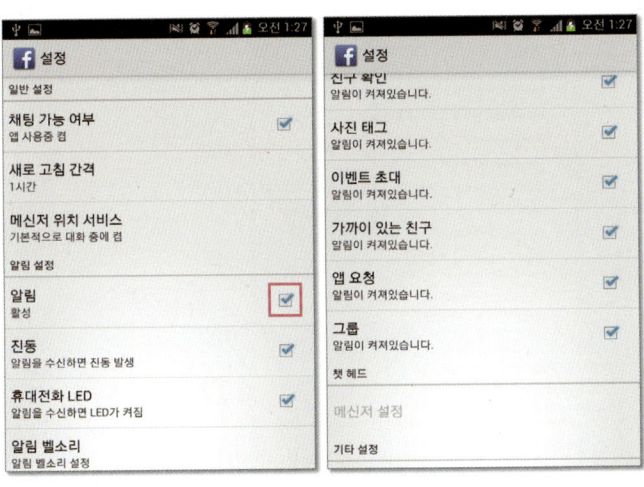

Point
아이폰에서는 아이폰의 [설정] 앱에서 [Facebook]을 선택하여 푸시나 알림 등의 설정을 변경할 수 있습니다.

06 알림 설정

세부 항목별로 알림을 설정하려면 페이스북 설정 메뉴 목록의 [계정 설정]에서 [알림]을 선택합니다. [다음 푸시 알림 받기]에서 항목별 설정사항을 체크합니다. [이메일 알림 관리]에서는 이메일 알림 수신여부를 설정할 수 있습니다.

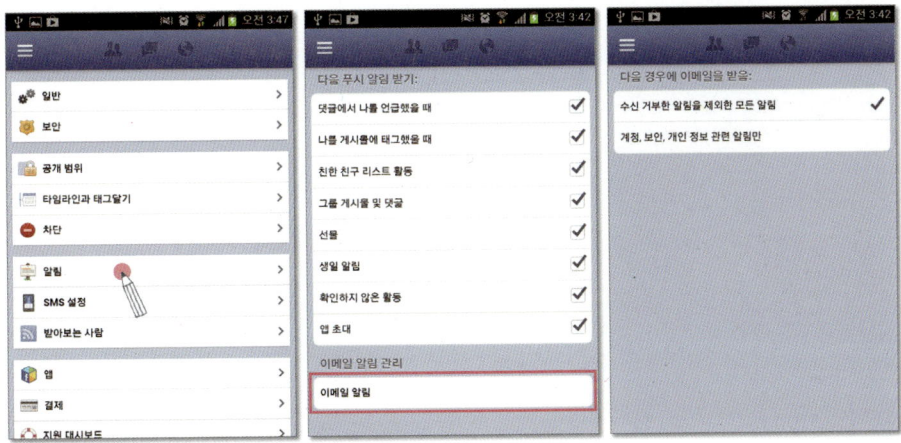

07 계정 비활성화 및 계정 폐쇄

① 계정을 비활성화하기 위해 페이스북 설정 메뉴 목록의 [계정 설정]에서 [일반]을 누릅니다. [계정]의 '비활성화하기'를 선택하면 [계정 비활성화] 화면이 나타납니다. 간단한 설문조사 후 [비활성화] 버튼을 누르면 계정이 비활성화되며 페이스북상에서 보이지 않게 됩니다.

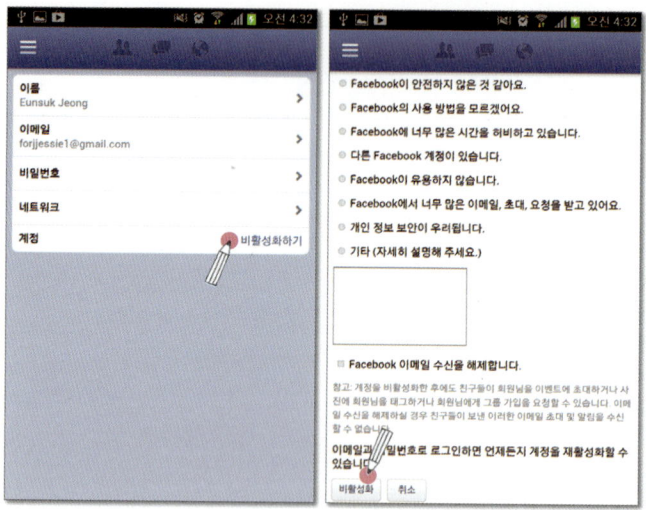

② 계정 폐쇄는 계정을 영구적으로 삭제하는 것입니다. 계정을 폐쇄하기 위해 페이스북 설정 메뉴 목록의 [고객 센터]에서 [계정 편집하기]를 누릅니다.

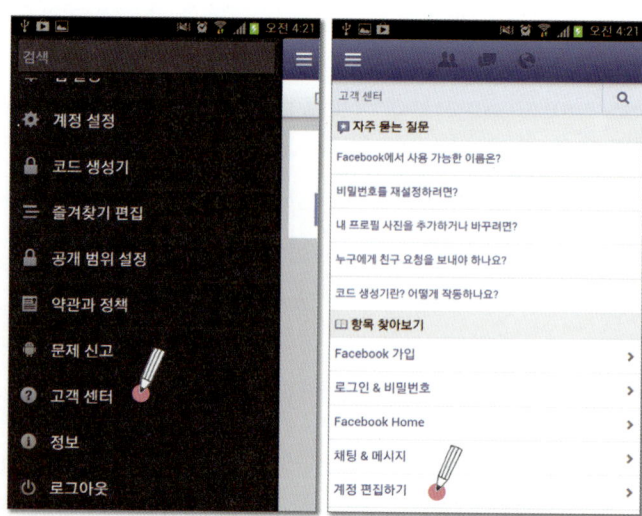

③ [계정 편집하기] 화면이 나타나면 [계정 비활성화 및 삭제]에서 '계정을 영구적으로 삭제하려면?'을 누릅니다. 계정 삭제 안내글이 나타나면 '복구 옵션 없이 계정을 삭제하려면 저희에게 알려주세요.'를 누릅니다. [Facebook 계정 삭제 확인]의 안내글을 확인한 후 계정 비밀번호를 입력하고 [제출] 버튼을 누르면 계정이 폐쇄됩니다.

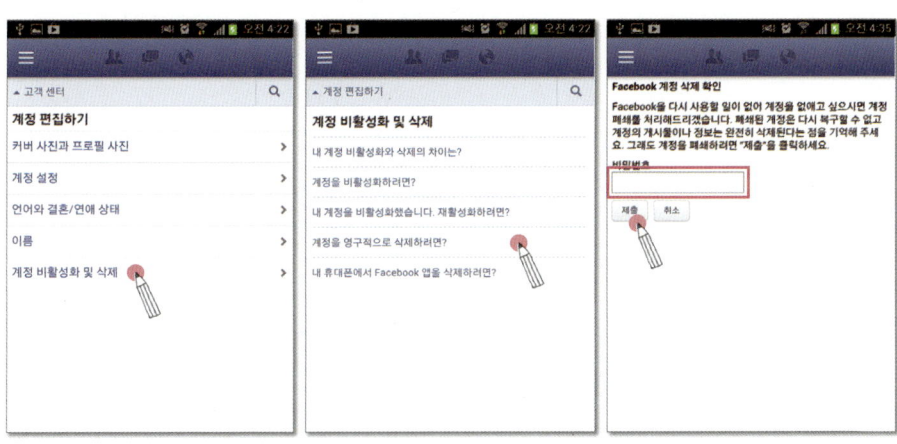

친해지기

로그인 알림 설정으로 페이스북 계정 안전하게 관리하기

페이스북에서 '로그인 알림'을 설정할 경우 로그인을 할 때 알림을 받아 계정을 안전하게 관리할 수 있습니다. 로그인 알림을 설정하기 위해 페이스북 설정 메뉴 목록의 [계정 설정]에서 [보안]을 선택하고 'SMS 로그인 알림'에 체크하여 로그인 알림을 켭니다. '로그인 승인 켜기'에 체크할 경우 페이스북 계정에 접속할 때마다 핸드폰으로 보안코드를 전송하여 다른 사람이 로그인할 수 없도록 설정합니다.

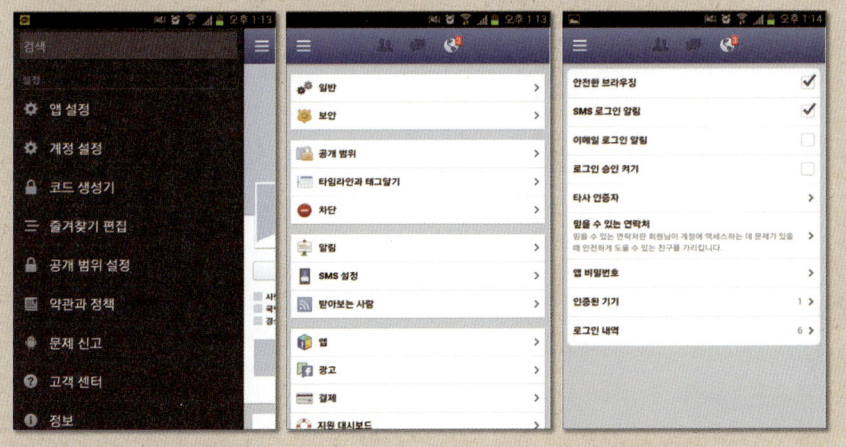

계정 비활성화 및 계정 폐쇄 (PC version)

PC에서도 모바일과 마찬가지로 계정을 비활성하거나 폐쇄할 수 있습니다. 계정 비활성화는 설정을 해제할 경우 계정을 다시 사용할 수 있지만 계정을 폐쇄하면 다시 복구할 수 없기 때문에 계정을 폐쇄할 때는 신중하게 선택해야 합니다.

❶ 페이스북 메인화면의 설정(⚙)을 클릭하면 나타나는 하위 메뉴에서 [계정 설정]을 선택합니다. 계정 설정 화면에서 [보안]을 클릭하고 [내 계정 비활성화하기]를 클릭합니다.

❷ [계정을 비활성화하시겠습니까?]라는 화면이 나타납니다. 페이스북에서 제공하는 간단한 설문조사를 마친 뒤 [확인] 버튼을 클릭하면 계정이 비활성화 됩니다.

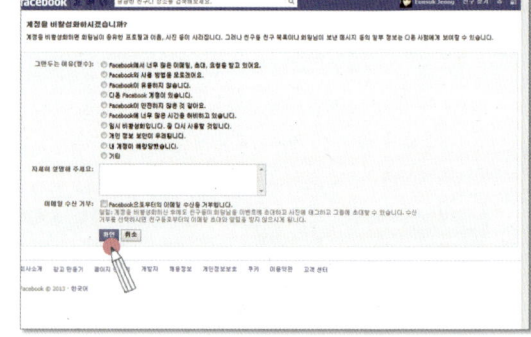

Point
비활성화를 취소하려면 해당 계정으로 로그인합니다.

친해지기 — 내 회원정보 다운로드하기

계정 삭제 시 나타나는 안내문에서 '회원님의 정보를 다운로드하셔도 됩니다.'를 클릭하면 계정 설정 페이지에서 내 회원정보를 다운로드할 수 있습니다. 내 계정 및 활동 로그에서 사용할 수 있는 정보를 다운로드하며, 계정에 로그인하는 것만으로는 확인할 수 없는 데이터도 포함됩니다. 다운로드 파일은 내 아카이브에 저장됩니다.

③ 영구적인 탈퇴를 원할 경우 계정을 폐쇄해야 합니다. 페이스북 화면에서 [설정]을 클릭하고 [고객 센터]의 '고객 센터에서 확인하세요'를 클릭합니다.

④ [고객센터] 메뉴에서 [계정관리]를 선택한 후 [계정 비활성화, 삭제 및 기념]을 클릭합니다. 나타나는 화면에서 [계정 삭제]의 '계정을 영구적으로 삭제하려면?'을 클릭합니다.

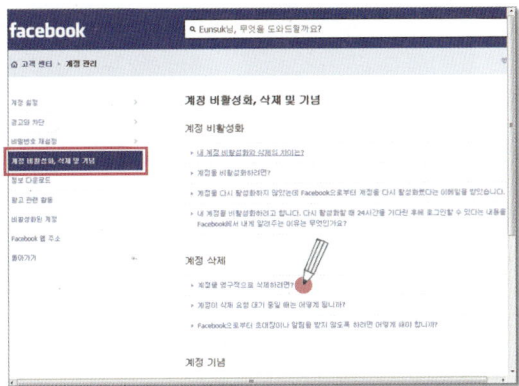

⑤ 계정 삭제에 관한 안내문이 나타납니다. 영구 삭제를 위해 '이 양식을 작성'의 링크를 클릭하고 [계정 폐쇄] 화면이 나타나면 [계정 폐쇄] 버튼을 클릭하여 페이스북 계정을 삭제합니다.

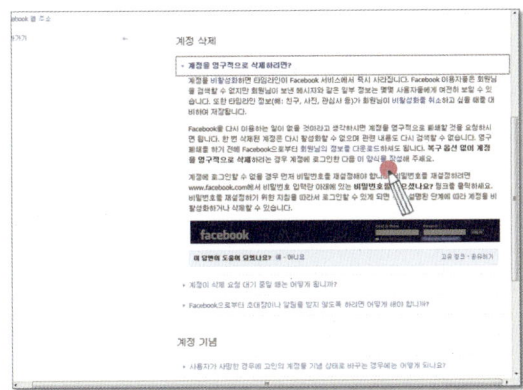

Point
계정이 영구적으로 삭제되기까지 14일의 유예기간이 있으며 이 기간에 로그인할 경우 계정 폐쇄가 취소됩니다.

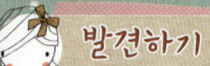

:: 페이스북 메뉴 관리하기

페이스북의 [즐겨찾기]는 페이스북 메뉴 목록 상단에 위치하여 자주 쓰는 메뉴를 빠르게 실행할 수 있도록 도와줍니다. [즐겨찾기] 설정을 통해 페이스북 메뉴를 원하는 순서대로 변경할 수 있습니다.

▶ **즐겨찾기 목록 추가하기**

페이스북 설정 메뉴 목록의 [즐겨찾기 편집]을 누르고 페이스북 메뉴 목록 앞의 별을 누릅니다. 별이 활성화되면 해당 메뉴가 [즐겨찾기] 목록에 추가됩니다.

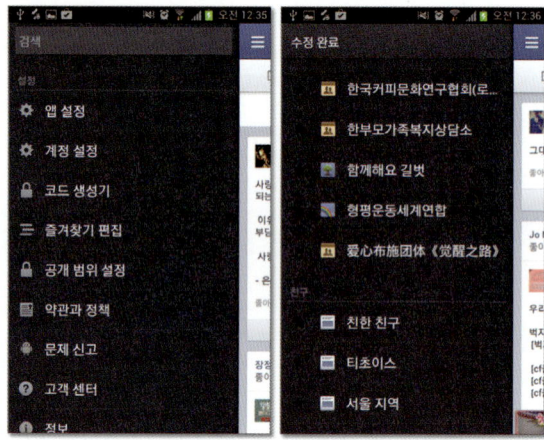

Point
아이폰의 페이스북 앱에서는 [즐겨찾기 편집]을 사용할 수 없습니다.

▶ **즐겨찾기 목록 순서 변경하기**

[즐겨찾기] 목록 내에서도 순서 변경이 가능합니다. [즐겨찾기]에 추가된 메뉴 옆에 순서 변경(≡)이 생기면 버튼을 누른 상태에서 위아래로 드래그하여 목록의 순서를 변경합니다. 즐겨찾기 설정이 완료되면 상단의 [수정 완료]를 누릅니다.

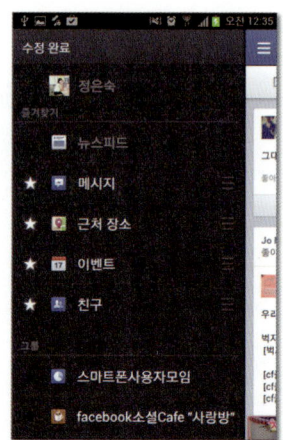

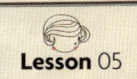
타임라인 글 올리기

타임라인은 블로그와 같은 사용자의 개인 공간입니다. 타임라인에 글을 쓰면 나와 내 친구들에게 등록한 글이 보이게 됩니다. 친구 타임라인에도 글쓰기가 가능하며, 친구 타임라인에 글을 등록할 경우 나와 친구는 물론 친구의 친구들도 내가 쓴 글을 볼 수 있습니다.

01 글 쓰기

페이스북 설정 메뉴 목록의 [내 이름]을 선택하여 타임라인으로 이동합니다. 내 타임라인의 [상태]를 눌러 글을 작성한 후 [게시]를 눌러 글을 등록합니다. 페이스북에서는 1,000자 정도의 장문을 작성할 수 있습니다.

타임라인 vs 뉴스피드

타임라인은 나와 관련된 페이지로 커버 사진과 프로필 사진이 나타나며 내가 올린 게시물과 활동 로그, 친구들이 나를 태그한 글 등을 볼 수 있고, 뉴스피드와 다르게 친구들이 올리는 소식 등은 보이지 않습니다. 뉴스피드는 타임라인에 올라온 게시글과 친구들이 올린 소식 등을 모두를 볼 수 있는 곳으로 뉴스피드 소식에는 상태 업데이트, 사진, 동영상, 링크, 앱 활동, 좋아요 등이 표시됩니다.

02 사진 올리기

① 내 타임라인에서 [사진]을 눌러 올릴 사진을 선택한 후 하단의 작성( )을 눌러 사진을 첨부합니다. 사진을 여러 장 체크하여 한 번에 등록할 수도 있습니다.

Point
PC에서는 왼쪽 메뉴에서 내 이름을 선택하면 타임라인으로 이동합니다. 나타나는 글쓰기창에서 [사진](사진)을 눌러 사진과 동영상을 첨부하거나 [장소](장소)를 눌러 위치를 공유합니다.

② 첨부한 사진을 글과 함께 등록할 수 있습니다. [게시]를 누르면 사진이 등록되며 타임라인에 올라온 글을 확인할 수 있습니다.

Point
사진은 한 번에 30장까지 등록이 가능하며, 동영상은 하나씩 첨부할 수 있습니다.

👀 03 동영상 올리기

사진을 등록하는 방법과 동일하게 내 타임라인에서 [사진]을 누르고 올릴 동영상을 선택하여 첨부합니다. 첨부한 동영상도 글과 함께 적어 등록할 수 있으며 용량은 최대 1024mb, 20분까지 올릴 수 있습니다. 상단의 [게시]를 눌러 등록하면 타임라인에 올라온 글을 확인할 수 있습니다.

👀 04 위치 공유하기

현재 내가 있는 곳 혹은 사진이나 동영상에 덧붙일 위치를 공유하려면 글쓰기 화면에서 위치(◉)를 눌러 공유할 장소를 검색합니다. 장소를 선택한 후에 [게시]를 눌러 장소를 등록하면 게시글에 '-○○○에서'라고 선택한 위치가 나타납니다.

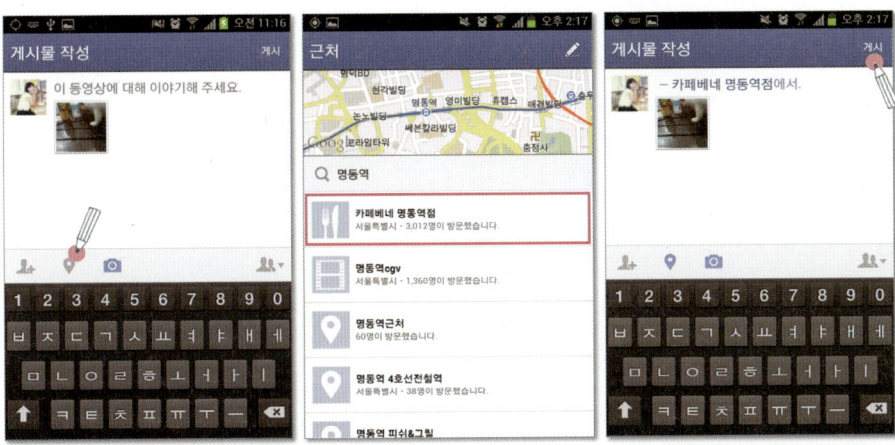

05 게시글 삭제/타임라인에서 숨기기

1 타임라인에 올린 글을 삭제하려면 내 타임라인에서 삭제를 원하는 글의 드롭 다운 버튼(▽)을 누릅니다. 단축 메뉴가 나타나면 '삭제'를 눌러 게시글을 삭제합니다. 내가 쓴 글은 물론 친구가 내 타임라인에 쓴 글도 삭제할 수 있습니다.

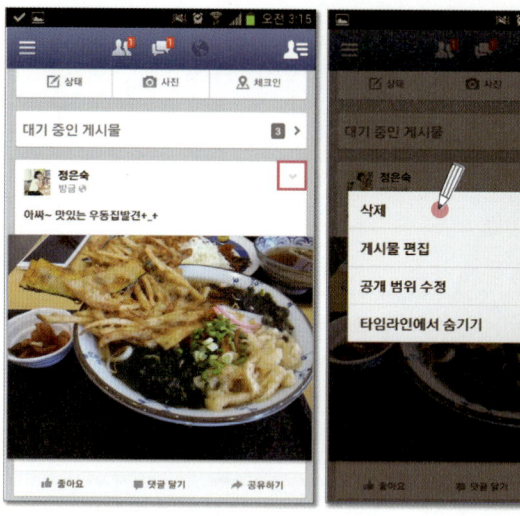

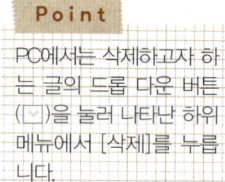

Point
PC에서는 삭제하고자 하는 글의 드롭 다운 버튼(▽)을 눌러 나타난 하위 메뉴에서 [삭제]를 누릅니다.

2 '타임라인에서 숨기기'를 누르면 [이 소식을 타임라인에서 이제 숨겼습니다.]라는 문구가 나타나면서 해당 소식이 타임라인에서 숨겨집니다. [되돌리기] 버튼을 누르면 숨긴 소식이 다시 타임라인에 나타납니다.

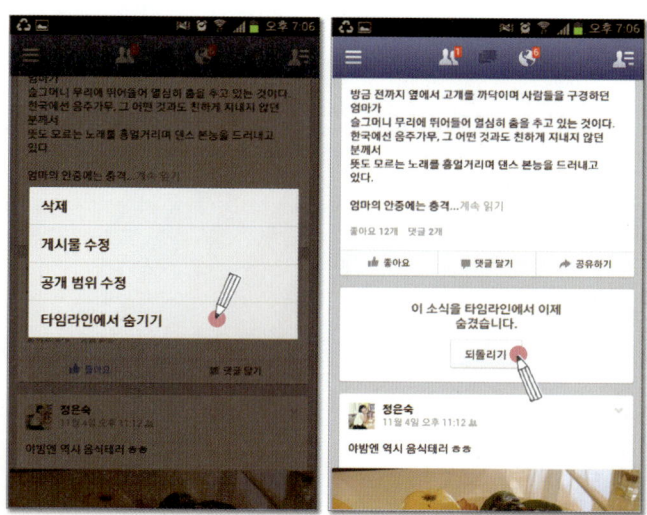

③ 또는 숨김을 해제하기 위해 내 타임라인 화면에서 [활동 로그]를 선택합니다. 해제를 원하는 글의 드롭 다운 버튼(▽)을 눌러 나타난 하위 메뉴에서 '타임라인에 표시'를 선택하면 숨김 설정이 해제됩니다.

06 타임라인 글 공개 설정하기

① 타임라인 글의 공개 범위를 '전체', '친구만', '나만 보기', '친구 리스트' 등으로 설정할 수 있습니다. 공개 설정은 글쓰기 화면에서 공개 범위(👥▽)를 눌러 설정할 공개 범위에 체크합니다.

Point
PC에서는 글쓰기 창 하단의 [친구만]을 클릭해서 올릴 글의 공개 범위 여부를 선택하여 등록할 수 있습니다. 글 작성 후 [게시] 버튼을 눌러 해당 글을 등록합니다.

❷ 타임라인에 게시된 글도 공개 범위 수정이 가능합니다. 수정을 원하는 글 오른쪽의 드롭 다운 버튼( )을 눌러 나타난 단축 메뉴에서 [공개 범위 수정]을 눌러 설정할 공개 범위에 체크합니다.

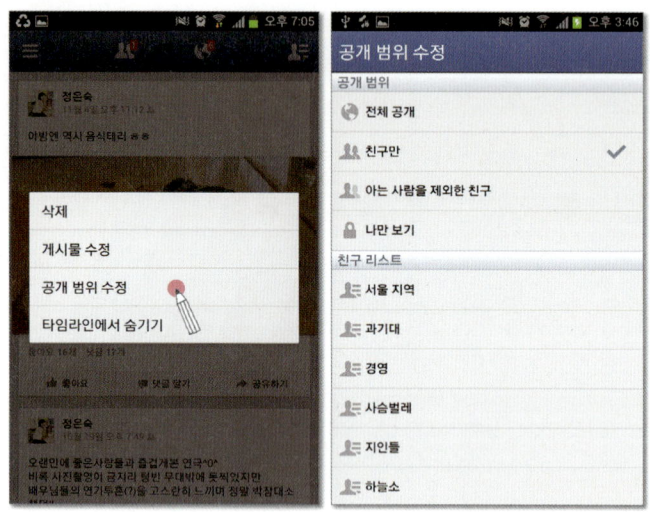

PC에서 타임라인 숨김/해제

숨기고자 하는 글 오른쪽의 드롭 다운 버튼( )을 클릭하여 '타임라인에서 숨기기'를 선택하면 해당 글이 숨겨집니다. 숨긴 글을 해제하려면 내 타임라인 상단의 [활동 로그] 버튼을 클릭하여 나타난 화면의 왼쪽 메뉴에서 [내가 숨긴 게시물]을 선택합니다. 해제할 게시물의 숨김( )을 클릭하여 나타난 하위 메뉴에서 '타임라인에서 허용'에 체크하여 숨기기를 해제합니다.

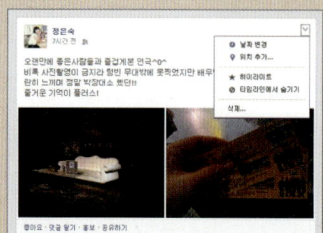

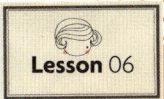

친구에게 공감 표시하기

[좋아요]와 [공유하기]는 친구가 쓴 글에 공감을 표시하는 방법으로, 모두 내 타임라인에 친구의 글이 공유되어 올라갑니다. [좋아요]는 추천과 같은 단순 공감의 개념으로 해당 글에 나의 추가 의견을 덧붙여 올리지 못하지만 [공유하기]는 내 글을 덧붙여서 내 친구들에게 공유할 수 있습니다.

01 좋아요

[좋아요]( )는 일종의 공감 표시로 친구들이 올린 글에 [좋아요]를 누르면 내 페이스북에 해당 글이 게시됩니다. [좋아요]는 페이스북에서 친구들과 소통하는 중요한 기능이기 때문에 적극적으로 활용하는 것이 좋습니다.

페이스북 페이지에 [좋아요]를 할 경우에는 해당 페이지의 팬이 되고 페이지에 글이 올라오면 내 뉴스피드에도 해당 글이 나타납니다.

Point

게시물 하단의 [좋아요 ○○개]를 누르고 상단에 표시된 [○○○님 외 ○○명이 좋아합니다.]를 선택하면 해당 게시물을 [좋아요]한 사람들의 리스트가 나타납니다.

02 공유하기

[공유하기]를 누르면 해당 글이 공유될 뿐 아니라 나의 의견을 추가하여 등록할 수도 있습니다. 게시물을 공유하기 위해 게시물의 [공유하기]를 눌러 친구의 글을 공유합니다.

Point
아이폰에서 [공유하기]를 누르면 '지금 공유하기(공개)', '게시물 작성'이 나타납니다. '지금 공유하기(공개)'를 누르면 해당 글이 바로 공유되며, '게시물 작성'을 누르면 해당 게시물에 내 의견을 덧붙일 수 있습니다.

03 공유 장소, 공개 범위 설정

게시물을 공유할 때 [내 타임라인]을 누르면 '내 타임라인', '친구의 타임라인', '그룹에서' 등으로 공유 장소를 변경할 수 있습니다. 공개 범위(👥▼)를 선택하면 공유하는 글의 공개 범위를 설정합니다.

공개 범위 설정에 따라 아이콘의 모양이 바뀝니다.

친구와 비공개 대화하기

페이스북에서 메시지는 1:1 대화와 같습니다. 서로 친구가 아닌 사이에도 메시지를 주고받을 수 있으며 여러 명에게 동시에 메시지를 보내 그룹 대화도 할 수 있습니다. 상대방이 메시지를 읽었는지 확인이 가능하여 페이스북에서 실시간으로 대화를 나눌 때 편리합니다.

01 메시지 대화하기

메시지 대화를 이용하면 친구와 비공개 대화를 주고받을 수 있습니다. 메시지는 타임라인과 뉴스피드에 표시되지 않으며 대화에 참여하고 있는 친구들 외에는 볼 수 없습니다. 페이스북에서 친구와 대화를 나누고 싶다면 메시지 대화를 이용해봅시다.

① 대화를 원하는 친구의 프로필 화면에서 [메시지] 버튼을 누릅니다. 대화창이 열리면 메시지를 입력합니다.

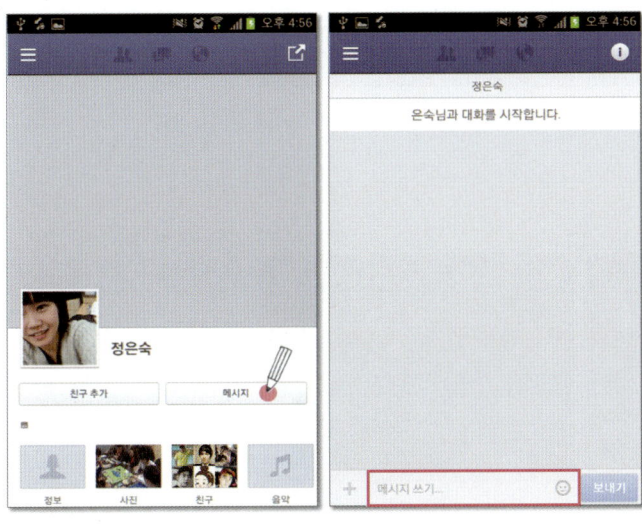

Point

친구와 대화 중 메시지 알림을 끄고 싶을 때는 메시지 창 상단의 [i] 버튼을 눌러 나타난 메뉴에서 [알림]을 누르면 페이스북 [설정] 화면으로 이동합니다. [알림 설정]의 [알림]을 체크 해제하여 메시지 알림을 끌 수 있습니다.

❷ 화살표 모양(➤)의 [위치 공유]를 이용하여 상대방에게 위치를 공유할 수 있으며 스마일 모양(☺)의 [스티커]를 눌러 귀여운 스티커를 사용하여 메시지를 전송할 수도 있습니다.

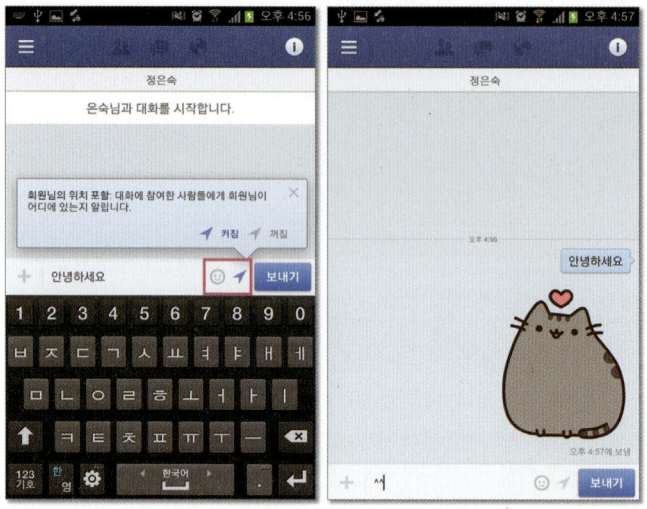

❸ [+]를 눌러 사진이나 음성파일, 이모티콘을 함께 첨부하여 메시지를 보낼 수도 있습니다.

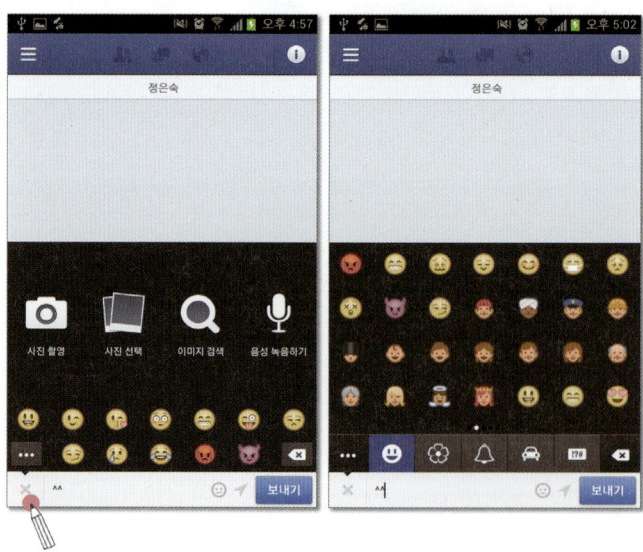

02 여러 명에게 메시지 보내기

여러 명의 페이스북 친구에게 공지나 동일한 메시지 내용을 전달해야 할 경우 페이스북 대화창에서 한꺼번에 메시지를 전달할 수 있습니다.

① 여러 명에게 동시에 메시지를 보내고 싶을 때는 페이스북 설정 메뉴 목록에서 [메시지]를 선택하고 상단의 [새 메시지]를 눌러 받는 사람을 추가한 후 메시지를 보내거나 [새그룹] 버튼을 눌러 받을 사람을 체크하고 메시지를 입력하여 그룹 대화를 시작합니다.

② 전송한 메시지는 대화방에 지정된 친구 모두가 볼 수 있고 참여한 친구들과의 실시간 그룹 대화가 가능합니다.

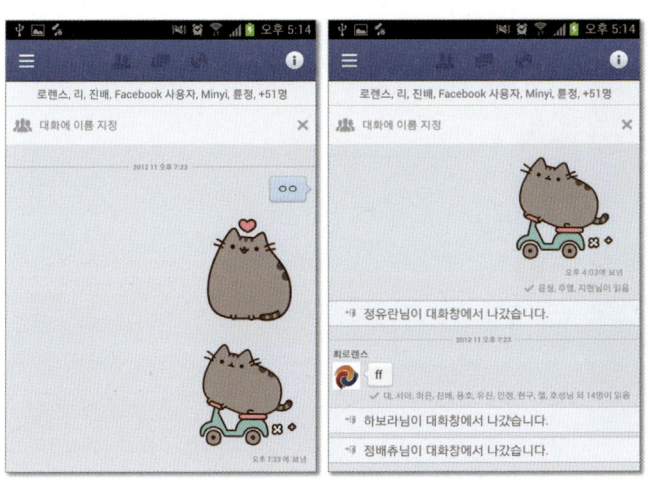

03 메시지 대화 삭제하기

삭제하고자 하는 메시지의 대화창에서 스마트폰의 메뉴 버튼을 누르면 단축 메뉴가 나타납니다. [더보기]를 눌러 나타난 하위 메뉴에서 [삭제]를 누르면 해당 메시지의 대화창을 삭제할 수 있습니다.

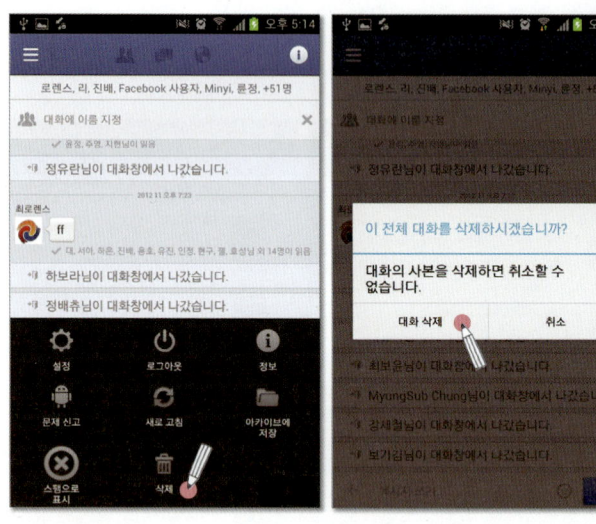

Point
아이폰에서는 메시지 목록에서 삭제하려는 메시지를 길게 누르면 삭제 메뉴가 나타납니다.

친해지기 — 메시지에 친구 추가하기

페이스북 화면의 리스트(📇)를 누르면 친구 목록이 나타납니다. 상단의 '시작하기'에서 여러 친구들을 선택하여 한 번에 메시지를 보낼 수 있습니다.

메시지 삭제 및 읽지 않음 설정

페이스북에서 메시지를 보내면 대화방에 상대방이 해당 메시지를 읽었는지를 표시해 줍니다. PC에서는 읽은 메시지를 다시 읽지 않은 상태로 설정할 수 있습니다. 메시지를 읽지 않은 상태로 되돌리면 메시지는 다시 '읽지 않음'으로 표시됩니다.

1 페이스북 뉴스피드 화면 왼쪽의 [메시지]를 선택하여 메시지 화면으로 이동합니다.

2 해당 메시지의 [작업] 버튼을 클릭한 뒤 '메시지 삭제...'를 선택해서 메시지를 삭제하거나 '읽지 않은 상태로 표시'를 선택하여 메시지를 읽지 않은 상태로 설정할 수 있습니다.

04 스팸 차단하기

메시지 스팸 차단을 하기 위해 차단하고자 하는 메시지 대화창 화면에서 휴대폰의 메뉴 버튼을 누른 후 [더보기]를 누릅니다. 나타난 하위 메뉴의 [스팸으로 표시]를 눌러 대화창 메시지를 스팸처리할 수 있습니다.

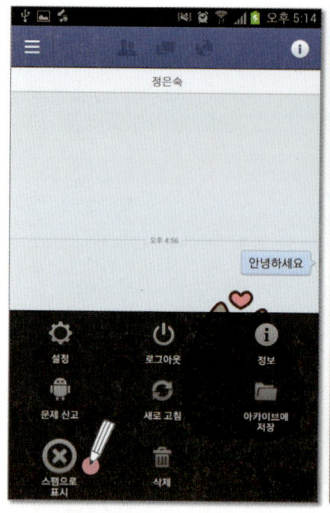

친해지기 — 페이스북 메신저로 친구와 대화하기

페이스북 메신저 앱을 이용하면 다른 앱을 사용하는 중에도 계속 친구와 대화할 수 있고 음성메시지, 사진, 이모티콘 등을 사용하여 페이스북 메시지 대화를 편리하게 이용할 수 있습니다. 페이스북 메신저는 구글 play 스토어에서 '메신저'를 검색하여 다운로드합니다.

스팸 차단/해제

페이스북을 하다 보면 종종 광고성 메시지를 받게 됩니다. 메시지에선 받고 싶지 않은 메시지나 스팸 메시지를 차단할 수 있습니다. 차단한 메시지는 해제하여 다시 받아볼 수도 있습니다.

① 메시지의 [작업]에서 '스팸이나 악용 사례 신고...'를 클릭하면 해당 메시지를 스팸으로 설정할 수 있습니다.

② 차단된 메시지의 스팸 차단을 해제하기 위해 메시지 화면 상단의 [더 보기]를 클릭하고 '스팸'을 선택합니다. 스팸으로 등록된 메시지 상단의 [작업] 버튼을 클릭하고 '스팸이 아님'을 선택하면 스팸 설정이 해제됩니다.

Point
아카이브는 페이스북 내에서 저장된 파일을 한곳에 모아둔 것을 말합니다. 단순한 파일이나 디렉터리 혹은 카탈로그로 된 파일들이며, 페이스북에 저장된 내 정보는 아카이브로 저장되고 메시지도 아카이브로 저장해 둘 수 있습니다. 저장된 메시지 목록은 메시지 화면 [더보기]에서 '아카이브'를 선택하여 확인할 수 있습니다.

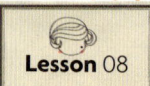

친구 관리하기

페이스북은 서로 친구 수락을 해야만 친구를 맺을 수 있습니다. 친구가 되면 친구가 올리는 글들이 내 뉴스피드에 나타납니다. 한 번 친구를 맺더라도 언제든지 친구 관계를 끊을 수 있으므로 친구들과 지속적인 소통을 하며 친구 관리에 신경을 써야합니다.

01 친구 맺기

친구를 맺고 싶은 사람의 프로필 화면에서 [친구 추가] 버튼을 눌러 친구 신청을 합니다. 상대방이 수락할 경우 친구가 됩니다. 상대방이 나에게 친구 신청을 했을 경우에는 상단의 [친구 요청]을 눌러 나타난 친구 요청 리스트에서 [확인] 버튼을 누르면 서로 친구를 맺을 수 있습니다.

친구 신청을 취소하고 싶을 경우 [친구 요청 전송됨] 버튼을 눌러 친구 요청을 취소할 수 있습니다.

Point

특정 친구의 친구 추천 목록에 내 이름이 나타나지 않게 하려면 PC에서 해당 친구의 타임라인으로 들어가 메시지 버튼 옆의 [설정]을 클릭하여 [신고/차단]을 신청합니다.

02 친구 검색하기

친구 혹은 친구를 맺을 사람을 검색하고 싶을 때는 페이스북 설정 메뉴 목록의 [검색]에서 친구 이름 혹은 메일 주소 등을 입력합니다.

03 친구 차단하기

친구 차단은 친구 끊기와 다르게 상대방이 나의 글을 볼 수 없고 친구 신청을 할 수 없도록 계정을 차단하는 것입니다. 페이스북 설정 메뉴 목록의 [계정 설정]에서 [차단]을 선택하고 차단하고자 하는 사람의 이름 또는 이메일을 입력하고 [차단] 버튼을 누릅니다.

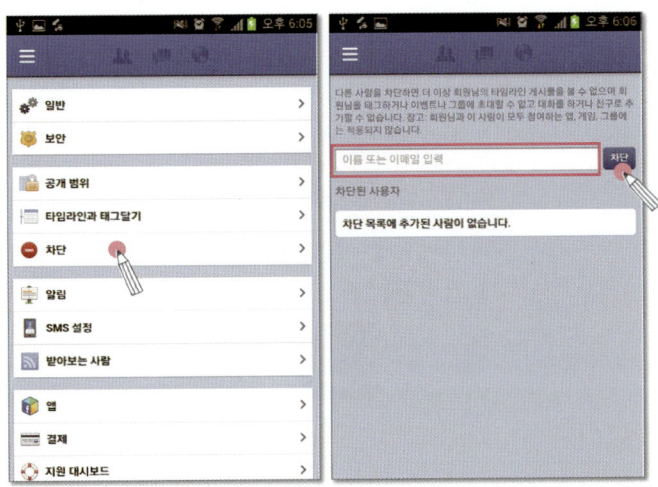

친구 목록 관리하기

PC version

페이스북의 친구가 많아질수록 친구를 관리하기 어려워집니다. 친구 목록을 이용하면 친구 요청을 한 친구에 응답하거나 친구를 끊을 때, 혹은 스팸 계정을 신고하거나 차단하는 등의 설정을 빠르게 할 수 있습니다.

❶ 페이스북 검색창에서 친구 이름이나 이메일을 입력하면 친구를 찾을 수 있습니다.

Point

내가 모르는 사람의 친구 추가 요청을 받고 싶지 않을 때는 [설정]의 [공개 범위 설정]을 클릭하고 [나에게 연락할 수 있는 사람은?]의 [회원님에게 친구 요청을 보낼 수 있는 사람은?]에서 [수정]을 클릭하여 '모든 사람'을 '친구의 친구'로 제한합니다. 전혀 모르는 사람의 친구 요청은 나타나지 않게 됩니다.

❷ 친구 목록을 관리하기 위해 페이스북의 [친구]를 클릭합니다.

❸ 친구 이름 오른쪽의 [친구] 버튼을 클릭하면 나타나는 하위 메뉴에서 [친구 끊기]를 하거나 [신고/차단]을 할 수 있습니다.

❹ 차단된 친구를 해제하기 위해서 페이스북의 [환경설정]을 클릭하여 [계정 설정]을 선택합니다.

❺ [계정 설정] 화면이 나타나면 [차단]을 클릭합니다. [사용자 차단하기]에서 차단된 친구 이름의 [차단 해제]를 클릭하면 친구 차단을 해제할 수 있습니다.

:: 페이스북 주의사항

페이스북은 자유로운 소통 공간이지만 주의할 점과 제한하는 행위, 제재 또한 존재합니다. 리밋(limit)으로 무분별한 친구 늘리기와 하루 올릴 수 있는 게시글 수를 제한하고 기타 정당하지 않은 프로그램을 이용하여 편법적으로 친구를 늘린 계정, 여러 번 신고를 받은 계정, 광고성 계정, 불법 게시물 등록 계정들을 제한하기도 합니다.

▶ **페이스북 리밋**
- **개인 계정 친구 수 제한** : 페이스북에서는 개인 계정의 친구 수를 최대 5,000명으로 제한하고 있습니다. 친구 수가 5,000명을 초과할 경우 더 이상 친구 신청 및 친구 요청 수락을 할 수 없습니다. 추가로 친구를 맺으려면 기존의 친구들 중에서 친구를 끊은 후 다시 새로운 친구와 친구를 맺어야 합니다.
- **가입 그룹 수 제한** : 페이스북의 그룹에도 제한이 있습니다. 그룹은 최대 300개까지 가입할 수 있으며 무분별하게 너무 많은 그룹에 참여하지 못하도록 제한합니다. 새로운 그룹에 참여하려면 기존의 그룹에서 탈퇴한 후 새로운 그룹에 참여해야 합니다.

▶ **스팸 주의**
페이스북에도 최근 스팸이나 해킹이 문제가 되고 있습니다. 스팸 링크를 포함한 메시지를 보내 해당 링크로 접속하면 게임 어플리케이션 등으로 보이게 하여 다운로드를 하도록 유도합니다. 이러한 스팸 메시지의 링크는 절대 클릭하지 말아야 하며 혹시 클릭을 하였더라도 애플리케이션 승인을 거부해야 합니다.

▶ **계정 차단/초대 거절하기**
스팸성 계정이나 원치 않는 계정에서 계속 메시지를 보내온다면 계정을 차단하여 접근을 막을 수 있습니다. 페이스북 [계정설정]의 [차단] 메뉴에서 차단을 원하는 사용자의 이름을 입력하여 설정합니다. 차단 설정 후 차단된 사용자나, 이벤트 우측의 [차단 해제] 버튼을 클릭하여 차단을 해제할 수도 있습니다.

친구 리스트 관리

페이스북을 하다보면 친구들이 많아질수록 많은 글들이 내 타임라인에 올라오게 됩니다. 그러다보면 친한 친구의 글을 보지 못하고 지나치는 경우가 생길 수 있습니다. 이때 '리스트'라는 기능을 이용하면 '학교', '회사', '지역', '관심사' 등으로 친구들을 분류하여 따로 관리할 수 있으며 리스트를 만들면 친구의 글을 리스트별로 볼 수 있어 편리합니다.

01 리스트 만들기

1 페이스북의 메뉴에서 [친구] 그룹에 마우스 커서를 가져다 대면 [더 보기]가 나타납니다. [더 보기]를 클릭하여 친구 리스트 목록으로 이동합니다.

리스트 관리는 PC 버전에서만 가능합니다.

블랙리스트 공개 범위 설정하기

페이스북에서는 리스트별로 공개 범위를 설정하여 관리할 수 있습니다. 리스트를 설정하기 위해 페이스북의 [설정]에서 [공개 범위 설정]을 클릭하고 [내 콘텐츠를 볼 수 있는 사람은?]에서 [공개 범위]에 [사용자 지정]을 선택합니다. [공유 금지 대상] 항목에서 해당 리스트를 검색하여 추가하면 해당 리스트에 내 글이 공개되지 않습니다.

❷ [친구] 화면 상단의 [+ 리스트 만들기] 버튼을 클릭하면 새로운 리스트를 만들 수 있습니다. '리스트 이름'을 입력하고 [만들기] 버튼을 클릭합니다. '멤버'는 리스트를 만든 후에도 추가할 수 있으므로 여기서는 추가하지 않습니다.

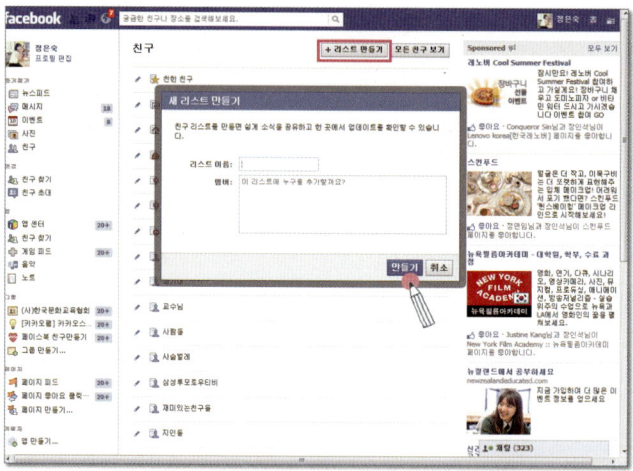

❸ 만들어진 리스트에 친구를 추가하기 위해 즐겨찾기에서 [친구]를 클릭하여 내 친구 리스트로 이동합니다. 리스트에 추가할 친구 이름 옆의 [친구] 버튼을 클릭하면 나타나는 하위 메뉴에서 '다른 목록에 추가'를 클릭하고 추가할 리스트에 체크합니다. 체크한 리스트에 친구가 추가됩니다.

Point
한 친구를 여러 리스트에 중복 체크할 수 있습니다.

02 리스트 목록 관리

1 페이스북 메뉴의 [친구] 그룹에서 [더보기]를 선택한 후, 친구 리스트 목록에서 펜(✎)을 클릭하여 '즐겨찾기에 추가'하거나 '리스트 삭제'를 할 수 있습니다.

2 리스트를 변경하려면 상단의 [리스트 관리] 버튼을 클릭한 후 나타나는 메뉴를 선택하여 편집합니다.

그룹 관리하기

페이스북에서의 그룹이란 작은 커뮤니티 공간으로 같은 관심사를 가진 사람들끼리 모여 소통하는 공간입니다. 뉴스피드에서는 서로 친구가 아닌 사람의 글을 볼 수 없지만, 그룹 내에서 그룹 친구들이 올린 글들은 서로 친구가 아니더라도 볼 수 있습니다. 그룹에 초대되면 따로 수락을 하지 않아도 자동으로 그룹에 참여됩니다.

01 그룹 만들기

1. 페이스북 설정 메뉴 목록의 [그룹]에서 [그룹 만들기...]를 누릅니다. [그룹 이름]을 입력하고 [공개 범위]를 설정한 뒤 [계속하기]를 누릅니다.

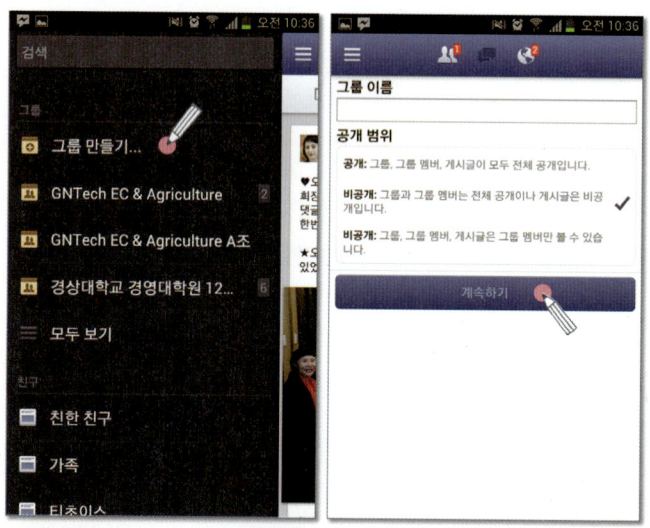

Point

페이스북에서 그룹에 가입하려면 페이스북 검색 창에 관심이 있는 그룹명이나 관심 단어를 입력하여 관련된 그룹을 검색합니다. 원하는 그룹을 찾아 가입신청을 합니다.

❷ [아이콘 선택] 화면이 나타나면 그룹 성격에 맞는 아이콘을 선택하고 [멤버 추가]에서 그룹에 초대할 친구의 이름을 입력한 다음 [선택한 사람 추가] 버튼을 누릅니다. 새로운 그룹이 만들어집니다.

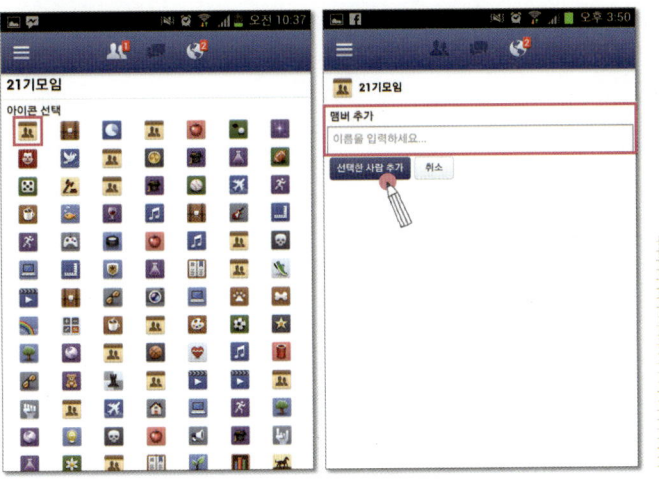

Point
PC 버전에서는 페이스북 메뉴의 [그룹] 그룹에서 [더 보기]를 선택하여 그룹 목록으로 이동한 후 상단의 [그룹 만들기] 버튼을 클릭하여 새 그룹을 만들 수 있습니다.

02 그룹 목록 관리하기

❶ 페이스북 설정 메뉴 목록의 [검색]에서 가입하고자 하는 그룹의 이름을 검색합니다. 해당 그룹의 화면이 나타나면 [그룹 가입하기]를 눌러 가입을 신청합니다. 그룹장이 수락하면 그룹에 가입됩니다.

② 가입된 그룹 화면에서 [더 보기]를 누르면 그룹에 가입한 멤버를 확인하거나 새로운 멤버를 추가할 수 있으며 [알림 설정 수정]을 통해 그룹 게시물의 알림 여부를 설정할 수도 있습니다.

Point
아이폰에서는 [더 보기]가 나타나지 않고 그룹 이름 옆의 ▶를 누르면 그룹 상세정보를 확인할 수 있습니다.

03 그룹 탈퇴하기

그룹 상단의 [더 보기]를 눌러 나타난 화면에서 하단의 [그룹 나가기]를 누르고 [확인] 버튼을 누르면 그룹에서 탈퇴할 수 있습니다. 탈퇴 시 '사람들이 나를 이 그룹에 다시 추가하지 않도록 해 주세요'에 체크하면 친구들이 해당 그룹에 초대하여도 자동 가입이 되지 않습니다.

그룹 게시물 작성하기

01 그룹 문서 작성하기

페이스북 그룹에서는 문서를 활용하여 공유할 수 있습니다. 그룹에서 글쓰기 창의 [파일] 탭을 선택하고 [문서 작성]을 클릭해서 문서를 작성합니다. 작성된 문서는 [수정] 버튼을 클릭하여 그룹 내 사람들끼리 자유롭게 글을 추가하거나 삭제, 편집할 수 있습니다.

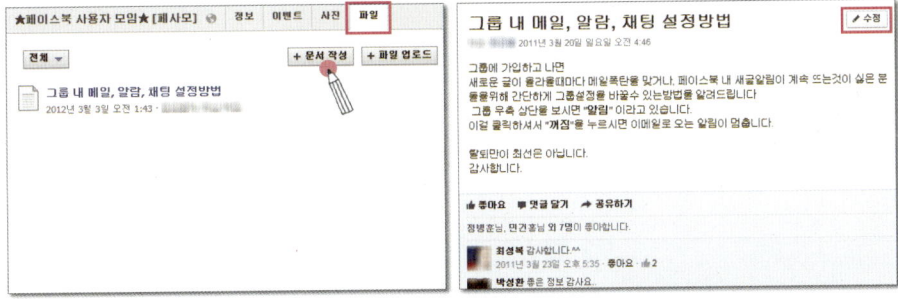

Point
[파일 업로드] 버튼을 클릭하면 25MB 이하의 파일을 첨부할 수 있습니다.

02 투표 만들기

그룹에서 질문하기를 사용하여 그룹 회원들끼리 투표를 진행할 수 있습니다. 그룹의 글쓰기 창 상단의 [질문하기]를 클릭하여 질문할 내용과 항목을 입력한 후 [게시] 버튼을 선택하여 글을 등록합니다. '누구나 옵션을 추가할 수 있도록 허용'에 체크할 경우 그룹 회원들이 항목을 새로 추가할 수 있습니다. 설문조사는 중복 체크가 가능하며 투표한 사람을 확인할 수도 있습니다. 작성된 설문조사 항목은 모바일 페이스북에서도 확인이 가능합니다.

Lesson 11
페이스북 앱 센터

페이스북 앱 센터는 모바일 앱과 웹 앱을 다운받을 수 있도록 구성된 서비스입니다. 페이스북 앱 센터에서 이용할 모바일 앱을 고르고 [다운받기]를 눌러 구글 play 스토어에서 앱을 다운로드합니다. 페이스북과 앱이 연동되어 페이스북에서 쉽게 모바일 앱을 이용할 수 있습니다.

01 모바일 앱 센터 이용하기

페이스북 설정 메뉴 목록의 [게임]을 선택합니다. [앱 센터] 화면이 나타나면 [앱과 게임]을 눌러 필터를 선택합니다.

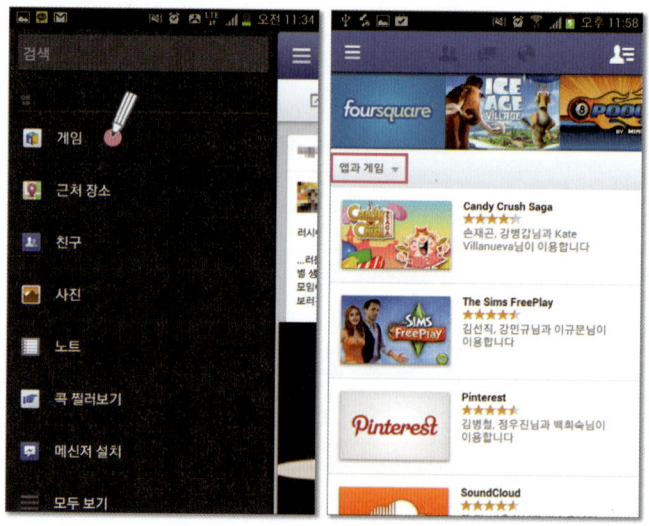

02 모바일 앱 센터 활용하기

① [앱 센터]에서 원하는 필터와 앱을 선택하여 [시작] 버튼을 누르면 구글 play 스토어로 이동합니다. 구글 play 스토어에서 해당 앱을 다운로드하면 페이스북에 연동됩니다.

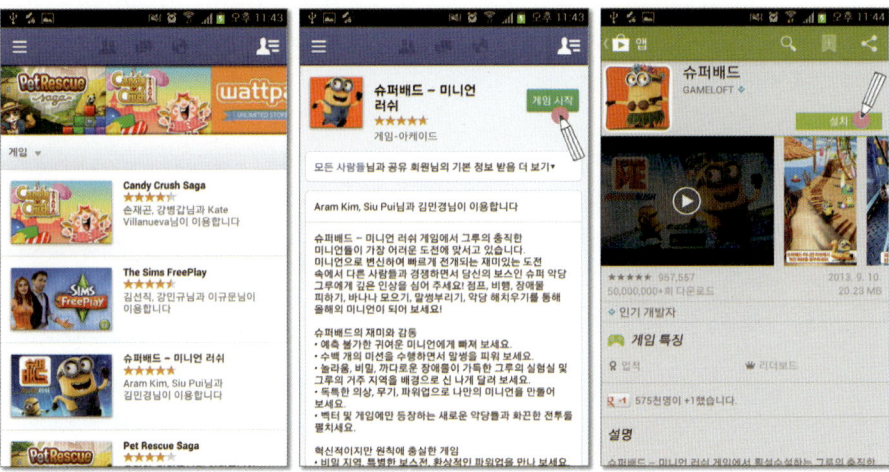

② 페이스북 설정 메뉴 목록의 [계정 설정]에서 [앱]을 선택하면 다운받은 앱의 목록이 나타납니다. 목록에서 해당 앱을 선택하면 앱 삭제 및 설정 변경이 가능합니다.

웹 앱 센터 이용하기

PC에서도 페이스북 앱센터의 다양한 게임과 재미있는 앱을 이용할 수 있습니다. 페이스북 내에서 해당 앱을 이용할 수 있으며 페이스북 친구에게 게임을 추천하여 친구와 함께 앱을 이용할 수 있습니다.

① 페이스북 앱을 실행하기 위해 페이스북 설정 메뉴 목록의 [게임]을 클릭합니다. 앱 센터 창이 나타나면 원하는 앱을 선택합니다.

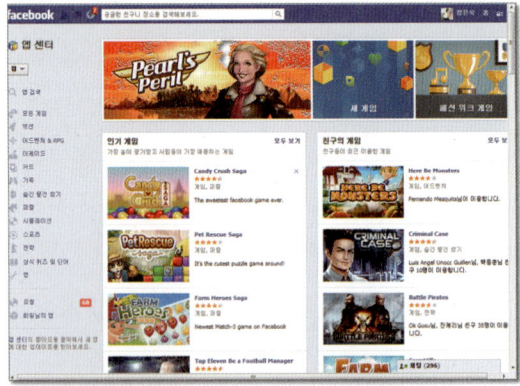

② [게임하기]나 [앱으로 가기]를 클릭하여 앱을 실행합니다. [모바일로 전송]을 클릭하면 모바일에서 해당 앱을 이용할 수 있습니다.

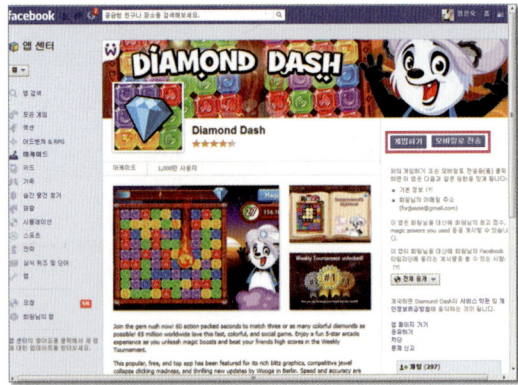

Point

벅스뮤직이나 중앙일보와 같은 타임라인을 이용한 앱은 내가 듣고 있는 음악, 내가 읽은 기사 등과 같이 내가 해당 앱을 이용한 내용을 타임라인에 공유합니다. 내가 [좋아요]나 [공유하기]를 누르지 않아도 자동으로 타임라인에 공유되므로 내가 어떤 앱에 관심이 있는지를 표현할 수 있습니다.

❸ 내가 사용하고 있는 앱의 '활동 공개 설정' 및 '알림 변경', '앱 삭제' 등의 설정 변경을 위해 페이스북의 [환경설정]에서 [계정 설정]을 선택합니다.

❹ 계정 설정 메뉴의 [앱]을 클릭하면 [앱 설정] 창이 나타나며 사용 중인 앱을 확인할 수 있습니다.

❺ [사용 중인 앱]에서 앱의 이름을 클릭하면 '앱 활동 공개 설정'이나 정보 등을 변경할 수 있으며, 앱을 더 이상 사용하지 않을 경우 [앱 삭제]를 클릭하여 앱을 삭제할 수도 있습니다.

페이스북 활용하기

'페이스북 활용하기'에서는 페이스북의 기초적인 기능들 외에
페이스북을 좀 더 다양하게 활용할 수 있는 방법에 대해 설명합니다.
페이스북 친구들을 보다 효과적으로 관리하는 법,
페이스북 이벤트를 만들어 친구들에게 홍보하는 법을 비롯하여
페이스북의 페이지를 이용할 수 있는 여러 가지 활용법에 대해 알려드립니다.
응용이라 하더라도 어렵지 않아 차근차근 따라하다 보면
페이스북을 활용하는데 있어 많은 도움이 될 것입니다.

Lesson 01

나만의 페이스북 페이지 만들기

페이스북 페이지의 가장 큰 장점은 친구 수의 제한이 없다는 것입니다. 누구든 내 페이지에 [좋아요]를 클릭하면 페이지의 소식을 받아볼 수 있게 됩니다. 또 내가 페이지에 올린 담벼락 글이 구글과 같은 검색엔진을 통해서도 노출됩니다.

01 페이지 만들기

페이스북 페이지는 복잡한 절차를 거치지 않기 때문에 누구나 손쉽게 만들 수 있습니다. 개인용 페이지는 물론 커뮤니티, 지역, 브랜드, 밴드 등 다양한 성격의 카테고리를 선택하여 자유롭게 만들 수 있습니다.

① 페이지를 만들기 위해 PC의 페이스북 메인 화면에서 하단의 [유명인, 밴드, 비즈니스를 위한 페이지 만들기]를 클릭하거나 'https://www.facebook.com/pages/create/'에 접속하여 페이지 만들기 화면으로 이동합니다.

페이지 만들기는 PC 버전에서만 가능합니다.

Point

페이지는 사람과 사람이 아닌 관심사와 사람을 연결하고 있어 내가 좋아하는 관심사에 대해 주로 이야기하고 같은 관심사를 가진 사람들과 공유하고 소통합니다. 즉 페이스북 페이지는 더 개방적인 관계를 지향하며 같은 관심사를 가진 사람을 대상으로 개인 브랜드를 만들기에 적합합니다. 때문에 특정 주제나 관심사에 대한 이야기와 정보를 게시하고 해당 주제에 대해 친구들과 교류할 수 있어 개인 페이지를 활용하는 사용자들이 늘어나고 있는 추세입니다.

② 개설하려는 페이지의 해당 카테고리를 선택한 후 상세 카테고리를 지정하고 페이지 이름을 입력합니다. [Facebook 페이지 이용약관에 동의합니다.]에서 약관을 확인하고 체크박스에 체크한 다음 [시작하기] 버튼을 클릭합니다.

③ 페이지를 만들려면 개인 계정이 필요합니다. 페이지를 관리할 개인 계정을 입력한 후 [로그인] 버튼을 클릭해 관리자 계정으로 로그인합니다.

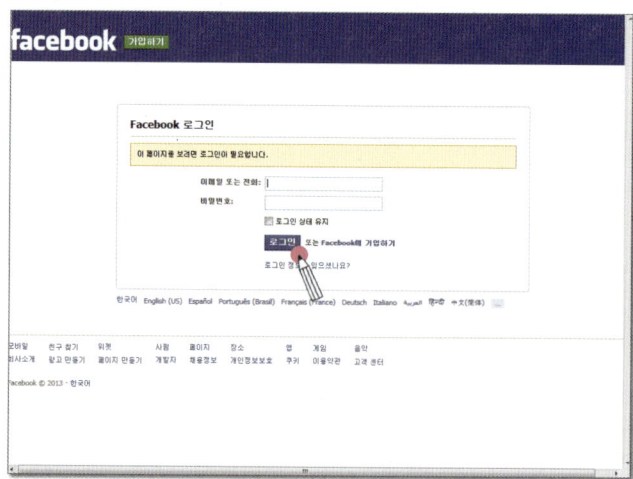

④ 로그인 후 나타난 [1. 페이지 소개] 화면에서 페이지 소개 및 주소 등을 입력합니다. 페이스북 페이지 주소는 사람들이 쉽게 기억할 수 있거나 나에게 의미 있는, 혹은 나와 관련된 주소를 설정하는 것이 좋습니다. 주소를 설정한 후에는 변경이 되지 않으니 신중하게 입력한 후 [정보 저장] 버튼을 클릭합니다.

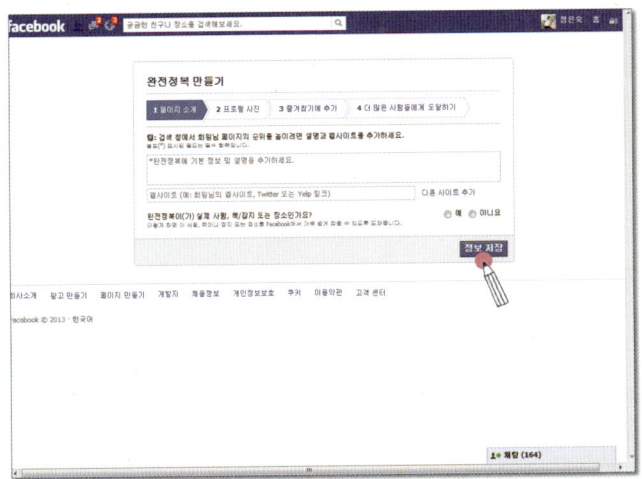

⑤ [2. 프로필 사진] 설정 화면이 나타나면 페이지에 사용할 프로필 사진을 등록한 후 [다음] 버튼을 클릭합니다.

Point
프로필 사진 올리기는 p.26 '프로필 사진 등록하기'를 참고합니다. 사진은 180px 이상의 이미지를 사용해야 합니다.

⑥ [3. 즐겨찾기에 추가] 설정 화면으로 이동합니다. [즐겨찾기에 추가] 버튼을 클릭하면 관리자 계정이 해당 페이지를 빠르게 찾을 수 있도록 즐겨찾기 메뉴에 추가할 수 있습니다. 즐겨찾기를 추가한 후 [다음] 버튼을 클릭하여 다음 단계로 이동합니다.

Point
즐겨찾기에 추가를 원하지 않을 경우는 [건너뛰기] 버튼을 클릭합니다.

⑦ [4. 더 많은 사람들에게 도달하기] 화면이 나타납니다. 페이지 광고는 페이지를 만든 후에도 설정할 수 있으므로 [건너뛰기]를 클릭합니다. [관리자 패널] 화면이 나타나면 페이지가 만들어진 것입니다.

02 페이지 프로필 꾸미기

페이지 활동을 하기 전에 먼저 프로필을 꾸며줍니다. 프로필 사진과 스킨 또한 나의 관심사, 모임의 주제와 관련된 이미지나 문구로 설정해주는 것이 좋습니다.

① 프로필 사진은 관리자 패널에서 프로필 사진에 마우스를 가져가면 나타나는 [프로필 사진 편집]을 클릭하여 변경합니다.

Point
커버 사진을 등록하려면 [커버 추가] 버튼을 클릭한 후 [사진 업로드]를 선택합니다. 설정 방식은 프로필 사진 업로드와 동일합니다.

② 소개 문구는 프로필 사진 아래의 프로필 문구를 클릭하면 나타나는 소개 화면에서 [수정] 버튼을 클릭하여 변경할 수 있습니다.

03 페이지 주소 만들기

처음 페이지를 만들면 페이지 주소가 아래와 같이 복잡하게 나타납니다.
https://www.facebook.com/pages/%EC%99%84%EC%A0%84%EC%A0%95%EB
%B3%B5/516850245070003#!/pages/%EC%99%84%EC%A0%84%EC%A0%95%
EB%B3%B5/516850245070003
친구들이 찾아오기 쉽도록 깔끔한 주소로 변경해봅니다.

1. 관리자 패널 화면의 [페이지 관리]에서 '페이지 정보 업데이트'를 클릭하여 [페이지 정보] 설정 화면으로 이동합니다.

Point
처음 계정을 만들 때 페이지 주소를 미리 입력하면 페이지 주소 설정이 가능하지만, 처음 가입 이후로 페이지 주소를 만들거나 수정할 때는 페이지 팬수가 25명 이상이어야 변경할 수 있습니다.

2. '페이지 주소' 항목에서 [Facebook 페이지 URL 설정]의 [수정]을 클릭하여 주소를 입력합니다. 페이지 주소는 페이지를 좋아하는 팬이 25명 이상이어야 변경할 수 있으며 페이지 주소 변경은 1회만 가능하므로 설정 시 신중하게 선택해야 합니다.

04 페이지 관리자 권한 설정하기

페이지 관리자 권한을 설정하면 그룹이나 모임 관련 등의 페이스북 페이지를 여러 명의 관리자가 운영해야 할 때 유용합니다. 페이지는 여러 명의 관리자를 설정해서 관리자의 개인 계정으로 페이지를 관리할 수 있습니다. 페이스북 페이지 관리자에는 다섯 가지 역할과 일곱 가지 권한이 있습니다.

1 페이지 관리자 권한 설정을 위해 페이지 관리자 패널 화면의 [페이지 관리]에서 '관리자 역할 관리'를 클릭하여 [관리자 역할] 설정 화면으로 이동합니다.

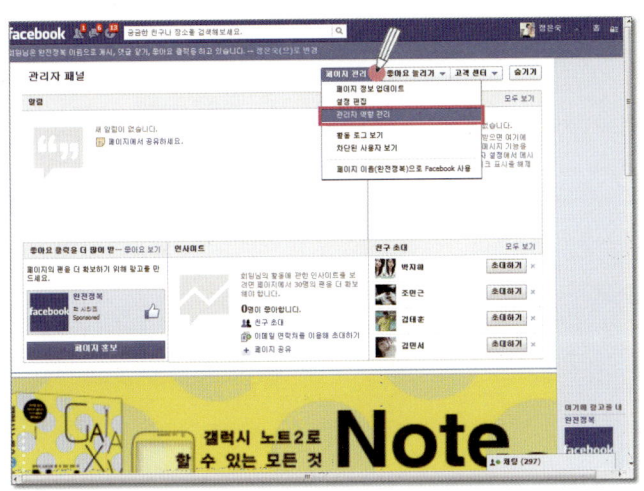

페이지 관리자의 역할과 권한

역할	허용 권한
관리자 권한 관리	매니저
페이지 수정 및 앱 추가	매니저, 콘텐츠 제작자
게시물 작성	매니저, 콘텐츠 제작자
댓글 작성 및 삭제	매니저, 콘텐츠 제작자, 댓글 관리자
페이지 이름으로 메시지 전송	매니저, 콘텐츠 제작자, 댓글 관리자
광고 제작	매니저, 콘텐츠 제작자, 댓글 관리자, 광고 제작자
인사이트 조회	매니저, 콘텐츠 제작자, 댓글 관리자, 광고 제작자, 인사이트 분석자

② 기존 관리자의 역할을 클릭하여 다른 역할로 변경하거나 [다른 관리자 추가]를 클릭하여 새로운 관리자를 추가할 수 있습니다. 정보를 변경한 후 하단의 [저장] 버튼을 클릭합니다.

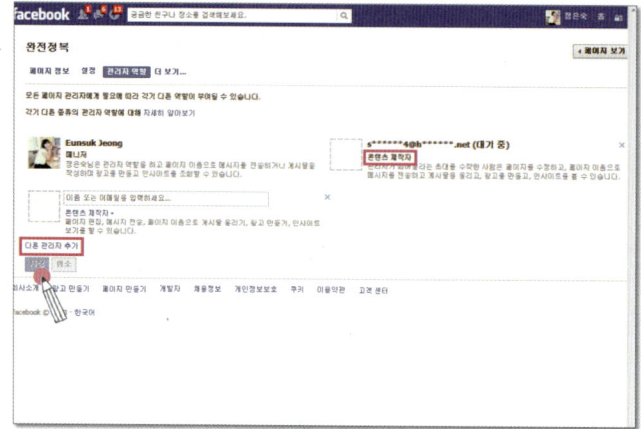

Point
관리자 역할 변경은 매니저만 할 수 있습니다.

05 페이지 통계 자료 보기

페이스북 인사이트는 페이스북 통계 제공 서비스로 나의 페이지에 오가는 사람들의 수치와 공감도, 가장 인기 있는 게시글 등을 알려주어 내 페이지의 현황을 한눈에 볼 수 있습니다.

① 페이지의 통계 수치를 확인하기 위해 페이지 관리자 패널 화면에서 [인사이트]의 '모두 보기'를 클릭하여 인사이트 화면으로 이동합니다.

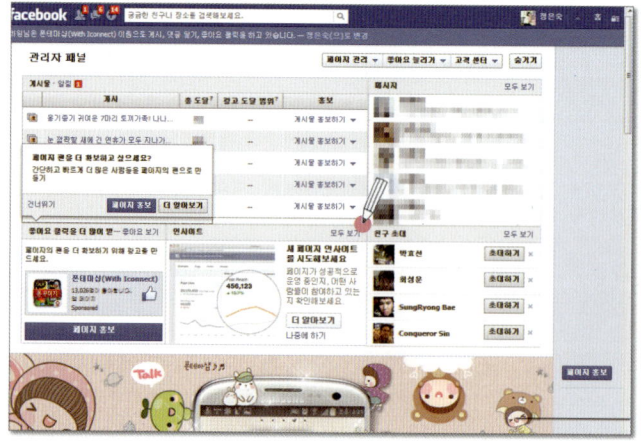

Point
단, 커뮤니티 페이지에서는 [인사이트] 서비스를 제공하지 않습니다.

❷ 인사이트 메뉴는 크게 [개요], [좋아요], [도달], [이야기하고 있는 사람들]의 네 가지 탭으로 구성되어 있습니다. 인사이트의 [개요] 탭에서는 '전체 좋아요 수', '이야기하고 있는 사람', '주간 총 도달 수치'를 그래프로 제공해 주고 페이지 게시물의 수치도 제공해줍니다. 가장 인기 있는 게시물을 쉽게 찾을 수 있습니다.

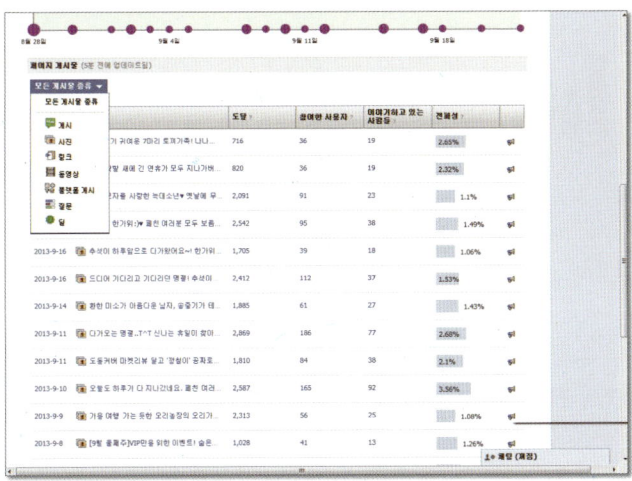

❸ [좋아요] 탭에서는 페이지를 좋아하는 '성별' 및 '연령대', '위치 정보' 등과 '좋아요 출처 정보'를 제공해 줍니다.

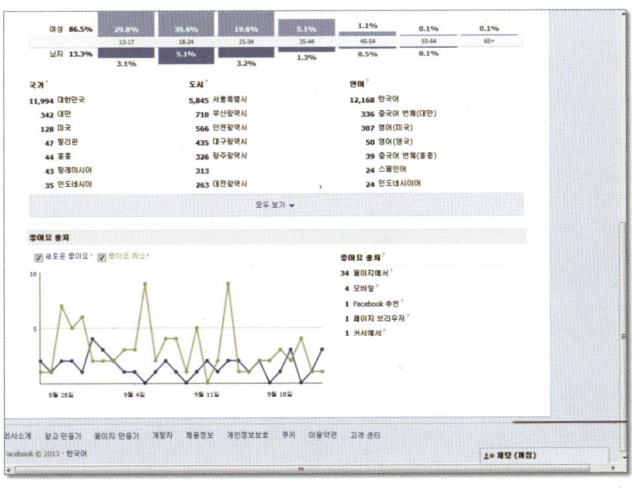

❹ [도달] 탭에서는 페이지가 도달한 사람들의 '성별' 및 '연령대 정보'와 '콘텐츠별 도달 횟수', '페이지 조회 수' 등을 그래프로 제공합니다.

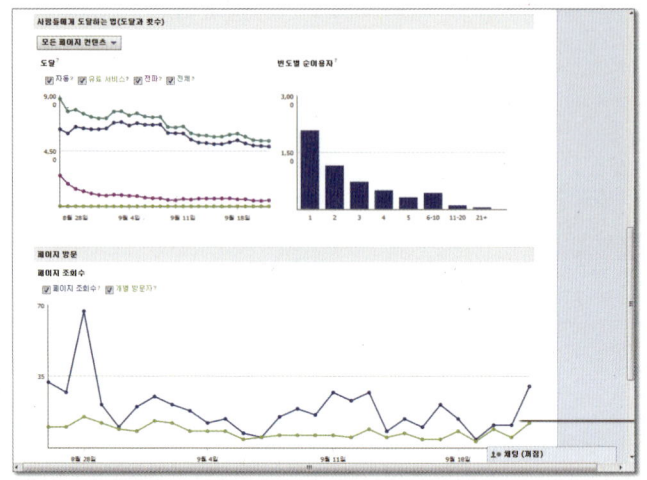

> **Point**
> 도달한 사람은 게시한 페이지 관련 콘텐츠를 본 사람들의 수를 말하는 것으로 페이지 게시물이 노출된 사람들의 수를 측정합니다. 한 사람에게 여러 번 노출될 수 있으므로 도달 수는 노출 수보다 작을 수 있습니다.

❺ [이야기하고 있는 사람들] 탭에서는 게시물을 공유하거나 게시물에 [좋아요]를 클릭하거나 댓글을 단 사람들의 수를 측정합니다. 통계 정보를 확인하기 위해 상단의 날짜 박스에서 기간을 설정한 후 [적용] 버튼을 클릭하면 해당 기간의 통계 수치가 나타납니다.

> **Point**
> 인사이트는 페이지의 팬이 30명 이상일 경우에 볼 수 있습니다.

06 페이지 삭제하기

페이스북 페이지를 운영하다가 해당 페이지를 부득이하게 폐쇄해야 할 경우 [페이지 삭제]를 통해 페이지를 폐쇄할 수 있습니다. 페이지에 팬이 존재할 경우 무작정 삭제하기 보단 충분히 안내를 한 후에 페이지를 삭제하는 것이 좋습니다.

① 페이지를 다시 만들거나 혹은 페이지 운영을 원치 않아 삭제할 경우 페이지 관리자 패널 화면의 [페이지 관리]에서 '설정 편집'을 클릭하여 [설정] 화면으로 이동합니다.

② 하단의 '내 페이지 삭제'를 선택한 후 '페이지를 영구적으로 삭제'를 선택합니다. [페이지를 영구적으로 삭제할까요?]라는 창이 나타나면 [삭제]를 클릭해서 해당 페이지를 영구적으로 삭제합니다. 삭제 후에는 다시 복원이 되지 않으니 페이지 삭제는 신중히 결정하도록 합니다.

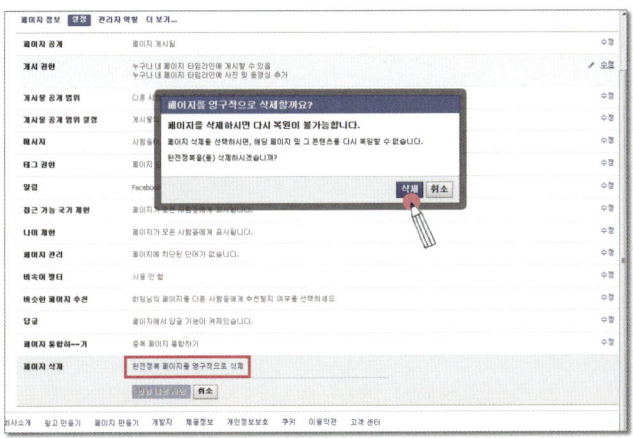

:: 효과적인 페이지 개설 TIP

페이지를 만들 때 어떤 페이지로 운영을 할 것인지에 대한 구체적인 계획을 한 후 만드는 것이 좋습니다. 예를 들어 내가 IT에 대한 관심이 높아 새로 출시된 기기나 사양, 사용법, 후기 등에 대한 페이지를 만들어 커뮤니티로 활용하고 싶다면 페이지의 제목도 IT와 관련된 제목을 설정합니다. 너무 포괄적인 제목보다는 모바일, 전자 제품, 컴퓨터 등 구체적인 제목으로 설정하면 좋습니다.

페이지 주소 또한 주제와 관련된 것으로 설정하면 사용자들이 쉽게 접근할 수 있습니다. 예를 들어 '아이로이드'라는 카페의 페이지를 만들었다면 사용자들이 쉽게 페이지 주소를 기억할 수 있도록 'facebook.com/cafeiroid'와 같이 이름과 연관된 주소를 지정합니다. [환경 설정]의 [페이지 관리]에서 [페이지 정보]를 클릭하면 페이지 주소 설정이 가능합니다.

페이지의 프로필 사진은 페이지의 성격과 관련된 이미지를 사용하는 것이 좋습니다. 커버 사진 역시 기존의 이미지를 그대로 사용하기보다 페이지의 이름과 성격에 대한 간략한 설명이 들어있는 이미지를 만들어서 설정해주면 사용자들이 페이지의 성격에 대해 더욱 쉽게 이해할 수 있습니다.

페이지 운영하기

페이지에 친구들을 모으기 전에 페이지를 어느 정도 정돈해 놓고 친구들을 초대하는 것이 좋습니다. 페이스북 페이지를 효과적으로 운영하기 위해 페이지에 게시글을 올리는 방법과 페이지를 설정하는 방법을 배우고 페이지를 관리해봅시다.

01 페이지 게시글 올리기

페이스북 페이지를 만들었다면 페이지에 게시글을 올려 팬들과 소통해봅시다. 페이스북 페이지는 열린 공간으로 누구나 게시물과 댓글을 볼 수 있습니다. 친구가 공개 페이지에 게시물이나 댓글을 올리면 친구의 타임라인에 소식이 게시되며 뉴스피드에도 나타납니다.

페이스북 페이지는 개인 계정의 타임라인과 비슷한 구조로 사용합니다. 페이지 상태 입력창에서 사진이나 동영상 등을 첨부하여 게시물을 작성할 수 있고 입력창의 [게시물 예약]을 클릭하면 게시 날짜와 시간을 입력해서 게시물을 예약 등록할 수도 있습니다. 입력한 날짜와 시간에 게시물이 업로드됩니다.

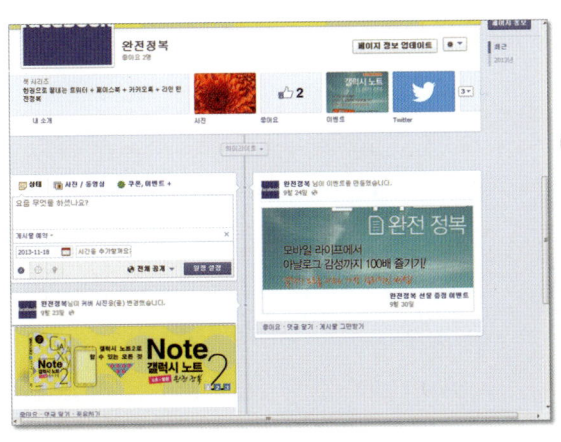

[타게팅 추가]를 클릭하여 '성별', '학력', '위치', '언어' 등으로 타게팅을 추가할 수 있습니다. 이외에도 특정 위치를 공유하거나 공개 범위를 설정하여 게시물을 등록할 수도 있습니다.

Point

페이스북 사용자들이 내 페이지를 계속해서 방문하도록 하려면 적어도 매일 한 번은 새 게시글을 업데이트하는 것이 좋습니다. 그러나 페이지마다 대상이 다르므로 게시 일정을 다르게 실험하고 페이지의 인사이트에서 참여 데이터를 확인하여 가장 효과적인 일정을 선택합니다.

02 페이지 설정 및 관리하기

페이지의 [페이지 정보 업데이트] 버튼을 클릭하고 [설정] 탭을 클릭하면 '페이지 공개', '게시 권한', '게시물 공개 범위', '알림', '페이지 삭제' 등을 변경할 수 있으며, '페이지 관리'에서 특정 단어를 입력하여 제한할 수 있습니다.

'비속어 필터'를 사용하려면 [수정]을 눌러 '끄기', '보통', '강함' 중 하나를 선택합니다. 필터 기준은 가장 많이 신고되는 비속어와 대다수가 불쾌감을 느끼는 단어를 기준으로 선정됩니다.

Point
[페이지 정보] 탭에서는 '페이지 주소', '카테고리', '짧은 설명' 등을 변경할 수 있습니다.

페이지 계정과 개인 계정 활성화

페이지를 홍보하려면 개인 계정도 활성화가 되어야 합니다. 처음 페이지를 만들었을 때 페이지를 [좋아요]하는 팬이 거의 없기 때문입니다. 개인 계정이 비활성화되어 있을 경우 아무리 페이지에 좋은 글을 쓴다고 하더라도 다른 사람의 뉴스피드에 노출되지 않아 페이지의 글을 볼 수 없지만 개인 계정이 활성화되어 있을 경우 나의 페이지를 개인 계정으로 [좋아요]하거나 공유하여 개인 계정과 연결된 많은 친구들에게 페이지를 노출할 수 있습니다.

Lesson 03 페이지 팬 모으기

페이스북 페이지를 만들었다고 해서 끝이 아닙니다. 보다 많은 페이스북 친구들과 소통하거나 내 페이지의 팬을 모으기 위해 먼저 페이스북 개인 계정의 친구들에게 적극적으로 페이지를 알려봅니다. 페이지가 정돈되지 않았을 때 무턱대고 친구들을 초대하기보다는 기본적인 페이지의 구성과 친구들이 흥미를 가질 수 있는 다양한 콘텐츠를 갖춰 놓은 상태에서 초대하는 것이 좋습니다.

01 친구 초대하기

① 페이지에 내 친구를 초대하기 위해 페이지 관리자 패널 화면 상단의 [좋아요 늘리기]를 클릭하고 [친구 초대]를 클릭합니다.

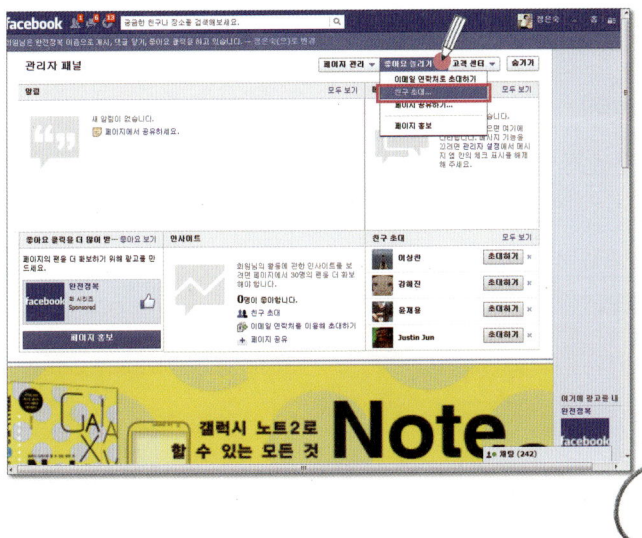

> 페이지 관리자로 로그인하려면 관리자의 개인 계정으로 먼저 로그인한 후 [환경설정]을 클릭하여 [아래 이름으로 Facebook 사용]에서 해당 페이지를 선택합니다.

② [친구들 초대하기] 창이 나타나면 초대를 원하는 친구 이름 옆의 [초대] 버튼을 누르고 [닫기]를 클릭합니다. [이메일 연락처로 초대하기]를 클릭하면 [이메일 연락처를 이용해 초대하기] 창이 나타나며, 사용하고 있는 이메일 주소와 비밀번호를 입력한 후 [연락처에 있는 사람 초대] 버튼을 클릭하면 이메일에 저장된 연락처의 친구들에게 페이지 초대 메일을 전송합니다.

02 페이지 소식 공유하기

① 나와 친구의 타임라인이나 그룹, 메시지로 페이지의 소식을 공유할 수 있습니다. 지속적으로 페이지의 소식을 공유하여 친구들에게 페이지를 노출하는 것이 좋습니다. 소개글을 공유하기 위해 페이지 관리자 패널 상단의 [좋아요 늘리기]에서 '페이지 공유하기'를 클릭합니다.

② 페이지 소개 내용 및 정보를 입력한 후 [공유 위치]를 '내 타임라인'이나 '친구의 타임라인', '그룹', '개인 메시지' 등으로 선택한 후 [페이지 공유] 버튼을 눌러 공유 글을 등록합니다. '썸네일 삭제'에 체크할 경우 썸네일 이미지를 제외한 페이지의 이름과 소개 글만 공유할 수 있습니다.

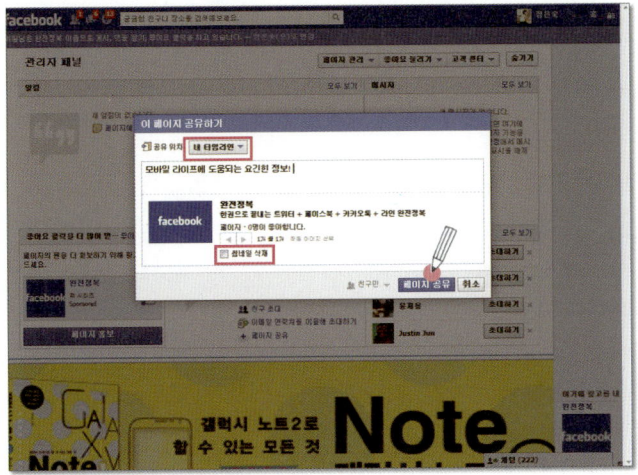

③ 썸네일 이미지를 편집하려면 페이지의 프로필 사진에 마우스를 가져다 대고 나타나는 [프로필 사진 편집]의 '프로필 사진 썸네일 편집'을 클릭합니다.

:: 내 페이지 글의 노출 빈도 높이기

엣지랭크는 게시글이 친구들의 뉴스피드에 노출되도록 페이스북에서 적용하는 알고리즘 같은 것입니다. 내가 글을 올린다고 해서 내 글이 친구들의 뉴스피드에 무조건 노출되지는 않기 때문에 엣지랭크를 잘 파악해서 글을 올리면 좀 더 많은 친구들에게 내 글을 노출할 수 있습니다.

Edgerank＝Affinity(친밀도)×Edge Weight(가중치)×Recency(시간)

엣지랭크가 판단하는 좋은 글의 세 가지 조건은 바로 친밀도, 가중치, 시간입니다. 친밀도는 나와 더 친한 사람을 말합니다. 상대방의 게시글에 좋아요, 공유, 댓글을 많이 남기면 상대 친구의 타임라인에 내 게시물이 잘 나타나게 됩니다. 나는 상대방의 게시글에 많이 반응했지만 친구는 그렇지 않을 경우엔 나의 친밀도가 높더라도 상대방이 나와 친밀도가 높지 않을 수 있습니다.

게시글을 올릴 때 텍스트만 올린 글보다 사진이나 동영상, 링크 등을 첨부한 글들이 가중치가 높아 뉴스피드에 잘 나타납니다. 투표와 동영상이 제일 가중치가 높으며 다음으로는 사진, 링크, 텍스트 순으로 가중치가 매겨집니다.

페이스북 역시 다른 SNS와 마찬가지로 시간순으로 빠르게 콘텐츠가 흘러갑니다. 가중치나 친밀도에 따라 게시 시간이 바뀌지만 대부분 시간이 흐르면 타임라인에 계속 머무르기가 힘듭니다. 최근에 올린 게시물일수록 시의성이 높아 노출빈도가 높습니다.

앞서 이야기한 조건들을 참고하여 페이지의 글을 등록해봅시다. 페이지 글을 작성할 때 글에 동영상이나 사진을 첨부합니다. 무엇보다 평소에 친구들에게 좋아요와 공유, 댓글 등을 통해 친밀도를 높여두는 것이 중요합니다.

Lesson 04 페이지 이벤트 알리기

페이스북에서 유용하게 쓰이는 기능 중 하나인 이벤트를 이용하여 친구들에게 페이지의 이벤트를 홍보합니다. 아주 큰 이벤트가 아니더라도 친구들과의 생일파티부터 공연, 컨퍼런스, 캠페인 등의 다양한 이벤트를 진행할 수 있으며 친구들의 참석 여부를 확인할 수 있어 이벤트 참여도와 인기도를 실시간으로 피드백할 수 있습니다.

01 페이지에 이벤트 만들기

특정 친구들과 공유하는 이벤트일 경우 개인 계정의 이벤트 만들기를 활용하여 다른 페이스북 친구들에게는 노출되지 않도록 이벤트를 공유하면 되지만, 학교 축제나 공연, 파티 등의 많은 친구와 함께하는 이벤트는 페이지에 이벤트를 만들어 참여하는 인원을 늘릴 수 있게 적극적으로 홍보합니다.

① 페이스북 이벤트 페이지를 만들기 이전에 먼저 이벤트 앱을 페이지 탭에 추가해줍니다. 앱을 추가하기 위해 페이지 관리자 패널 화면의 [페이지 관리]에서 '페이지 정보 업데이트'를 클릭한 후 [더 보기]에서 [앱]을 선택합니다.

② 페이지 앱 설정의 [이벤트]에서 '설정 변경'을 클릭합니다. '이벤트 설정 관리' 창이 나타나면 [추가]를 선택한 후 [확인]을 클릭하여 이벤트 앱을 추가해줍니다.

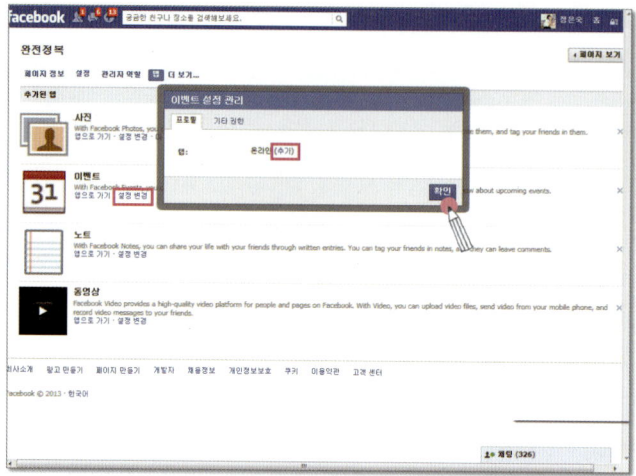

③ [페이지 보기]를 클릭하여 페이지로 돌아가면 페이지 탭에 이벤트 메뉴가 추가된 것을 확인할 수 있습니다. 이벤트 앱을 클릭하여 이벤트 만들기 화면으로 이동합니다.

④ [이벤트 만들기] 버튼을 클릭하여 이벤트 이름과 내용, 장소, 티켓 링크 등을 입력합니다. '관리자만 이벤트 담벼락에 게시할 수 있습니다.'에 체크하면 이벤트 담벼락에 관리자만 글을 등록할 수 있게 됩니다. [타게팅 추가] 기능을 이용하면 이벤트 참여를 원하는 타겟을 설정할 수 있습니다. 모든 항목을 입력하고 [만들기] 버튼을 클릭하여 이벤트를 등록합니다.

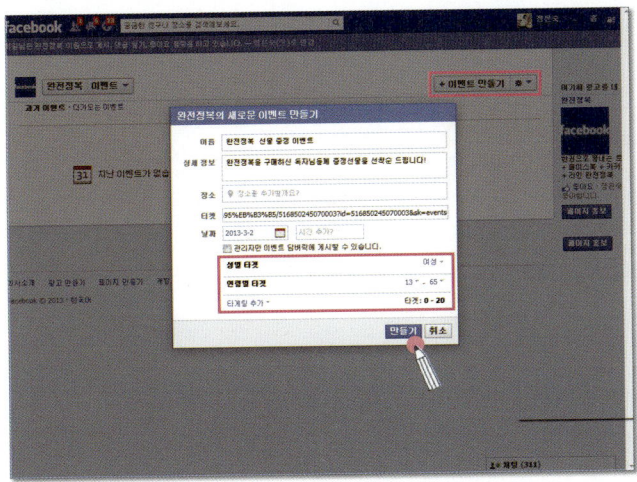

⑤ 이벤트에 사진을 등록하기 위해 이벤트 페이지 상단의 [이벤트 사진 추가] 버튼을 클릭하여 사진을 업로드합니다.

⑥ 사진을 적절한 위치로 배치한 후 [변경 내용 저장]을 클릭합니다. 이벤트 페이지 상단에 이미지가 나타나게 됩니다.

> **Point**
> 이벤트 공유 시 해당 이벤트 이미지가 표시되므로 한눈에 알아보기 쉽게 문구를 포함한 이미지를 사용하는 것이 좋습니다.

02 페이스북 페이지 이벤트 알리기

이벤트 공유를 통해 페이스북에 적극적으로 이벤트를 알려봅니다. 이벤트 페이지의 [이벤트 공유] 기능을 이용하여 나의 타임라인은 물론 친구의 타임라인, 그룹, 다른 페이지 등 다양한 곳에 이벤트를 공유하여 홍보할 수 있습니다.

① 페이지 이벤트를 만들었다면 친구들에게 공유하여 이벤트를 알립니다. 이벤트 페이지 상단의 [설정]을 클릭하여 나타난 하위 메뉴에서 '이벤트 공유'를 선택합니다.

② 이벤트를 소개하는 문구와 함께 공유 위치를 설정하고 [이벤트 공유] 버튼을 클릭하여 이벤트를 홍보합니다. 공유 위치는 '내 타임라인', '친구의 타임라인', '그룹', '내가 관리하는 페이지' 등으로 설정할 수 있습니다.

03 페이스북 이벤트 페이지 유료 광고하기

나와 관련된 지인 또는 모임과 관련된 이벤트는 공유를 통해 이벤트를 알리는 것으로도 충분하지만, 보다 많은 친구들의 참여가 필요한 전시회나 공연, 파티 등은 페이스북 유료 광고를 이용하여 많은 친구들에게 이벤트를 홍보할 수 있습니다.

① 이벤트 페이지의 [이 이벤트 홍보하기]에서 [홍보하기] 버튼을 클릭하면 Facebook 광고 페이지로 이동하여 해당 이벤트의 유료 광고를 진행할 수 있습니다.

Point
페이스북 페이지의 광고도 페이지 이벤트와 동일한 방식으로 진행하며 페이스북 광고는 페이지 관리자로 접근했을 때 이용할 수 있습니다.

② [광고를 통해 어떤 종류의 결과를 얻고 싶으세요?]에서 원하는 광고효과를 클릭합니다.

Point
페이스북 유료광고는 후불 결제 방식으로 사용한 금액만큼만 추후에 결제됩니다.

③ 광고를 진행할 페이지를 선택하여 URL을 입력하고 [계속] 버튼을 누른 후 광고에 사용할 이미지를 업로드합니다.

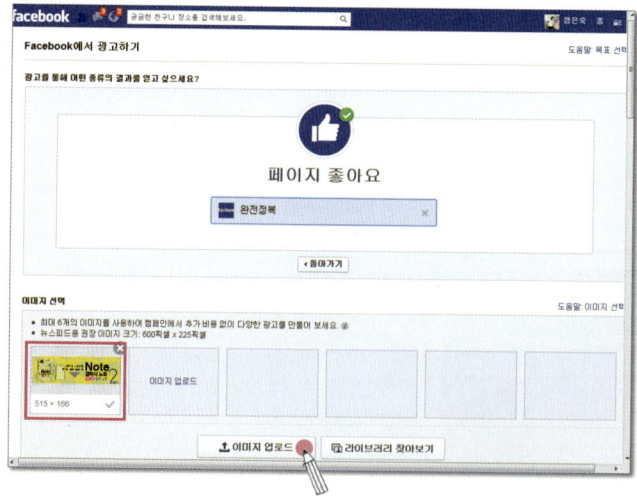

④ [텍스트 및 링크 수정]에서 [제목]과 [텍스트]를 입력하고 [세부 옵션]에서 [랜딩 뷰(랜딩으로 광고가 보일 영역)]를 선택하거나 [광고 배치]에 체크합니다. 미리보기 화면에서 뉴스피드와 오른쪽 칼럼에 표시될 광고를 미리 볼 수 있으며 [타겟 정하기]에서 [위치], [연령], [성별], [세부 관심사], [광범위 카테고리] 등을 상세히 설정합니다.

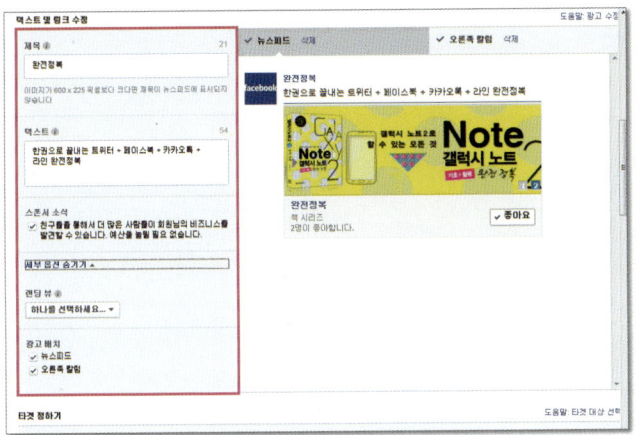

Point
타겟을 확실히 설정해야 광고효과를 최대로 높일 수 있습니다.

⑤ [캠페인과 예산]에서 '캠페인 예산'과 '캠페인 일정'을 입력하고 [주문 검토] 버튼을 클릭하면 [주문 검토] 창이 나타납니다. 광고 내용을 검토한 후에 [주문하기]를 클릭하고 [결재 수단 추가] 대화상자에서 결제 항목을 선택한 후 [계속하기] 버튼을 클릭합니다. 결제에 필요한 신용카드 정보를 입력한 후 [제출] 버튼을 클릭합니다.

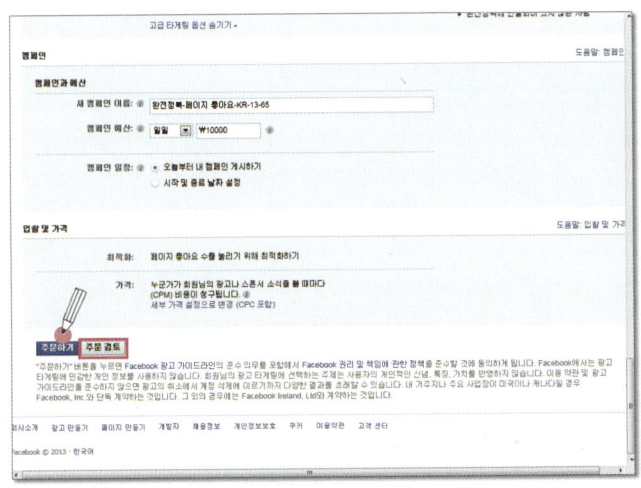

Point
일일 캠페인 예산을 설정해둘 경우 광고비가 크게 청구되는 것을 막아 안정적으로 광고 운영을 할 수 있습니다. 일일 캠페인 예산은 하루 최소 1,000원부터 설정합니다.

⑥ [계속하려면 비밀번호를 입력해주세요]라는 화면이 나타나면 페이스북 계정의 비밀번호를 입력하고 [계속하기] 버튼을 클릭합니다. 광고 관리자 화면이 나타나면 [계정 정보]에 해당 항목을 입력하고 [변경 내용 저장] 버튼을 클릭합니다.

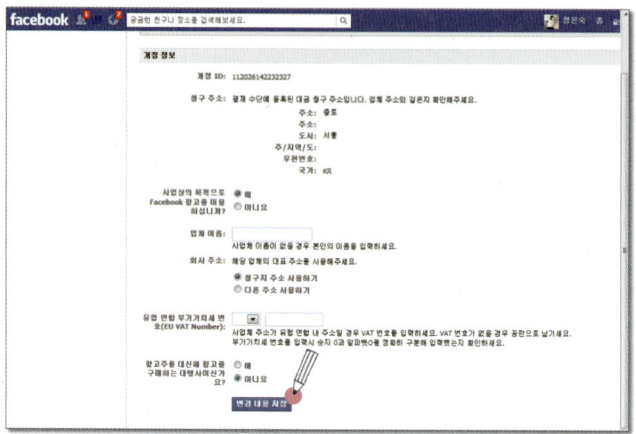

04 광고 관리자 설정하기

[광고 관리자]에서는 페이지에서 진행하고 있는 광고에 대한 통계를 제공하며 광고를 진행하고 있는 이벤트들의 설정 및 정보를 변경할 수 있습니다.

① [광고 관리자]에 접속하기 위해 먼저 페이지 관리자 계정으로 로그인한 후 페이지의 [설정]에서 [광고 관리하기]를 클릭하면 페이지의 광고와 스폰서 소식을 모두 볼 수 있습니다.

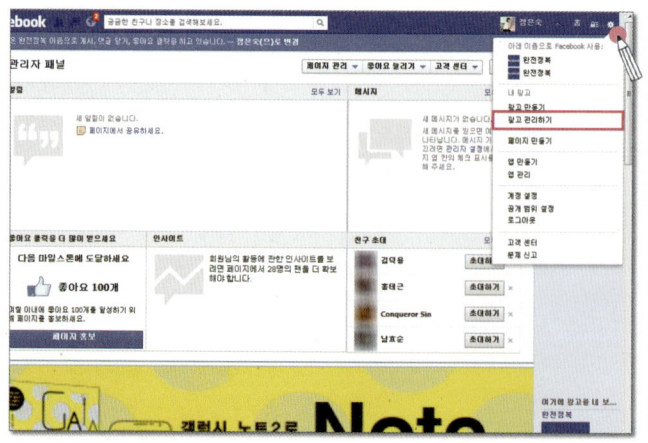

Point
"http://www.facebook.com/ads/manage/"를 브라우저의 북마크에 추가하여 바로 접속할 수도 있습니다.

❷ [광고 관리자]의 메뉴를 이용하여 내가 진행하고 있는 모든 광고의 광고 진행 현황 및 결과를 보고서로 볼 수 있으며 청구된 광고비 또한 확인할 수 있습니다.

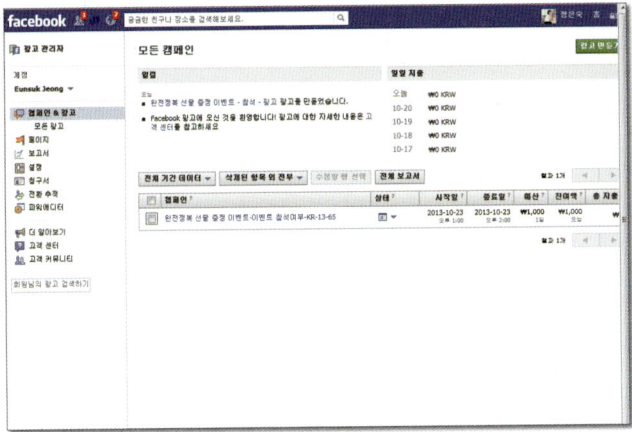

❸ 광고 보고서를 CSV 또는 Microsoft Excel(.xls) 형식의 파일로 변환하여 내보낼 수도 있습니다. [광고 관리자]의 [보고서]를 클릭하여 페이지에서 내보낼 보고서를 만들고 페이지 상단에서 [Export] 버튼을 클릭하여 '보고서 내보내기'를 선택합니다.

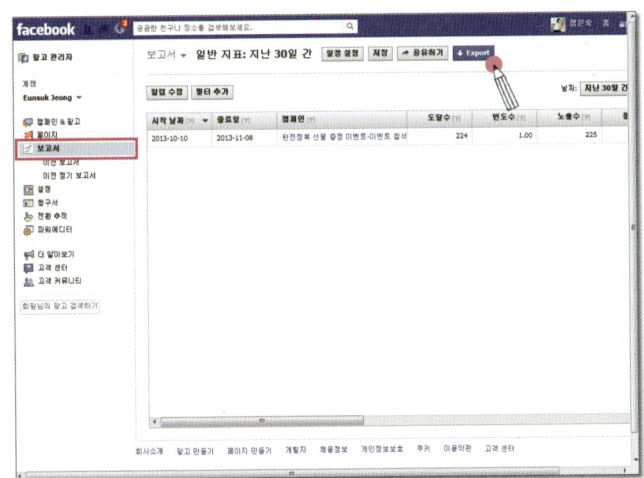

Point

[칼럼 수정] 버튼을 클릭하면 원하는 항목들만 보고서로 볼 수 있습니다. [범위]와 [지표] 항목 중 보고서에 표시하려는 부분에 체크하고 [칼럼 저장] 버튼을 클릭합니다.

★ 101

:: 광고 용어 정리

▶ CPM 광고와 CPC광고
CPM(Cost per Mille)은 노출당 광고비를 지불하는 것이고 CPC(Cost per Click)는 클릭당 광고비를 지불하는 것을 말합니다. CPM은 고객 1,000명 노출 기준으로 입찰이 가능하며 고객에게 나의 광고가 노출될 경우 비용이 집계되고 CPC는 고객이 나의 광고를 클릭했을 때 광고비가 집계됩니다.

▶ 광고/캠페인 ID
보고서의 해당 행에서 추적하는 광고/캠페인의 고유 ID 번호입니다.

▶ 클릭수의 퍼센트(CTR)
총 클릭수에서 보고되는 인구에 포함된 고유한 사용자 클릭수의 비율입니다.

▶ 노출수
광고가 사이트에 게재된 총 횟수입니다.

▶ 소셜 노출수
사용자의 페이지, 이벤트, 앱과 연결된 광고 시청자의 친구에 대한 소셜 컨텍스트*로서 사용자의 광고가 게재된 횟수입니다.

*소셜 컨텍스트(Social Context) : 친구, 친구의 친구, 이벤트, 앱 등과 페이지가 연결되는 모든 관계망

▶ 소셜 클릭률
소셜 클릭수를 소셜 노출수로 나눈 값입니다.

▶ 고유 노출수
보고서의 해당 행에서 추적하는 광고를 본 개별 사용자 수입니다.

▶ 고유 클릭수
보고서의 해당 행에서 추적하는 광고를 클릭한 개별 사용자 수입니다.

▶ 도달
광고 또는 스폰서 소식을 본 사람의 고유한 수입니다.

▶ 총 반응 수
총 반응 수에는 모든 반응 유형과 함께 페이지 및 제목 클릭수가 포함됩니다. 예를 들어, 사진을 클릭한 다음 [좋아요]를 클릭한 사람의 반응 수는 2로 계산됩니다.

Lesson 05 페이지 앱 달기

페이스북 페이지에서 제공하는 기능 외에 다른 홈페이지나 내 블로그, 게임 등을 페이스북 페이지에 연동하거나 직접 만든 웹 페이지를 게시하고 싶을 때 페이스북 페이지 앱을 이용합니다. 페이스북 앱을 이용하여 흥미로운 콘텐츠를 만들어봅시다.

01 앱 센터

페이스북 페이지 앱을 이용하면 페이지에서 제공하지 않는 기능도 사용할 수 있습니다. 페이스북 앱은 누구나 만들 수 있고 공유가 쉽기 때문에 다양한 기능의 재미있는 앱이 많습니다. 하지만 페이스북의 모든 앱을 일일이 검색하여 찾기란 매우 어려운 일입니다. 이때 페이스북 페이지 앱 센터를 이용하면 편리하게 이용할 수 있습니다.

Point

앱의 이름을 모르거나 어떤 기능의 앱이 있는지 몰라 페이지에 연동할 앱을 찾지 못하는 경우 앱 센터의 메뉴에서 원하는 카테고리를 선택합니다. '추천', '인기 급상승', '친구가 사용하는 앱', '평점순' 등으로 앱을 추천해주어 원하는 기능의 앱을 찾는데 도움을 줍니다.

02 페이지에 앱 달기

원하는 기능의 페이지 앱을 찾았다면 이제 내 페이지에 해당 앱을 설치해봅니다. 앱을 페이지에 설치할 경우 Tab 메뉴로 생성됩니다. 페이지 앱은 동영상, 이미지 보기, 블로그, 트위터 글 불러오기, 웹 사이트 통째로 가져오기 등과 같이 그 기능과 활용도가 매우 다양합니다.

① 내 페이지에 페이스북 앱을 추가하려면 먼저 앱센터 혹은 페이스북 검색창에서 설치하려는 앱을 검색합니다. [앱페이지 가기] 버튼을 클릭한 후 해당 앱 페이지에서 [설정] 버튼을 클릭하고 [앱을 페이지에 추가]를 선택합니다.

② 설치된 앱은 나의 페이지 탭에 표시됩니다. 앱 순서는 자유롭게 변경이 가능하며 변경을 원하는 탭의 메뉴에서 [설정 편집]을 눌러 순서를 변경할 수 있습니다.

03 유튜브 앱 달기

유튜브 앱을 페이스북 페이지에 설치하면 유튜브에 올라오는 재미있는 영상들을 페이스북 페이지 안에서 즐길 수 있습니다. 페이지에 유튜브 앱을 설치하는 방법을 알아보고 페이지의 팬들과 영상을 공유해봅시다.

1 유튜브 앱을 검색하여 해당 앱의 페이지로 이동합니다. [앱으로 가기]를 클릭하면 유튜브 앱을 설치할 수 있는 화면이 나타납니다.

2 유튜브 앱을 설치하기 위해 하단에 [Install Application] 버튼을 클릭합니다. [Add Page Tab] 화면이 나타나면 [Choose Facebook Pages]에서 유튜브 앱을 설치할 페이지를 지정하고 [Add Page Tab] 버튼을 클릭하여 앱을 추가합니다.

❸ 내 페이지 탭에 유튜브 앱이 나타납니다. 해당 앱을 선택하면 유튜브 서비스를 페이지에서 바로 이용할 수 있습니다.

04 블로그 앱 달기

페이지에 블로그를 연동해주는 앱을 설치하여 내 블로그를 페이스북 친구들에게 공유할 수 있습니다. 내가 블로그에 새로운 포스팅을 작성하면 페이스북 페이지 블로그앱에서도 글이 업데이트 되어 페이스북 친구들에게 보여집니다.

❶ NetworkedBlogs 앱을 앱 센터 혹은 페이스북 검색 창에서 검색합니다. [앱 페이지 가기]를 클릭하여 해당 앱의 페이지로 이동합니다.

❷ 페이지의 [설정]을 클릭합니다. 메뉴에서 '앱을 페이지에 추가'를 클릭하고 설치할 페이지를 지정하여 해당 앱을 추가합니다.

❸ 내 페이지의 탭에 NetworkedBlogs 앱이 추가되었습니다. 해당 앱을 클릭하여 페이지 앱에 내 블로그를 연동할 수 있습니다.

④ 'How to display posts from your own blog here:'의 'click here to add it now' 링크를 클릭합니다. NetworkedBlogs 홈페이지로 이동하면 [Please login with your Facebook account to continue.] 하단의 [Log In] 버튼을 클릭하여 페이스북 아이디로 로그인합니다.

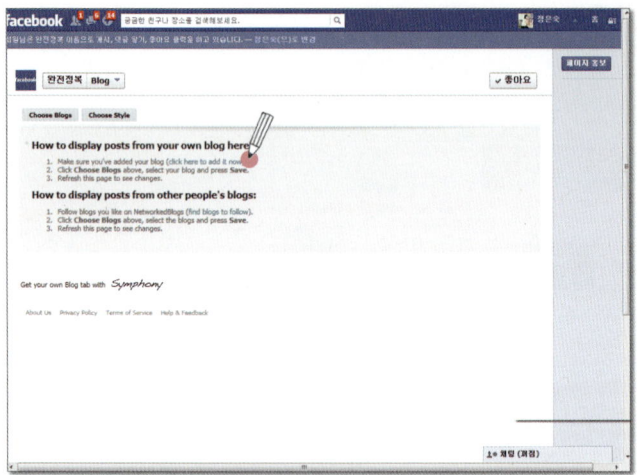

⑤ 페이스북으로 페이지가 연동되면 [확인] 버튼을 클릭하여 앱 접근을 승인합니다. 블로그와 연결하기 위해 [Blog Link]에 연결할 블로그의 주소를 입력한 뒤 [Next] 버튼을 클릭합니다.

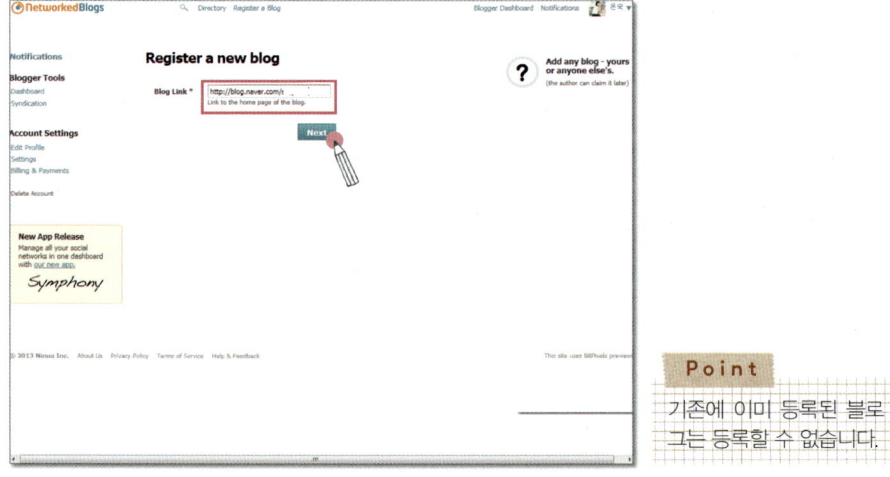

Point
기존에 이미 등록된 블로그는 등록할 수 없습니다.

6 [Register a new blog] 창이 나타나면 '블로그 이름', 'RSS 링크', '언어', '이메일' 등의 블로그 상세 정보를 입력한 후 [Next] 버튼을 클릭합니다.

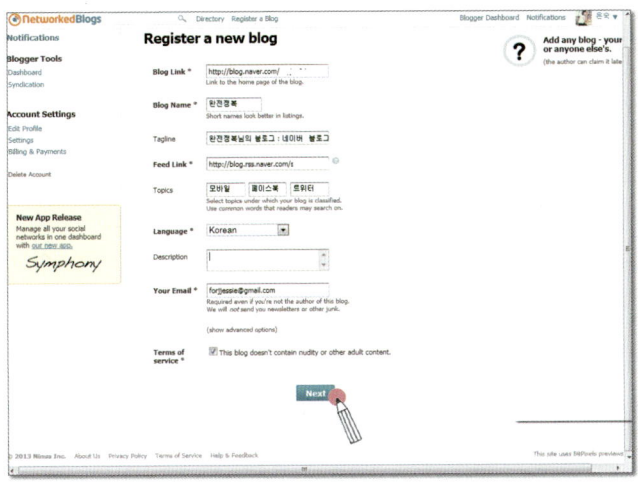

7 블로그 저자 여부를 확인한 후 [Yes] 버튼을 클릭하여 블로그와 페이스북 페이지 계정을 연동해줍니다.

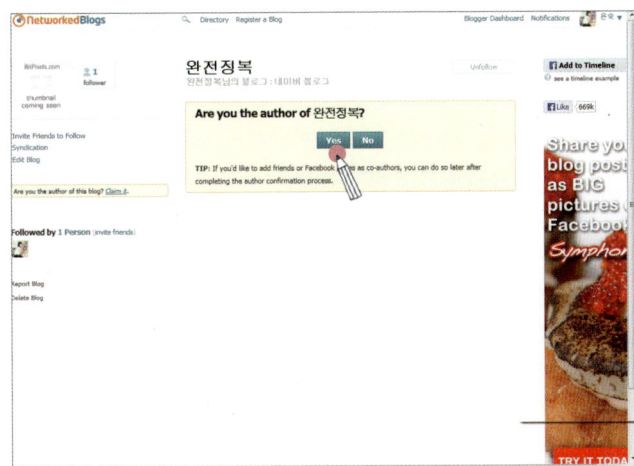

Point
블로그에 위젯 설치를 원한다면 [Install the widget] 화면에서 제공하는 소스를 이용하여 위젯을 설치합니다.

⑧ 다시 페이스북 Blogs 앱 페이지로 돌아와서 오른쪽 상단의 [Choose Blogs] 탭을 선택하여 설정한 블로그에 체크한 후 [Save] 버튼을 클릭합니다.

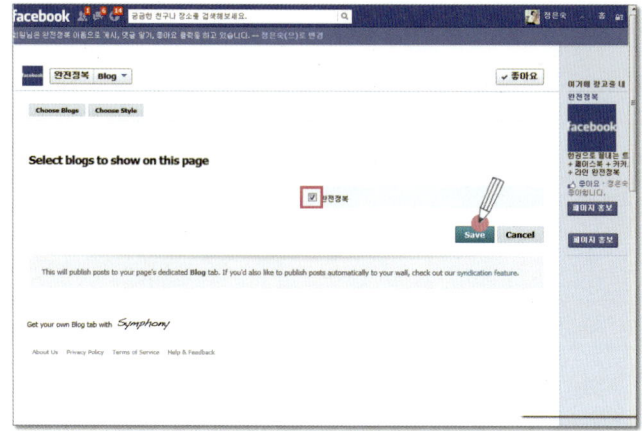

Point
[Choose Style] 버튼을 클릭하면 블로그가 표시될 테마 스타일을 선택할 수 있습니다. 대부분의 테마는 유료로 제공됩니다.

05 트위터 앱 달기

트위터 앱을 설치하여 페이스북 페이지에서 내 트위터의 트윗을 친구들에게 공유할 수 있습니다. 트위터에 트윗을 작성할 경우 페이스북 페이지의 트위터 앱에도 자동으로 글이 업데이트 되어 페이스북 친구들에게 보여집니다.

① 앱 센터 혹은 페이스북 검색 창에서 'Twitter Tab'을 검색합니다. 해당 앱의 앱 페이지 [설정]에서 [앱을 페이지에 추가]를 클릭하여 설치할 페이지를 지정합니다.

② 내 페이지의 탭에 Twitter Tab 앱이 추가되었습니다. 해당 앱을 클릭하면 아직 트위터 설정이 되지 않은 것을 확인할 수 있습니다. 상단의 [Administrator Panel]에서 내 트위터 계정을 입력 후 [Save settings] 버튼을 클릭합니다.

③ 트위터가 연동되어 세팅한 계정의 소식이 실시간으로 올라오는 것을 확인할 수 있습니다.

Lesson 06 페이지 꾸미기

iFrame 앱은 웹사이트의 HTML을 통째로 페이스북 페이지로 가져와 페이지에서 이용할 수 있게 도와줍니다. 이벤트 페이지나 혹은 인포그래픽 같은 재미있는 콘텐츠를 담은 웹 페이지를 활용할 때도 iframe 앱을 활용하여 페이지에 나타냅니다.

01 iframe tap 설치하기

1. Static HTML: iframe tabs를 앱 센터 혹은 페이스북 검색 창에서 검색합니다. [앱으로 가기] 버튼을 클릭하고 [Add Static HTML to a Page] 버튼을 클릭하여 앱을 설치합니다.

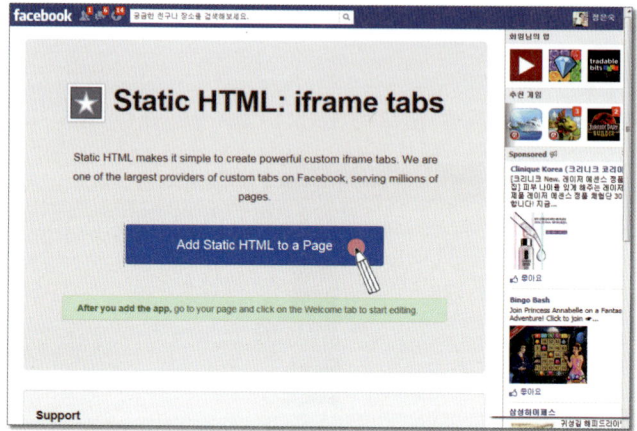

Point
기존 웹페이지를 그대로 가져올 경우에는 해당 사이트의 링크를 iframe 앱으로 가져올 수 있으며 새로운 웹을 만들어 사용하려면 직접 만든 웹페이지를 서버에 올린 후 해당 웹페이지를 가져오면 됩니다. 단순히 이미지만을 가져올 경우에는 웹서버 없이 앱에서 바로 저장된 파일을 불러와 등록할 수도 있습니다.

② 설치를 원하는 페이지를 지정하고 [Static HTML : iframe tabs 추가] 버튼을 클릭하여 앱을 추가합니다. 내 페이지 탭에 앱이 추가된 것을 확인할 수 있습니다.

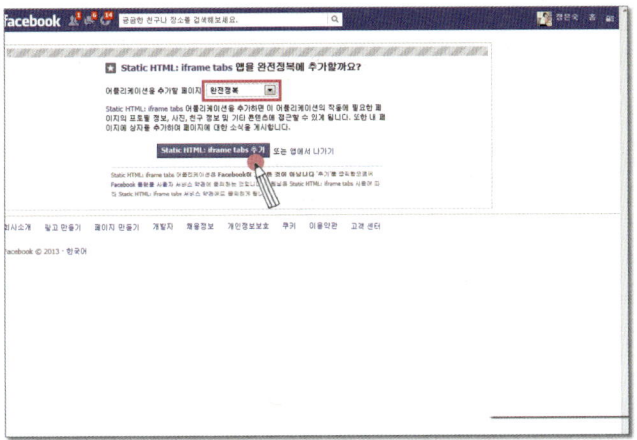

③ 해당 앱을 클릭하여 나타난 설정 화면에서 [Edit tab] 버튼을 선택하여 설정 화면으로 이동합니다. 앱 수정을 위한 관리자 탭으로의 접근은 크롬에서만 가능합니다.

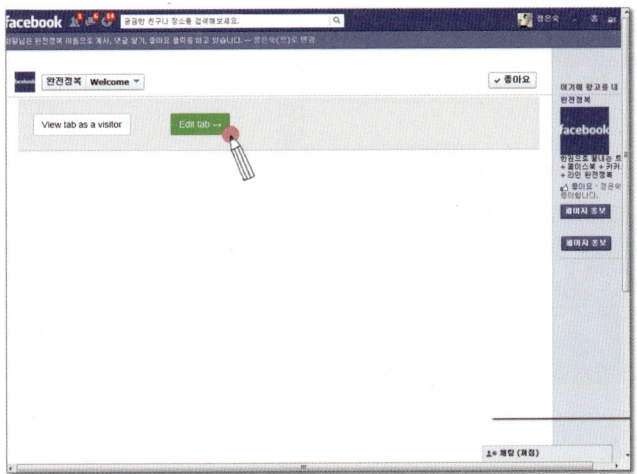

Point
[View tab as a visitor]를 클릭하면 관리자가 아닌 방문자에게 보이는 화면을 확인할 수 있습니다.

02 iframe 앱으로 이미지 가져오기

1. 간단한 이미지를 페이스북 페이지로 가져와봅니다. 관리자 창에서 [See more apps] 버튼을 클릭합니다.

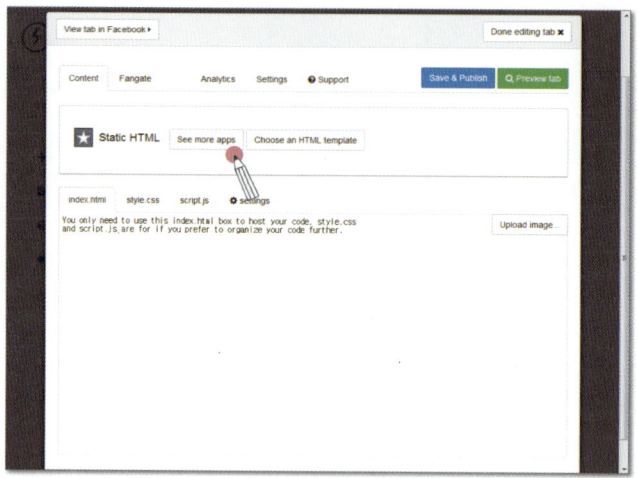

2. [Free apps]에서 [Image]를 선택한 후 [Use Image app] 버튼을 클릭합니다.

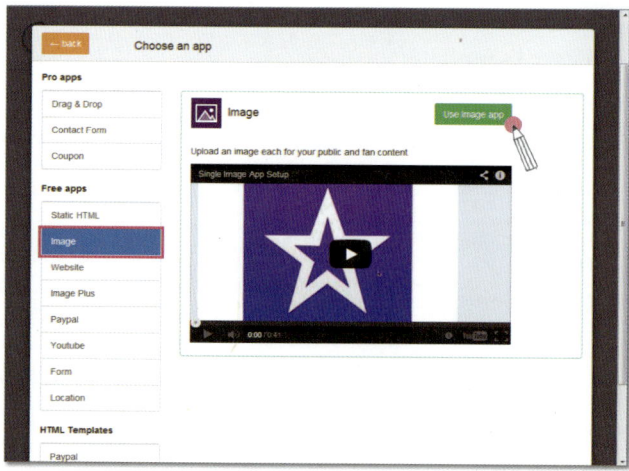

③ [change image] 버튼을 클릭해서 컴퓨터에 저장된 이미지를 불러옵니다. 상단의 [Preview tab] 버튼을 클릭하면 이미지를 미리 보기합니다.

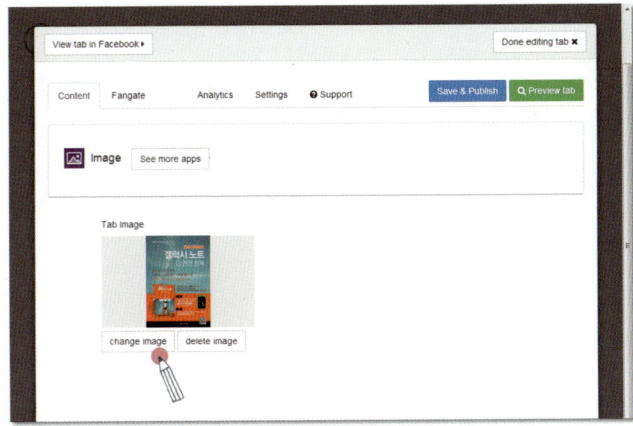

Point
페이지를 [좋아요]하지 않은 방문자들에게도 해당 이미지를 보이려면 상단의 [Fangate]에서 [Enable fangate]에 체크합니다.

④ 저장된 이미지를 사용하지 않고 HTML 소스로 이미지를 불러올 경우에는 [Free apps]에서 [Static HTML]을 클릭한 후 [Use Static HTML app]을 클릭하여 'index.html'에 이미지 소스를 입력하고 [Save & Publish] 버튼을 클릭합니다. 이미지 외에도 직접 만든 웹페이지나, 동영상, 이벤트 등의 내용을 가져와 보여줄 수 있어 다양한 활용이 가능합니다.

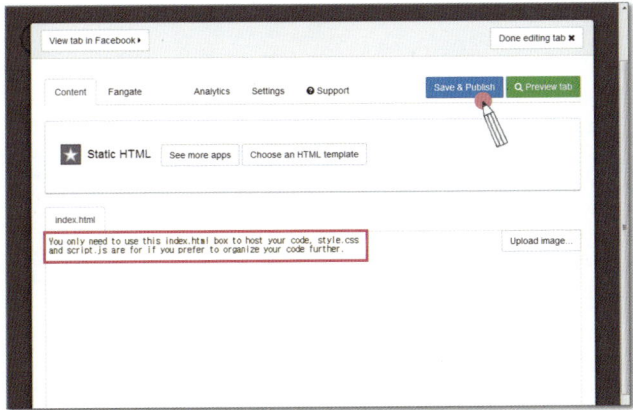

Point
웹사이트를 가져올 때는 [Free apps]에서 [Wsite]를 클릭합니다. 해당 사이트에서 접근을 허락한 경우에만 가져올 수 있으며 시작 주소를 'https://'로 시작해야 합니다. 자신이 운영하는 웹사이트가 있으면 그 웹사이트에 페이스북 페이지용 웹페이지를 만들어 놓고 아이프레임으로 불러오면 됩니다.

소셜 플러그인

소셜 플러그인은 웹 브라우저의 일부로서 쉽게 설치하고 사용할 수 있는 프로그램을 말하며 페이스북 내부는 물론 외부에서도 페이스북을 이용한 좋아요, 댓글, 공유 등의 활동이 가능하게 도와줍니다. 예를 들어 페이스북 페이지에 새로운 앱을 달고 그 아래 소셜 플러그인을 설치하면 해당 화면 안에서 댓글을 달거나 좋아요, 공유 등을 할 수 있습니다. 주요 소셜 플러그인에는 아래와 같은 기능들이 있습니다.

01 좋아요 박스

좋아요 박스는 내 페이지에 [좋아요]를 할 수 있는 버튼과 해당 페이지의 최근 등록된 포스트, 페이지를 [좋아요]한 친구 리스트 등을 표시해주는 박스 모양의 위젯입니다. 페이스북 페이지 혹은 블로그나 홈페이지 등에 설치가 가능하며 입력한 URL의 페이스북 페이지와 연동됩니다.

① 좋아요 박스를 설치하려면 먼저 소셜 플러그인 페이스북 개발자 페이지에 접속한 후 페이지 메뉴의 [Like Box]를 클릭합니다.

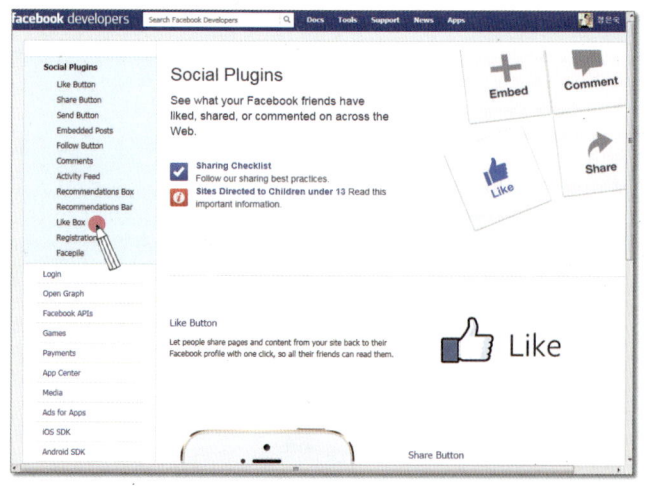

소셜 플러그인 개발자 페이지 주소: https://developers.facebook.com/docs/plugins/

② 페이스북 페이지의 주소를 입력하고 좋아요 박스의 가로와 세로 너비를 지정한 후 'light' 와 'dark' 중 원하는 컬러를 지정해줍니다. 하단에 'Show Header', 'Show Friend's Faces', 'Show Posts', 'Show Border'에 체크하여 좋아요 박스의 구성을 설정할 수 있습니다.

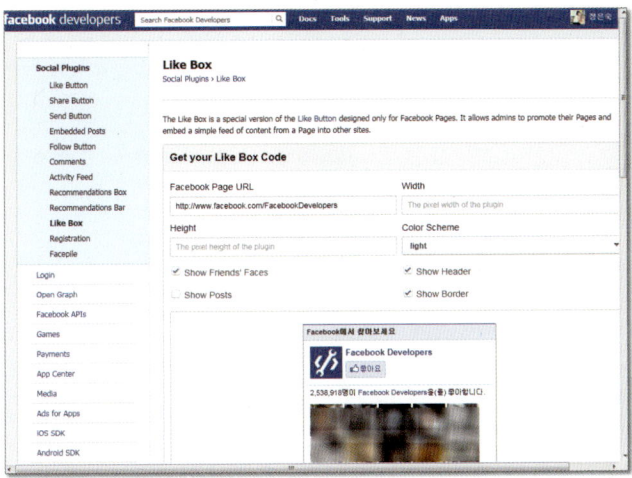

친해지기 — 좋아요 박스 구성 항목

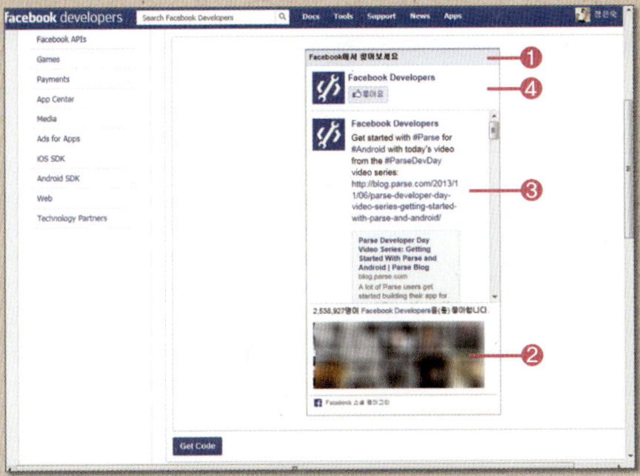

❶ Show Header : 좋아요 박스 상단 표시줄
❷ Show Friend's Faces ★ : 내 페이지에 [좋아요]를 한 사람들 표시
❸ Show Posts : 페이지 타임라인 소식(정보) 표시
❹ Show Border : 좋아요 박스 테두리 표시

❸ 좋아요 박스 미리보기 우측 하단의 [Get Code] 버튼을 클릭하면 HTML5, XFBML, IFRAME 등의 다양한 코드가 나타납니다.

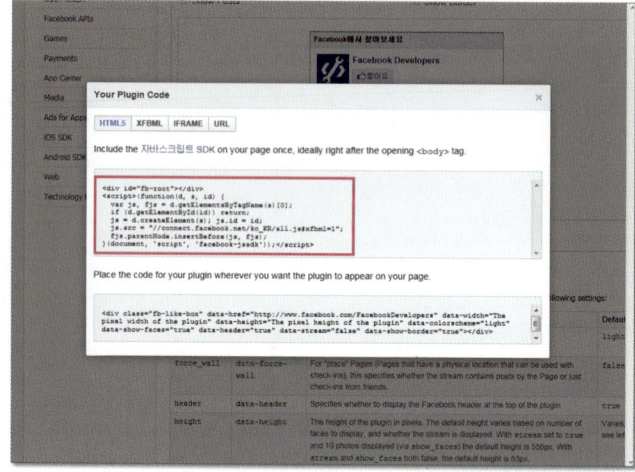

Point
제공 코드는 설치할 미디어의 특징에 맞게 복사하여 사용하면 됩니다. 주로 HTML5이나 IFRAME 소스를 사용합니다.

02 좋아요 박스 활용하기

❶ 좋아요 박스를 직접 페이스북 페이지 앱에 달아봅시다. 좋아요 박스를 설치할 페이지 앱의 [관리자 모드]에서 HTML 편집 메뉴로 이동합니다.

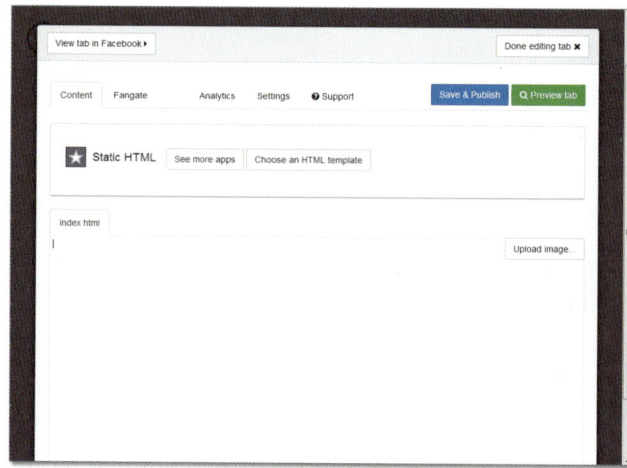

Point
페이지앱의 HTML 편집 메뉴에 대한 설명은 p.112 '페이지 꾸미기'를 참고합니다.

❷ 01 **좋아요 박스**의 ❸번에서 복사한 소스를 붙여넣기 합니다. 여기서는 페이스북 이벤트 이미지 아래에 좋아요 박스가 나타나도록 붙여넣기 하였습니다.

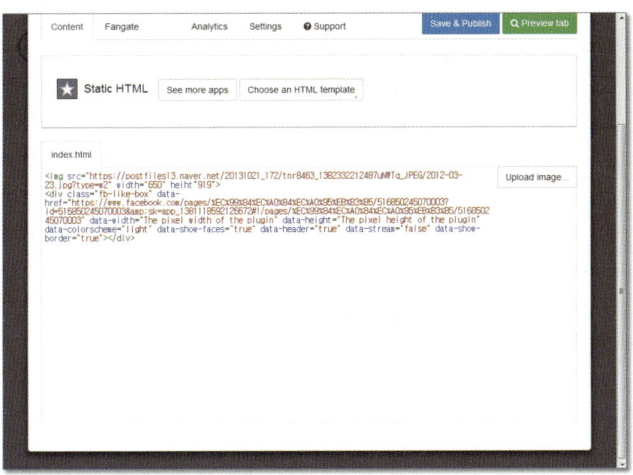

❸ 페이스북 페이지에서 설정한 이벤트 이미지 하단에 좋아요 박스가 나타납니다. 친구들이 이벤트에 [좋아요]를 클릭할 때 소셜 플러그인 생성 시 입력했던 주소의 페이스북 페이지를 [좋아요]하게 됩니다.

👤 03 댓글 상자

댓글 상자는 페이스북 아이디로 사용자가 연계해놓은 사이트의 콘텐츠에 대한 댓글을 작성할 수 있게 해줍니다. 댓글은 작성된 순서대로 보거나 최신 글부터 보기 혹은 소셜 랭킹 순으로 볼 수 있으며 댓글 상자에서 댓글을 작성할 경우 뉴스피드에서도 볼 수 있습니다.

1️⃣ 페이스북 댓글 상자를 페이스북 페이지나 블로그 등에 달기 위해서 페이스북 개발자 페이지 메뉴의 [Comments]를 클릭합니다.

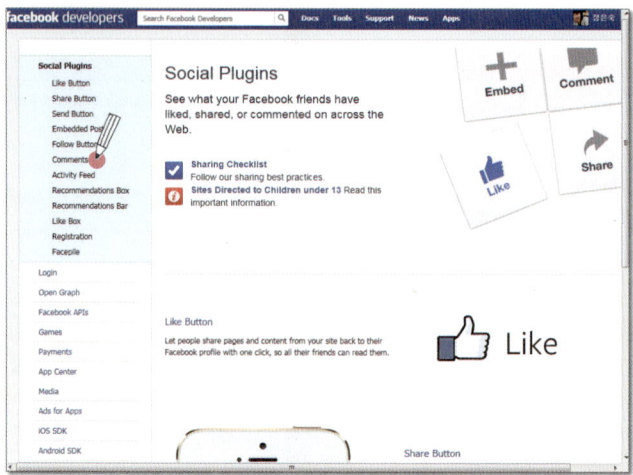

소셜 플러그인 메뉴 알아보기

- **좋아요 버튼** : [좋아요]를 클릭하면 관심이 있는 다른 웹사이트의 콘텐츠를 공개적으로 공유하고 연결할 수 있습니다.
- **보내기 버튼** : [보내기]를 클릭하면 링크 및 선택적 노트를 비공개 Facebook 메시지, Facebook 그룹 게시물 또는 이메일로 공유할 수 있습니다.
- **댓글 상자** : Facebook 계정을 사용하여 다른 웹 사이트에 공개적으로 댓글을 달 수 있습니다.
- **활동 소식** : 친구들이 좋아하는 것, 사이트에서 남긴 댓글이나 공유한 내용을 알 수 있습니다.
- **추천** : 사이트에서 친구들이 가장 좋아하는 콘텐츠를 나타냅니다

❷ 소셜 플러그인 댓글을 설치할 블로그나 페이지 주소를 입력하고 댓글 상자의 가로 사이즈를 설정한 후 표시할 댓글 수를 설정합니다. 'light'와 'dark' 중 원하는 컬러를 지정하고 댓글 상자 미리보기 하단의 [Get Code] 버튼을 클릭합니다.

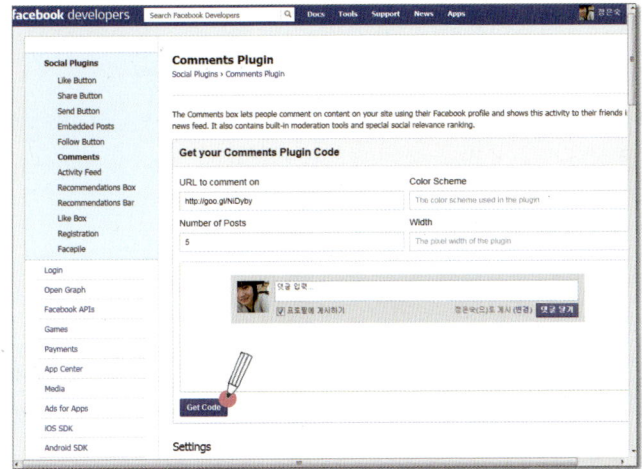

Point
댓글 상자의 사이즈와 컬러를 지정하지 않을 경우 550 픽셀의 light 컬러로 설정됩니다.

❸ [Your Plugin Code] 창이 나타납니다. 다양한 코드를 복사하여 소셜 플러그인 댓글을 설치할 소스창에 복사하여 사용합니다.

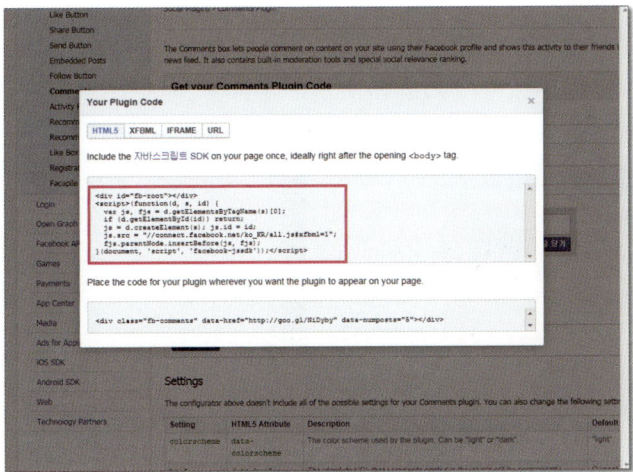

04 댓글 상자 활용하기

댓글 상자 코드 소스를 블로그나 홈페이지, 커뮤니티 등에 붙여 넣어 댓글 상자를 설치할 수 있습니다. 페이스북 페이지 앱에도 댓글 상자를 달아 해당 페이지 앱의 콘텐츠에 대한 의견을 댓글로 남길 수 있습니다.

① 댓글 상자를 직접 페이스북 페이지 앱에 달아봅시다. 페이지 앱의 관리자 모드에서 HTML 편집 메뉴로 이동하고 **03 댓글 상자 설치**의 ❸번에서 복사한 소스를 붙여넣기 합니다. 여기서는 이벤트 이미지 아래에 댓글 상자가 나타나도록 붙여넣기 하였습니다.

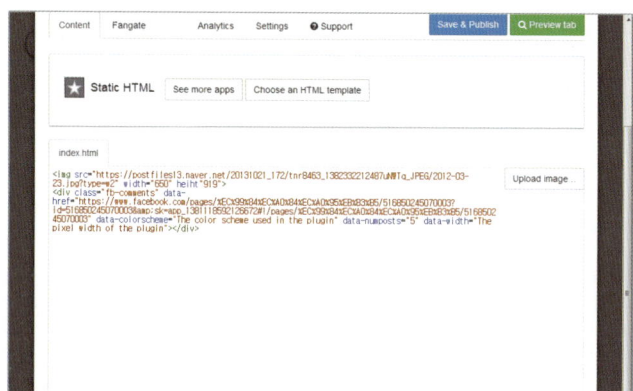

Point
앱마다 관리자 모드 구성과 편집 기능이 다르니 각 앱에 맞춰 편집하도록 합니다.

② 페이스북 페이지에서 설정한 이벤트 이미지 하단에 댓글 상자가 나타납니다. 페이스북 아이디로 로그인하여 댓글을 남길 수 있습니다. 친구들이 댓글을 쓰면 댓글 상자 하단에 댓글이 시간순으로 나타납니다. 해당 댓글을 [좋아요]하거나 댓글에 댓글을 남길 수도 있습니다.

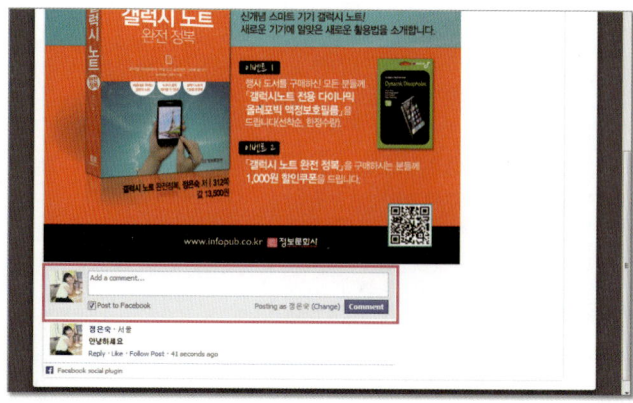

Point
댓글 상자에 좋아요 버튼이나 보내기 버튼을 함께 설치하여 사용할 수도 있습니다.

05 좋아요 버튼

페이스북에서 [좋아요]는 자신의 친구와 콘텐츠를 공유하기 위한 빠른 방법입니다. 사용자들이 좋아요 버튼을 누르면 해당 버튼과 연결된 페이스북 URL을 [좋아요]할 수 있습니다. 좋아요 버튼은 댓글 상자나 보내기 버튼의 소스 코드와 함께 사용할 수 있습니다.

① 페이스북 페이지나 블로그 등에 나의 페이지를 [좋아요]할 수 있는 좋아요 버튼을 설치하기 위해 페이스북 개발자 페이지의 [Like Button]을 클릭합니다.

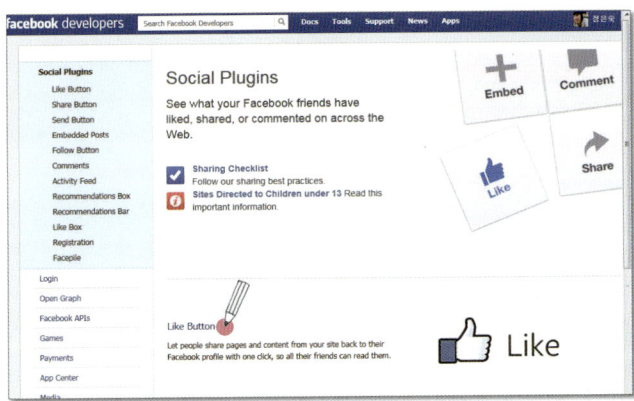

② [좋아요]를 받을 페이지 주소를 입력하고 좋아요 버튼의 가로 사이즈를 설정한 후 'Standard'나 'box-count', 'button-count', 'button' 중에서 원하는 레이아웃 스타일을 지정합니다. [Action Type]에서 [좋아요]와 [추천하기]의 동작 설정을 선택할 수 있습니다. 높이 설정 하단의 'Show Friends's Faces'과 'Include Share Button' 체크박스의 체크 여부에 따라 나의 페이지를 [좋아요]하는 팬의 표시 여부와 보내기 버튼 생성 여부가 설정됩니다.

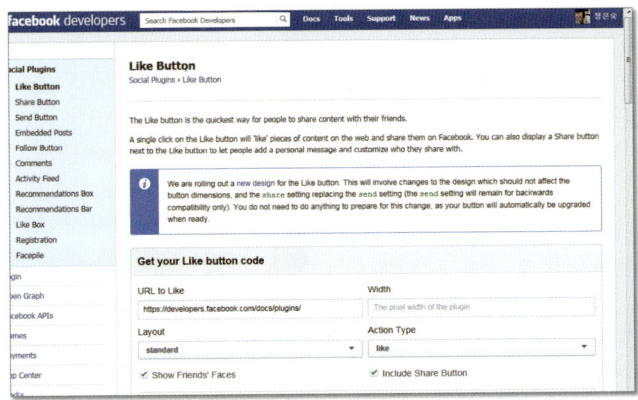

③ 좋아요 버튼 미리보기 하단의 [Get Code] 버튼을 클릭하여 나타난 다양한 코드를 복사하여 사용합니다.

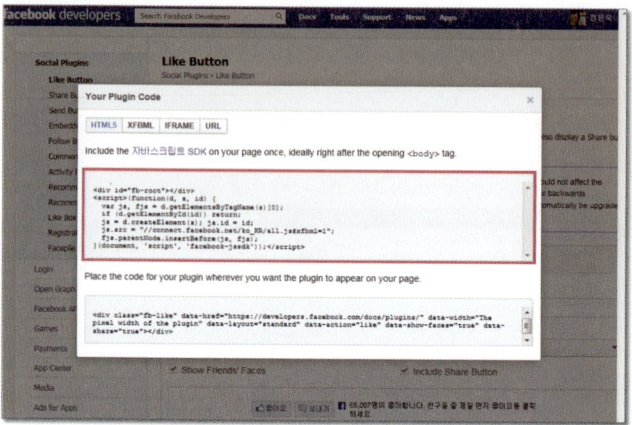

06 좋아요 버튼 활용하기

좋아요 버튼 소스를 블로그나 홈페이지, 커뮤니티, 페이지 앱 등에 붙여 넣어 좋아요 버튼을 설치해봅니다. 설치된 좋아요 버튼을 누르면 연결된 게시물에 [좋아요]가 표시됩니다.

① 좋아요 버튼을 직접 페이스북 페이지 앱에 달아봅시다. 페이지 앱의 관리자 모드에서 HTML 편집 메뉴로 이동하고 **05 좋아요 버튼**의 ❸번에서 복사한 소스를 붙여넣기 합니다. 여기서는 이벤트 이미지 아래에 좋아요 버튼이 나타나도록 붙여넣기 하였습니다.

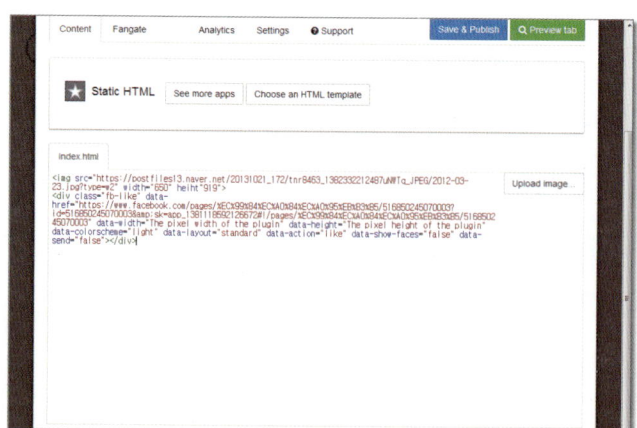

Point
앱마다 관리자 모드 구성과 편집 기능이 다르니 각 앱에 맞춰 편집하도록 합니다.

② 페이스북 페이지에서 설정한 이벤트 이미지 하단에 좋아요 버튼이 나타납니다. 페이스북 아이디로 로그인하여 [좋아요]를 할 수 있습니다. 친구들이 이벤트에 좋아요 버튼을 클릭하면 좋아요 버튼 생성 시 입력한 페이지 주소를 [좋아요]하게 됩니다.

07 보내기 버튼

보내기 버튼을 설치하면 보내기 버튼 입력창에 자신의 페이스북 친구나 그룹을 지정하여 입력한 URL의 페이스북 페이지를 공유할 수 있습니다. 공유 시 추가 메시지 내용을 덧붙일 수 있고 이메일 주소로도 공유할 수 있습니다.

① 페이지의 [Send Botton]을 선택한 후, 보내기를 원하는 페이지 주소를 입력하고 보내기 버튼의 컬러 스타일을 설정한 후 가로, 세로 사이즈를 지정합니다.

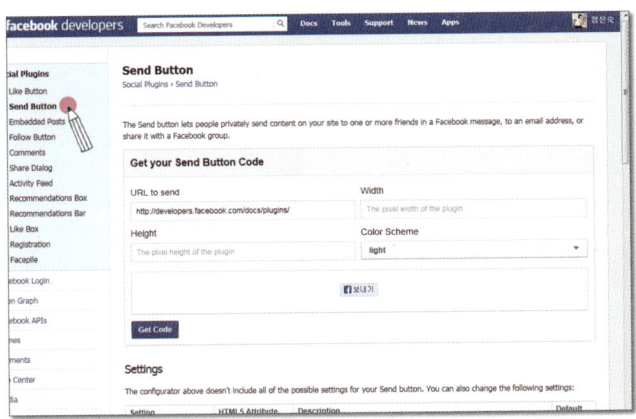

② 보내기 버튼 미리보기 하단의 [Get Code] 버튼을 클릭하여 나타난 다양한 코드를 복사해서 사용합니다.

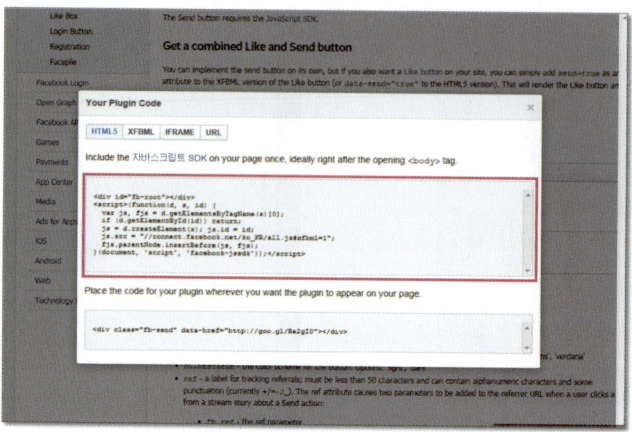

08 보내기 버튼 활용하기

보내기 버튼을 작성한 콘텐츠 하단에 설치하여 해당 콘텐츠를 친구들이 공유할 수 있도록 설정합니다. 페이스북 페이지는 물론 블로그나 홈페이지에서 만든 콘텐츠를 친구들이 자신의 페이스북으로 공유하게 하여 많은 사람들에게 노출할 수 있습니다.

① 보내기 버튼을 직접 페이스북 페이지 앱에 달아봅시다. 페이지 앱의 관리자 모드에서 HTML 편집 메뉴로 이동하고 **07 보내기 버튼** ❸번에서 복사한 소스를 붙여넣기 합니다. 여기서는 이벤트 이미지 아래에 좋아요 버튼과 보내기 버튼이 함께 나타나도록 붙여넣기 하였습니다.

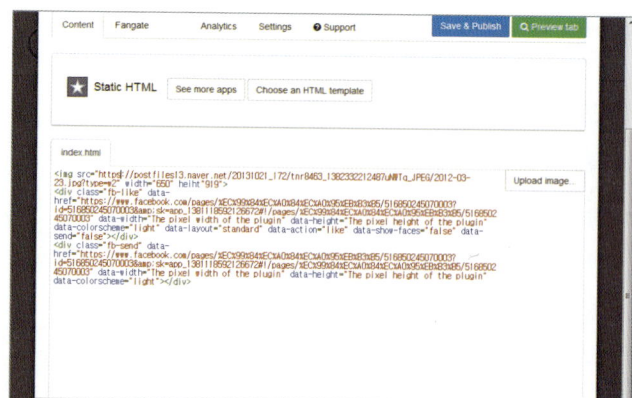

Point
앱마다 관리자 모드 구성과 편집 기능이 다르니 각 앱에 맞춰 편집하도록 합니다.

② 페이스북 페이지에서 설정한 이벤트 이미지 하단에 보내기 버튼이 나타납니다. 페이스북 아이디로 로그인하여 보내기할 수 있습니다. 친구들이 이벤트 페이지를 보내기할 경우 보내기 버튼 생성 시 입력한 페이지 주소를 친구가 선택한 친구나 그룹에 함께 공유합니다.

좋아요 버튼 vs 좋아요 박스

소셜 플러그인의 좋아요 버튼(👍좋아요)은 버튼 모양으로 설치되며 해당 버튼을 누를 경우 입력된 주소의 페이스북 계정이나 페이지가 [좋아요]됩니다.
좋아요 박스는 좋아요 버튼과 함께 해당 페이스북 계정이나 페이지의 콘텐츠가 표시되며 해당 계정을 [좋아요]한 친구들도 함께 나타납니다.

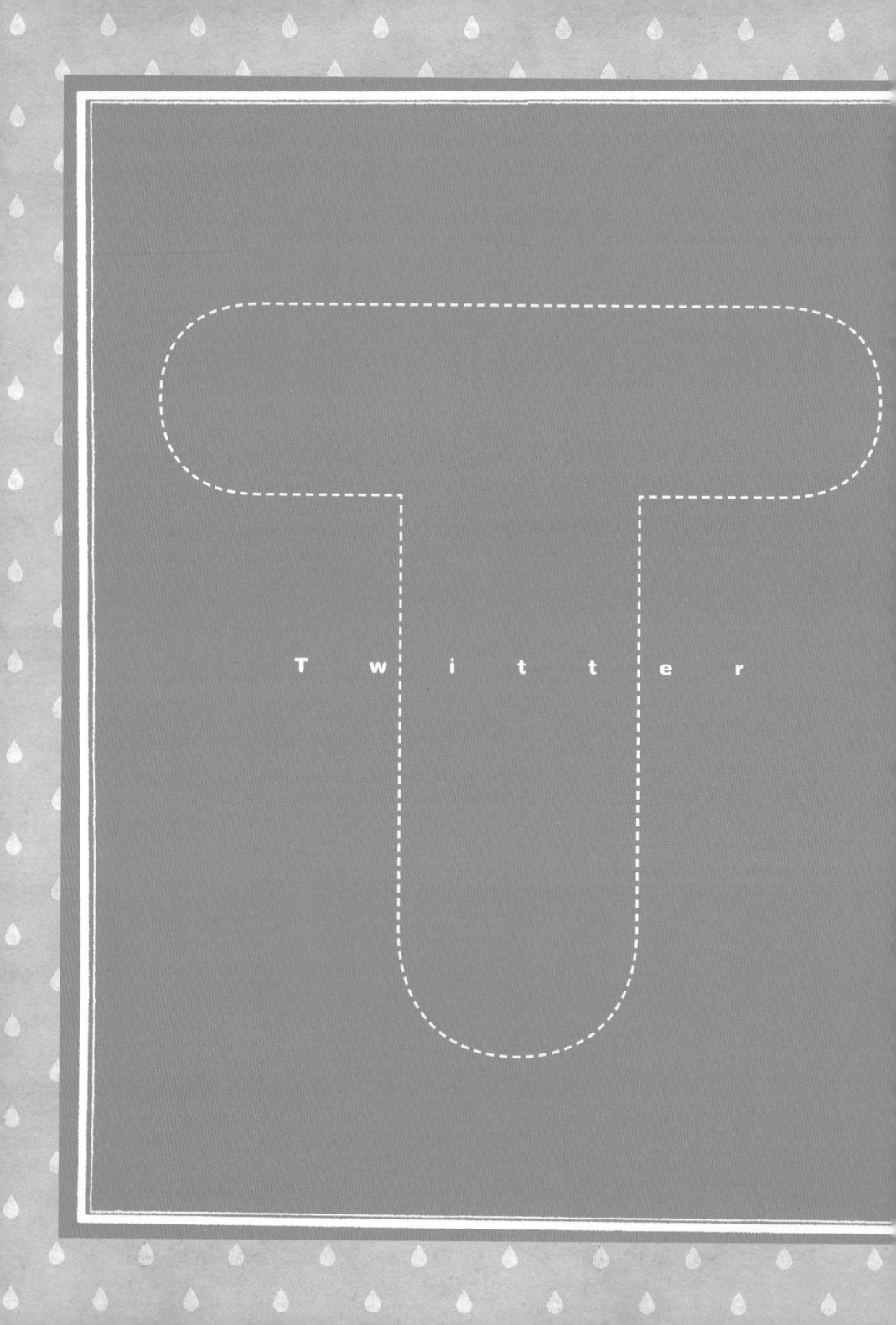

Chapter 02

140자로 소통하기
: 트위터

트위터 기초 다지기

트위터는 140자로 친구들과 소통할 수 있는 SNS입니다.
간단해 보이지만 트위터를 처음 접하는 사용자들은 생소한 용어와 구조 때문에
트위터가 어렵게 느껴질 수도 있습니다. '트위터와 친해지기'에서는 트위터의
기본적인 기능과 활용 방법에 대해 설명합니다. 트위터 초보자들에게도
쉬운 내용으로 구성되어 있으니 차근차근 따라오면서 트위터와 친해져봅니다.

Lesson 01 트위터 이해하기

트위터를 시작하기에 앞서 트위터에서 사용하는 용어와 트위터를 구성하고 있는 기본 화면, 기능 등을 먼저 살펴봅니다. 트위터를 처음 시작하는 분이라면 꼭 알아두어야 할 기본적인 내용으로, 트위터를 이해하는데 많은 도움이 됩니다.

01 트위터란?

트위터는 140자 이내의 짧은 글로 개인의 생각을 공유하고 소통하는 SNS입니다. 우리나라에서 사용되는 대표적인 SNS로는 블로그, 미니홈피, 카카오톡, 페이스북 등이 있으며 트위터는 블로그의 구조에 미니홈피의 친구 맺기와 메신저의 실시간 대화 기능을 한데 모아놓은 소셜 네트워크 서비스라고 볼 수 있습니다.

다시 말하자면 트위터는 오늘 점심 메뉴는 무엇이었는지, 오늘 날씨는 어땠는지, 주말에 어디를 다녀왔는지 등 일상에서 일어나는 아주 사소한 일부터 감명 깊게 읽은 책의 구절, 영화, 공연 이야기는 물론 자신의 생각이나 의견을 담은 진지한 이야기까지 모두 140자에 담아 사람들과 공유할 수 있는 수단을 뜻합니다. 한마디로 'twitter'의 뜻처럼 재잘거리듯이 일상의 소소한 얘기들을 그때그때 짧게 올릴 수 있는 온라인 공간이라고 할 수 있습니다.

트위터는 타임라인에서 친구들과 실시간으로 소통합니다. 특히 복잡한 친구 신청 과정 없이도 내가 구독하고 싶은 친구의 트위터를 팔로우하여 친구의 글을 구독할 수 있어 다양한 사용자들과 쉽게 친구가 될 수 있습니다. 무엇보다 정치인, 기업, 언론, 연예인 등 유명인들이 트위터를 많이 사용함으로써 단순한 SNS를 넘어서 사회적, 정치적으로 무시할 수 없는 영향을 미치는 매체로 자리잡고 있습니다.

02 트위터에서 자주 사용하는 용어들

트위터를 사용하기 전에 트위터에서 자주 사용하는 용어들을 알아두면 좀 더 쉽게 트위터를 익힐 수 있습니다.

★ Timeline(타임라인) : 내가 올린 글이나 내가 팔로우한 사람들의 글이 올라오는 곳을 말합니다. 내가 팔로우한 사람이 '오늘은 기분이 정말 꿀꿀해... 뭔가 기분 좋은 일이 없을까?'라고 글을 올리면 내 타임라인에 팔로우의 글이 나타납니다.

★ Mention(멘션) : '@+아이디' 형식으로 글을 작성하면 해당 아이디 사용자의 타임라인과 내 타임라인에 동시에 글이 보이게 됩니다. 상대방에게 보내는 일종의 공개 메시지와 같습니다.

★ Tweet(트윗) : 트위터에 내가 하고 싶은 말을 적어 올린 글을 말합니다. 140자 이내로 작성할 수 있으며, 글과 함께 이미지나 음악 등을 올릴 수도 있습니다.

★ ReTweet(리트윗) : 트위터에서 공유하고 싶은 글을 리트윗하게 되면 나의 팔로워들에게도 글이 보이게 됩니다. RT(알티)라고 줄여 부르기도 하며, 다른 사람의 글을 인용할 때에도 RT를 이용합니다.

★ Follow(팔로우) : 팔로우란 내 타임라인에 친구의 글이 올라오도록 하는 것을 말합니다. 미니홈피의 친구 신청과 같다고 볼 수 있지만, 팔로우를 하면 상대방과 서로 친구를 맺지 않아도 팔로우한 사람의 글을 구독할 수 있다는 차이가 있습니다. 내가 팔로우를 했지만 상대방이 나를 팔로우하지 않았을 경우 나는 상대방의 글을 볼 수 있지만, 상대방은 나의 글을 볼 수 없습니다.

★ Follower(팔로워) : 팔로워란 내가 올린 글을 구독하는 사람들을 뜻합니다. 내가 팔로우를 하지 않아도 나의 팔로워, 즉 나를 팔로우한 사람들은 나의 글을 볼 수 있습니다.

★ Unfollow(언팔로우) : 팔로우한 사람의 글을 더 이상 구독하고 싶지 않을 때 팔로우한 상대방의 글을 구독 취소하는 것을 말합니다.

★ 맞팔 : 맞팔로우의 줄임말로 사용자끼리 서로 친구 추가를 하는 것을 뜻합니다. 내가 팔로우하고 있는 트위터 사용자가 나를 팔로우한다면 맞팔 관계가 됩니다. 맞팔 시에는 DM을 보낼 수 있습니다.

★ DM(디엠) : Direct Message의 줄임말로 1:1 대화 방식이며, 나와 상대방만 볼 수 있는 비공개 메시지입니다. 디엠은 공개 메시지인 멘션과는 다르게 서로 팔로우가 된 사람에게만 보낼 수 있습니다.

03 트위터 사이트 둘러보기

① 트위터 공식 사이트(www.twitter.com)

트위터 공식 사이트는 기본 언어가 영문으로 표시되며, 한국 트위터 서비스 twtkr이나 트윗덱 등과 같은 트위터 계정관리 사이트와 연동하여 자유롭게 이용할 수 있습니다.

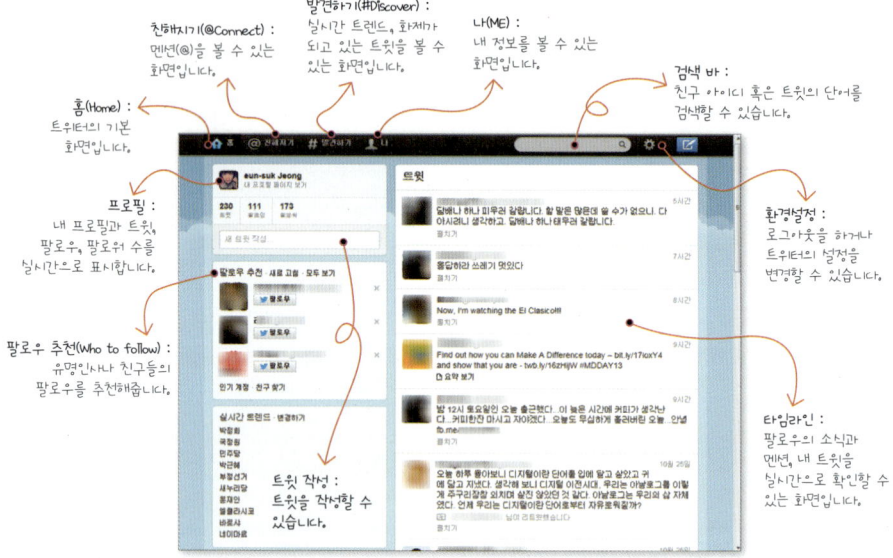

② 한국형 트위터 사이트(www.twtkr.com)

한국인이 사용하기 편리하도록 메뉴를 한글화하고 인터페이스를 변형한 사이트입니다. 트위터 공식 사이트와 연동할 수 있습니다.

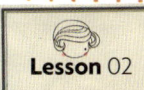

계정 만들기

트위터를 이용하려면 트위터 계정을 만들어야 하며 주민등록번호나 연락처 없이 이메일 주소만으로 간단하게 트위터의 계정을 만들 수 있습니다. 공식 트위터 계정으로 twkr, 트윗덱 등과 같은 트위터 연계 서비스를 별도의 가입 없이 연동하여 이용할 수도 있습니다.

트위터 가입하기

① 트위터에 가입하기 위해 먼저 구글 play 스토어에서 트위터 앱을 다운받습니다. 다운이 완료되면 트위터 앱을 실행한 후 [가입하기] 버튼을 누릅니다.

트위터란?

트위터는 SNS 중에서 가장 속도감이 빠르며 단순한 것이 특징입니다. 140자만으로 의견, 안부 등을 전하고 언제 어디서나 실시간으로 정보를 공유할 수 있어 확산 및 전파력이 매우 높습니다. 페이스북은 서로 친구를 맺어야 상대방의 게시물을 볼 수 있지만 트위터는 상대방의 수락 여부와 관계없이 관심 있는 상대방을 팔로우하여 내가 팔로우한 사람의 트윗을 내 뉴스피드에 받아볼 수 있습니다.

② 가입하기 화면에서 '이름', '이메일', '아이디', '비밀번호'를 입력한 후 [가입하기]를 누릅니다. 아이디가 abc1234일 경우 나의 트위터 주소도 http://www.Twitter.com/@abc1234로 설정됩니다. [환영합니다]라는 화면이 나타나면 정상적으로 트위터 계정이 만들어진 것입니다. 트위터 가입 후 '트위터 계정을 확인해주세요'라는 메일을 받으면 메일의 링크를 선택하여 계정 만들기를 완료합니다.

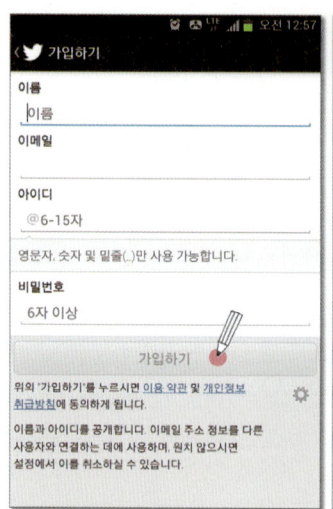
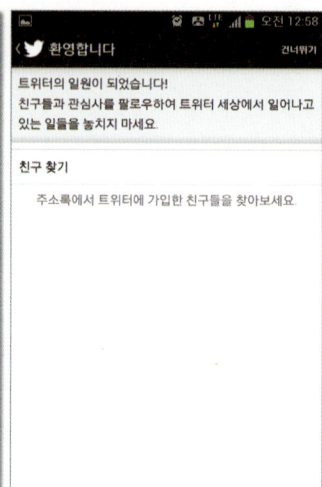

twtkr, 트위덱에서 가입한 계정으로 트위터 공식사이트에 연동하여 사용할 수는 없습니다.

Point

트위터 계정은 트위터에 로그인할 때 필요로 하는 이메일 주소를 말하며 아이디는 트위터에서 사용하는 닉네임 같은 것입니다. 다른 사용자들이 나를 검색하거나 언급할 때 '@아이디'를 입력하여 사용합니다. 계정의 이메일 주소는 공개되지 않지만 아이디는 모두에게 공개됩니다.

트위터 이름은 꼭 실명으로 해야 하나요?

트위터 사용 시 아이디와 이름이 공개되므로 친구들이 알아보기 쉽게 실명을 사용하는 것이 가장 좋습니다. 하지만 실명 공개를 원하지 않는다면 가명이나 평소 즐겨 쓰는 별명을 사용할 수도 있습니다.

:: 계정 이메일 인증하기

모바일로 트위터를 하다보면 메일 인증을 하는 것이 번거로워 인증을 하지 않고 사용하는 사용자도 있을 것입니다. 메일 인증을 하지 않아도 트위터를 바로 사용할 수는 있지만 원활한 트위터 사용을 위해서는 인증 메일을 확인해야 합니다.

▶ **트위터 메일 인증을 한 것과 하지 않은 것의 차이**

트위터에서 계정을 가입한 후 메일 인증을 하지 않아도 트위터를 사용할 수는 있지만 인증을 하지 않았을 경우 트위터의 특정 기능에 접근이 제한되고 아래 항목에 대하여 이메일 알림을 받을 수 없습니다.
1. 비밀번호 분실 시 비밀번호 재설정 정보
2. 내 계정의 새로운 팔로워
3. 수신함의 새 쪽지

▶ **이메일 인증 오류 시 문제 해결방법**

★ 이메일을 받았지만 링크를 클릭하여 확인할 수 없는 경우

인증 메일의 링크를 클릭할 수 없는 경우 전체 URL을 복사하여 웹브라우저의 주소창에 붙여서 사용하거나 트위터 상단에 나타나는 노란색 대화상자에서 [확인메일 다시 보내기] 버튼을 클릭하여 이메일 확인에 필요한 새 링크를 받습니다.

★ 확인 메일을 받지 못한 경우

제일 먼저 정크메일 폴더나 스팸 필터를 확인해봅니다. 메일이 오지 않았다면 계정 설정에 이메일 주소를 정확히 입력했는지 확인하고 트위터의 노란색 대화상자에서 [확인메일 다시 보내기] 버튼을 클릭합니다. 메일 서버에 문제가 있어 메일을 받지 못하는 경우도 있으니 사용하고 있는 다른 이메일 주소와 연결합니다. Gmail, Yahoo, Hotmail 등의 대규모 도메인 메일을 설정하는 것이 안정적입니다. 메일은 이미 등록된 메일 주소로 인증할 수 없으며, 인증 메일을 자유롭게 변경할 수는 있지만 한 계정당 하나의 메일 주소만 등록할 수 있습니다.

트위터 계정 만들기 (PC version)

PC에서 트위터의 계정을 만들면 [트위터 선생님]이라는 튜토리얼을 제공하여 트위터를 처음 시작하는 사용자가 어려움을 느끼지 않게 도와줍니다. [트위터 선생님]의 가이드를 따라하며 트위터 계정을 설정하고 친구를 추가해봅니다.

① 트위터 홈페이지에 접속합니다. [트위터에 가입하세요!] 버튼을 클릭하면 가입 페이지가 나타납니다.

② [지금 트위터에 가입하세요.] 화면이 나타나면 '이름', '이메일', '비밀번호', '아이디'를 입력하고 트위터의 이용약관을 숙지한 후 [가입하기] 버튼을 클릭합니다. 가입 시 '이 컴퓨터에서 로그인 상태 유지하기'에 체크하면 트위터에 접속할 때 별도로 로그인 절차를 거치지 않아도 자동 로그인이 되어 편리합니다. 웹사이트 방문 기록을 남기길 원치 않을 경우 '웹사이트 방문 기록을 이용해 나만의 트위터를 만들어보세요'에 체크를 해제합니다.

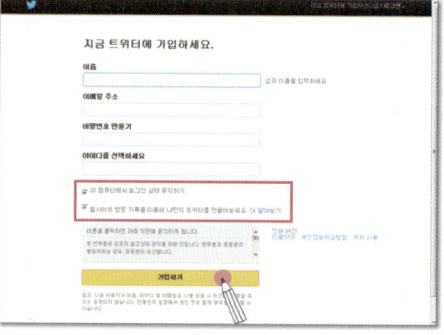

트위터가 모바일 화면으로 보일 때

PC에서 트위터에 접속했는데 트위터 화면이 모바일 버전으로 나타날 경우 인터넷 상단의 [도구]에서 '호환성 보기'의 체크를 해제합니다. 상단의 메뉴 바가 나타나지 않을 경우엔 Alt 또는 F10 을 누릅니다. 이 방법으로 해결이 안되면 주소창에 'http://mobile.twitter.com/settings/change_ui'를 입력하여 접속합니다.

❸ 다음과 같이 [트위터 선생님] 화면이 나타나면 가입이 완료됩니다. 하지만 완전히 가입을 완료하기 위해선 가입 시 입력했던 이메일에서 가입 승인을 해야 합니다. 계정 등록할 때 입력했던 이메일에 접속 후 '트위터 계정을 확인해주세요.'라는 승인 메일을 열고 메일의 링크를 클릭하여 트위터 계정 만들기를 완료합니다.

❹ PC에서 트위터에 처음으로 로그인하면 [트위터 선생님] 화면이 나타납니다. 트위터 선생님은 트위터 가이드와 같은 역할을 하며, [다음] 버튼을 클릭하면 다음 단계로 이동이 가능합니다. 트위터 선생님에서는 '유명인 팔로우하기', '내가 아는 친구들 팔로우하기', '메일 친구 찾기', '프로필 작성하기' 등의 따라하기가 제공됩니다.

Point

트위터 선생님을 보지 않고 바로 트위터 홈으로 이동하기를 원할 경우 메뉴 박스 하단의 [건너뛰기] 버튼을 클릭합니다. [건너뛰기] 버튼은 어느 정도 튜토리얼이 진행된 후에 나타납니다.

Lesson 03 프로필 설정하기

트위터에서 프로필은 친구들에게 나를 어필할 수 있는 좋은 수단입니다. 내 게시글 앞에 프로필 사진이 항상 따라다니므로 프로필 사진은 친구들이 나를 쉽게 알아보고 찾을 수 있도록 얼굴이 잘 나온 사진을 설정하는 것이 좋습니다. 간단한 자기소개 문구도 반드시 입력하여 새로운 친구들에게 나를 소개하도록 합니다.

01 프로필 등록하기

1. 프로필을 등록하여 친구들에게 나를 소개해봅시다. 프로필은 프로필 사진과 헤더 사진, 이름, 위치, 웹사이트 주소, 자기소개 문구 등을 입력할 수 있고 프로필 수정 메뉴를 이용하여 자유롭게 변경할 수도 있습니다. 트위터의 [홈]에서 [나]를 눌러 프로필 설정 화면으로 이동합니다. 프로필 사진을 선택하거나 [환경설정]을 눌러 '프로필 수정'을 선택합니다.

❷ '사진'과 '헤더'를 등록하고 '이름'과 '자기소개'를 입력한 뒤 [저장하기]를 눌러 프로필을 등록합니다. 프로필 사진 크기는 최대 700KB로 제한되며 헤더 사진의 권장 사이즈는 1252X626 픽셀이고 최대 파일 용량은 5MB으로 제한됩니다. 헤더 사진은 프로필 사진의 배경화면 역할을 하며, 이름과 자기소개도 헤더에 나타납니다.

02 친구 프로필 보기

❶ 트위터에서 친구 프로필 화면으로 바로 이동하려면 어디서든 친구의 프로필 사진을 누르면 됩니다. 프로필 사진 화면을 옆으로 슬라이드하면 사용자의 프로필 소개가 나타납니다.

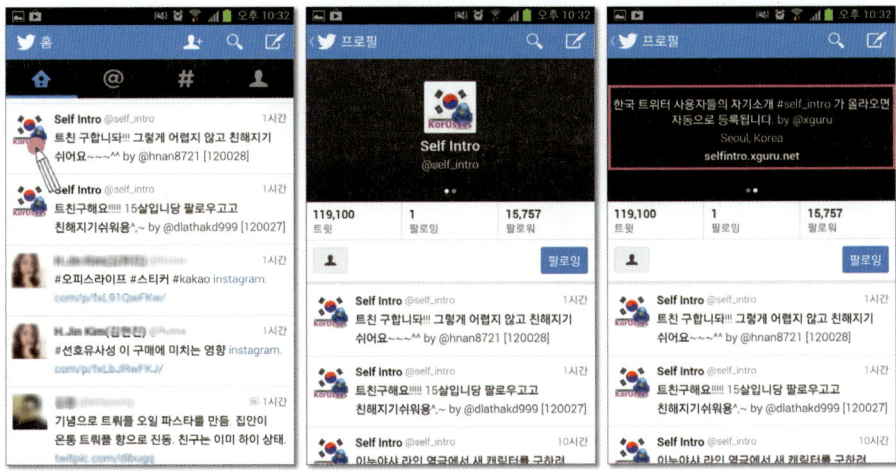

❷ 프로필 화면에서 친구의 트윗뿐만 아니라 사진첩에 있는 사진들, 친구의 팔로잉과 팔로워 리스트, 관심글 및 리스트 목록 등을 볼 수 있어 친구의 트위터 계정에 대한 자세한 정보를 얻을 수 있습니다.

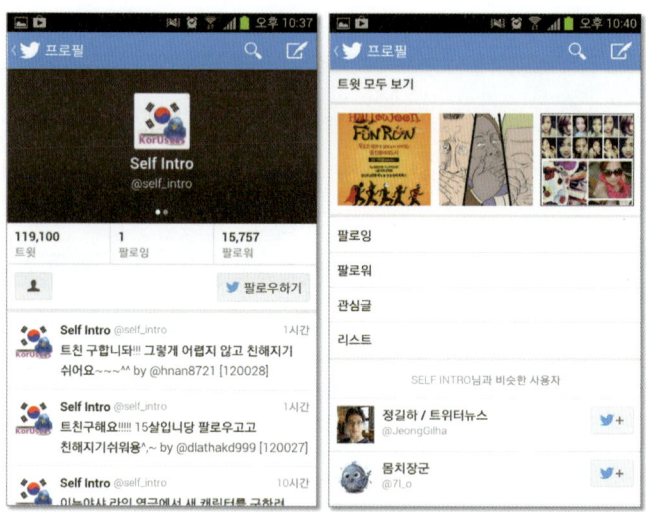

❸ 친구 프로필 화면에서 [팔로우하기] 버튼을 눌러 팔로우를 할 수 있습니다. 계정( ) 버튼을 누르면 쪽지를 보내거나 리스트에 추가할 수 있으며, 알림을 활성화하여 친구가 트윗을 하면 알림을 받을 수도 있습니다.

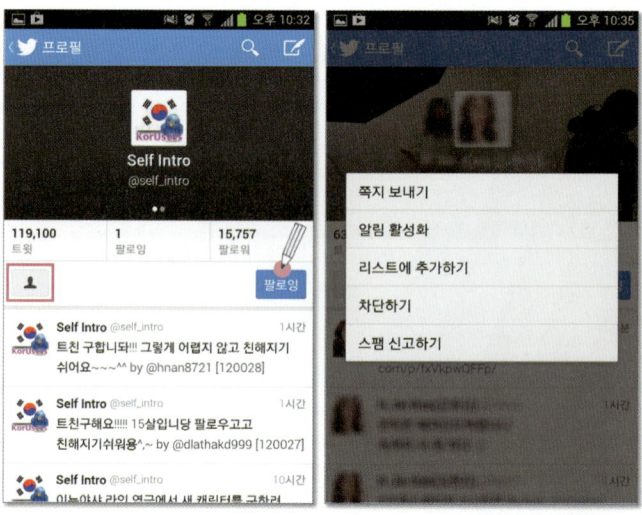

:: 매력적인 자기소개 만들기

트위터에서는 나의 정보가 친구들에게 많이 보여지지 않습니다. 친구들은 내 프로필 사진 한 장과 프로필 소개 문구 한 줄로 나를 판단하게 되므로 재치 있는 자기소개를 게시하여 친구들에게 나를 멋지게 어필해봅니다.

▶ 자신의 관심사를 소개합니다.
트위터에서는 서로의 관심사가 통하는 것이 매우 중요합니다. 트위터에서는 사담을 나누기도 하지만 다양한 정보를 주고받는 경우도 많아 내 관심사와 비슷한 관심사를 가진 사용자를 팔로우하는 경우가 많습니다.

▶ 나의 포지션을 나타냅니다.
내가 어떤 사람인지를 소개하는데 있어 나의 포지션을 소개하는 것만큼 이해하기 쉬운 것은 없습니다. 연령대, 성별, 직업, 사회적 포지션 등을 적어 사람들이 쉽게 나를 파악할 수 있도록 합니다.

▶ 재치 있게 소개합니다.
재미있는 소개글은 상대방에게 호감을 줄 수 있습니다. 간단한 소개글 뒤에 약간의 재치 있는 말이나 명언, 공감 가는 글귀 등을 추가하는 것도 효과적인 방법입니다.

▶ 블로그나 홈페이지 주소를 적극 홍보하자.
한 줄의 소개글로 나를 표현한다는 것은 매우 어려운 일입니다. 자기소개에 내 블로그나 홈페이지 주소 등을 게시하여 나에게 관심 있는 트위터 사용자들이 블로그 혹은 홈페이지로 쉽게 방문할 수 있도록 유도합니다.

Lesson 04 스킨 변경하기

트위터 스킨은 트위터의 배경과 같은 역할을 하며, 트위터에서 제공하는 이미지를 사용하거나 혹은 내 컴퓨터에 저장된 이미지를 등록할 수도 있습니다. 계절이나 기분에 따라 스킨을 변경하여 나만의 트위터 배경을 만들어 봅니다.

01 스킨 변경하기

① 기존에 사용하던 트위터의 배경화면이 지겹다면 스킨을 변경하여 트위터의 배경화면을 변경할 수 있습니다. 스킨은 트위터에서 제공하는 이미지뿐만 아니라 직접 이미지를 등록하여 설정할 수 있어서 나만의 독특한 배경화면을 설정할 수 있습니다. 트위터 스킨을 변경하기 위해 트위터 [홈]에서 환경설정(⚙)을 클릭한 후 [프로필 수정하기] 혹은 [설정]을 선택합니다.

Point
트위터 스킨은 PC에서만 변경이 가능합니다.

❷ [디자인]을 클릭하여 디자인 수정 페이지로 이동합니다. [이미 만들어진 테마 고르기]에서 원하는 스킨을 선택한 후 화면 하단의 [변경사항 저장하기] 버튼을 클릭합니다.

Point
테마를 클릭하면 화면에 테마가 적용됩니다. 미리 보기의 개념으로 [변경사항 저장하기]를 클릭하지 않으면 테마가 적용되지 않습니다.

❸ 기존의 스킨 외에 다른 스킨을 사용하고 싶다면 [사용자 정의]에서 [배경 변경] 버튼을 클릭하여 컴퓨터에 저장된 이미지를 등록합니다. [배경그림 위치], [배경 색상], [링크 색상], [오버레이] 등을 설정한 뒤 [변경사항 저장하기] 버튼을 클릭하여 저장합니다. 업로드한 이미지로 스킨이 변경됩니다.

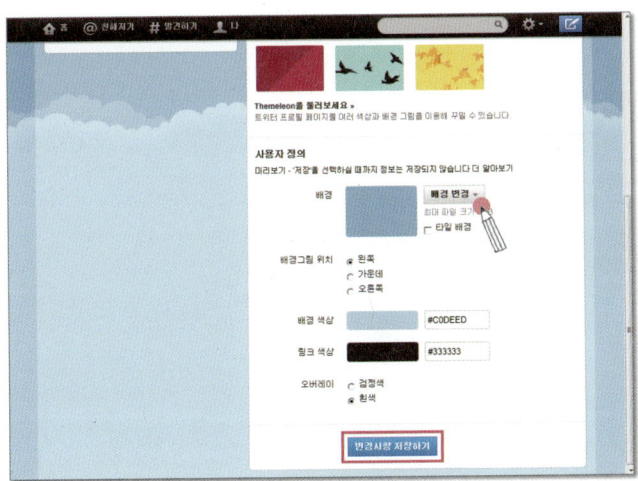

02 테마 만들기

① 트위터에서 제공되는 테마와 다르게 내 트위터를 꾸미고 싶다면 [디자인] 화면의 [이미 만들어진 테마 고르기]에서 [Themeleon을 둘러보세요]를 클릭합니다.

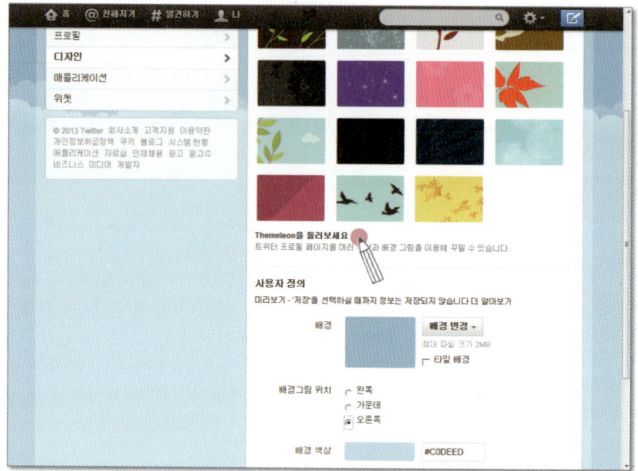

② [Themeleon] 화면이 나타납니다. Themeleon은 트위터 테마를 바꿀 수 있게 도와주는 애플리케이션으로, 다양한 형태의 패턴과 테마로 스킨을 만들고 레이아웃 색상을 변경할 수도 있습니다. Themeleon 화면 중앙에 트위터로 로그인하라는 메시지가 나타납니다. [Sign in] 버튼을 클릭하여 트위터 계정으로 로그인합니다.

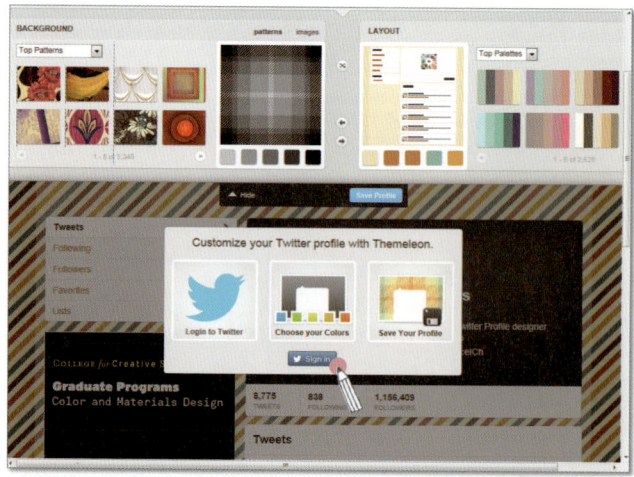

③ 트위터로 로그인 하면 [COLOURlovers의 계정 사용을 승인할까요?]라는 화면이 나타나며 애플리케이션 승인 여부를 묻습니다. [애플리케이션 승인] 버튼을 클릭하면 Themeleon 메인 페이지로 이동합니다.

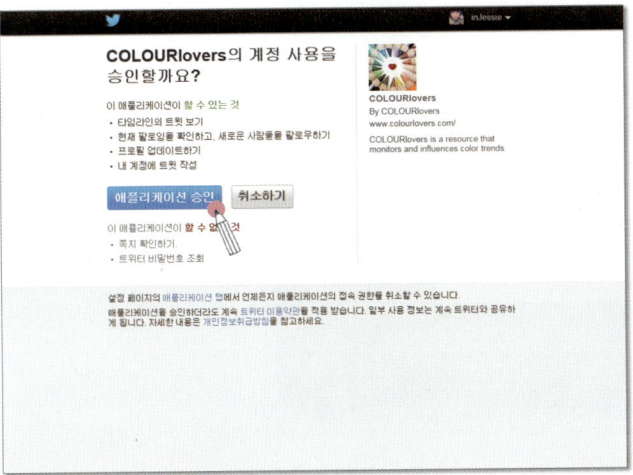

④ Themeleon의 [THEMES]는 테마, [BACKGROUND]는 배경, [LAYOUT]은 레이아웃 색상을 변경할 수 있는 메뉴입니다. [THEMES]를 사용하면 배경화면과 레이아웃이 선택한 테마로 변경됩니다. 따로 배경이나 레이아웃을 설정하지 않고 편리하게 트위터 스킨을 변경할 수 있습니다. 원하는 테마를 선택한 후 [Save Profile] 버튼을 클릭하여 테마를 적용합니다.

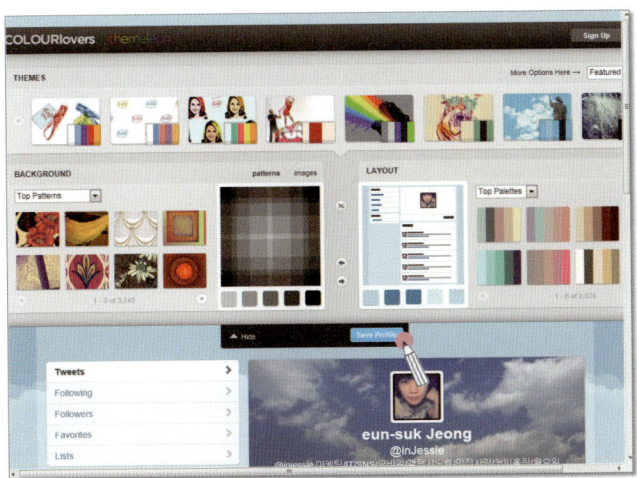

★ 147

⑤ [Your stylish new profile has been saved!]라는 대화상자가 나타납니다. 하단의 'I'm all creative'd out, just take me to my profile.'을 클릭하여 트위터 홈으로 돌아갑니다.

⑥ 트위터로 돌아가면 선택한 테마로 트위터 스킨이 변경된 것을 확인할 수 있습니다.

7 이번엔 [BACKGROUND]를 이용하여 배경화면을 변경해보겠습니다. [BACKGROUND] 창의 'patterns'를 클릭하면 Themeleon에서 제공하는 인기 패턴이나, 새로 나온 패턴을 선택할 수 있고, 'images'를 클릭하면 내 컴퓨터에 저장되어 있는 사진 중 원하는 사진을 불러와 배경화면을 설정할 수 있습니다. 변경 후 [Save Profile] 버튼을 클릭해서 지정한 배경화면을 저장합니다.

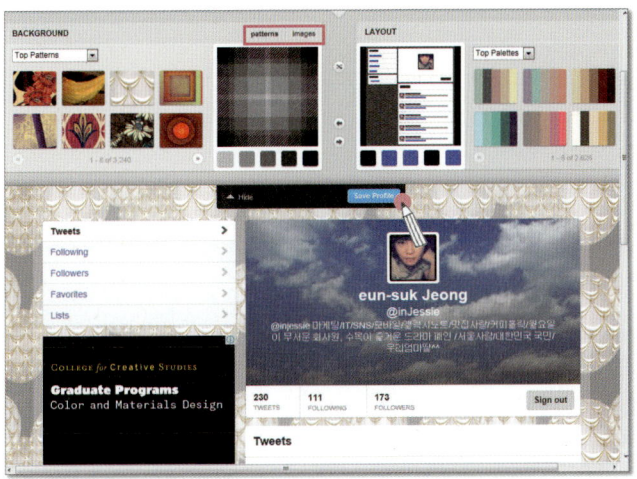

8 레이아웃 색상은 [LAYOUT] 창에서 변경할 수 있습니다. 인기 레이아웃, 혹은 새로 나온 레이아웃 중 선택하여 지정할 수 있으며, 컬러 박스를 클릭하면 나타나는 창에서 원하는 색을 선택하여 변경할 수도 있습니다. 변경 후 [Save Profile] 버튼을 클릭해서 레이아웃을 저장합니다.

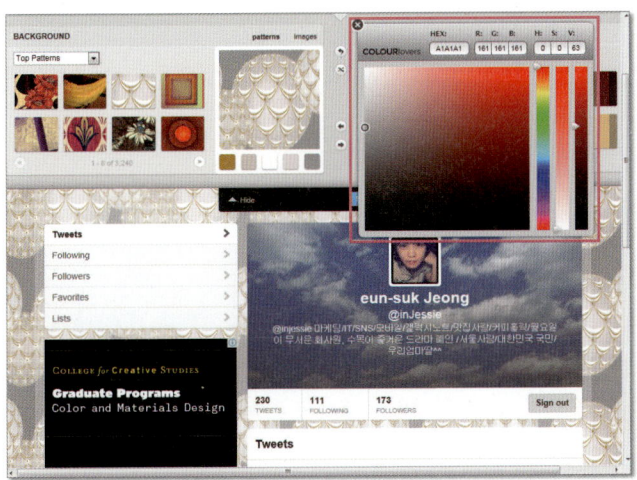

Lesson 05 개인 정보 관리 및 설정 변경

트위터는 사용자 아이디나, 비밀번호, 이메일 주소 등의 사용자 정보를 자유롭게 변경할 수 있고 개인정보 공개 여부를 설정할 수도 있습니다. 그 밖에도 모바일 설정, 이메일 알림 등을 자유롭게 변경할 수 있습니다. 이번 레슨에서는 개인 정보를 관리하고 수정하는 방법에 대해 알아봅니다.

01 계정 추가

트위터의 [나]에서 설정(⚙) 버튼을 선택합니다. [설정] 화면의 [계정]에서 [계정 추가하기]를 눌러 추가 계정을 등록할 수 있습니다.

Point

아이폰에서는 아이폰 [설정] 앱의 [트위터] 항목에서 트위터 계정을 추가할 수 있으며, 트위터 앱의 [나]에서 [설정] 버튼을 누르고 [계정]을 선택하여 계정을 변경할 수 있습니다.

02 계정 설정

[설정] 화면의 [계정]에서 등록된 계정을 선택하면 계정 설정화면으로 이동합니다. '데이터 동기화'나 '알림', '이메일로 찾기' 등의 간단한 설정을 변경할 수 있습니다.

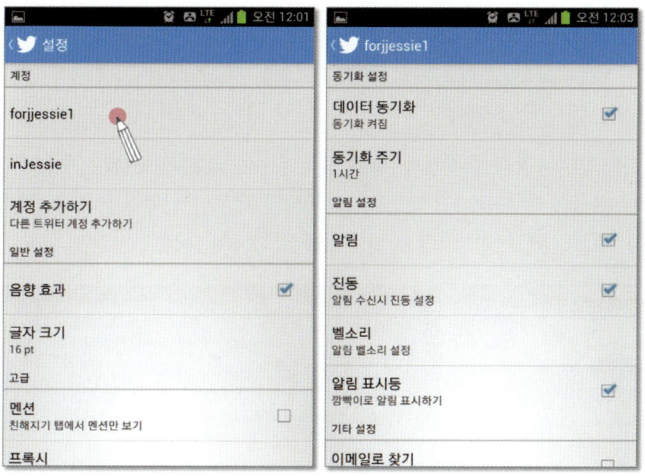

03 일반 설정 변경

설정 페이지에서 '글자 크기'나 '음향 효과', '위치' 등의 설정을 변경할 수 있습니다. 변경하고자 하는 해당 항목을 선택하여 체크합니다.

Point
모바일 트위터에서는 간단한 설정만 변경할 수 있으므로 자세한 설정은 PC 버전에서 변경해야 합니다.

PC version 계정 설정 변경

PC에서는 내 정보를 다른 친구들이 볼 수 없게끔 정보 공개 설정을 변경하거나 계정을 탈퇴하는 등 모바일에서 할 수 없는 자세한 설정을 할 수 있습니다. 여기서는 내 계정을 비공개로 설정하고 트위터 계정을 삭제하는 방법에 대해 알아봅니다.

1 정보 공개를 설정하기 위해 먼저 [환경설정]에서 [설정]의 [보안 및 개인 정보]를 선택한 후 [트윗 비공개]에서 '내 트윗을 비공개'에 체크하고 하단의 [변경사항 저장하기] 버튼을 클릭합니다. [계정 변경사항 저장하기] 대화상자가 나타나면 비밀번호를 입력하여 설정을 변경합니다.

2 트위터 계정을 삭제하거나 탈퇴하려면 [환경설정]의 [계정]을 클릭하고 [변경사항 저장하기] 버튼 아래의 [트위터 회원 탈퇴하기]를 클릭합니다. [정말 떠나시는 건가요?]라는 화면이 나타나면 [@아이디 비활성화] 버튼을 클릭하여 계정을 삭제합니다.

Point
계정 탈퇴를 신청한 후 30일 이내에 같은 아이디로 로그인하면 계정이 다시 활성화됩니다.

트위터 아이디/비밀번호 관리하기

트위터 아이디나 비밀번호가 생각이 나지 않을 경우에는 이메일로 아이디와 비밀번호를 찾을 수 있습니다. 또한 트위터는 다른 SNS와는 다르게 계정 이메일과 아이디를 자유롭게 변경할 수도 있습니다. 이 레슨에서는 아이디와 비밀번호를 분실했을 때 재설정하는 방법과 아이디와 계정을 변경하는 방법에 대해 배워봅니다.

01 아이디/비밀번호 찾기

트위터를 사용하다 보면 가끔 아이디나 비밀번호가 생각이 나지 않을 때가 있습니다. 트위터 메인에서 아이디/비밀번호 찾기 기능을 사용하여 처음 가입 시 입력한 이메일로 인증을 받아 아이디와 비밀번호를 재설정합니다.

① 트위터 아이디와 비밀번호를 찾기 위해 트위터 메인화면의 [비밀번호 찾기]를 클릭합니다. [비밀번호를 잊으셨나요?]라는 화면이 나타나면 가입할 때 입력한 이메일을 입력한 후 [전송] 버튼을 클릭합니다.

★ 153

❷ '비밀번호 재설정하기'라는 제목의 메일이 전송됩니다. 메일에서 '비밀번호를 재발급 받으려면 아래 링크를 클릭하세요'라는 문구 하단의 링크를 클릭합니다.

❸ [새 비밀번호를 선택하세요.]라는 화면이 나타납니다. 변경할 비밀번호를 입력한 뒤 [전송] 버튼을 클릭하면 비밀번호가 변경됩니다.

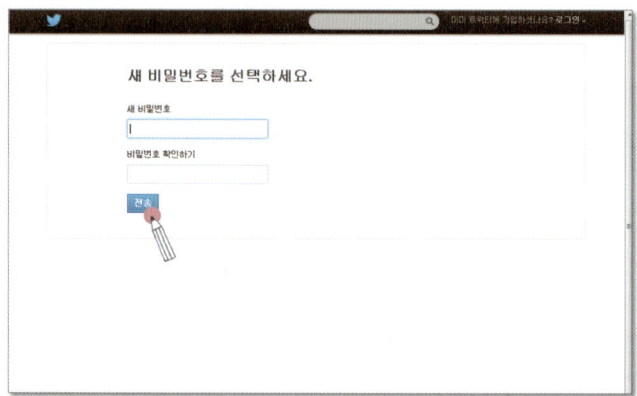

트위터 언어 설정 변경

PC에서 트위터에 처음 접속할 때 지원 언어가 영어로 되어있는 경우가 있습니다. 언어를 한국어로 변경하려면 [Settings]의 [Settings]에서 [Account]를 클릭한 후 [Language]를 'Korean-한국어'로 선택합니다. [Time Zone]과 [Country]도 각각 'Seoul'과 'South Korea'로 변경한 다음 [Save changes] 버튼을 클릭하고 비밀번호를 한 번 더 입력하여 설정을 변경해줍니다.

02 아이디/비밀번호 바꾸기

트위터는 다른 SNS와 다르게 아이디를 자유롭게 변경할 수 있습니다. 아이디를 변경하면 트윗이나 멘션을 남길 때 변경된 아이디가 나타납니다. 또한 계정을 안전하게 관리하기 위해 비밀번호를 주기적으로 변경하는 것이 좋습니다.

1. 트위터 아이디를 변경하기 위해 [환경설정]의 [계정]에서 [사용자 아이디]에 변경하고자 하는 아이디를 입력한 후 입력창 상단에 '사용 가능합니다!'라는 문구가 나타나면 [변경사항 저장하기] 버튼을 클릭합니다.

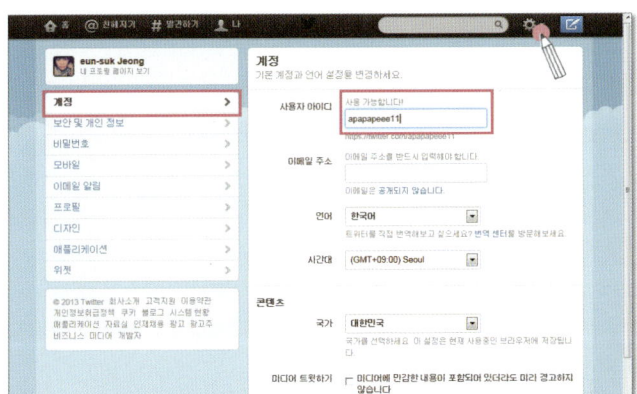

Point
트위터와 연결된 메인 이메일 주소를 변경하고 싶다면 트위터 아이디 변경하기와 같은 방법으로 [계정]에서 [이메일 주소]에 변경할 이메일 주소를 입력한 후 [변경사항 저장하기] 버튼을 클릭합니다.

2. 비밀번호를 바꾸기 위해 [환경설정]의 [설정]에서 [비밀번호]를 선택한 후 '현재 비밀번호'와 '새 비밀번호', '비밀번호 확인하기'를 각각 입력하고 [변경사항 저장하기] 버튼을 클릭합니다. [비밀번호를 변경했습니다!]라는 화면이 나타나면 정상적으로 비밀번호가 변경된 것입니다.

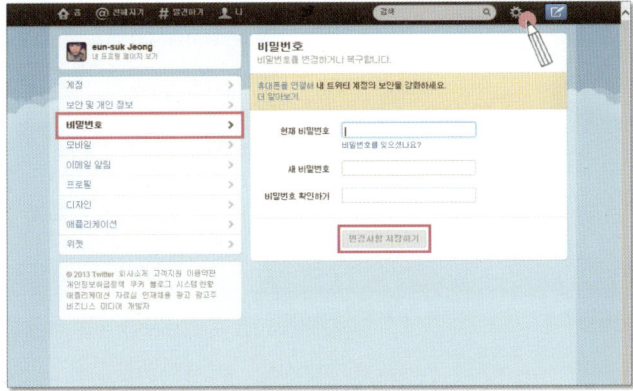

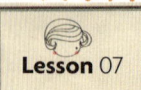

Lesson 07 트위터 친구 만들기

트위터에서 가장 중요한 것은 바로 친구입니다. 트위터에서는 친구를 팔로우, 팔로워라고 부릅니다. 팔로우는 내가 친구를 희망한 사람이고 팔로워는 나와 친구가 되기를 희망한 사람이라고 생각하면 됩니다. 나를 팔로우한 사람을 반드시 내가 팔로우해야 할 필요는 없습니다.

01 친구 신청하기

팔로우(Follow)는 자유롭게 신청이 가능하며 상대방 수락 없이도 내 뉴스피드에서 내가 팔로우한 상대의 트위터 소식을 볼 수 있습니다. 팔로우 신청 후 멘션으로 인사말을 보내 팔로우한 친구와 소통해봅니다.

① 팔로우한 사람이 없을 경우 다음 화면과 같이 내 트위터 타임라인에 아무런 글이 보이지 않습니다. 내가 구독하고 싶은 친구의 계정을 팔로우해 봅시다. [친구 찾기]를 눌러 연락처를 업로드하면 내 주소록에 저장된 친구들의 계정을 찾아줍니다.

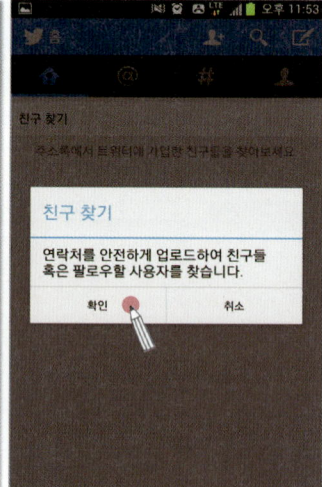

Point
상단의 친구 추가(👤)를 누르면 팔로우 추천 목록이 나타납니다.

❷ 또는 [팔로우 추천] 화면에서 새로운 친구들을 팔로우하거나 [분야별 사용자 추천]을 선택하여 'IT', '건강', '문학', '미술' 등 분야별로 사용자를 추천합니다. 사용자 사진 옆의 [팔로우] 버튼을 누르면 해당 사용자를 팔로우할 수 있습니다.

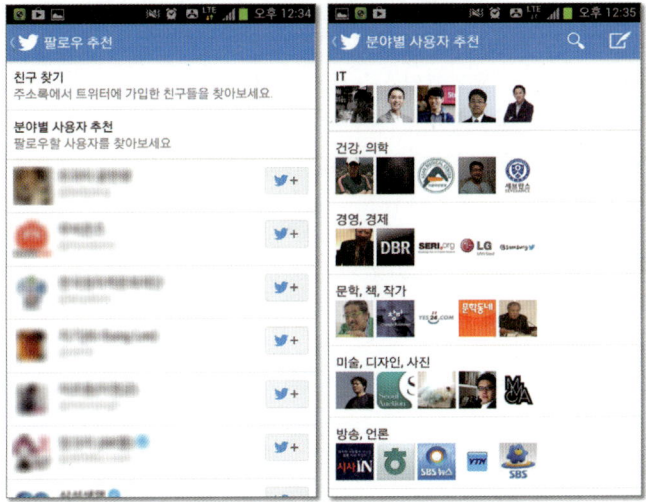

❸ 팔로우( ) 버튼을 눌러 버튼이 파란색으로 변하면 팔로우 신청이 완료된 것입니다. 팔로우를 하면 상대방 동의와 관계없이 신청한 시점부터 상대방의 글이 내 타임라인에 보이게 됩니다.

Point
상대방 계정이 비공개일 경우는 상대방이 팔로우 신청을 수락해야 상대방 글을 볼 수 있습니다.

트위터 친구 추가하기

PC에서도 친구 찾기를 통해 친구를 검색하거나 팔로우 추천 페이지에서 팔로우를 추천받아 팔로우할 수 있습니다. 특히 PC 버전에서는 '이메일로 친구들을 초대하기'를 통해 친구의 이메일을 입력하여 트위터로 초대할 수 있습니다.

① 트위터 [홈] 화면에서 '친구 찾기'를 클릭하여 친구 찾기 화면으로 이동합니다.

Point
팔로우가 없을 경우에는 해당 팔로우 추천 상자가 나타나지 않습니다. 이럴 때는 [#발견하기]에서 [친구 찾기] 항목을 선택합니다.

② [트위터에서 지인 찾기]에서 친구 이름이나 아이디를 검색하여 친구를 찾을 수 있고, 검색하여 나타난 친구 이름의 [팔로우] 버튼을 클릭하면 친구를 팔로우할 수도 있습니다.

③ [이메일로 친구들을 초대하기]에 초대하고자 하는 이메일 주소를 입력하여 친구를 트위터로 초대할 수 있습니다. 초대가 완료되면 상단에 '0명의 지인들에게 트위터를 알렸습니다'라고 표시됩니다.

④ [친구 찾기] 하단의 [혹시 이분들을 아시나요?]에서는 내가 실제로 알 수도 있는 사람들을 추천해줍니다. 추천 리스트의 친구 프로필 하단에는 내가 팔로우한 친구들 중 해당 트위터를 팔로우한 사람들의 리스트도 함께 보여집니다. 계정( )을 누르면 해당 친구에게 바로 트윗을 보낼 수 있습니다.

> **Point**
>
> [#발견하기]의 [친구 찾기] 하단에 [혹시 이분들을 아시나요?]는 내 친구가 팔로우한 사람들의 목록을 보여줍니다. 해당 친구의 [팔로우] 버튼을 클릭하여 팔로우할 수 있습니다. 친구 정보 하단의 'Follow by'에 해당 사용자를 팔로우한 친구들의 목록이 나타납니다.

02 친구 삭제하기

팔로우한 친구의 글을 더 이상 구독하고 싶지 않을 때 언팔로우(Unfollow)를 신청합니다. 내 페이지 화면에서 [팔로잉]을 누르면 내가 팔로우한 친구 목록이 나타납니다. 활성화된 [팔로우] 버튼을 눌러 버튼이 비활성화되면 언팔로우 신청이 완료된 것입니다.

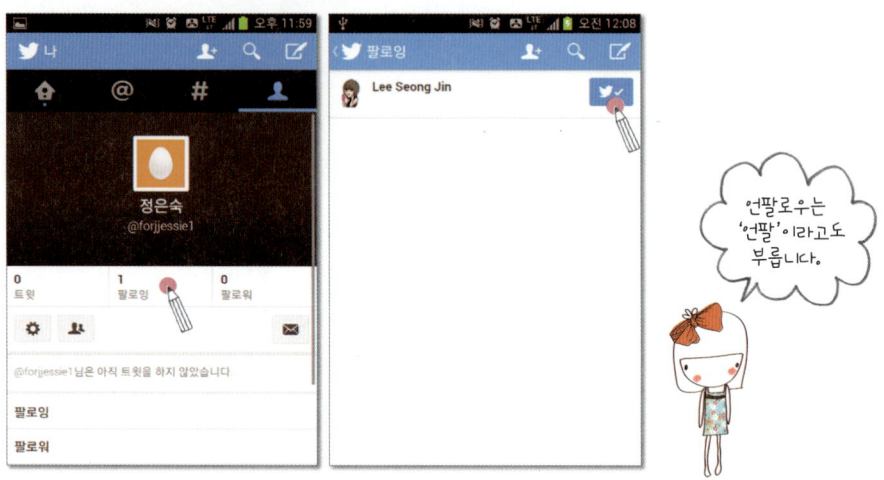

언팔로우는 '언팔'이라고도 부릅니다.

03 친구 검색하기

검색을 통해 친구를 찾아볼 수 있습니다. 상단의 검색(🔍)을 눌러 나타나는 검색 바에서 원하는 친구 이름이나 계정, 또는 해시태그 등을 입력하여 친구를 검색합니다. 친구 프로필의 [팔로우하기] 버튼을 눌러 팔로우를 신청합니다.

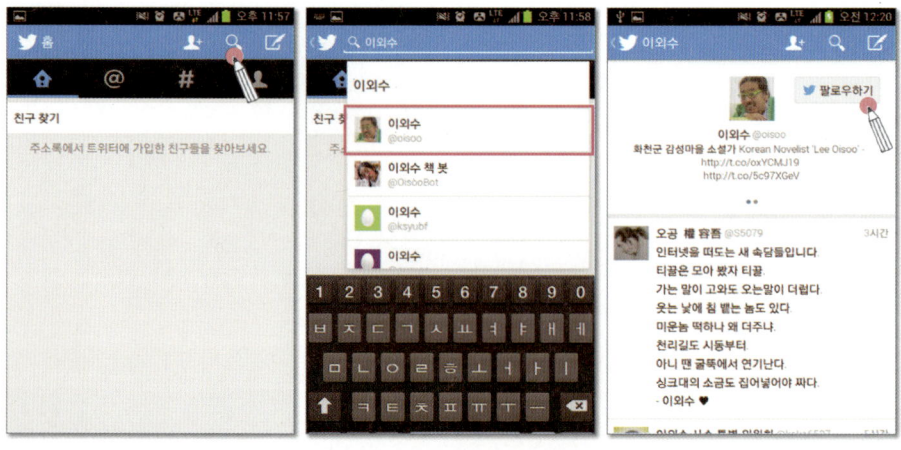

친구 관리

트위터에서는 팔로우와 팔로워 목록을 관리할 수 있고 상대방과 맞팔로우 상태인지 확인할 수 있습니다. 또 원치 않는 사용자가 나를 팔로우할 수 없도록 차단할 수도 있습니다. 친구 관리를 통해 효과적으로 트위터를 활용해 봅시다.

01 팔로우 목록 관리하기

팔로우 목록은 나의 페이지에서 [팔로잉]을 눌러 확인할 수 있습니다. 이 목록에서 간단하게 팔로우를 원치 않는 사용자를 언팔로우하거나 친구 이름을 선택하여 친구 프로필과 최근 친구가 올린 트윗을 확인할 수 있습니다. 친구 상세보기 화면의 친구 계정 옆에 '나를 팔로우합니다'라는 문구가 표시되어 상대방이 나를 팔로우하고 있는지를 확인할 수 있습니다.

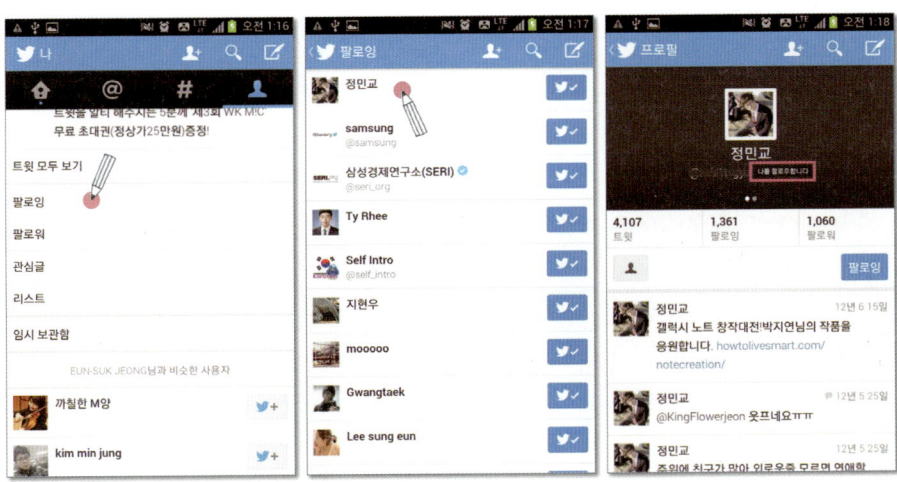

··02 팔로워 목록 관리하기

팔로워 목록에서 나를 팔로우하고 있는 사용자를 확인할 수 있습니다. 팔로우 목록과 마찬가지로 사용자 이름을 선택하면 사용자의 정보 및 최근 트윗이 나타납니다.

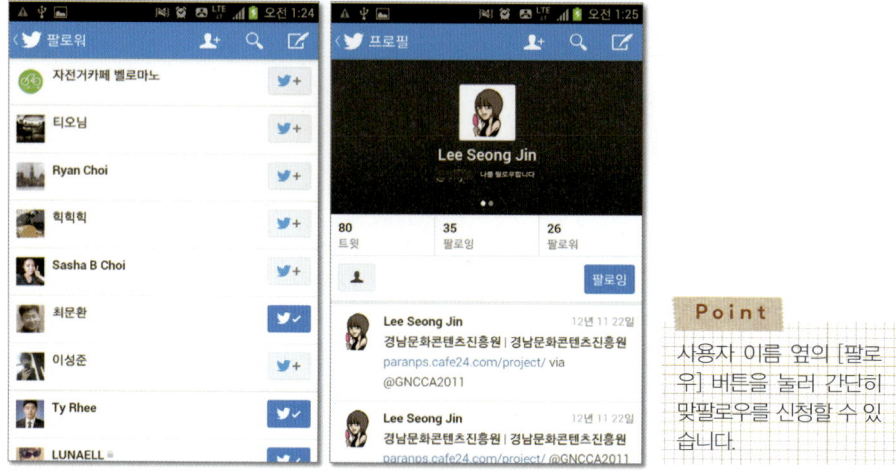

Point
사용자 이름 옆의 [팔로우] 버튼을 눌러 간단히 맞팔로우를 신청할 수 있습니다.

··03 친구 쪽지 보내기

친구와 내가 맞팔 관계일 때만 쪽지를 보낼 수 있습니다. 쪽지를 보내기 위해 친구 프로필 상세보기 화면의 계정(👤)을 누른 후 단축 메뉴창이 나타나면 '새 쪽지 작성하기'를 선택합니다. 메시지를 입력한 후 [전송]을 누르면 상대방에게 쪽지가 전달됩니다.

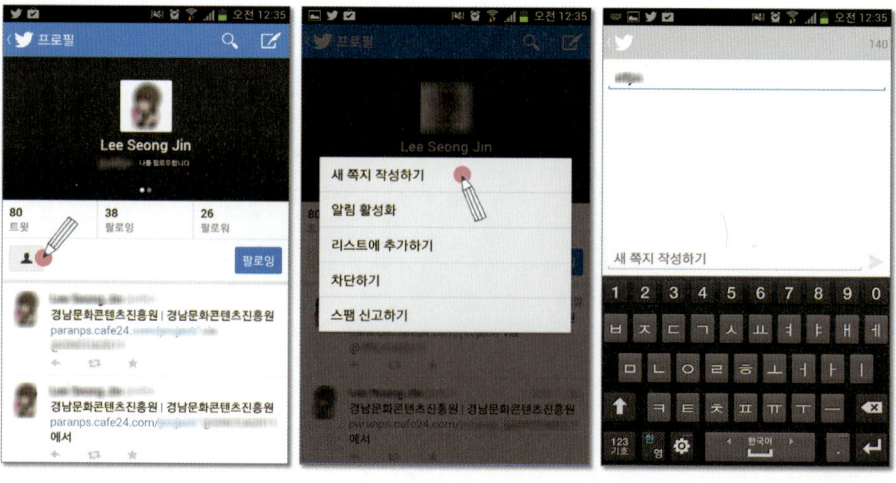

04 친구 알림 받아보기

트위터에서 친구가 글을 등록하면 실시간으로 알림을 받을 수 있습니다. 친구 프로필 상세보기 화면에서 [계정]을 누른 후 단축 메뉴창이 나타나면 '알림 활성화'를 누릅니다. 친구 알림 받아보기는 친구와 내가 맞팔 관계일 때만 가능합니다.

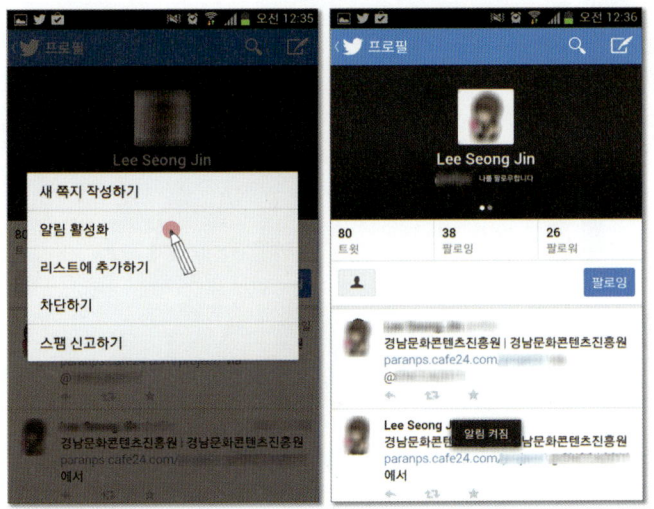

Point

트윗 알림 설정은 [나]에서 [설정]을 눌러 알림을 설정하고자 하는 계정을 선택한 후 '알림'에 체크합니다. '멘션', '리트윗', '관심글', '새 팔로워', '쪽지', '트위터' 알림 등이 가능하며 트윗의 경우에는 친구 프로필에서 해당 사용자의 알림을 활성화할 경우에만 트윗 알림을 받아볼 수 있습니다. 더 이상 알림을 받고 싶지 않을 경우에는 [계정]에서 '알림 끄기'를 눌러 알림을 해제합니다.

05 친구 차단하기

트위터는 팔로우가 자유롭기 때문에 내가 구독하고 싶은 사용자의 글을 언제든 팔로우하여 구독할 수 있습니다. 그러나 만약 특정 사용자가 내 글을 보는 것을 원치 않을 경우에는 '차단하기'를 사용하여 나를 팔로우하지 못하도록 차단할 수 있습니다.

① 친구를 차단하기 위해 친구 프로필 상세보기 화면의 [계정]을 누른 후 단축 메뉴창이 나타나면 '차단하기'를 누릅니다. '이 사용자를 차단하시겠습니까?'라는 창이 나타나면 [예]를 눌러 차단합니다.

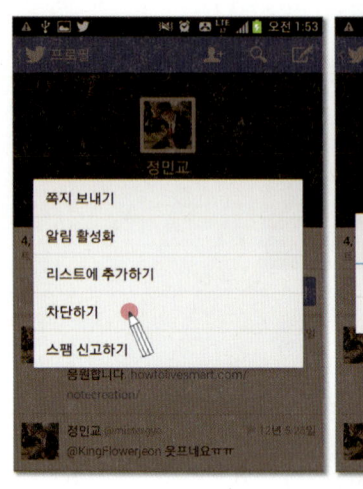 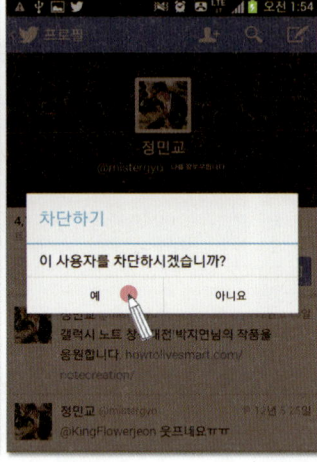

Point
아이폰에서는 '차단하기'를 누르면 [차단하기] 대화상자가 나타나지 않고 바로 차단되며 [팔로우] 버튼이 [차단됨]으로 변경됩니다.

② 차단하기를 사용할 경우 나를 팔로우한 사용자의 팔로우가 자동으로 해제되어 더 이상 나의 글을 볼 수 없게 됩니다. 차단을 해제하기 위해 [계정]의 단축 메뉴창에서 '차단 해제'를 누른 후 '차단을 취소할까요?'라는 창이 나타나면 [예]를 눌러 차단을 해제합니다. 한 번 친구 차단을 하게 되면 친구가 신청한 팔로우가 자동으로 해제됩니다. 친구 차단을 해제하더라도 팔로워는 복구되지 않습니다.

 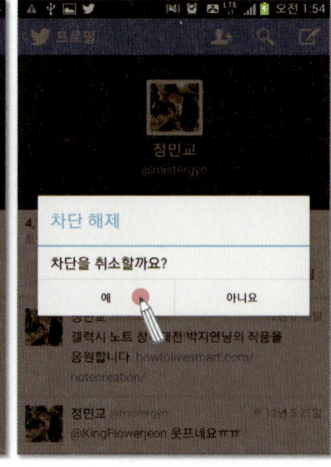

Point
아이폰에서는 [Unblock]이라고 나타나며 메뉴창 이동 없이도 [차단됨] 버튼을 다시 누르면 차단이 해제됩니다.

:: PC에서 친구 관리하기

프로필에서 팔로잉/팔로워를 선택하여 친구 목록을 불러올 수 있습니다. 친구 이름 옆의 [계정]을 클릭하면 하위 메뉴가 나타나며, 하위 메뉴를 이용하여 친구에게 쪽지를 보내거나 친구 차단을 설정할 수도 있습니다.

모바일 알림 기능을 설정하면 친구가 트윗을 작성했을 때 스마트폰으로 바로 확인할 수 있습니다. 친구 아이디 우측의 [계정] 버튼을 눌러 나타난 하위 메뉴에서 [모바일 알림 켜기]를 클릭합니다. [모바일 알림 켜기]는 내가 지정한 친구들의 알림만 골라서 받을 수 있고, 알림을 원치 않을 경우에는 [모바일 알림 끄기]를 클릭하여 알림을 해제합니다. 모바일 알림은 내가 팔로우를 한 친구에게만 설정할 수 있습니다.

트위터에 글쓰기

트위터는 140자 내에서 자유롭게 글을 쓸 수 있는 공간입니다. 글에 사진이나 동영상도 함께 첨부할 수 있으며, 해당 글과 관련된 위치 지도를 첨부할 수 있고 페이스북이나 블로그 등 다른 SNS와 연동하여 글을 올릴 수도 있습니다. 또한 트위터 공개 설정을 통해 제한된 사용자들에게만 나의 글을 공유할 수도 있습니다.

01 트윗 작성하기

① 트윗을 작성하기 위해 상단의 글쓰기( )를 눌러 글쓰기 화면으로 이동합니다. 글을 작성한 후 [트윗]을 누르면 글이 등록됩니다.

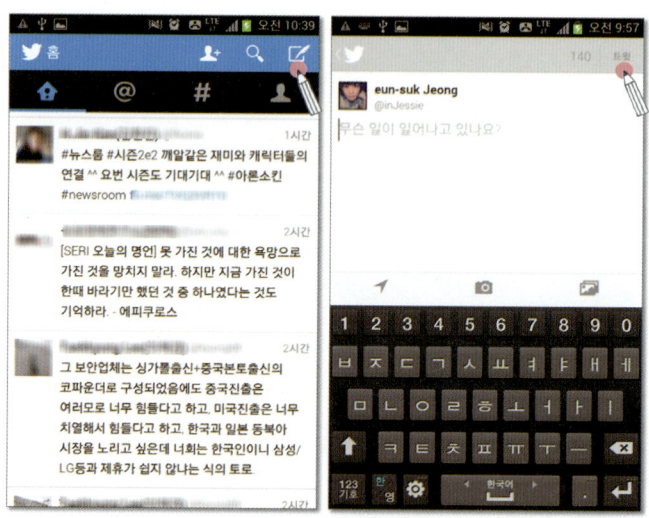

Point

트위터는 구글 검색 랭킹이 높아 트윗이나 프로필 검색 사이트에 노출될 수 있습니다. 특히 검색 빈도가 높은 특정 단어를 트윗에 포함할 경우 검색 결과에 쉽게 나타납니다. 내가 작성한 트윗이 외부 검색 엔진에 노출되는 것을 원치 않으면 트위터 계정을 비공개로 설정합니다.

② 트위터는 사진, 동영상 등의 모든 링크를 포함하여 140자 제한으로 글을 쓸 수 있습니다. 글쓰기 화면 상단에 남은 글자 수가 표시가 되며 140자를 초과할 경우 [트윗] 버튼이 비활성화 되어 글을 등록할 수 없습니다.

02 사진 올리기

① 트윗에 사진을 첨부할 수도 있습니다. 글쓰기 화면에서 [카메라]를 눌러 사진을 직접 찍어 올리거나 [갤러리]를 눌러 스마트폰에 저장된 사진을 불러와서 첨부합니다.

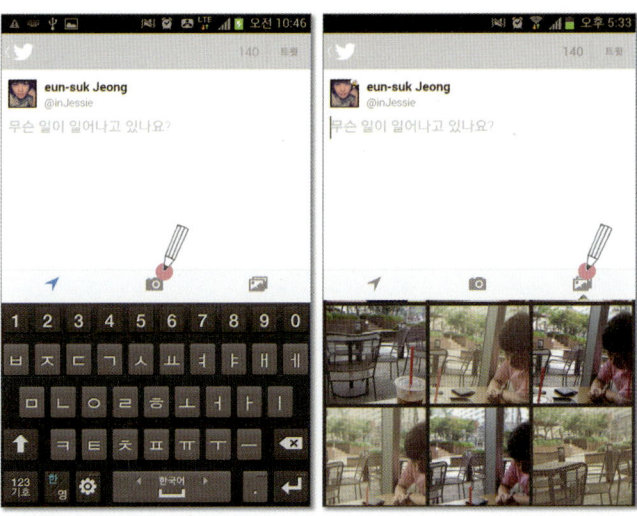

② 업로드할 사진을 선택하면 사진을 편집할 수 있는 편집 화면이 나타납니다. 원하는 필터나 효과를 선택한 후 [완료]를 누르면 사진이 첨부됩니다. 글쓰기 창에 사진과 함께 올릴 글을 작성한 후 [트윗]을 누르면 사진이 등록됩니다.

③ 트위터의 사진은 타임라인에서 미리보기로 표시되며 [나]의 프로필 화면에서는 링크로 표시됩니다. 상세보기를 하거나 링크를 클릭하여 사진을 볼 수 있습니다.

03 동영상 올리기

동영상은 트위터에서 바로 첨부할 수 없으므로 동영상을 첨부할 수 있도록 도와주는 앱을 이용해야 합니다. 트윗비드(www.twivid.com), 유튜브(www.youtube.com), 트윗픽(www.twitpic.com), 와이프로그(www.yfrog.com) 등을 비롯한 많은 애플리케이션을 통해 트위터에 동영상을 업로드할 수 있습니다. 여기서는 최근 많이 사용되고 있는 유튜브, 바인, 인스타그램을 이용하여 동영상을 등록해봅시다.

■■ 유튜브

유튜브는 전세계적인 무료 동영상 공유 사이트로 사용자가 비디오 클립을 업로드하고, 동영상을 보거나 공유할 수 있는 서비스입니다. 인기 동영상을 모아 목록으로 제공하고 있으며 유튜브에 나의 채널을 만들어 동영상을 올리거나 다른 사람의 채널을 구독할 수 있습니다.

① 스마트폰에 저장된 긴 동영상을 트위터에 올리고 싶다면 유튜브를 이용합니다. 먼저 유튜브 앱을 실행합니다. 상단의 [YouTube]를 누르고 [올린 동영상]을 선택합니다.

영상 공개범위 설정

동영상 올리기 화면에서 '개인정보 보호' 항목의 [공개/미등록/비공개]를 선택하여 동영상 공개 범위를 설정할 수 있습니다.

- **공개** : 누구나 검색이 가능하고 볼 수 있음.
- **미등록** : 링크를 아는 사용자(해당 링크를 선택하여 들어오는 사용자)만 볼 수 있음.
- **비공개** : 나만 볼 수 있음.

❷ 상단의 업로드(⬆)를 누른 후 스마트폰에 저장된 동영상을 불러와 제목과 설명을 입력한 후 업로드합니다. 처음 동영상을 업로드하면 자동으로 채널이 생성됩니다.

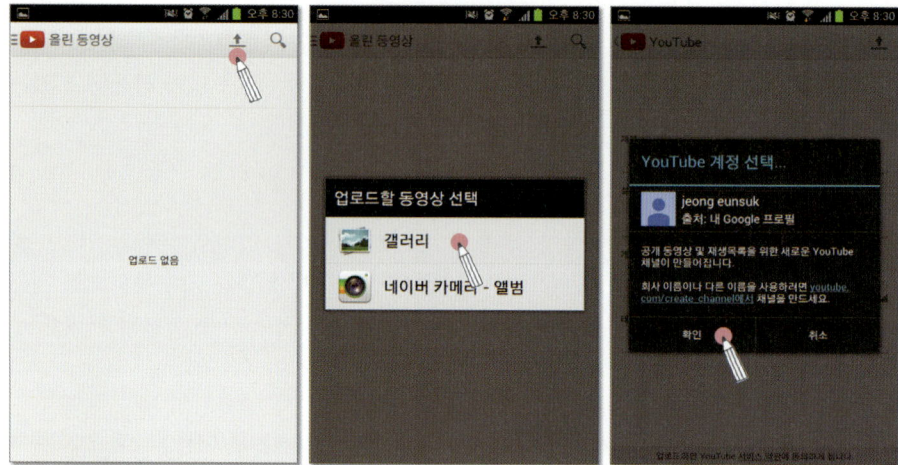

Point
다른 이름으로 채널을 만들고 싶다면 'http://youtube.com/create_channel'에서 별도로 채널을 만들어야 합니다.

❸ 동영상을 트위터에 공유하기 위하여 업로드한 동영상 화면에서 상단의 공유(⤴)를 눌러 '트위터'를 선택합니다.

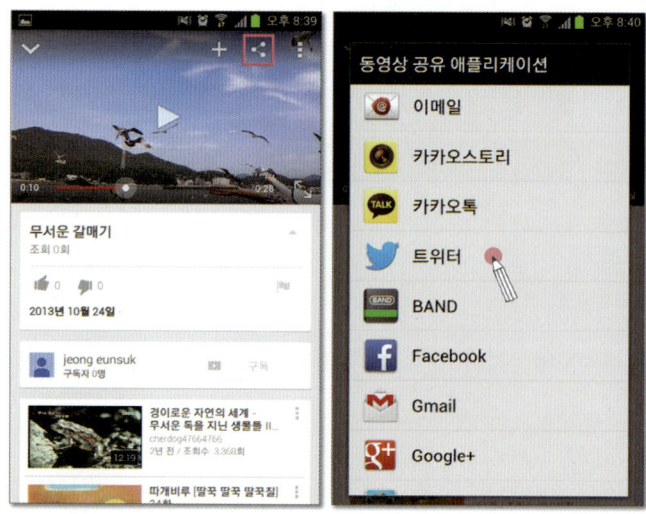

④ 동영상과 함께 올릴 메시지를 입력한 후 상단의 [트윗]을 눌러 트위터에 등록합니다. 트윗을 누르면 링크가 연결된 동영상의 썸네일이 제공되며 [재생]을 눌러 트위터에서 동영상을 볼 수 있습니다.

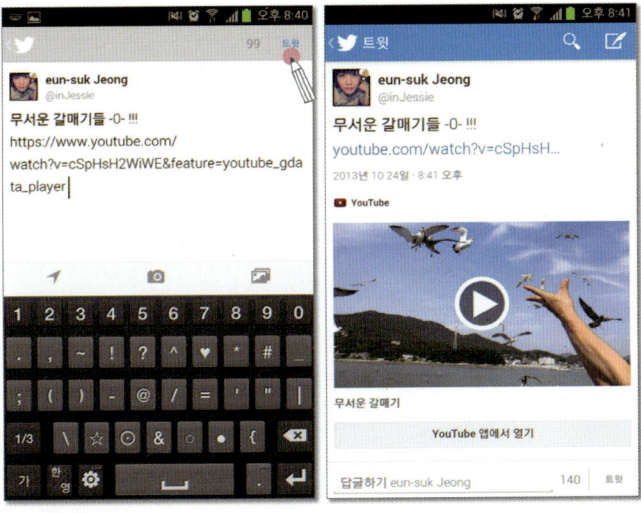

Point

[YouTube 앱에서 열기]를 누르면 유튜브 앱에서 해당 채널의 동영상을 재생할 수 있습니다.

 **긴 동영상을 특정 구간부터 재생하기**

유튜브에 올린 동영상을 내가 지정한 특정 구간부터 재생하도록 설정하여 트위터에 공유할 수 있습니다. 유튜브 사이트에서 동영상을 재생한 후 [동영상 공유]의 [트위터] 아이콘을 눌러 나타난 공유 링크의 [시작 지점]에 체크하고 재생을 원하는 지점의 시간을 입력합니다. 새로 나타난 링크를 복사하여 트위터에 등록하면 동영상 재생 시 해당 구간부터 재생됩니다.

:: 아이폰에서 유튜브 동영상 업로드하기

유튜브 앱에서 직접 동영상을 업로드할 수는 없지만, 아이폰의 갤러리에서 자체적으로 유튜브에 동영상을 업로드할 수 있습니다.

① 아이폰의 갤러리에서 유튜브에 업로드할 동영상을 선택한 후 업로드(□) 버튼을 누르고 [유튜브]를 선택합니다.

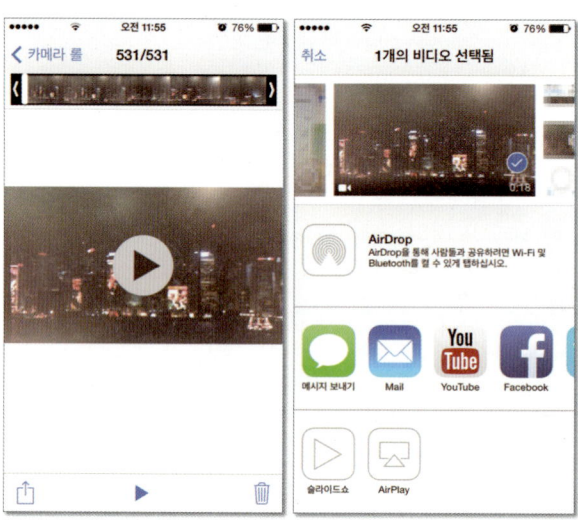

유튜브 채널 만들기

유튜브에 동영상을 업로드하기 위해서는 유튜브 사이트에 내 채널을 생성해야 합니다. 내 채널을 만들기 위해 상단의 '내 이름'을 클릭하고 [You Tube] 설정을 선택한 후 [추가 기능]에서 '새 채널 만들기'를 클릭합니다. 계정 비밀번호를 입력하고 [새 채널 만들기]에서 채널 이름과 카테고리를 입력한 후 [완료]를 누릅니다. 채널은 PC의 유튜브 사이트에서만 개설할 수 있습니다.

Twitter

❷ 유튜브 계정으로 로그인하고 [동영상 발행] 화면에서 동영상의 '제목'과 '설명', '해상도', '태그', '카테고리' 등을 설정한 후 '공개범위'를 체크하고 [발행]을 누릅니다.

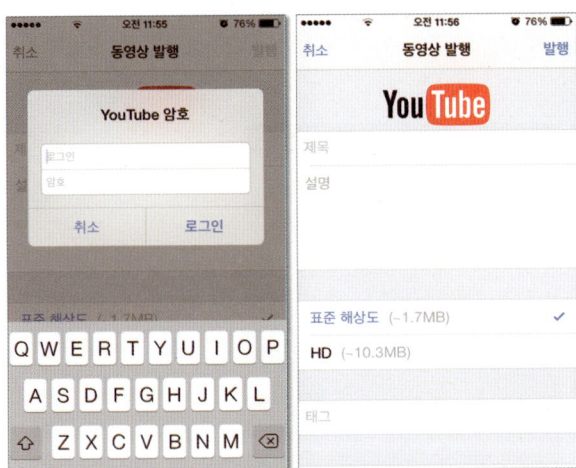

❸ 동영상이 발행되었다는 대화상자가 나타나면 [YouTube에서 보기]를 선택합니다. 내 동영상이 유튜브에 업로드된 것을 확인할 수 있습니다.

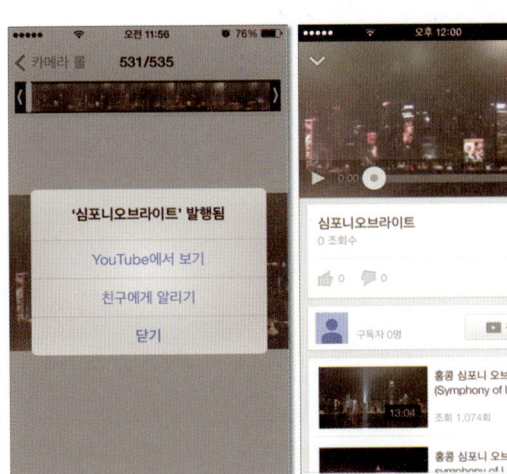

Point
[친구에게 알리기]를 선택하면 [메일]로 연결됩니다. 내가 업로드한 동영상을 확인하려면 유튜브 앱에서 [업로드한 동영상]을 선택합니다.

■■ 바인

바인은 직접 찍은 동영상을 트위터에 공유할 수 있도록 도와주는 서비스로, 6초 정도 동영상 촬영이 가능합니다. 카메라 셔터 버튼을 누르고 있을 동안에만 촬영되기 때문에 원하는 영상만 촬영하여 저장할 수 있습니다. 짧은 동영상을 쉽고 간편하게 트위터에 올릴 때 유용한 서비스입니다.

1. 동영상을 업로드하기 위해 바인을 실행한 후 [Sign in with Twitter] 버튼을 눌러 트위터 계정과 연동하여 로그인합니다.

구글 play 스토어에서 무료로 다운로드할 수 있습니다.

Point

바인은 사진 촬영 및 편집이 가능하며 바인 앱에서 제공하는 추천 동영상이나 내가 찍은 동영상을 바인 타임라인에서 보거나 주변의 가까운 사람들을 찾아서 팔로우하여 서로 교류할 수 있습니다. 트위터 외에 다른 SNS와도 연동이 가능합니다.

❷ 바인의 메인 화면에서 상단의 비디오(▣)를 눌러 동영상 촬영 화면으로 이동합니다. 손으로 화면을 누르는 동안에만 촬영되고 손을 떼어내면 촬영이 정지됩니다. 체크(✓) 버튼을 눌러 동영상 촬영을 완료합니다.

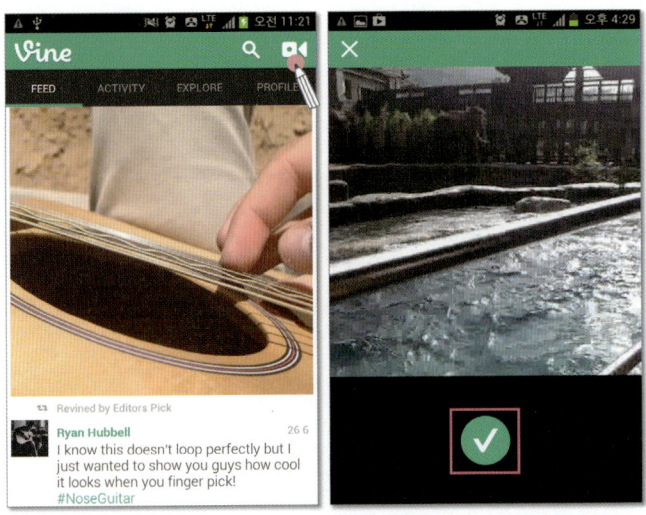

❸ 동영상과 함께 올릴 글을 작성한 후 하단의 트위터에 [켜짐]을 선택하고 상단의 등록(✓)을 눌러 글을 등록합니다. 바인에 글이 등록되는 것과 함께 트위터에도 글이 등록된 것을 확인할 수 있습니다.

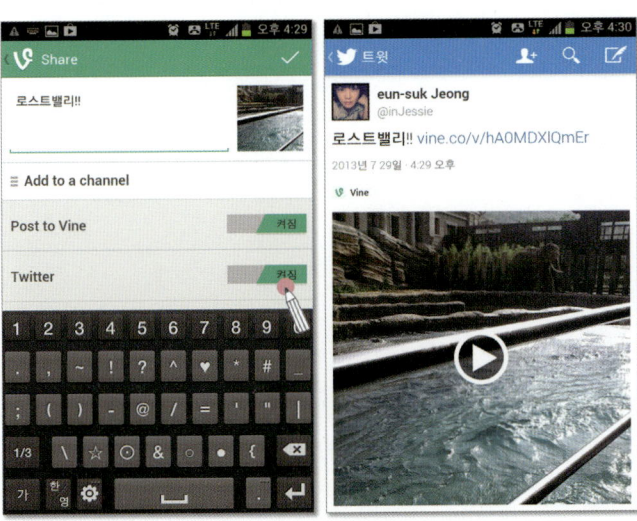

■■ 인스타그램

최근 인스타그램에서도 15초 정도의 동영상을 공유할 수 있는 서비스를 오픈하였습니다. 특히 인스타그램에서는 동영상에도 필터 기능을 제공하고 있어 분위기 있는 영상을 공유할 수 있습니다.

1. 동영상을 업로드하기 위해 인스타그램을 실행한 후 [로그인] 버튼을 눌러 인스타그램 계정에 로그인합니다.

Point
인스타그램 계정이 없다면 [등록] 버튼을 눌러 계정을 새로 생성한 후 로그인합니다.

인스타그램으로 SNS하기
인스타그램도 동영상이나 이미지를 이용한 SNS의 한 종류입니다. 인스타그램을 통해 사진을 찍고 동시에 다양한 디지털 필터 효과를 적용하여 편집할 수 있습니다. 인스타그램의 계정을 설정하면 편집한 사진이나 동영상이 인스타그램 타임라인에 게시되어 인스타그램의 내 친구들과 서로 공유할 수 있고, 페이스북이나 트위터와 같은 다양한 소셜 네트워크 서비스와 연동할 수도 있습니다.

❷ 중앙의 [촬영] 버튼을 누르면 카메라 촬영 화면이 나타납니다. [동영상] 버튼을 눌러 동영상 촬영 모드로 전환합니다.

❸ 바인과 마찬가지로 [촬영] 버튼을 누르고 있는 동안에만 동영상이 촬영됩니다. 촬영을 끝낸 후에는 다음( )을 눌러 원하는 필터 효과와 커버 프레임을 차례로 선택합니다.

4. [공유하기] 화면에서 동영상과 함께 올릴 글을 작성한 후 [트위터] 버튼을 눌러 계정을 활성화하고 등록(✓)을 눌러 동영상을 등록합니다.

5. 트위터에 해당 동영상이 등록된 것을 확인할 수 있습니다.

Point
안드로이드 버전 4.0, iOS 버전 5.0 이상에서 이용이 가능합니다.

04 위치 공유하기

추천하고 싶은 장소나 현재 내가 위치한 장소를 친구들과 공유하고 싶을 때 트위터에서 나의 위치를 함께 공유할 수 있습니다. 트위터의 [글쓰기] 화면에서 위치(➤)를 누르고 위치 정보와 함께 올릴 메시지를 입력한 후 [트윗]을 눌러 게시글을 등록합니다. 트위터에서의 [위치]는 현재 위치만 표시합니다.

Point
내가 있는 위치를 공유할 때 모바일에서는 위치 정보까지 확인되지 않지만 PC에서는 공유한 곳의 지도를 확인할 수 있습니다.

위치 공유 설정하기

트위터에서 위치 기능을 켜놓아도 위치 공유가 되지 않을 경우에는 스마트폰에서 인터넷 앱을 실행하여 www.m.twitter.com으로 접속한 뒤 [나]의 [설정] 버튼을 눌러 [설정] 화면으로 이동합니다. [계정 및 개인정보]의 [트윗 위치정보]를 '켜기' 상태로 수정한 뒤 [저장] 버튼을 누릅니다.

아이폰에서는 [설정]에서 [개인정보 보호]의 [위치 서비스]에서 위치 상태를 변경합니다.

🔎 05 트윗 글 삭제하기

등록한 트윗을 삭제하고 싶다면 삭제할 트윗의 상세보기 화면에서 [휴지통]을 누릅니다. '트윗을 지울까요?'라는 창이 나타나면 [예]를 눌러 게시물을 삭제합니다.

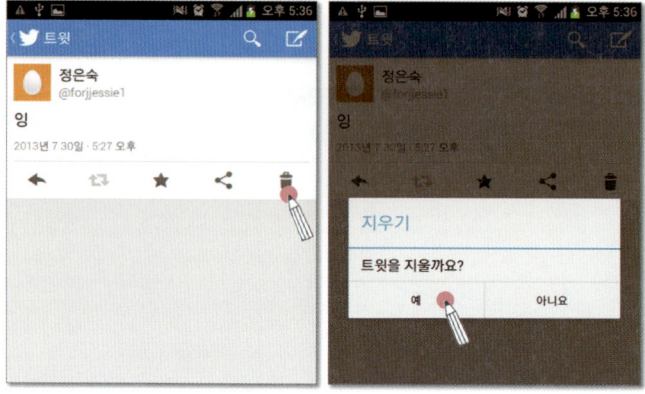

🔎 06 트윗 비공개 설정하기

트윗을 비공개로 설정하면 내가 팔로우 요청을 수락한 친구들에게만 내 글이 보이게 됩니다. 다른 사람들이 내 글을 볼 수 없고 트윗의 검색도 제한됩니다. 비공개 설정은 트위터 앱에서 변경할 수 없으므로 스마트폰의 인터넷 앱을 사용합니다.

① 스마트폰에서 인터넷 앱을 실행하여 'www.m.twitter.com'에 접속한 후 [설정]의 '계정 및 개인정보 수정'을 누릅니다.

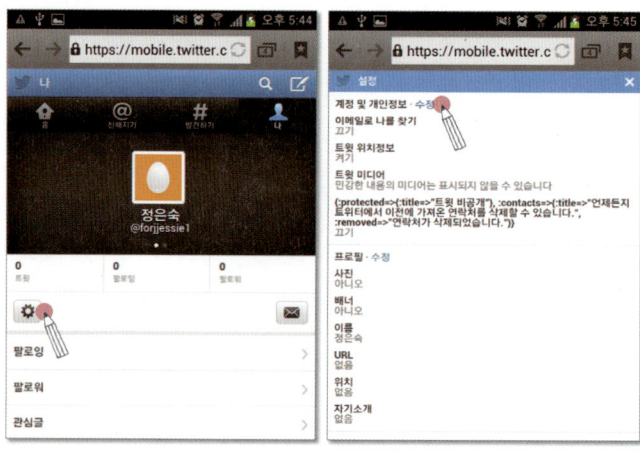

❷ [개인정보 보호 설정] 화면이 나타나면 '내 트윗을 비공개로 설정'에 체크한 뒤 비밀번호를 한 번 더 입력하고 [저장] 버튼을 누릅니다. 내 프로필 화면에서 이름 옆에 자물쇠(🔒)가 나타나면 계정이 비공개로 설정된 것입니다.

07 긴 URL 짧게 줄여쓰기

트위터는 글자 수와 공백은 물론 URL 주소도 140자에 포함하여 글쓰기를 제한하기 때문에 긴 URL을 쓰기 불편하지만, Bitly를 이용하면 긴 주소를 짧은 주소로 변환할 수 있습니다. 스마트폰의 인터넷 앱에서 'www.bitly.com'에 접속합니다. 'Just want to shorten a link?' 하단에 긴 URL을 붙여 넣은 후 [Shorten] 버튼을 누르면 URL을 짧은 주소로 변환해줍니다.

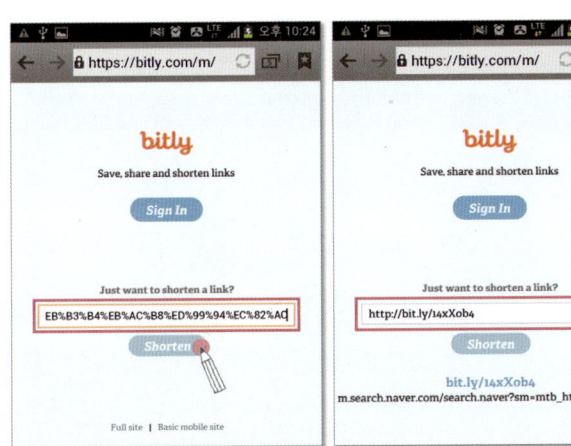

> **Point**
> 긴 URL을 줄여주는 서비스는 비틀리(http://bitly.com)외에도 구글 URL Shortener(http://goo.gl), me2do(http://me2.do) 등이 있습니다.

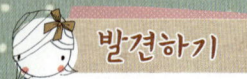

:: 트위터와 페이스북 연동 설정하기

트위터와 페이스북을 연동 설정하면 트위터에 쓴 글이 페이스북에도 똑같이 업로드됩니다. 번거롭게 페이스북에 다시 로그인하지 않고도 내가 쓴 트윗이나 리트윗한 글들이 페이스북에 자동으로 올라가 페이스북 친구들도 내 글을 볼 수 있습니다.

① 페이스북 계정과 연동하기 위해 트위터의 [설정]에서 '프로필 수정하기'를 선택한 후 [프로필] 화면 하단의 [Facebook과 연동하기] 버튼을 클릭합니다.

② [Facebook으로 로그인] 대화상자가 나타나면 페이스북 계정을 입력하고 [로그인] 버튼을 클릭합니다. 'Twitter에서 다음 정보를 받게 됩니다'와 'Twitter가 회원님을 대신해서 Facebook에 게시하고 싶어합니다' 대화상자에 [확인] 버튼을 클릭합니다.

Twitter

③ [트위터에 허용하는 작업]의 '내 리트윗을 Facebook에도 올리기'와 '내 트윗을 Facebook 타임라인에도 올리기'에서 원하는 항목에 체크하고 [변경사항 저장하기] 버튼을 클릭합니다.

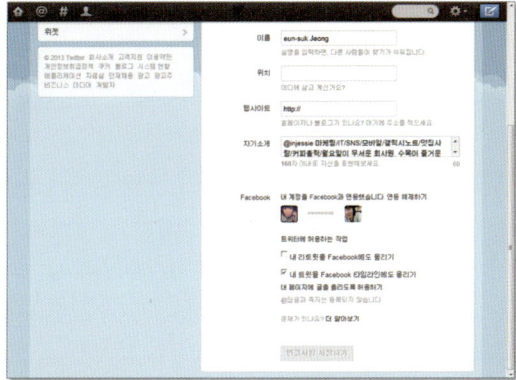

Point

'내 리트윗을 Facebook에도 올리기'에 체크할 경우 내가 트위터에서 리트윗한 게시물이 페이스북에도 공유되어 등록되고, '내 트윗을 페이스북 타임라인에도 올리기'에 체크할 경우 내가 트위터에 작성한 트윗이 페이스북 타임라인에 자동으로 등록됩니다.

④ 페이스북과 연동을 해제하기 위해서는 같은 설정 페이지에서 Facebook의 [연동 해제하기]를 클릭합니다.

페이스북 연동 설정은 PC에서만 가능합니다.

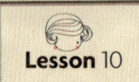

Lesson 10 친구와 소통하기

트위터에서 트윗을 올리는 것 외에 RT나 멘션, DM 등으로도 친구들과 소통할 수 있습니다. RT(리트윗)로 공유하기, 멘션(@)으로 공개 쪽지 보내기, 다이렉트 메시지(DM)로 1:1 쪽지 보내기와 해시태그(#)로 관심사가 같은 사람들에게 내 트윗을 검색할 수 있게 하기 등 다양한 방법으로 친구들과 소통합니다.

01 리트윗

리트윗(RT)은 흔히 알티라고 불리며 친구가 쓴 트윗을 내 트위터 친구들에게 다시 공유하는 기능을 뜻합니다. 리트윗을 이용해서 친구의 글을 다른 친구들에게 공유할 수 있습니다.

① 리트윗을 하기 위해 먼저 공유하려는 글을 선택하고 [리트윗]을 누릅니다. '팔로워들에게 리트윗 할까요?'라는 창이 나타나면 [리트윗]을 눌러 글을 공유합니다.

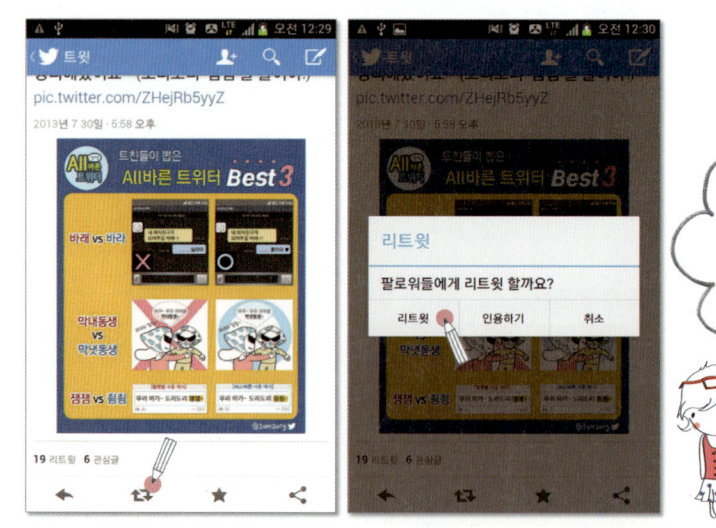

PC에서는 RT할 친구의 트윗에 마우스를 가져다 놓으면 나타나는 하위 메뉴에서 [리트윗]을 클릭하여 공유합니다.

Point

'트윗'은 트위터 사용자가 작성하는 게시물로 트위터에 올라오는 모든 게시물을 지칭하며, '인용하기'란 내가 트윗을 공유하면서 추가로 나의 의견을 덧붙여 공유하는 것으로 공유하고자 하는 트윗을 복사한 후 트윗 앞에 RT를 붙이고 RT 앞에 나의 의견을 적습니다. '리트윗'은 단순 공유의 개념으로 인용하기와 다르게 내 의견을 덧붙여 공유할 수 없습니다.

❷ [인용하기]를 선택할 경우 친구의 글에 내 의견을 덧붙여서 트윗을 공유할 수 있습니다. 또는 트윗에 'RT'라고 적은 후 'RT' 앞에는 나의 의견을, 'RT' 뒤로는 인용할 내용을 붙여 넣어 공유할 수도 있습니다.

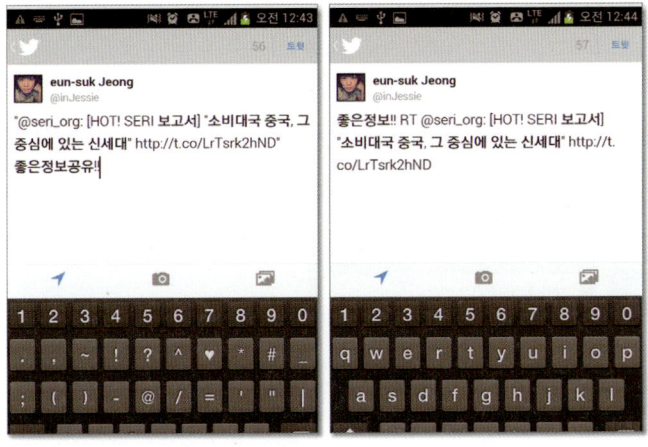

> **Point**
> PC에서는 인용하기 기능이 따로 없으므로 'RT'라고 적은 후 'RT' 앞에는 나의 의견을, 'RT' 뒤로는 인용할 내용을 붙여 넣어 공유합니다.

02 멘션

멘션(@)은 트위터에서 공개적으로 친구에게 보내는 쪽지와 같습니다. 멘션을 보낼 친구의 아이디 앞에 '@'를 붙인 후 '@' 아래로 친구의 이름이 검색되면 해당 이름을 선택하고 메시지를 적어 보냅니다. '@아이디1 @아이디2 @아이디3+내용'처럼 여러 명에게 동시에 멘션을 보낼 수도 있습니다.

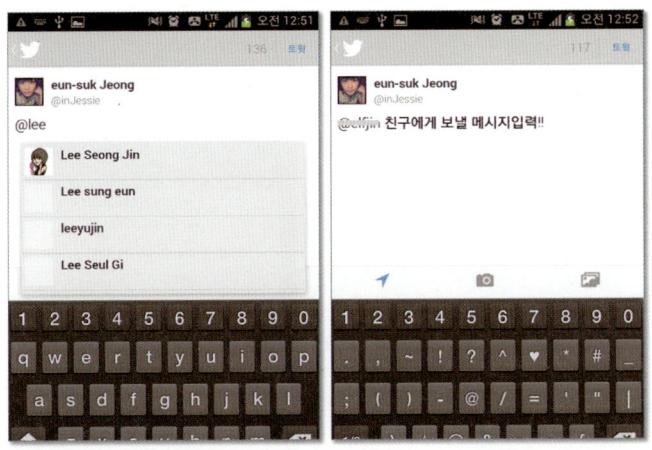

> **Point**
> PC에서 멘션은 [답글]을 클릭해서 보냅니다.

03 다이렉트 메시지

다이렉트 메시지(DM)는 상대방과 나만 볼 수 있는 1:1 쪽지입니다. DM은 친구와 내가 맞팔로우 상태일 경우에만 전송이 가능합니다.

① DM을 보내기 위해 친구의 프로필 상세보기 화면의 계정(👤)을 눌러 나타난 단축 메뉴에서 [새 쪽지 작성하기]를 선택합니다. 내용을 입력 후 상단의 전송(▶)을 눌러 DM을 전송합니다.

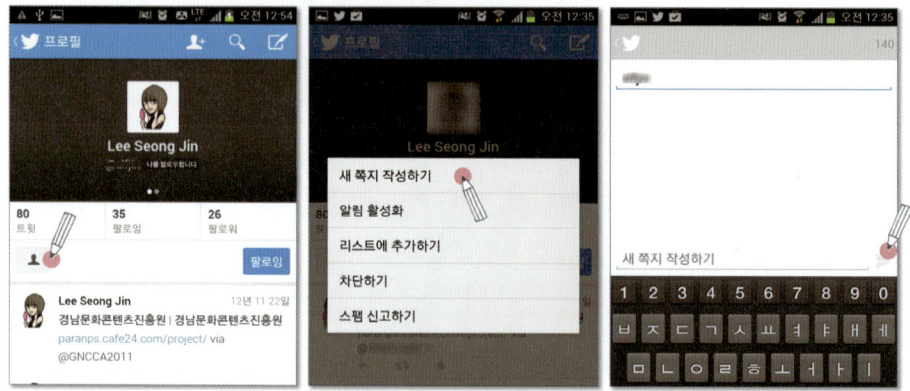

② DM 대화창은 [나]에서 쪽지(✉)를 눌러 확인할 수 있습니다. DM을 삭제할 때는 대화창에서 스마트폰의 메뉴 버튼을 누른 후 '대화 지우기'를 선택하여 대화창 전체를 삭제합니다. 대화 내용을 하나씩 지우려면 지우고자하는 대화 내용을 길게 눌러 나타난 삭제 메시지 창에서 [예]를 눌러 삭제합니다.

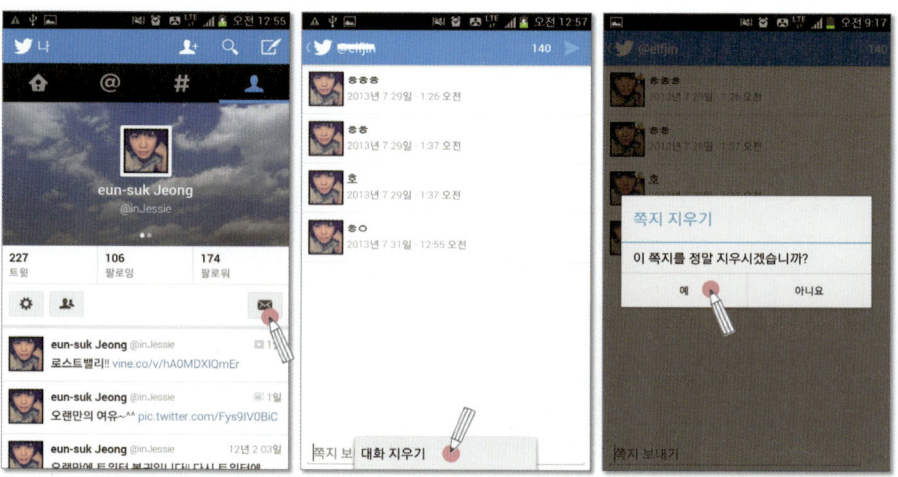

04 해시태그

해시태그(#, Hashtag)는 어떤 주제에 대한 내용을 쉽게 검색할 수 있도록 도와주는 트위터의 태그 기능으로, '#' 문자 뒤에 관심 있는 주제의 단어를 붙여 쓰거나 검색할 수 있습니다.

① 내가 캠핑과 관련된 글을 쓰면서 '#캠핑'이라고 해시태그를 붙이면 다른 사용자들이 '#캠핑'을 검색할 때 나의 글을 볼 수 있습니다.

② 반대로 검색 바에 '#캠핑'을 검색하면 캠핑에 관해 글을 쓴 다른 글들이 나타납니다. 해시태그는 트위터의 [홈]에서 상단의 검색을 눌러 '#+검색 단어'를 입력하여 검색합니다.

파워트위터리안 되기

'파워트위터리안 되기'에서는 트위터의 기본 기능 이외에도 팔로우의 효과적인 관리법이나 트위터 통계보기, 이벤트 만들기 등 트위터를 연동하여 활용할 수 있는 다양한 앱에 대해 소개합니다.
또 트위터에서 영향력 있는 파워트위터리안이 되기 위한 방법을 공유하여 인기있는 트위터 계정을 만들고자 하는 사용자에게 도움이 될 것입니다.

친구 그룹으로 관리하기

내가 팔로우한 사람들이 늘어감에 따라 타임라인에 올라오는 트윗들이 많아지면 놓치는 트윗 또한 많아지는데, 친구를 리스트로 묶어 관리하면 해당 리스트별로 트윗을 모아볼 수 있습니다. 취미별, 관심별, 동창들, 회사 사람들, 연예인, 정치인 등 관련된 모임이나 주제별로 친구 리스트를 따로 묶어 관리하면 편리합니다.

01 리스트 만들기

① 팔로잉을 리스트별로 관리하기 위해 트위터의 [나]에서 [리스트]를 선택하고 [리스트 만들기]를 누릅니다.

Point
리스트는 나의 트위터 가치를 알아볼 수 있는 척도로도 작용합니다. 나를 리스트 한 숫자가 많다는 것은 그만큼 팔로우들이 내 트윗을 가치있게 생각한다는 것으로 팔로우가 많은 것보다 리스트가 많은 것이 더 영향력이 높다고도 할 수 있습니다.

② '리스트 이름'과 '리스트 설명'을 적은 후 리스트의 [공개 비공개 여부]를 설정합니다. 리스트를 다른 사용자에게 공개하고 싶지 않다면 비공개로 설정하여 내가 만든 리스트를 다른 사용자가 볼 수 없도록 합니다. [저장하기] 버튼을 누르면 리스트가 생성됩니다.

02 리스트에 친구 추가하기

① 리스트를 만들었다면 리스트에 친구를 추가할 수 있습니다. 친구 프로필 화면의 [계정] 버튼을 누르면 나타나는 단축 메뉴에서 '리스트에 추가하기'를 누른 후 추가할 리스트 이름을 선택합니다.

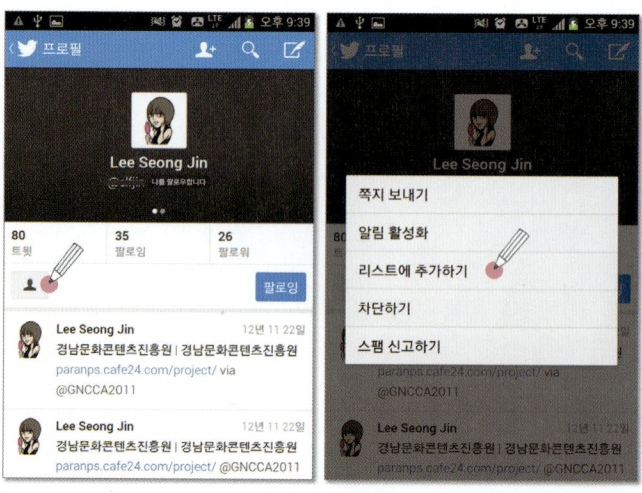

❷ 리스트의 멤버 목록에 친구가 추가되었습니다. 리스트 멤버 목록에는 내가 팔로우하지 않은 친구들도 추가할 수 있습니다.

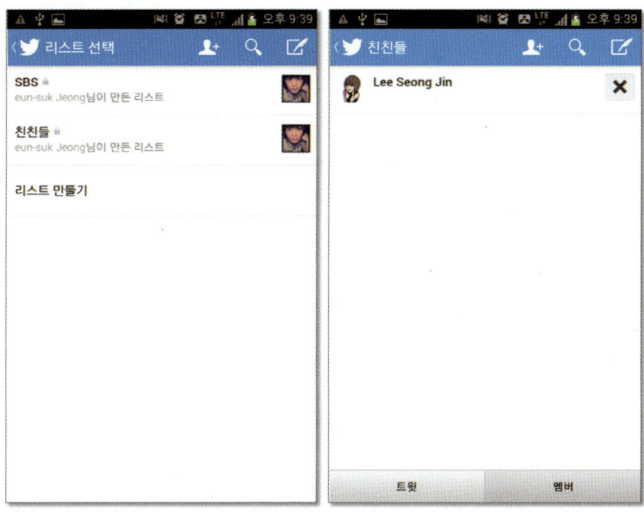

03 리스트 수정/삭제하기

리스트 이름이나 설명, 공개 여부를 수정하려면 수정할 리스트를 선택한 후 스마트폰의 메뉴 버튼을 눌러 나타난 단축 메뉴에서 '리스트 수정하기'를 선택합니다. 리스트 설정을 수정한 후 [저장하기] 버튼을 눌러 설정을 변경합니다.

Point
아이폰에서는 리스트 목록에서 상단의 [편집]을 누르고 [리스트 편집하기]를 선택하여 수정합니다.

리스트 이용하기

트위터 리스트 기능을 이용하면 많은 트윗을 리스트별로 정리해서 볼 수 있어 편리합니다. 리스트 목록이 많을 경우엔 PC에서 리스트를 관리하는 것이 좋습니다.

① 리스트를 만들기 위해 트위터에서 [나]를 클릭하고 [리스트]를 선택한 후 [리스트 만들기] 버튼을 클릭합니다. [리스트 만들기] 대화상자가 나타나면 '리스트명', '설명', '공개여부' 등을 설정하고 [리스트 저장하기] 버튼을 클릭합니다.

② 리스트를 수정하거나 삭제하려면 설정을 변경할 리스트 이름을 클릭하고 리스트 화면의 [수정] 또는 [지우기] 버튼을 클릭하여 리스트를 수정하거나 삭제합니다.

발견하기

:: 간편한 트위터 명령어

트위터에서 자주 사용하는 명령어를 알아두면 좀 더 쉽게 멘션이나 쪽지를 보낼 수 있고, 친구를 쉽게 팔로우하거나 프로필 정보를 빠르게 확인할 수 있습니다. 이 명령어들은 PC에서만 사용되니 참고로 알아둡니다.

▶ **멘션하기 : @아이디+내용**
특정 사용자에게 멘션을 보낼 땐 '@아이디+내용'을 입력한 후 전달하고자 하는 내용을 작성합니다. PC뿐만 아니라 모바일에서도 사용 가능합니다.

▶ **쪽지보내기(DM) : D+@아이디+내용**
DM을 보낼때도 트윗 작성창에 'D+@아이디+내용'을 입력하여 DM을 보낼 수 있습니다.

▶ **팔로우하기 : follow+@아이디**
트윗 작성창에 'follow+@아이디'를 입력하면 해당 아이디의 사용자가 팔로우됩니다.

▶ **언팔로우 : unfollow+@아이디**
트윗 작성창에 'unfollow+@아이디'를 입력하면 해당 아이디의 사용자가 언팔로우됩니다.

▶ **관심글(favorites) 등록하기 : fav+@아이디**
트윗 작성창에 'fav+@아이디'를 입력하면 해당 사용자의 제일 마지막 트윗이 관심글로 저장됩니다.

▶ **이용자 정보 불러오기 : get+@아이디**
트윗 작성창에 'get+@아이디'를 입력하면 해당 사용자의 가장 최근 트윗을 트위터 화면 상단에 보여줍니다.

▶ **사용자 프로필 확인하기 : whois+@아이디**
트윗 작성창에 'whois+@아이디'를 입력하여 해당 사용자의 프로필을 쉽게 확인할 수 있습니다.

▶ **팔로우 팔로워 수 확인하기 : stats+@아이디**
트윗 작성창에 'stats+@아이디'를 입력하면 해당 사용자의 팔로우와 팔로워 수를 확인할 수 있습니다.

트위터 앱 활용하기

Lesson 02

트위터와 관련된 앱 중에는 사진, 동영상을 편집하거나 위치를 공유하는 것뿐만 아니라 프로필 사진을 꾸며주고 친구 얼굴로 트위터 배경을 만들고 내 트위터의 맞팔율을 계산해주는 등 트위터를 활용하여 다양한 기능을 추가 제공하는 앱이 많이 있습니다. 이 사이트들을 이용하여 두 배로 즐겁게 트위터를 사용해 봅시다.

01 사진, 동영상을 마음껏 공유하자

트위픽(Twitpic)은 트위터와 연동하여 사진, 동영상을 친구들과 공유할 수 있게 도와 주는 앱으로 별도의 가입 없이 트위터 계정을 이용하여 로그인할 수 있습니다. PC는 물론 인터넷이 가능한 다양한 기기에서 사진을 게시할 수 있고 gif, jpg, png 형식의 이미지 파일을 지원합니다.

1 구글 play 스토어에서 Twipic 앱을 다운로드하여 트위터 계정을 입력한 후 [애플리케이션 승인] 버튼을 누릅니다.

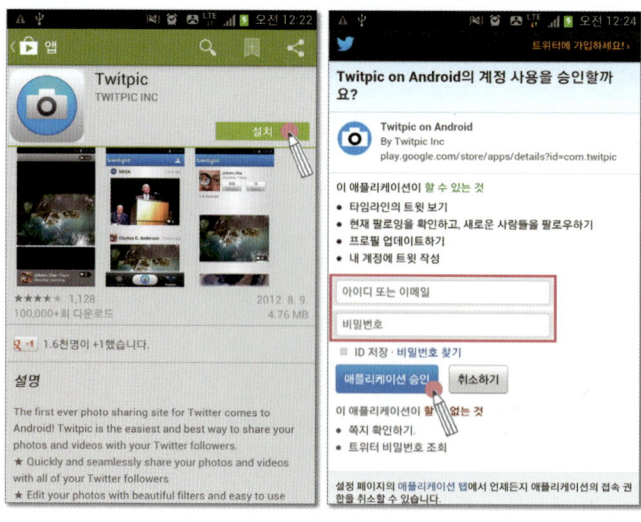

❷ 트위픽 접속 화면에서 하단의 메뉴를 이용하여 사진이나 동영상을 찍을 수 있고, 스마트폰에 저장된 사진이나 동영상을 불러와 트위터에 공유할 수도 있습니다.

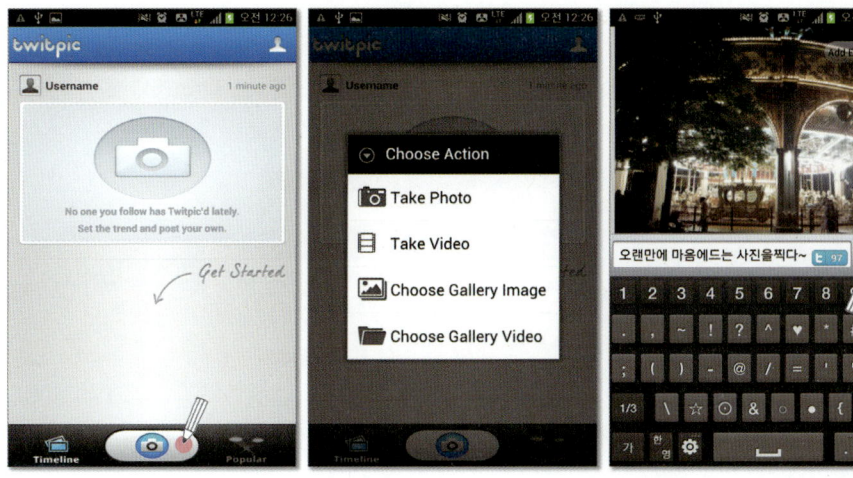

02 나의 트위터 가치는 얼마?

트윗얌(tweetyam)은 트위터의 가치를 평가해주는 서비스로 로그인 없이 간단히 트위터 아이디를 입력하는 것만으로 이용이 가능합니다. 모바일로 www.tweetyam.com에 접속하여 'YOUR TWITTER WORTH?' 문구 하단 창에 아이디를 입력합니다. 나의 트위터 아이디가 아니라 다른 사용자의 아이디를 입력해도 결과를 볼 수 있습니다.

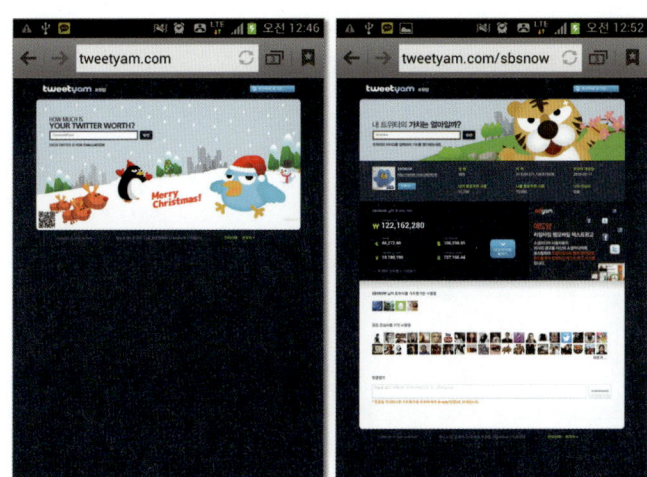

Point
트위터의 비공개 계정은 트윗얌 이용이 불가능합니다.

03 트위터 친구 얼굴을 모아 배경화면 만들기

Twik를 이용하면 내 팔로우와 팔로워의 프로필 사진을 자동으로 모아 배경화면을 만들어 트위터 배경으로 설정할 수 있습니다.

① Twilk를 이용하기 위해 'www.twilk.com'으로 접속한 후 [Go] 버튼을 눌러 트위터 계정으로 로그인합니다. 이메일 입력창에 이메일을 입력한 후 [로그인]을 눌러 접속합니다.

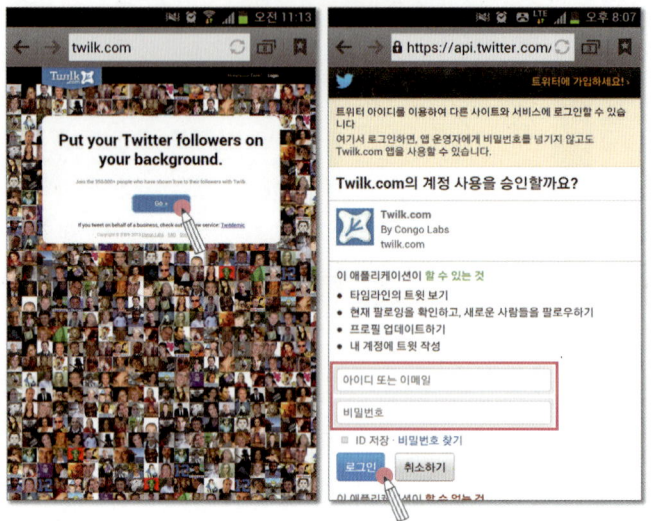

② 내 친구들의 프로필을 이용하여 자동으로 배경화면이 만들어집니다. [Use Background] 버튼을 누르면 내 트위터에 바로 적용됩니다.

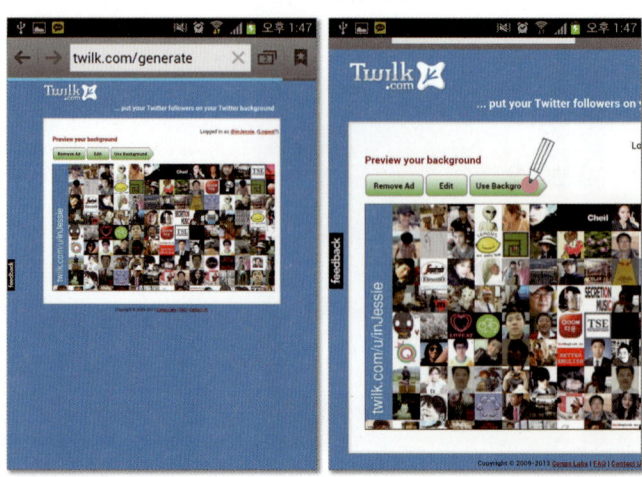

04 더 쉽게 트위터 사용하기

한국인들이 트위터 공식 사이트 다음으로 많이 사용하는 것이 한국형 트위터 twtkr입니다. 트위터와 연동이 되며, 한글 검색, 긴 글 보기, 번역, 알림 기능과 한글 도움말 사이트의 제공으로 트위터를 좀 더 쉽게 즐길 수 있습니다.

① 구글 play 스토어에서 twtkr을 검색하여 다운로드합니다. twtkr 실행 초기화면에서 [추가] 버튼을 눌러 트위터 계정을 추가합니다. 별도 가입 없이 트위터 계정으로 twtkr을 사용할 수 있습니다.

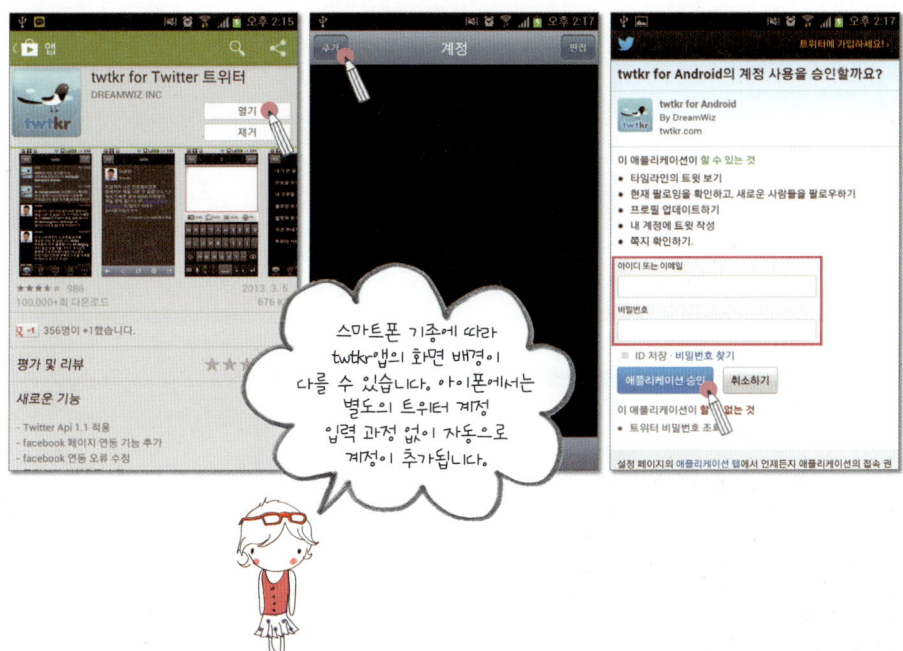

스마트폰 기종에 따라 twtkr앱의 화면 배경이 다를 수 있습니다. 아이폰에서는 별도의 트위터 계정 입력 과정 없이 자동으로 계정이 추가됩니다.

한국형 트위터 twtkr

한국어 트위터라 불리는 twtkr은 한국인에게 익숙한 인터페이스로 트위터를 사용할 수 있어 처음 트위터를 접하고 트위터 용어와 트위터 사용법을 모르는 사용자들도 쉽게 사용할 수 있습니다. 쉽게 말해 공식 트위터 앱의 기능을 모두 사용할 수 있으면서 트위터에서 지원하지 않는 긴 글 보기, 웹 주소 짧게 만들기, 번역, 투표, 맞춤법 검사 등의 추가 기능을 제공하고 있어 편리하게 사용할 수 있습니다. 트위터 앱과는 달리 twtkr 앱에서는 알림 시작 시간과 종료 시간을 설정하여 원하는 시간에만 알림을 받을 수 있게 설정할 수도 있습니다.

❷ 계정을 선택하면 해당 계정의 타임라인으로 이동합니다. 앱 하단에 [타임라인], [멘션], [쪽지], [리스트] 등의 메뉴를 제공하고 있습니다.

❸ [기타] 메뉴에서는 내 프로필을 확인하거나 팔로우/팔로워 보기, 사람 찾기 등을 할 수 있으며 상단의 작성(　) 버튼을 눌러 트윗을 작성할 수도 있습니다.

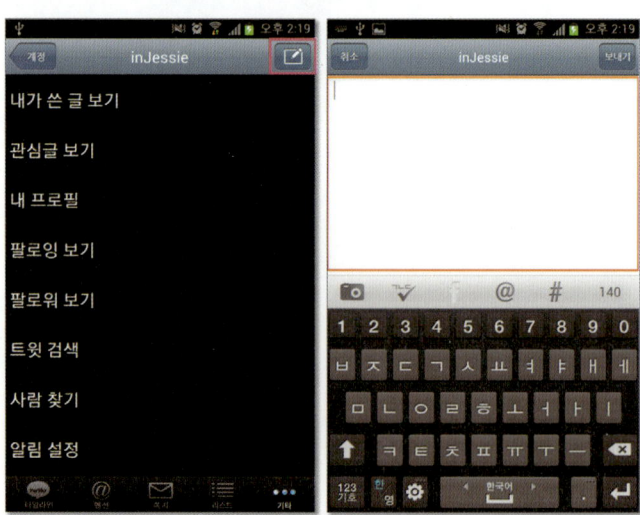

❹ twtkr 실행화면에서 스마트폰의 메뉴를 눌러 나타난 단축 메뉴를 통해 [환경 설정]과 [알림 설정] 등을 변경할 수 있습니다. [환경 설정]에서는 '사용자 이름 표시', '읽어오기 갯수', '본문 글자 크기', '색상 설정' 등을 변경할 수 있습니다.

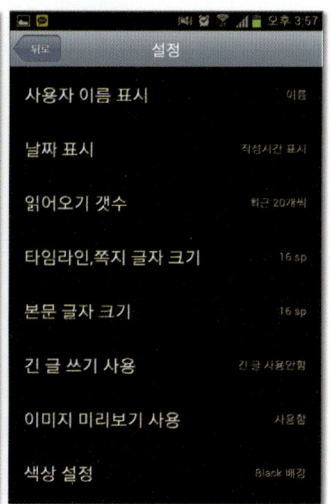

twtkr에서 장문쓰기

twtkr은 트위터 공식 앱과는 달리 140자가 넘는 긴 글 쓰기가 가능합니다. twtkr의 [기타] 메뉴에서 [환경 설정]을 누른 후 '긴 글쓰기 사용'을 선택하여 twtkr로 긴 글 쓰기를 설정해줍니다. twtkr과 트위터는 서로 연동이 되므로 twtkr에서 입력한 정보 및 설정이 트위터에도 동일하게 적용되지만, 긴 글 쓰기는 연동되지 않습니다.

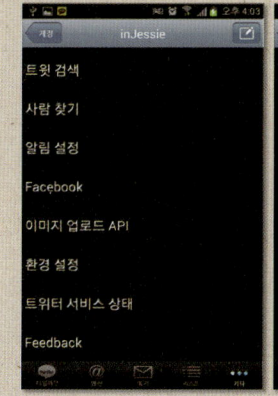
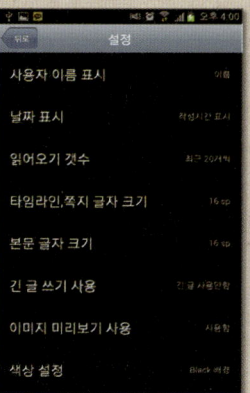
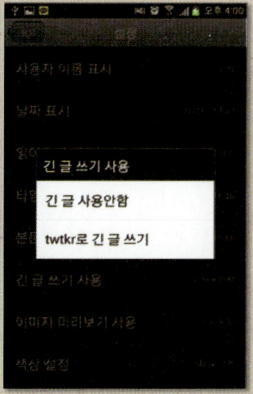

PC version — twtkr 이용하기

PC에서의 twtkr역시 트위터 공식 사이트의 계정과 연동하여 로그인을 할 수 있습니다. twtkr 트윗 작성 화면의 [URL축소/투표/맞춤법] 메뉴를 이용하여 긴 URL을 축소하거나 투표하기를 작성하고 작성한 트윗의 맞춤법 검사하기 등의 기능을 활용할 수도 있습니다.

① 'www.twtkr.com'에 접속한 후 [Sign in with Twitter] 버튼을 클릭하여 twtkr의 계정 사용을 승인합니다.

② twtkr 홈 화면의 메뉴를 이용하여 [타임라인], [멘션], [쪽지], [리트윗], [관심글] 목록으로 이동할 수 있고, 트윗에 마우스를 가져다대면 나타나는 하위 메뉴를 이용하여 '관심글 등록', '리트윗', '인용하기', '멘션 보내기' 등을 할 수도 있습니다.

Point

twtkr에서는 자체 이미지 업로드 기능을 제공하지 않아 twipic, spic, kr, yfrog, 트위터 등을 이용하여 사진을 올리거나 이미지 링크를 붙여 넣어 사진을 등록할 수 있으며, 이미지를 등록하면 링크와 함께 이미지 미리보기를 제공합니다.

③ [설정]을 클릭해서 twtkr 설정화면으로 이동합니다. 메뉴를 이용하여 정보를 변경하거나 리스트, 차단한 사용자 등을 관리하고 긴 글쓰기 등을 설정할 수 있습니다.

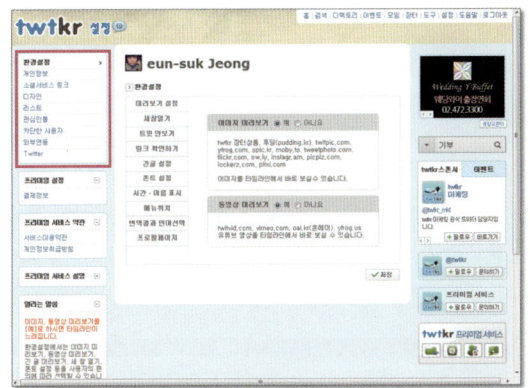

④ twtkr 홈 화면의 트윗 입력창에 사진이나 동영상, 인터넷 페이지 등 공유하려는 URL 주소를 입력한 후 상단의 [URL축소]를 클릭하면 URL 주소가 자동으로 짧게 축소됩니다.

⑤ twtkr은 트위터 공식 사이트와 달리 투표하기 앱을 이용하지 않고도 투표하기 기능을 사용할 수 있습니다. 트윗 입력창 상단의 [투표]를 클릭하여 투표 항목을 만들어 친구들의 참여를 유도할 수 있습니다. '단일 선택'과 '다중 선택' 중 [투표형태]를 선택한 후 [투표제목]과 [투표항목] 등을 차례대로 입력한 후 하단의 [투표 생성] 버튼을 눌러 투표를 생성합니다.

05 트위터 프로필 사진에 트위본 달기

트위본은 트위터 프로필 사진에 리본이나 로고, 마크를 달아 자신의 생각을 표현할 수 있는 서비스입니다. 좋아하는 스포츠 팀 로고 달고 응원하기, 광복절에 태극기 달기, 참여하고 있는 캠페인 로고 달기 등으로 활용할 수 있습니다.

1. 스마트폰으로 'www.twibbon.com'에 접속한 후 트위터 계정으로 애플리케이션을 승인합니다. [Start a Campaign] 버튼을 눌러 캠페인을 새로 만들거나 하단의 캠페인 리스트 중 원하는 캠페인을 선택하여 [Add to Twitter]를 눌러 계정 사용을 승인합니다.

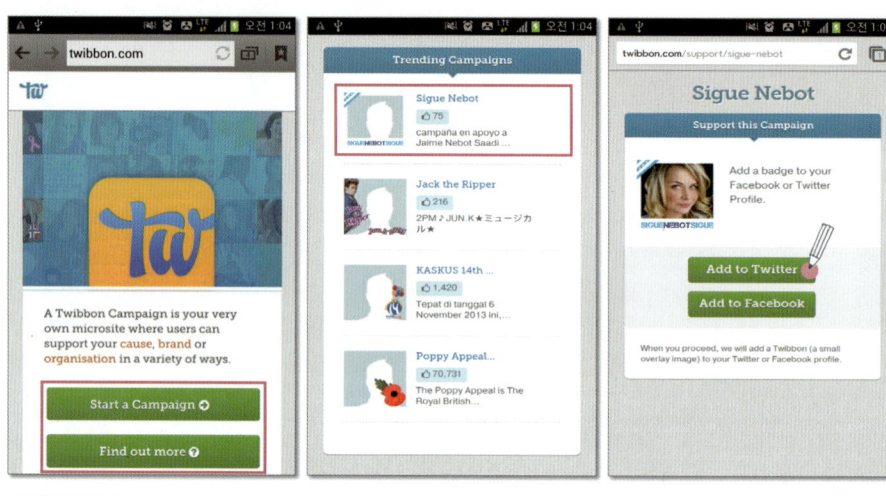

Point
캠페인 옆의 [좋아요] 버튼에 표시된 숫자는 해당 캠페인의 리본을 설치한 사람의 수를 나타냅니다. 얼마나 많은 사람들이 해당 캠페인의 리본을 설치하고 있는지 쉽게 파악할 수 있습니다.

② 원하는 캠페인 항목을 선택한 다음 [Add to Twitter] 버튼을 누르고 [View on Twitter] 버튼을 눌러 리본이 설치된 트위터 프로필 사진을 확인할 수 있습니다. 프로필 사진을 원래대로 돌리려면 트위터의 내 프로필 화면에서 사진 수정을 눌러 이전 사진으로 재등록합니다.

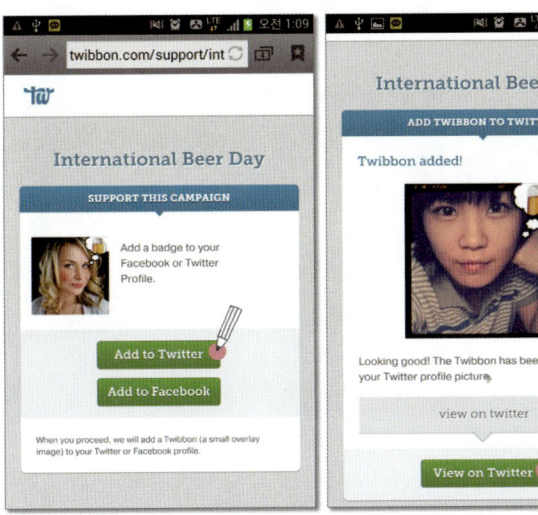

Point
아이폰은 twibbon 앱이 있기 때문에 홈페이지 주소로 접속하면 앱스토어로 연결됩니다. 앱스토어에서 유료로(0.99$) 다운로드할 수 있습니다.

③ 직접 캠페인을 만들어 사용하고 싶다면 트위본에 로그인한 상태에서 [Start a Campaign] 버튼을 누르고 [Step 1]에서 이메일과 타이틀 세부 내용을 입력합니다. [Step 2]에서는 캠페인에 사용할 이미지를 첨부하고 [Step 3]에서 'No thanks, just a free Campaign'을 누르면 내가 만든 캠페인의 수정 화면이 나타납니다. 해당 메뉴에서 캠페인 미리보기, 편집 및 리포트 확인 등을 할 수 있습니다.

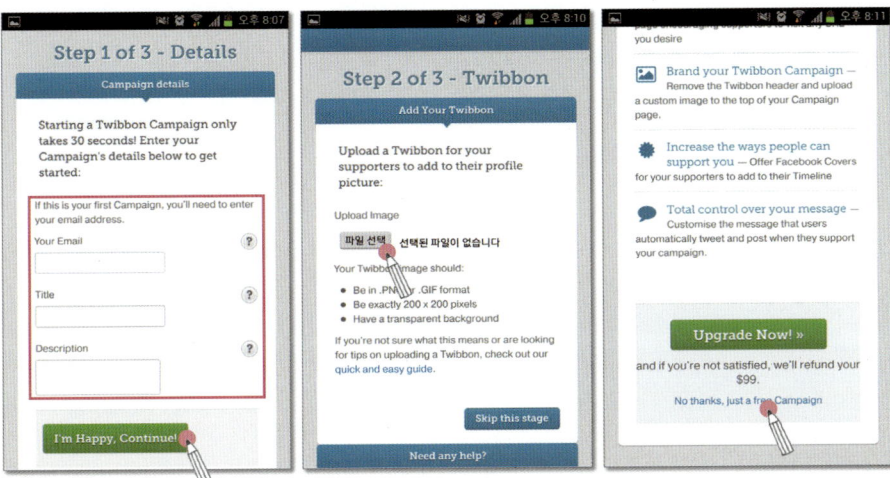

트위본으로 캠페인 적용하고 해제하기

① Twibbon에서 [Login] 버튼을 클릭한 후 [Twitter] 버튼을 선택합니다. 트위터 계정을 입력한 후 애플리케이션을 승인합니다.

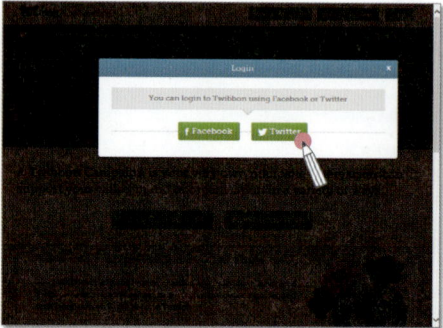

② 캠페인을 검색하려면 상단의 [Find a Campaign] 버튼을 클릭한 후 나타난 화면의 검색창에 캠페인 이름을 검색합니다. 해당 캠페인을 선택한 후 [Add to Twitter] 버튼을 클릭합니다. [Start a Campaign] 버튼을 선택하여 캠페인을 직접 만들 수도 있습니다.

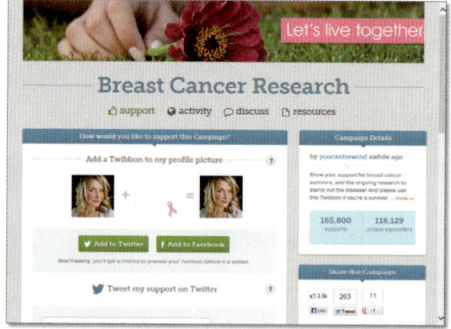

Point
적용할 캠페인을 삭제하려면 트위터 아이디가 적힌 버튼을 클릭하고 [History]를 클릭합니다. 선택한 캠페인 프로필 사진 아래의 [Hide this]를 클릭하면 캠페인을 숨길 수 있습니다.

06 트위터 위젯 만들기

트위터에서 위젯을 만들어 홈페이지나 블로그, 카페에 트위터 위젯을 달 수 있습니다. 나의 타임라인 게시물은 물론 나의 관심글, 리스트별 게시물로 위젯을 설정할 수 있고 나를 팔로우하기 버튼 등이 위젯에 포함됩니다.

1 PC로 트위터에 로그인한 후 상단의 [환경설정]을 클릭하여 나타난 하위 메뉴에서 [설정]을 클릭합니다. [위젯] 메뉴를 선택한 후 [새로 만들기] 버튼을 클릭하여 사용자 위젯 만들기 화면으로 이동합니다.

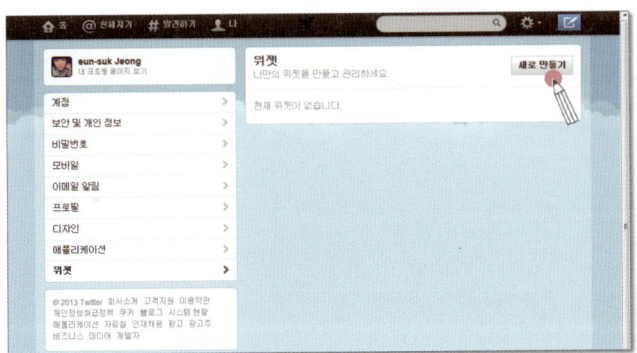

2 타임라인 소스 선택에서 '사용자 아이디', '설정', '테마' 등을 선택하면서 [미리보기]에서 새로 만들 위젯을 확인합니다. 하단의 [변경사항 저장하기] 버튼을 클릭하면 하단에 코드가 나타납니다. 이 코드를 복사해서 블로그, 홈페이지, 카페에 붙여넣기하여 사용합니다. [트위터 개인화 설정]에 체크하면 직접 소스를 수정할 수 있어 내가 원하는 대로 위젯을 만들 수 있습니다.

Point
현재 트위터 내의 위젯 페이지 연결에 문제가 있어 페이지 연결이 되지 않을 수 있으며, 연결이 안될 시에는 'http://twitter.com/settings/widgets/new'로 직접 연결하여 위젯 만들기 페이지로 이동합니다.

07 트위터 핫이슈 보기

트위터에서 많이 리트윗된 인기 트윗이나 주요 토픽을 모아 보여주는 서비스로 오늘 트위터의 주요 화젯거리들을 볼 수 있습니다. 오늘의 이슈 글부터 언론사별 뉴스, 이벤트는 물론 스타들의 트위터 소식까지 다양한 정보를 모아서 제공합니다.

① PC에서 'http://tweetmix.net'에 접속합니다. 트윗믹스 사이트에서 메뉴의 [지금 트위터 핫이슈]를 선택하여 가장 인기 있는 트위터 이슈들이나 언론사별 기사들을 볼 수 있습니다.

② 해당 기사 하단에 나타나는 메뉴에서 관련 트윗을 확인하거나 답글, 리트윗을 할 수 있습니다.

08 나의 트위터 생활 패턴 살펴보기

트윗스태츠를 이용하면 내가 언제 트위터를 많이 사용하는지, 어떤 단어를 자주 사용하는지 등의 나의 트위터 생활 패턴에 대한 통계를 볼 수 있습니다.

1 'www.Tweetstats.com'의 접속 창에서 [Enter your Twitter username]의 검색창에 내 트위터 아이디를 입력한 후 [Graph My Tweets!] 버튼을 클릭합니다.

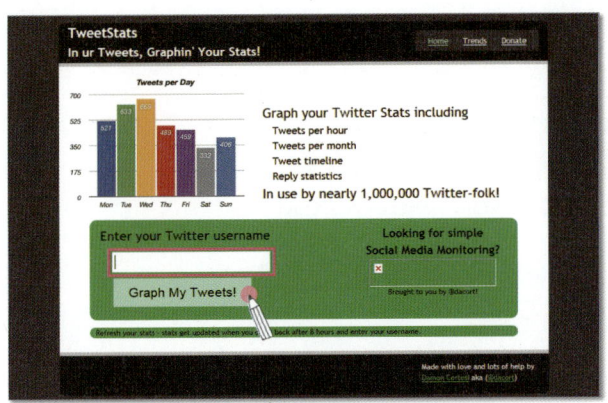

2 통계 화면에서 [TweetStats]를 클릭하면 월별로 내가 트윗한 수와 시간별, 요일별 트윗 수 등의 정보를 볼 수 있고, 내가 누구에게 얼마나 답장을 하였는지, 어떤 사이트를 이용하여 트윗을 하였는지 등을 확인할 수 있습니다. [Tweet Cloud]를 선택하면 내가 자주 사용하는 단어들이 무작위로 화면에 나타나며 내가 트윗에 어떤 단어를 자주 사용하는지 보여줍니다.

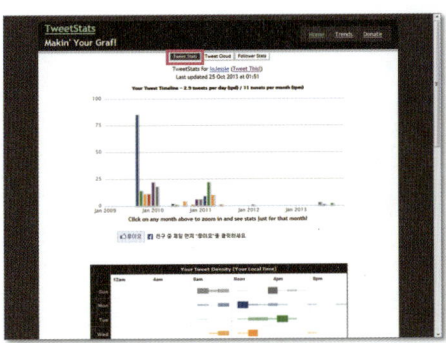 

Point
[Follower Stats]에서는 트위터 팔로우, 팔로워 현황을 그래프로 확인할 수 있습니다.

09 팔로우, 팔로워 분석

트위터 카운터는 트위터의 팔로우, 팔로워 통계 분석 서비스로 기간별 팔로우, 팔로워 추이와 평균 멘션 수를 그래프로 나타내줍니다. 또 팔로워 랭킹도 제공하고 있어 유명인이나 연예인들의 팔로워 순위 및 변동을 확인할 수 있습니다.

① 'www.twittercounter.com'에 접속하고 [Sign in with twitter] 버튼을 클릭하여 트위터로 로그인합니다.

② 트위터 아이디와 비밀번호를 입력한 후 [애플리케이션 승인] 버튼을 클릭하여 트위터와 연동합니다.

❸ 로그인 후 상단 메뉴의 [내 아이디]를 클릭하여 나의 페이지로 이동합니다. 팔로우, 팔로워 추이나 트윗 현황들을 날짜별 그래프로 볼 수 있습니다.

❹ 트위터 카운터에서는 블로그에 트위터 팔로우 수를 표시해주는 트위터 카운터 위젯을 제공하고 있습니다. 내 페이지에서 [My widget]을 선택한 후 [Customize your Twitter widget] 화면에서 글자색이나 배경 색, 사이즈 등을 변경하고 [Ganerate code] 버튼을 클릭하여 위젯 코드를 생성합니다. 만들어진 주소를 복사하여 블로그나 웹사이트 등에 설치합니다.

⑤ [My button] 메뉴에서 트위터 카운터를 버튼 형식으로 만들어 블로그나 웹사이트에 설치할 수 있습니다. 세 가지 형태의 버튼 중 원하는 버튼의 소스를 복사하여 블로그나 웹사이트 등에 설치합니다.

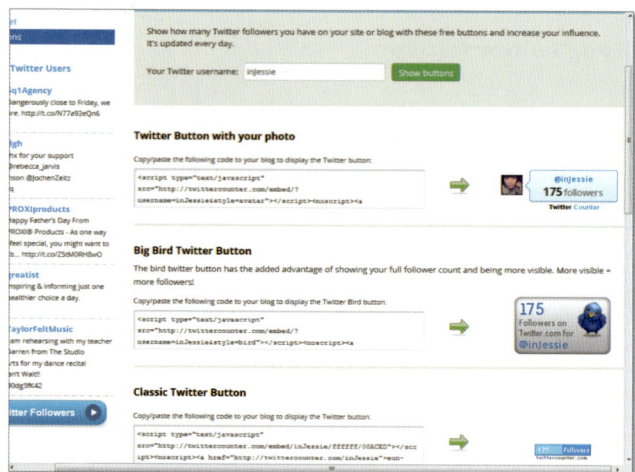

⑥ 'Twitter Button with your photo', 'Big Bird Twitter Button'은 디자인이나 색상을 변경할 수 없지만 'Classic Twitter Button'은 버튼을 설치할 블로그나 웹사이트의 디자인에 맞춰 글자색이나 배경색을 선택 후 [update] 버튼을 클릭하여 버튼 디자인을 변경할 수 있습니다.

10 트위터 백업하기

트위터에서 트윗은 최근 3,200개, 멘션과 쪽지는 최근 500개까지만 조회되며, 트윗은 관심글로 등록하여 보관이 가능하지만 쪽지는 따로 보관할 수 없기 때문에 이전의 쪽지는 자동 삭제됩니다. 트위터의 백업 기능을 이용하면 트윗과 쪽지를 백업하여 보관할 수 있습니다.

1. 트위터 설정의 [계정]에서 [내 기록 요청하기] 버튼을 클릭합니다. 버튼을 클릭하면 다운 링크가 담긴 메일이 나에게 발송됩니다.

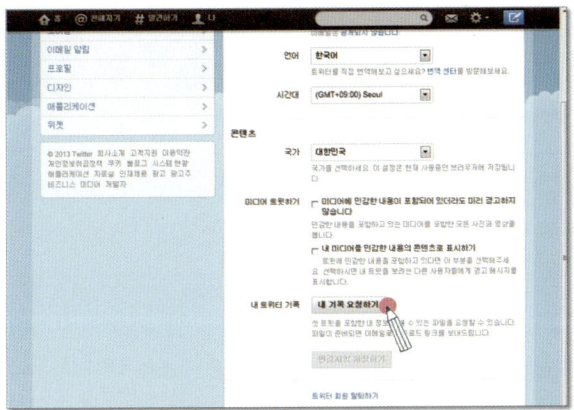

2. 받은 메일에 포함된 링크를 클릭하여 트윗을 다운로드할 수 있는 웹페이지로 이동하면 트위터 아이디로 로그인합니다.

❸ [다운로드] 버튼을 클릭하여 zip 파일을 내 PC로 다운로드한 후 zip 파일의 압축을 풀어줍니다.

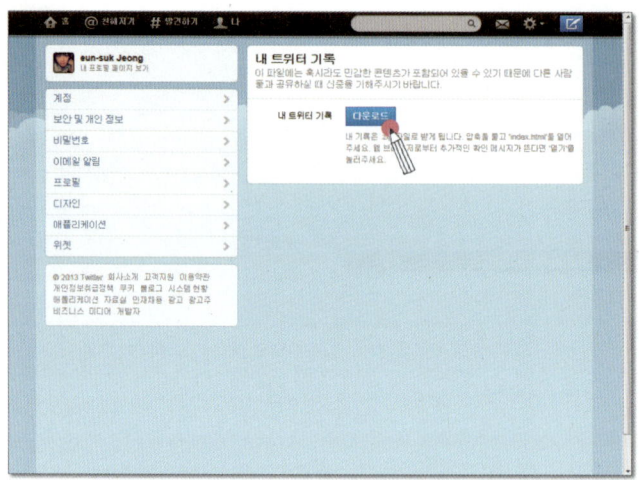

❹ 압축을 푼 폴더에서 index.html 파일을 열면 백업된 트윗을 볼 수 있는 웹페이지로 연결됩니다. 트윗이 월별로 정리되어 있어 해당 월을 선택 시 백업된 트윗을 볼 수 있습니다. 다운받은 시간 이전까지의 트윗이 백업되며 그 이후의 트윗은 업데이트되지 않으니 새로운 트윗을 백업하려면 그때마다 트위터에서 새로운 백업 파일을 다운로드해야 합니다.

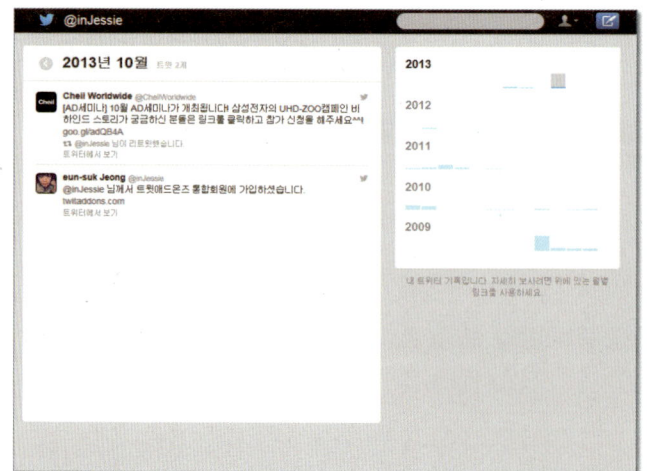

> **Point**
> 메일이 오지 않을 때는 트위터의 언어 설정을 영어로 변환한 후 [Resend email] 혹은 [Your Twitter Archive] 버튼을 눌러 메일을 발송합니다.

:: 트위터 주의사항

트위터는 자유로운 소통 공간이지만 주의할 점과 제한하는 행위 및 제재 또한 존재합니다. 트위터 리밋이나 스팸, 계정 차단 등의 주의사항을 확인하여 트위터를 실속있게 사용해봅니다.

▶ 트위터 리밋
- 다이렉트 메시지 보내기 : 하루에 250개로 제한
- 트윗 수 : 하루에 1,000개로 제한 (리트윗 포함)
- 이메일 주소 변경 : 한 시간에 네 번으로 제한
- 팔로잉 : 하루에 1,000명으로 제한하며 2,000명 이상 시 팔로워가 팔로잉수의 90%를 초과해야 팔로잉 수를 추가할 수 있습니다. 팔로잉 수가 2,000명이라면 팔로워 수가 1,800명이 넘어야 합니다.
- 리스트 만들기 : 리스트는 총 1,000개까지 만들 수 있고 각 리스트별 추가할 수 있는 계정 수는 5,000개입니다.

▶ 스팸 주의

트위터에도 최근 스팸이나 해킹이 문제가 되고 있습니다. 스팸 링크를 포함하여 트윗이나 DM을 보내 해당 링크로 접속하면 게임 애플리케이션 등으로 보이게 해서 다운로드하도록 유도합니다. 이러한 스팸 메시지나 트윗의 링크는 절대 클릭하지 말아야 하며 혹시 클릭을 하였더라도 애플리케이션 승인을 거부해야 합니다.

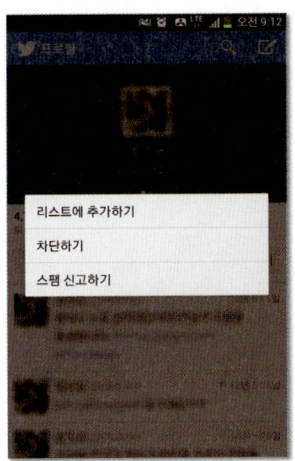

▶ 계정 신고/차단 하기

스팸성 계정이나 원치 않는 계정에서 계속 메시지를 보내온다면 계정을 차단하여 접근을 막을 수 있습니다. 무분별한 차단은 계정 정지 사유가 될 수 있으니 필요시에만 사용하도록 합니다.

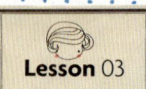

Lesson 03 파워트위터 계정 만들기

파워트위터리안이 되려면 친구를 모으기 이전에 먼저 트위터에 어떤 컨텐츠를 공유해야 하는지 고민해야 합니다. 트위터가 나의 사소한 일상을 공유하는 공간이기는 하지만 트위터에서 나의 영향력을 높이고 싶다면 팔로워들에게 도움이 될만한 정보 혹은 흥미로운 이야기를 지속적으로 공유하는 것도 중요합니다. 여기서는 파워트위터 계정을 만들기 위해 파워트위터리안의 노하우를 배워봅니다.

01 트윗 작성요령

파워트위터리안이 되는 데는 팔로워가 많은 것도 중요하지만 가장 중요한 것은 바로 트윗을 잘 작성하는 것입니다. 사용자들의 관심과 공감을 이끌어낼 수 있는 트윗은 나를 팔로우한 사용자들에 의해 리트윗되어 많은 사용자들에게 보여질 수 있습니다. 여기서는 사용자가 관심 가질만한 트윗을 작성하는 법을 배워봅니다.

★ 짧고 강렬한 메시지로 호기심을 자극해라!

트위터는 140자 이내로 메시지를 전달하기 때문에 간결한 정보들이 주를 이루는데, 타임라인을 통해 실시간으로 올라오는 수많은 트윗 중에도 유저들의 눈에 띄려면 호기심을 유발하는 문구를 사용하는 것이 효과적입니다. 짧지만 강렬한 단어, 질문식의 트윗 등 평범하지 않은 메시지로 사람들의 시선을 끄는 것이 중요합니다.

★ 뻔한 홍보 트윗은 하지마라!

상업성 트윗을 자주 리트윗한다거나 홍보성을 띈 트윗을 올리는 것은 하지 않는게 좋습니다. 이미 트위터 상의 많은 상업성 계정들 때문에 기존의 유저들로부터 상업 트위터로 오해를 받아 차단당할 수 있기 때문입니다. 트위터 이벤트에 참여하기 위해 이벤트를 RT하거나 공유하는 것 역시 자제해야 합니다.

★ 첫째도 소통! 둘째도 소통! 셋째도 소통!

트위터를 하면서 첫 번째로 생각해야 할 것이 바로 소통입니다. 유저들의 흥미를 유발하기 위해 이야기를 지어내거나 혹은 일방적인 이야기들만 쏟아내는 것을 피해야합니다. 트위터는 소통을 기반으로 하는 서비스입니다. 소통을 통해 나의 팔로워들과 진정으로 공감하는 것이 필요합니다. 즉 진심으로 소통하는 것이 매우 중요합니다.

02 파워트위터리안 벤치마킹하기

백 번 듣는 것 보다 한 번 보는 것이 낫다는 말이 있듯이 트위터의 영향있는 트위터리안들은 어떻게 트위터를 운영하는지 살피면서 따라 하다 보면 자신만의 트위터 스타일을 찾을 수 있습니다.

아래의 국내 유명 트위터리안 리스트를 살펴보고 팔로우하여 지속적으로 소통하는 것이 좋습니다. 파워트위터리안이 나의 트윗을 RT할 경우 그 역시 파급효과가 굉장히 크기 때문입니다. 물론 이때도 누군가가 나의 글을 RT할 것을 바라고 트윗을 하는 것이 아니라 진정성을 가지고 소통하는 것이 중요합니다.

★ 국내 파워트위터리안 리스트
• 팔로워 순위

순위	사용자명	트위터 계정	팔로워수	태그
#1	최시원	@siwon407	3,783,281	시원, 가수, 연예
#2	이동해	@donghae861015	3,594,005	동해, 연예, 가수
#3	PSY(싸이)	@psy_oppa	3,452,852	연예, 싸이, 강남스타일
#4	예성	@shfly3424	2,501,052	예성, 가수, 연예, 예성, 수퍼쥬니어
#5	이특	@special1004	2,369,613	이특, 가수, 연예
#6	G-DRAGON	@IBGDRGN	2,107,802	연예
#7	려욱	@ryeong9	2,087,904	려욱, 가수, 연예, 수퍼주니어
#8	은혁	@AllRiseSilver	2,087,377	은혁, 가수, 연예
#9	BoA	@BoAkwon	2,047,648	보아, 가수, 연예
#10	숮이(수지)	@missA_suzy	1,982,916	수지, 연예, 가수
#11	닉쿤	@Khunnie0624	1,946,462	닉쿤, 가수, 연예
#12	이외수	@oisoo	1,675,872	이외수, 저자, inspirers
#13	신동	@ShinsFriends	1,590,346	신동, 가수, 연예
#14	이민호	@ActorLeeMinHo	1,418,463	연예, 이민호, 배우
#15	조규현	@GaemGyu	1,417,795	규현, 가수, 슈퍼주니어, 연예
#16	김희철	@Heedictator	1,369,939	희철, 연예
#17	노홍철	@LUCKYHONGCHUL	1,279,102	노홍철, 연예
#18	옥택연	@taeccool	1,206,318	택연, 가수, 연예
#19	태양	@Realtaeyang	1,094,531	태양, 연예
#20	김제동	@keumkangkyung	1,084,611	김제동

* 한국 트위터 디렉토리 및 순위 집계 사이트 10월 기준

팔로워 순위에서는 인기가 많은 연예인들이 상위권을 차지하고 있는 것을 볼 수 있습니다. 하지만 팔로워가 많다고 해서 파워트위터리안이라고 볼 수는 없습니다.

• **영향력 순위 – 연예인 제외**

순위	사용자명	트위터 계정	팔로워수	태그
#1	이외수	@oisoo	1,675,872	저자, inspirers
#2	김연아	@Yunaaaa	700,879	피겨, 스포츠
#3	SBS	@SBSNOW	190,217	기업, 엔터테인먼트, 방송, 방송사
#4	광파리_IT 이야기	@kwang82	109,930	IT, IT전문기자, 미디어, 블로거, 기자
#5	samsung	@samsung	997,245	삼성그룹, 삼성, 기업, 삼성인, 소셜미디어, SNS
#6	jungkwon chin	@unheim	364,175	시사평론가
#7	Hyunwoo Sun	@ever4one	15,087	블로거, 외국어, 언어학자, 교육 방송인
#8	최규문	@letsgo999	50,900	소셜미디어, 페이스북, sns, 아이폰, 네트워크
#9	김용민	@funronga	442,063	시사평론가, journalists, 정치인, 미디어
#10	NCsoft	@NCsoftGames	23,004	기업
#11	SBS 뉴스	@SBS8news	146,604	SBS, 방송, 뉴스, 미디어, 언론, 취재파일, 생생포착
#12	별	@soohjc	134,373	마케팅, 뮤지컬, 재테크, 자동차, 정치
#13	허재현	@welovehani	145,288	블로거, journalists, 저널리스트, 기자, 한겨레기자
#14	정지훈	@hiconcep	68,465	정지훈, 블로거, 저자, 미디어, inspirers, it
#15	KBSWorldTV	@KBSWorldTV	506,243	미디어, TV, 방송, 기업, 한류
#16	그만[Ringmedia]	@ringmedia	9,788	블로거, 저널리스트, webtrend, ceo, 미디어
#17	Sungha Jung	@jungsungha	228,696	기타리스트, 기타연주가
#18	독설닷컴	@dogsul	235,521	블로거, 기자, 미디어, opinionleader, 저자
#19	유종현	@consline	41,854	건설워커, 인물, 취업, 채용, ceo, 건설, 병원
#20	박원순	@wonsoonpark	743,431	비영리단체, 인권, 기부문화, 사회혁신

위 리스트에서도 볼 수 있듯이 팔로워가 많다고 그 트위터 계정이 영향력이 높은 것은 아닙니다. 물론 팔로워 수가 많을수록 많은 사람들에게 노출이 되므로 도움이 될 수는 있지만, 그렇지 않다 하더라도 사람들에게 영향력을 끼칠 수 있는 트위터 계정을 운영할 수 있습니다.

Lesson 04 팔로워 늘리기

파워트위터리안이 되고 싶다면 소통과 진정성 있는 트윗이 제일 중요하지만 팔로워의 수도 무시할 수는 없습니다. 내 팔로워가 한 명일 경우는 한 명밖에 내 트윗을 볼 수 없지만 1,000명일 경우 최소 1,000명이 나의 트윗을 볼 수 있기 때문입니다. 그러나 트위터에서 아무런 정보 없이 팔로워를 모집하기란 쉽지 않은 일입니다. 보다 쉽게 팔로워를 모집할 수 있도록 트위터의 커뮤니티들을 이용합니다.

01 한국 트위터 사용자 모임

트윗 애드온즈는 한국 트위터 사용자들의 모임으로 트위터 팔로우 관리 및 맞팔율을 계산해주고 나의 팔로우 중 나를 팔로우하지 않은 사람이나 팔로워 중에서 내가 팔로우 하지 않은 사람을 쉽게 찾아 주어 팔로워 관리를 쉽게 할 수 있도록 도와줍니다.

① 스마트폰 인터넷앱의 주소에 'www.twitaddons.com'을 입력하여 트윗 애드온즈에 접속합니다. 트위터 아이디와 비밀번호를 입력한 후 [애플리케이션 승인] 버튼을 눌러줍니다.

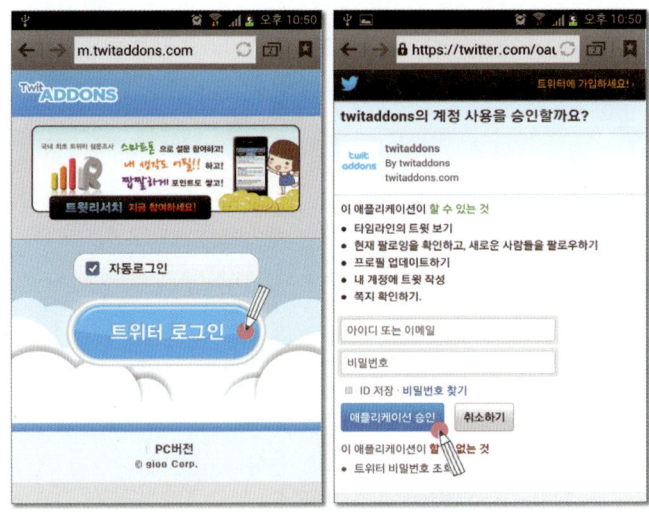

★ 217

② 트윗 애드온즈 메인화면에서 [트친 찾기] 메뉴를 이용하여 찾고자 하는 트위터 친구들의 조건을 입력한 후 검색합니다. 조건에 맞는 친구들의 리스트가 나타나면 내가 친구들에게 팔로우를 먼저 신청함으로써 팔로워를 늘릴 수 있습니다. 맞팔율이 높은 친구를 팔로우할수록 상대방이 나를 맞팔할 확률은 더 높아집니다.

③ 트윗 애드온즈의 메인 메뉴인 [팔로매니저]와 [맞팔계산기] 기능도 활용해 봅시다. [팔로우 매니저]에서는 '나를 팔로우하지 않은 사람'과 '내가 팔로우하지 않은 사람'의 리스트를 표시해 줍니다. [맞팔율 계산기]는 맞팔율이 높은 사용자부터 정렬해주고, [나의맞팔율] 버튼을 누르면 내 맞팔율을 조절할 수도 있습니다.

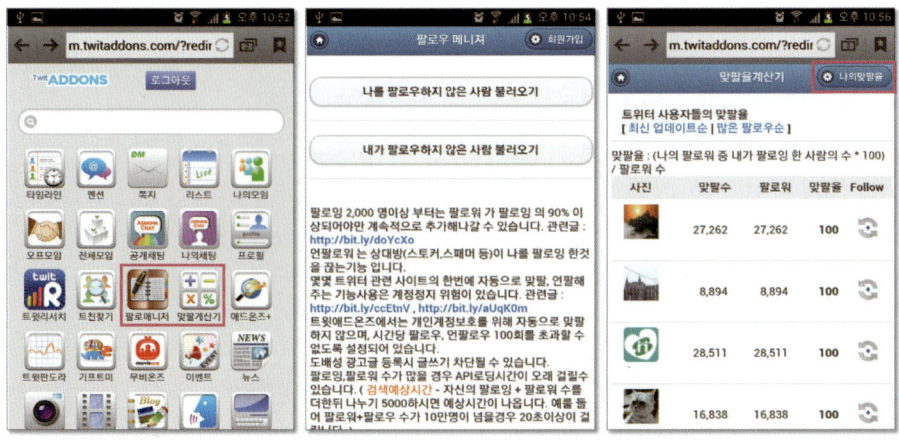

Point
[팔로우 매니저]와 [나의맞팔율] 기능은 트윗 애드온즈의 통합 회원으로 가입한 후 사용할 수 있습니다.

④ 앱 마켓에서 트윗 애드온즈를 검색하여 다운로드하면 트윗 애드온즈를 애플리케이션으로 사용할 수 있습니다. 기존의 트윗 애드온즈 기능에 팸즈라는 새로운 서비스가 결합된 형태로 나타납니다. 팸즈는 광고성 소셜 커뮤니티 서비스이며, 팸즈 앱의 더보기( )를 누르면 기존의 트윗 애드온즈 서비스가 나타납니다.

트위터 맞팔을 높이기

1. 맞팔율이 높은 친구들은 나를 맞팔할 확률이 높으므로 맞팔율이 높은 친구들을 주로 팔로우하는 것이 좋습니다. 친구가 트위터에서 영향력이 높을수록 나의 영향력이 함께 높아질 가능성이 많기 때문입니다. 하지만 맞팔율이 높다고 해서 무조건 좋은 것은 아닙니다. 만약 상대방이 상업성 계정이거나 단순히 팔로우만 늘리는 계정이라면 피하는 것이 좋습니다.

2. 트위터에는 팔로워와 팔로우 비율에 제한이 있어 팔로우가 많아지는 것을 피해야 하기 때문에 [팔로매니저]와 [맞팔계산기] 기능을 이용하여 '나를 팔로우하지 않은 친구들'은 일정 기간이 지난 후에 팔로우를 해제하는 것이 좋습니다.

3. 팔로워를 늘리기 위해 무턱대고 팔로우를 하다보면 팔로잉 리밋에 걸릴 수 있으므로 팔로워 수를 적절히 조절하여 늘려가는 것이 좋습니다.

PC version 애드온즈캡처 사용하기

애드온즈캡처는 PC 화면을 캡처해서 웹 포토샵으로 편집하여 트위터로 바로 공유하거나, 편집이나 공유한 파일을 웹서버에 저장할 수 있는 캡처 프로그램입니다.

① 애드온즈캡처를 설치하기 위해 [애드온즈 캡처]를 선택한 후 '애드온즈 캡처 설치방법'에서 [애드온즈캡처 다운로드]를 클릭하여 압축파일을 다운로드합니다. 압축파일을 해제한 후 [AddonsCapture.exe] 파일을 실행하여 애드온즈캡처를 설치합니다.

Point
애드온즈캡처는 윈도우 7이상 Adobe Flash Air의 설치가 필요합니다. 윈도우 XP사용자는 닷넷 프레임 워크 2.0 이상이 설치되어야 사용 가능합니다.

② 애드온즈캡처를 실행한 후 Print Screen 이나 F7 을 눌러 이미지를 캡처합니다. 작업표시줄의 애드온즈캡쳐 아이콘(A)에서 마우스 오른쪽 버튼을 클릭하면 [환경설정]이 나타납니다. [환경설정]에서는 트위터 아이디 설정이 가능하며, [나의 파일목록]에서는 내가 올린 캡처 파일들과 편집한 파일들을 관리할 수 있습니다. 캡처화면에서 하단의 트위터 아이콘을 클릭하면 메시지와 함께 트위터로 바로 보내기가 가능합니다.

Point
인터넷 익스플로러에서 F7 을 눌러 캡처할 때 '커서 브라우징을 사용하시겠습니까?'라는 대화상자가 나타날 경우 하단의 '이 메시지를 다시 표시 안함'에 체크하고 [예]를 클릭하면 해당 대화상자가 나타나지 않습니다.

02 한글판 트위터 앱

트윗팔은 KoreanTweeters.com에서 제공하는 한글판 트위터 앱으로 트위터를 한글로 이용할 수 있어 편리합니다. 또 한글 트위터 사용자 디렉토리가 포함되어있어 디렉토리별 트위터 사용자 검색과 순위 리스트를 제공하고, 연예인, 정치인, 유명 CEO들의 팔로워 순위와 한글로 된 인기 단어나 해쉬태그 등을 찾아볼 수 있습니다. 관심사별로 친구를 찾아 나와 관심사가 비슷한 친구들을 팔로우 해봅니다.

1 구글 play 스토어에서 TwitPal for Twitter(트윗팔)을 다운로드합니다. [로그인]을 눌러 트위터 계정을 입력한 후 트위터와 연동하기 위해 애플리케이션 승인을 합니다.

트위팔 vs twtkr

트윗팔과 twtkr은 둘 다 한국인이 트위터를 편리하게 사용하도록 도와주는 앱입니다. 둘 다 트위터의 기본 기능을 사용할 수 있지만, twtkr은 트위터는 사용함에 있어 편리한 추가 기능들을 제공하고 있고 트윗팔은 트위터 사용자들의 디렉토리별 순위를 제공하고 있다는 차이가 있습니다.

② 트윗팔을 사용할 계정을 선택하면 트윗팔 메인화면으로 이동합니다. [친구들]은 트위터의 타임라인과 동일한 메뉴로 내가 팔로우하는 친구들의 소식을 받아볼 수 있습니다. 친구들이 올린 글을 누르면 상세보기 화면에서 '멘션', '모두에게 답글', '리트윗', '쪽지 보내기'를 할 수 있습니다. 모두에게 답글(←)을 선택하면 해당 트윗에 포함된 모든 사용자들에게 답글할 수 있습니다.

③ 트윗의 [번역] 버튼을 누르면 구글 번역을 통해 해당 트윗을 번역해줍니다. 단 먼저 구글 번역 앱을 다운로드한 후 [번역] 기능을 실행해야 합니다.

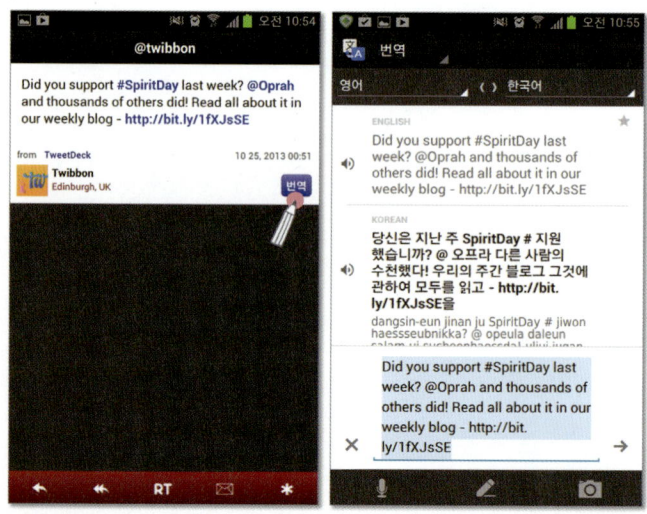

④ [멘션]에서는 나를 언급하거나 나에게 보낸 답글들을 확인할 수 있으며 [쪽지]에서 친구들과 쪽지를 주고 받을 수 있습니다.

⑤ [검색]에서는 [인기 단어 (세계)], [인기 해쉬태그 (한국)], [Retweet 순위 (한국)], [한국 트위터 인명록]을 볼 수 있습니다. 트윗팔 검색 메뉴를 통해 사람들을 인기나 등록 순서대로 검색하거나 학교별, 단체별, 태그별, Retweet 순위별로 친구들을 찾아 팔로우할 수 있습니다.

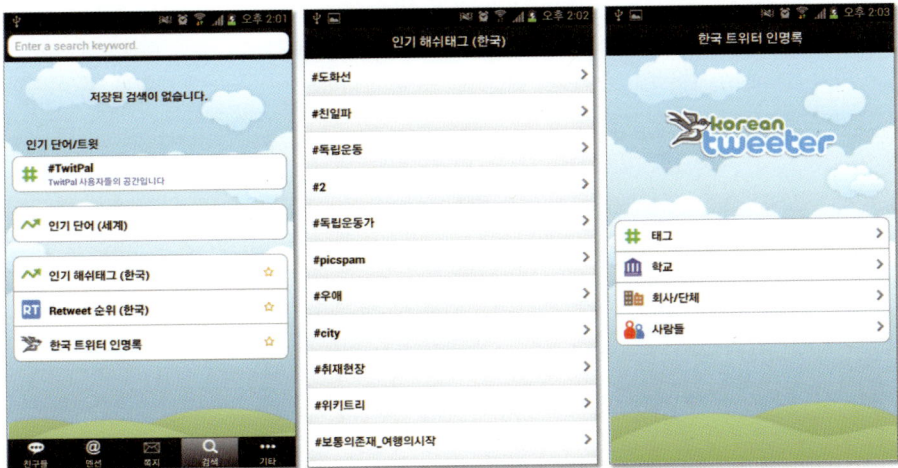

Point
관심사가 비슷한 친구들을 팔로우할수록 상대방이 나를 맞팔할 확률이 높아집니다. 서로 관심사가 비슷하거나 나를 관심 있어 할 친구들을 팔로우하여 맞팔 확률을 높이도록 합니다.

한국 트위터 디렉토리

한국 트위터 디렉토리 및 순위 집계 서비스로 다양한 한국 트위터 사용자들을 디렉토리별로 분류하여 순위별 리스트를 제공해줍니다. 각 태그별로 트위터 사용자들을 찾아보고 트위터에서 가장 영향력있거나 인기 있는 트위터 사용자들도 쉽게 찾을 수 있습니다.

① 코리안 트위터를 이용하기 위해 PC에서 'www.koreantweeters.com'에 접속합니다.

② 코리안 트위터의 [영향력 순위]를 클릭하면 트위터에서 영향력 있는 계정을 순위별로 볼 수 있습니다. [영향력 순위란?] 문구 하단의 [팔로워수 순위], [영향력 순위], [급상승순], [최근등록순] 등으로 정렬하여 볼 수 있습니다.

50위 이상은 코리안 트위터에 트위터 계정으로 로그인한 후 확인할 수 있습니다.

③ 코리안 트위터의 [디렉토리]를 클릭하여 디렉토리별 트위터 계정 순위를 볼 수 있습니다. 디렉토리의 [팔로워수순], [영향력순]을 클릭하여 선택한 디렉토리에서 팔로워 수 순위나 영향력 순위로 정렬하여 볼 수 있습니다.

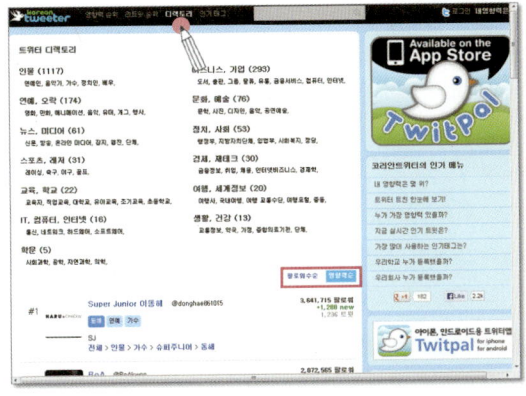

④ 상단의 [인기태그]를 클릭하면 인기 태그별로 영향력 있는 트위터 계정 순위를 보거나 [사용자 태그 검색]으로 원하는 태그를 검색하여 해당 태그의 영향력 있는 트위터 계정 순위를 확인할 수 있습니다.

⑤ 내 트위터 계정을 코리안 디렉토리에 등록하려면 코리안 트위터에 로그인을 한 후 [설정]의 [한국 트위터 사용자 디렉토리에 등록하기]에 이메일과 태그 등 정보를 입력 후 [등록하기] 버튼을 클릭합니다. 나의 계정을 디렉토리에 등록해두어 다른 사용자들에게 쉽게 노출될 수 있도록 하고, 태그로 나의 계정을 설명할 수 있는 키워드나, 관심사 등을 등록해두어 쉽게 찾을 수 있도록 합니다.

★ 225

03 한국 트위터 사용자 자기소개

self_intro는 한국 트위터 사용자들의 자기소개 디렉토리로 자기 스스로를 트위터 사용자들에게 소개하여 팔로우 숫자가 적거나 처음 가입한 사용자들이 다른 사용자들에게 트위터를 알려 팔로워 수를 늘릴 수 있게 도와줍니다.

① 내 트위터의 글쓰기 창에서 트윗 메시지 앞에 '#self_intro'를 입력한 후 자기소개를 적어 등록합니다. 기업이나 단체, 봇 계정은 '#org_intro'를 입력합니다. 등록한 자기소개 트윗은 'http://selfintro.xguru.net'에서 확인할 수 있습니다.

Point
첫번째 자기소개는 @self_intro 계정에 의해 리트윗되어 다른 사용자에게 보이므로 신중하게 작성합니다.

자기소개에 URL 아이콘 넣기

가끔 자기소개 글에 아이콘이 붙여져 있는 것을 볼 수 있습니다. 맨 앞의 아이콘은 트위터 설정에 있는 'More Info URL'에 기재한 웹사이트를 나타내며, 해당 웹주소의 '/favicon.ico'를 읽어서 표시합니다. favicon이 없다면 기본으로 'RSS 아이콘'이 표시됩니다.
그 뒤에 따라오는 아이콘들은 사용하는 각종 SNS 사이트를 나타내줍니다. 사용하는 사이트의 주소를 소개 글 뒤에 붙이면 아이콘으로 자동 변환됩니다. 각 사이트의 주소는 소문자 기준으로 검색되며 현재 링크드인, 페이스북, 싸이월드, 티스토리, 이글루스, 네이버, 텍스트큐브, 링크나우, Flickr, FriendFeed의 아이콘이 지원됩니다.

❷ 사용자들의 소개글을 검색할 수도 있습니다. 검색을 원하는 단어를 입력한 후 검색하면 공통된 관심사를 가진 사용자들을 팔로우하여 팔로워를 늘릴 수 있습니다.

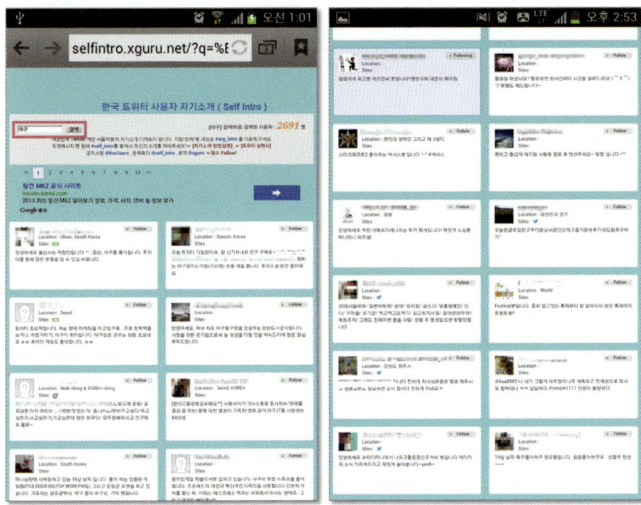

자기소개 작성 요령

❶ 자기소개는 총 500자까지 지원되지만 트위터는 140자 밖에 글을 쓸 수 없으므로 소개를 덧붙여 트윗을 작성하려면 '#self_intro' 뒤에 덧붙일 소개글을 입력한 다음 '#+'를 입력합니다. '#+'를 여러번 덧붙여 500자까지 추가할 수 있습니다.

- #self_intro 안녕하세요. 20대 마지막을 보내고 있는 청춘입니다. 소심한 A형. 365일 다이어트중. 블로거
- #self_intro 1살짜리 스피치와 동거동락 중. 쇼핑광 저에 대해 더 알아보고 싶다면..http://abcdefg.com 으로 놀러오세요 #+

❷ 기존에 작성했던 자기소개가 마음에 들지 않는다면 다시 #self_intro 글자로 시작하는 자기소개를 남깁니다. 기존의 내 소개가 새로운 자기소개로 변경됩니다.

❸ 내 글이 트위터에서 검색이 잘 되지 않는다면 소개글 뒤에 @self_intro를 붙입니다. self_intro 봇이 해당 내용을 캐치하여 등록해줍니다.

Lesson 05
트위터 서프라이즈 이벤트

파워트위터리안이나 파워블로거, 헤비페이스북 유저 계정 등에서 작은 이벤트를 진행하는 경우를 종종 볼 수 있습니다. 서프라이즈 이벤트는 나를 팔로우하고 있는 친구들과 재미있는 이슈를 만들 수 있고 새로운 친구들을 모으는데도 도움이 됩니다.

01 이벤트 만들기

트위터 특유의 성격을 이해하지 못하면 간단한 이벤트도 효과를 거두지 못하는 경우가 생깁니다. 내용이 너무 어렵거나 혹은 장기간에 걸쳐 진행해야 하는 이벤트라면 반응 속도가 빠른 트위터로 진행하는데 어려움이 있을 것입니다. 여기서는 트위터 이벤트를 진행할 때 생각해야 할 기본적인 주의점에 대해 배워봅니다.

1. 팔로워를 먼저 모집하라
먼저 어느 정도의 팔로워가 모집이 된 후 이벤트를 하는 것이 좋습니다. 아무리 좋은 이벤트라 하더라도 참여인원이 없다면 성공할 수 없습니다. 앞에서 알려드린 커뮤니티 사이트들을 이용하여 팔로워를 어느 정도 모집하고 서로 소통할 수 있을 정도의 친밀감을 형성한 후 이벤트를 진행하면 효과를 더 높일 수 있습니다.

2. 140자안에 모두 표현하라
트위터는 140자 이내에 모든 내용을 담아야 합니다. 물론 긴 글쓰기나 링크를 통해 전달이 가능하지만 핵심 내용은 직접적으로 140자 안에 담아 표현하는 것이 좋습니다.

3. 재미있는 이벤트를 생각하라
팔로워들은 이왕이면 알아보기 쉬운 내용과 참신한 아이디어, 재미있는 이야깃거리가 있는 이벤트에 관심을 보일 것입니다. 팔로워들이 관심을 가질만한 키워드나 이벤트 스토리를 만드는 것이 중요합니다.

4. 이벤트 기간을 짧게 계획하라

트위터는 반응 속도가 빠른 SNS입니다. 그래서 이벤트 기간도 되도록이면 짧게 계획하는 것이 좋습니다. 이벤트 기간이 길면 팔로워들의 기억 속에서 금방 잊히므로 선착순이나 시간을 정해 진행하는 타임 이벤트를 진행하는 것이 효과적입니다.

5. 이미지를 적극 활용해라

140자 글자로만 이벤트를 설명하기엔 부족한 점이 많습니다. 이벤트와 관련된 이미지를 적극 활용하면 시각적 효과를 높일 수 있습니다.

02 이벤트 알리기

이벤트 내용이 정해졌다면 이제 본격적으로 친구들에게 이벤트를 알려봅니다. 무작정 트윗을 할 것이 아니라 친구들의 트위터 사용 패턴과 이벤트를 시작할 타이밍 등을 잘 생각하고 진행해야 합니다.

1. 이벤트의 시작 시간을 이용하라

팔로워들이 가장 트위터를 많이 이용하는 시간대를 이용하여 이벤트를 시작하는 것이 좋습니다. 상대적으로 유저들이 거의 활동하지 않는 새벽 시간이나 출퇴근 시간에 이벤트를 진행한다면 다른 트윗에 밀려 트윗이 노출되기 어렵기 때문입니다.

2. 여러 번 홍보하라

트위터는 반응 속도가 빠른 SNS이기 때문에 RT로 이벤트가 퍼지는 시간이 길지 않으므로 이벤트 내용을 여러 차례 알리는 것이 좋습니다. 하지만 너무 같은 이벤트 내용을 반복해서 올리면 팔로워들이 스팸 계정으로 여겨 블럭할 수 있으므로 같은 이벤트라도 내용을 조금씩 바꾸어 트윗하는 것이 좋습니다.

3. 파워트위터리안과 친해져라

평소 파워트위터리안과 소통을 자주하여 친분을 쌓은 후 이벤트 RT를 부탁하는 것도 홍보의 효과를 높일 수 있는 방법입니다. 파워트위터리안들은 많은 팔로워를 보유하고 있을 뿐 아니라 트위터에서 영향력도 높아 이벤트 홍보에 큰 도움이 됩니다.

4. RT를 유도하라

이벤트 내용에 RT를 할 수 있는 요소들을 담아놓으면 트위터 사용자들의 RT를 유도할 수 있습니다. 나의 트윗을 RT하는 트위터 친구들을 대상으로 이벤트를 진행하거나 혹은 내 팔로워들에게 이벤트 트윗을 RT 해줄 것을 부탁하는 것도 좋습니다.

5. 결과는 신속하게 발표하라

트위터는 반응 속도가 중요한 SNS입니다. 이벤트에 참여하는 사용자들 역시 이벤트 결과를 빨리 보고 싶어 하는 경우가 많습니다. 기간이 짧을수록 빠르게 RT를 유도하여 짧은 시간에 많은 친구들에게 이벤트를 알립니다.

Lesson 06 트위터 쉽게 관리하기

트위터의 팔로우나 팔로워 수가 많아질수록 트위터를 관리하는 것이 쉽지는 않습니다. 트위터와 연동된 프로그램이나 어플을 이용하면 PC에서 여러 계정을 한 번에 관리할 수 있고 트위터 분석 및 설문조사 등 좀 더 다양한 기능들을 자유롭게 사용할 수 있어 트위터를 쉽게 관리할 수 있도록 도와줍니다.

01 PC로 손쉽게 트위터 관리하기

트윗덱을 이용하여 PC로도 트위터 계정을 쉽게 관리할 수 있습니다. 칼럼을 이용하면 모바일 트위터처럼 타임라인, 멘션, 친구 목록 등을 원하는 대로 선택하여 한눈에 볼 수 있어 편리합니다. 웹 브라우저에서 바로 사용이 가능한 웹 버전과 컴퓨터에 다운로드하여 사용할 수 있는 데스크탑 버전이 제공됩니다.

1. 데스크탑 버전의 트윗덱을 사용하기 위해 'www.tweetdeck.com'에서 [On the desktop]의 [Download] 버튼을 클릭하여 다운로드한 후 TweetDeck.msi 파일을 실행하여 트윗덱을 설치합니다.

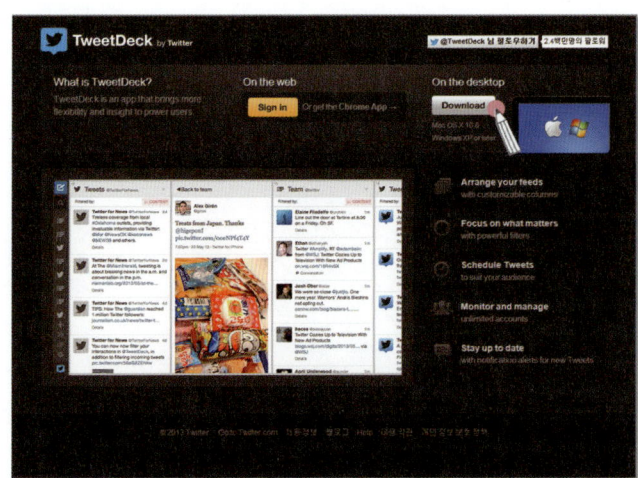

Point 웹 버전의 트윗덱은 별도의 다운로드 없이 브라우저 창에서 로그인하여 바로 실행할 수 있습니다.

★ 231

❷ 바탕화면에 설치된 트윗덱 아이콘을 클릭하여 트윗덱을 실행한 후 [Create Account] 버튼을 클릭합니다. 이메일과 비밀번호를 입력하고 하단의 [Sign up] 버튼을 선택하여 계정을 만들어 줍니다.

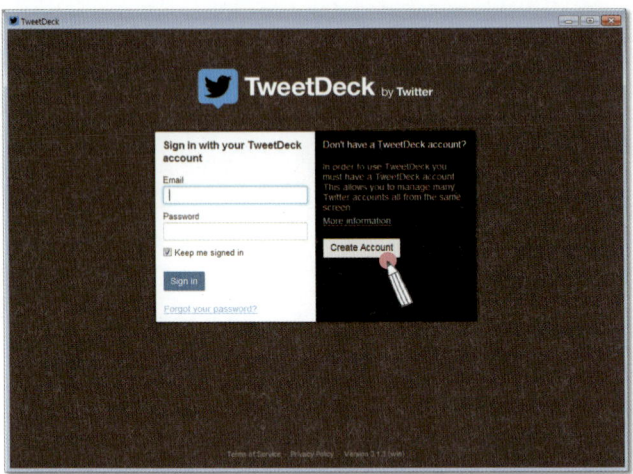

❸ [Add Twitter account] 버튼을 클릭한 후 트위터 계정을 입력하고 [Authorize app], 혹은 [애플리케이션 승인] 버튼을 선택하여 트위터 계정을 추가해 줍니다.

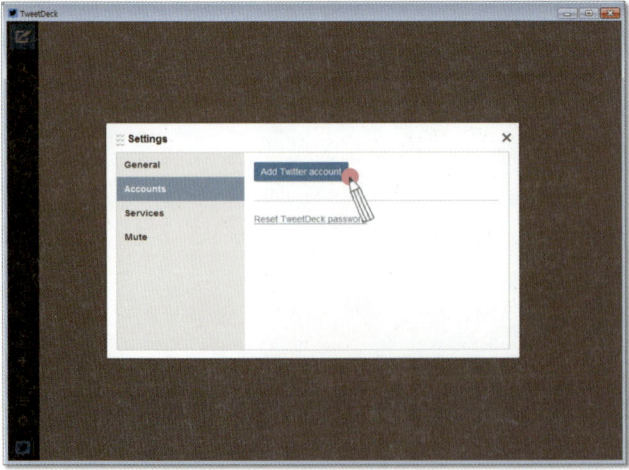

④ 트윗덱 메인화면에서 내 타임라인과 멘션, 1:1 메시지 등을 한눈에 확인할 수 있습니다. 왼쪽 메뉴 상단의 파란색 글쓰기( ) 버튼을 클릭해서 트윗을 등록할 수 있고, 타임라인, 멘션 메뉴를 마우스로 드래그하여 칼럼의 위치를 변경할 수도 있습니다.

⑤ 메뉴에서 [+]를 클릭해서 팔로워 리스트, 검색, 트윗, 즐겨찾기, 트랜드 등 원하는 칼럼을 선택하여 메인화면에 추가할 수 있습니다.

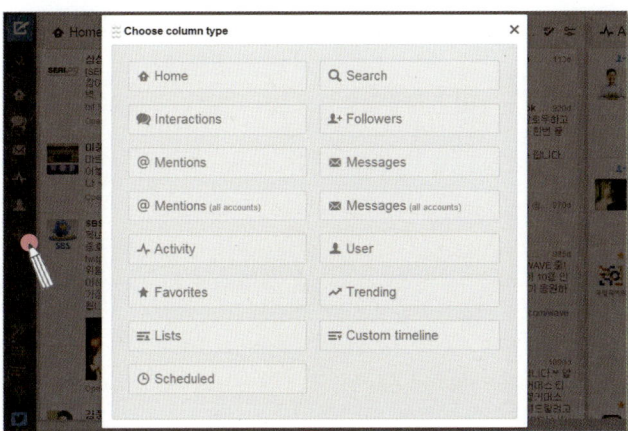

Point

트윗덱의 칼럼이란 내가 원하는 내용만을 포함하여 볼 수 있는 공간으로 타임라인, 나의 멘션, 검색어, 리스트별로 칼럼을 만들어 추가할 수 있습니다.

02 트위터 설문조사하기

트윗폴은 설문조사 형태를 제공하는 서비스로 설문조사의 결과와 그래프, 설문조사에 대한 의견 등의 다양한 페이지를 제공합니다. 트윗폴에서 제공하는 설문조사를 통해 팔로워를 대상으로 여러 가지 정보들을 얻어 활용할 수 있습니다.

① 설문조사를 만들기 위해 'www.twtpoll.com'으로 접속합니다. 트윗폴 메인화면에서 [CREAT A SURVEY] 버튼을 눌러 설문조사의 제목과 조사하는 이유, 소개를 입력한 후 [Continue] 버튼을 눌러 설문조사 만들기를 시작합니다.

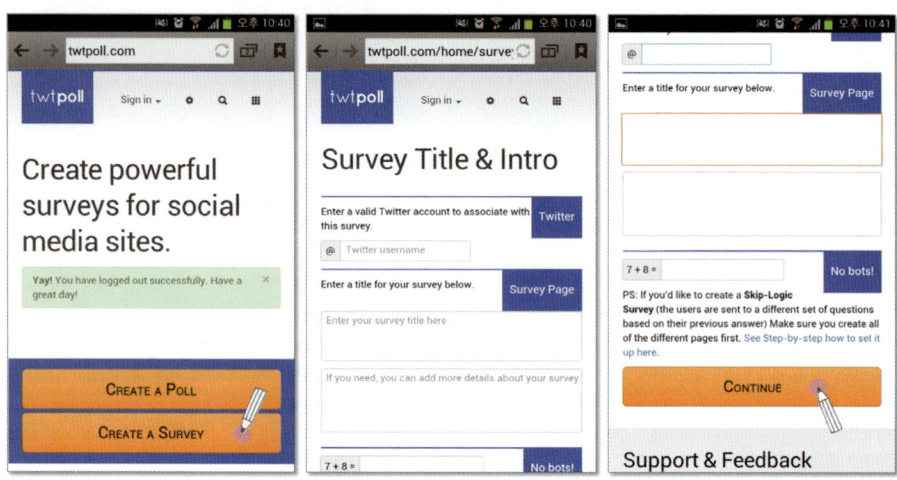

Point
[Survey Title & Intro] 화면의 덧셈 창은 스팸 자동 입력을 막기 위한 수단이므로 꼭 입력하고 다음 단계로 넘어갑니다.

[CREATE A POLL]과 [CREATE A SURVEY]

'CREATE A POLL'은 간단한 투표를 진행할 때 선택하고 'CREATE A SURVEY'는 자세한 설문조사를 진행할 때 선택합니다. CREATE A POLL에서는 첫 번째 'Add Questions' 항목을 입력한 후에 바로 [Filters & Preferences] 화면으로 이동합니다.

② 'Add Questions' 화면의 [Question] 항목에서 질문과 질문의 상세 설명을 입력한 후 [Answer Choice] 항목에서 답변의 보기를 입력하고 중복 투표를 허용할 것인지 순서대로 입력할 것인지 등 답변 선택 방법을 설정해줍니다. 답변 입력 방식 역시 텍스트 혹은 사진, 동영상 등으로 보기를 만들 것인지 선택하고 하단의 옵션에 체크한 후 [ADD QUESTION] 버튼을 눌러 설문을 만듭니다.

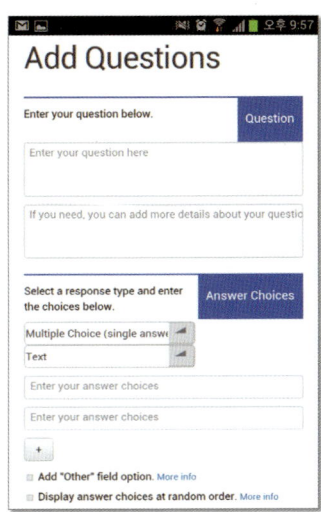
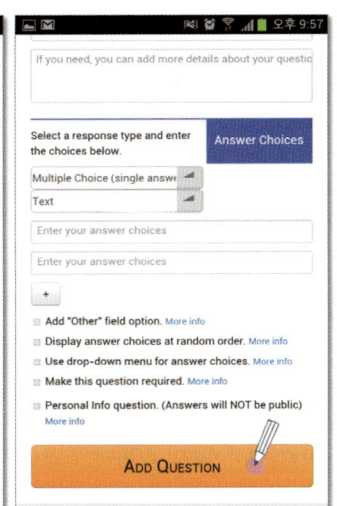

트윗폴 메뉴/옵션 설명

- **Multiple Choice(single answer)** : 질문에 한 가지 응답을 허용합니다.
- **Multiple Choice(allow multiple answer)** : 질문에 여러 가지 응답을 허용합니다.
- **Matrix** : 행렬질문에 응답합니다.
- **Rating Scale** : 평가 척도로 응답합니다.
- **Ranking** : 순위별로 응답합니다.
- **Open Question** : 개방식 질문에 응답합니다.
- **Add "Other" field option** : 참여자가 다른 답변을 추가할 수 있습니다.
- **Display answer choices at random order.** : 답변의 보기를 각 사용자별로 임의 표시합니다.
- **Use drop-down menu for answer choices.** : Multiple Choice(Single Answer) 선택 시에만 사용할 수 있으며 하위 메뉴가 나타나는 드롭 다운 메뉴를 사용할 수 있습니다.
- **Make this question required.** : 반드시 대답해야 하는 질문입니다.
- **Personal Info question.** : 개인 정보에 대한 질문을 할 때 답변은 공개되지 않습니다.

❸ [Add Questions] 화면에서 앞의 입력한 질문과 동일한 방식으로 추가 질문을 입력합니다. 추가 질문이 없을 경우 상단의 [Skip to Step 2] 버튼을 눌러 다음 단계로 넘어갑니다.

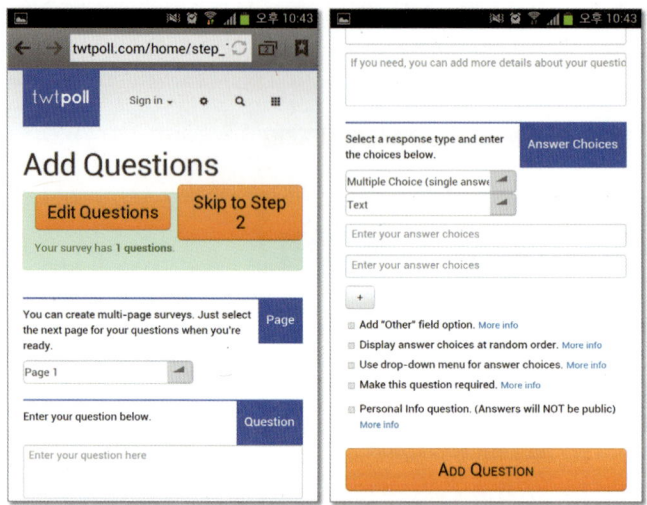

❹ [Filters & Preferences] 화면의 [Filters] 항목에서 결과에 표시될 성별, 나이 등의 조건을 설정합니다. [Preferences] 항목에서 답변 결과 공개 여부 및 사용자 설문조사 참여 횟수 등을 설정합니다.

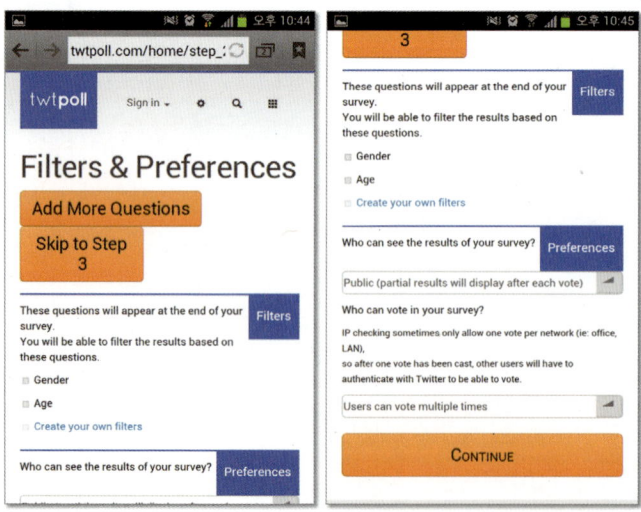

⑤ 'Who can see the results of your survey?' 항목에서 Public(공개)과 Private(비공개:나만 볼 수 있음)를 설정할 수 있고 'Who can vote in your survey?' 항목에서 IP당 하나의 설문만 허용할지, 제한 없이 여러 번 설문에 참여할 수 있도록 허용할지, 트위터에서 확인을 받은 후 참여할 수 있도록 할지에 대해 선택할 수 있습니다. 설정 후 하단의 [Continue] 버튼을 눌러 다음 페이지로 이동합니다.

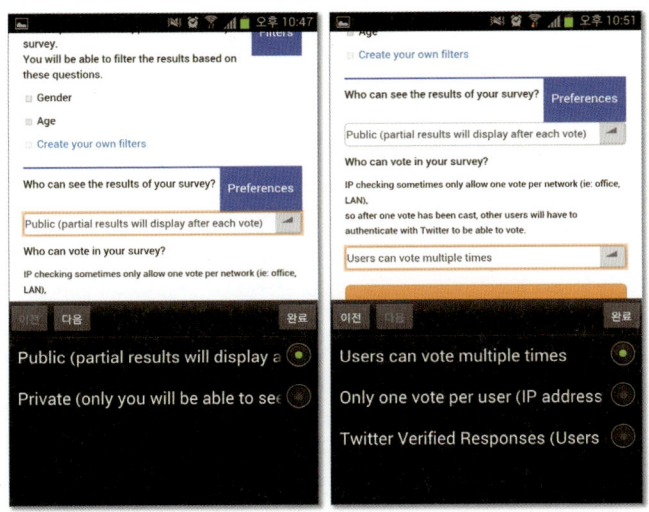

⑥ 마지막으로 종료 날짜와 언어, 설문조사 마지막에 나타날 인사말을 작성한 후 [Continue] 버튼을 누르면 내가 만든 설문조사를 확인할 수 있습니다.

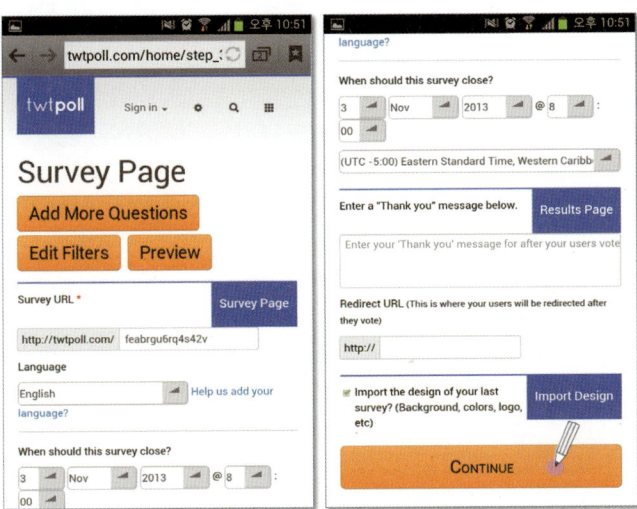

7 [Add a Logo?] 버튼을 눌러 설문 조사 로고를 설정할 수 있고 [My survey]에서 내가 만든 설문조사 링크를 복사하여 공유할 수도 있습니다.

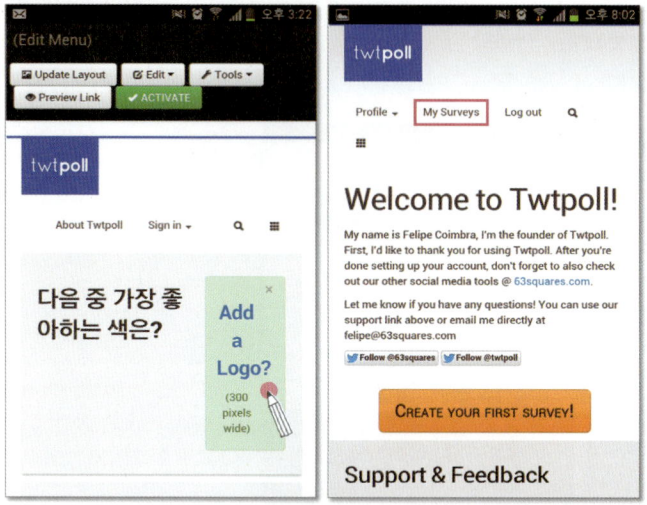

03 블로그 글을 트위터와 연동하기

트위터 피드는 블로그에 올린 글을 트위터나 페이스북에 연동해주는 서비스로 나의 블로그에 올린 글을 트위터에 다시 올릴 필요 없이 자동으로 공유해줍니다.

블로그의 글은 어떤 형태로 트위터에 연동되나요?

트위터 피드 설정 후 블로그에 새 글을 등록하면 트위터에 '블로그 포스팅 제목+URL 주소'로 블로그 게시글이 등록됩니다. 짧은 URL로 표시되며 해당 링크를 누르면 연동된 블로그의 포스팅 화면으로 이동합니다. 처음 트위터 피드를 설정하면 제일 마지막 포스팅이 자동으로 연동됩니다.

① www.twitterfeed.com에 접속 후 [Refister Now] 버튼을 눌러 가입하거나 하단의 [Sign In] 박스 하단의 'Sign In with Linkedin, Google, Yahoo! and more'를 눌러 구글, 야후 등의 오픈 아이디로 로그인합니다.

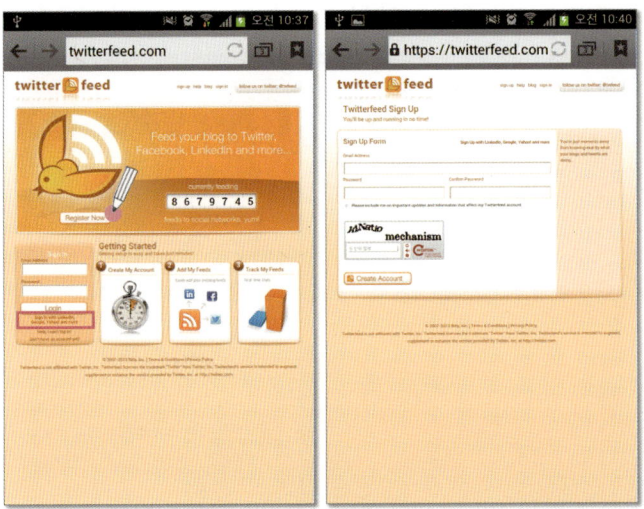

② [Feed Name]에 트위터 피드에 사용할 닉네임을 입력한 후 [Blog URL or RSS Feed URL]에 블로그 주소를 입력하고 [test rss feed] 버튼을 눌러 'Feed parsed OK' 문구가 나타나면 하단의 [Continue to Step2] 버튼을 눌러 다음 단계로 넘어갑니다.

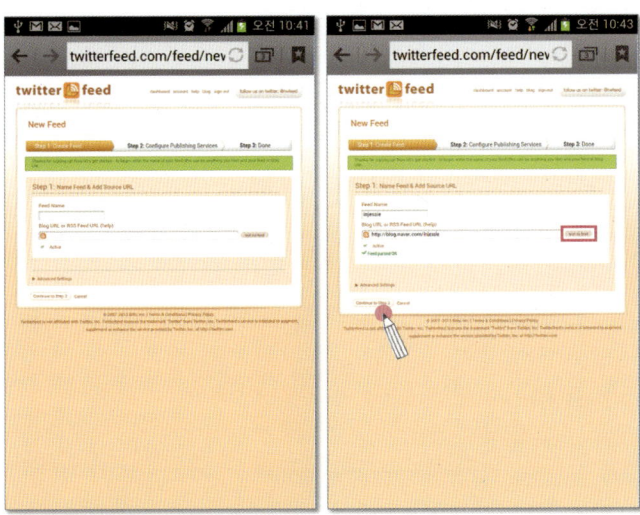

★ 239

❸ [Available Services]에서 트위터를 선택하고 [Authenticate Twitter] 버튼을 눌러 어플리케이션을 승인하여줍니다. 하단의 [Create Service] 버튼을 눌러 상단에 'Service created successfully'가 뜨면 [All Done] 버튼을 누르고 연동 설정을 완료합니다. 블로그에 글을 올리면 트위터에 자동으로 연동됩니다.

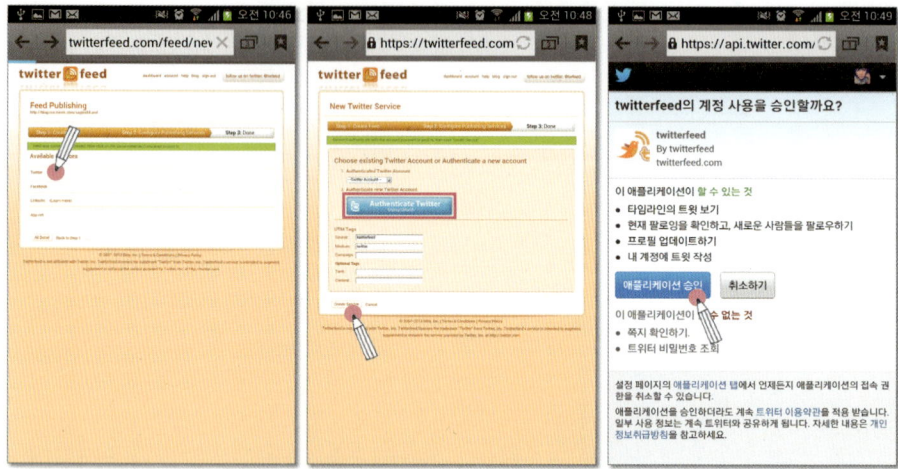

❹ 트위터와 블로그의 연동을 해제하려면 [Feed Dashboard]에서 해제할 아이디의 [edit feed] 버튼을 선택한 후 [Delete feed] 버튼을 누릅니다.

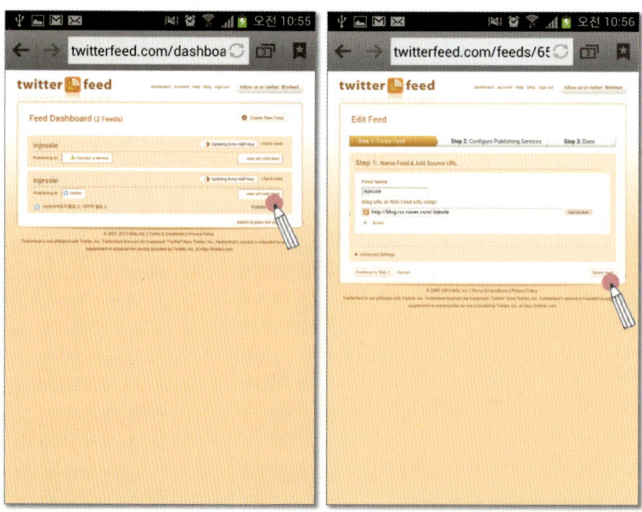

04 여러 개의 SNS를 한 번에 관리하기

훗스위트는 트윗덱과 비슷한 트위터 관리 어플로 트위터나 페이스북 연동은 물론 포스퀘어와 링크드인과의 연동이 가능하며 저장된 키워드나 아이디로 검색하여 칼럼으로 추가할 수 있습니다. 훗스위트에서는 탭과 스트림을 이용하여 많은 팔로우와 그룹을 리스트로 만들어 관리할 수 있고 여러 계정을 훗스위트 하나로 통합하여 관리할 수도 있어 편리합니다.

1. 구글 play 스토어에서 HootSuite를 다운로드한 후 계정 만들기 버튼을 눌러 계정을 만들어 줍니다.

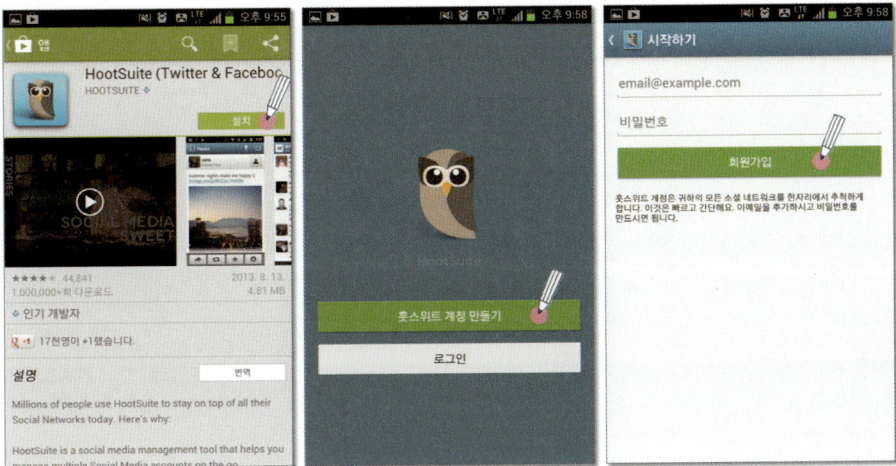

❷ 훗스위트 계정으로 로그인한 후 소셜 네트워크 메뉴의 [+]를 눌러 트위터 계정으로 로그인하여 계정을 추가해줍니다.

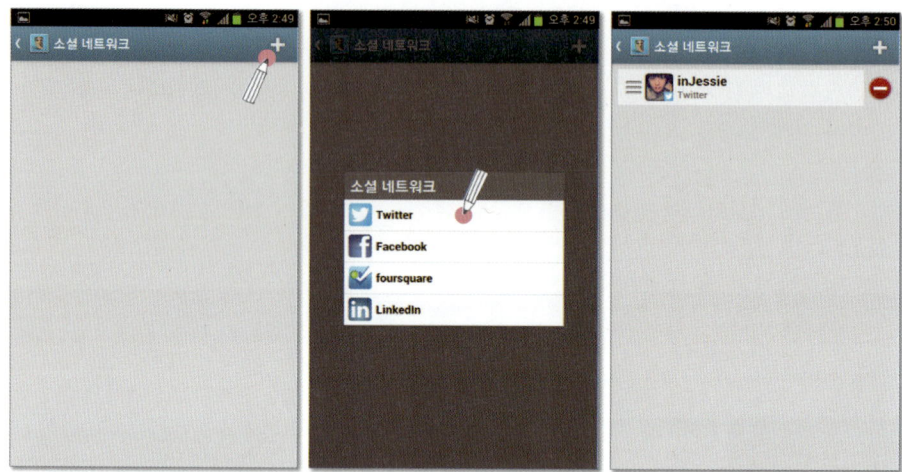

❸ [스트림]에서 편집(+/-) 버튼을 누르고 하단에 [소셜 네트워크] 버튼을 누르거나 [설정]에서 [소셜 네트워크 관리]를 누르면 [소셜 네트워크]로 이동합니다. 소셜 네트워크 메뉴에서 트위터, 페이스북, 포스퀘어, 링크드인 등의 계정 추가 및 삭제를 할 수 있습니다.

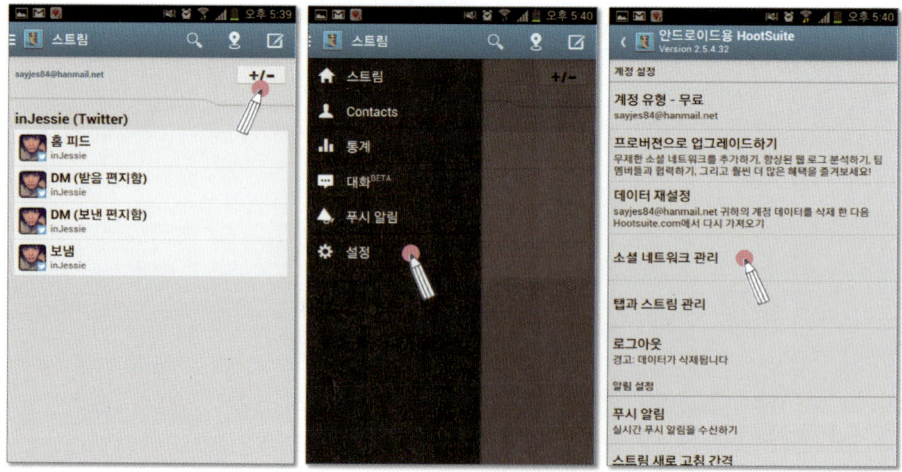

④ 트위터 이외의 계정을 함께 관리하고 싶다면 페이스북, 포스퀘어 등의 계정도 함께 추가해 줍니다.

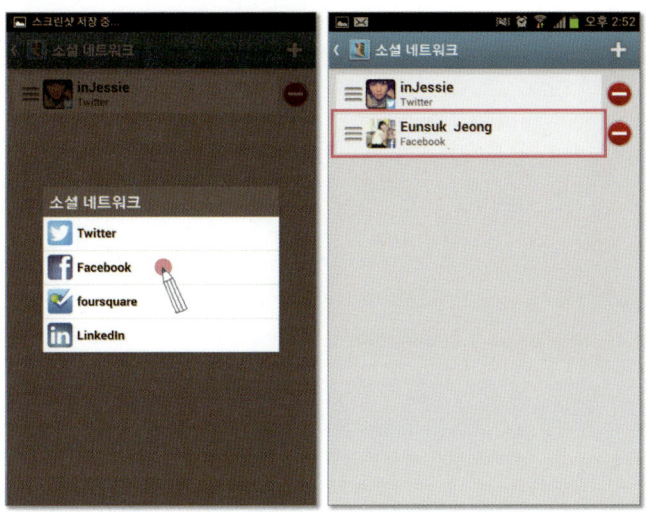

⑤ [스트림] 메뉴의 리스트에서 보고자하는 리스트 항목을 선택하면 해당 계정의 글을 볼 수 있습니다.

⑥ 스트림 리스트의 편집(+/-) 버튼을 눌러 스트림 항목을 편집할 수 있습니다. 스트림 편집화면 하단의 탭을 눌러 탭을 추가하거나 삭제할 수 있습니다. 탭의 하위개념으로 스트림을 만들어 사용합니다.

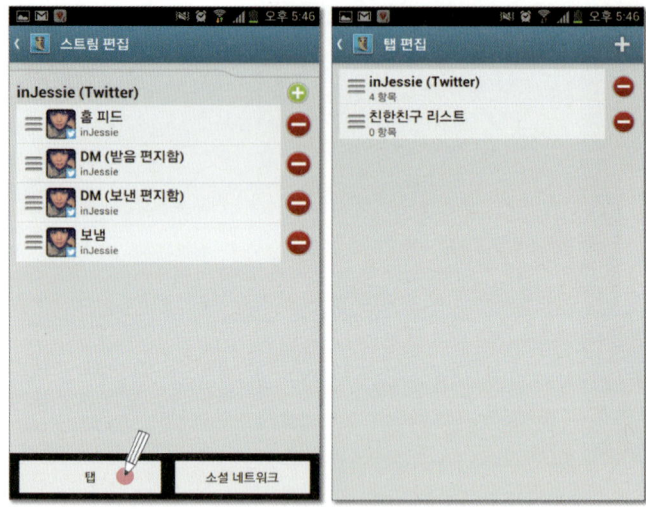

⑦ 스트림 편집화면 탭의 [+]를 눌러 멘션, 리트윗, 검색어, 친구 리스트를 스트림으로 설정할 수 있습니다.

⑧ [설정] 메뉴에서 소셜 네트워크 계정 및 탭과 스트림 관리가 가능하며 실시간 푸시 알림을 해제하여 번거로운 알림을 피할 수 있습니다.

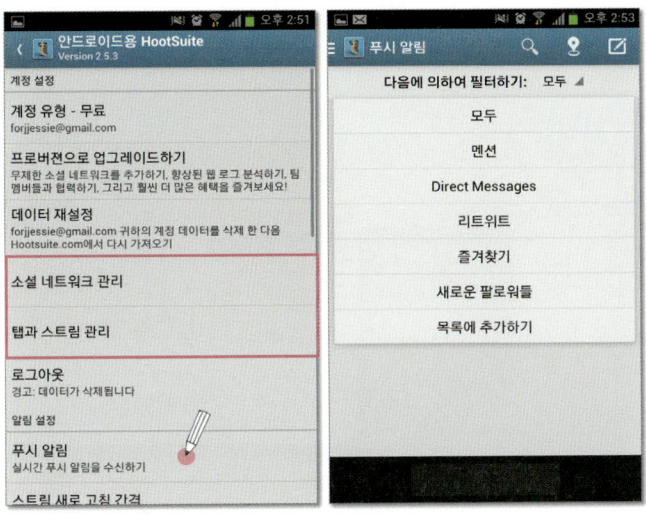

⑨ 훗스위트의 글쓰기(📝)를 누른 후 화면 상단의 드롭 다운 버튼(▇)을 눌러 등록된 계정 중 글을 등록할 계정을 선택하거나 혹은 모든 계정에 동일한 글을 작성하여 올릴 수 있습니다. 여러 계정에 번거롭게 로그인할 필요 없이 훗스위트로 한 번에 관리합니다.

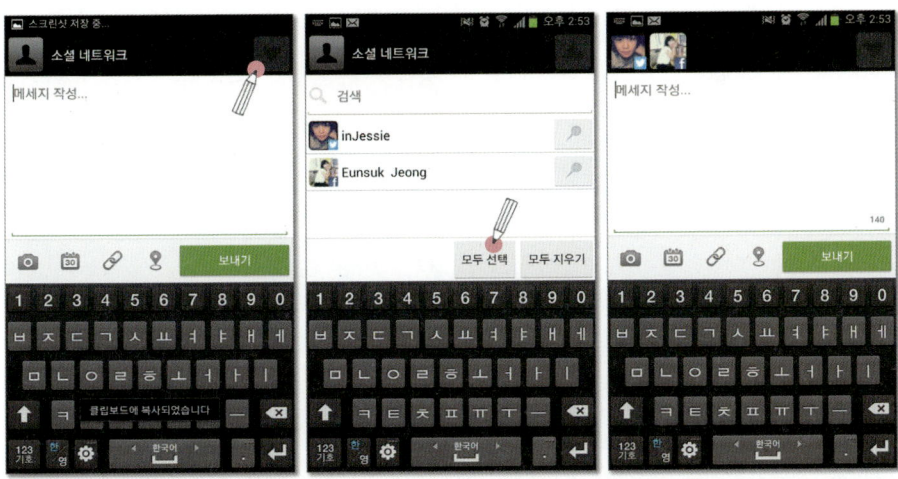

PC version 훗스위트 사용하기

훗스위트 PC 버전에서는 모든 메뉴를 한눈에 볼 수 있어 모바일로 사용하는 것보다 더 편리하게 여러 계정을 관리할 수 있으며, 별도의 프로그램을 설치하지 않고 웹 브라우저에서 이용할 수 있어 간편합니다.

① 훗스위트 사이트(https://hootsuite.com/)의 [로그인] 버튼을 클릭하여 새롭게 계정을 만들거나 페이스북, 구글, 야후 등의 계정으로 연동하여 훗스위트에 로그인합니다.

② 로그인한 화면에서 [첫번째 탭을 만드세요]를 클릭하여 트위터와 페이스북, 구글 플러스, 포스퀘어 등의 소셜 계정을 연동하여 관리할 수 있습니다. [트위터와 연결하기]를 클릭하고 트위터 계정을 입력한 후 [애플리케이션 승인]을 선택하여 트위터와 연동합니다.

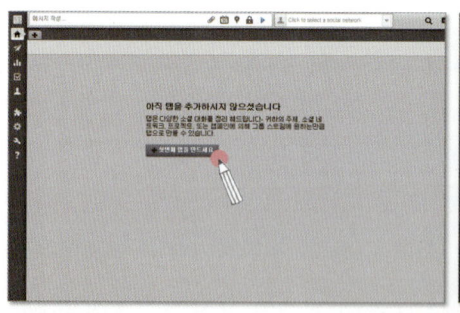 

친해지기 — 여러 명의 관리자로 트위터 관리하기

코트윗(cotweet) 서비스는 훗스위트와 반대의 개념으로 여러 명이서 트위터 한 계정의 운영이 가능하도록 지원하는 서비스입니다. 기업이나 단체의 트위터는 한 명이 아닌 여러 구성원이 동시에 계정을 관리해야 할 때가 많은데 코트윗에서는 복수 계정 등록을 허용하고 있어 각자 다른 코트윗 아이디로 기업이나 단체 트위터 계정을 연동할 수 있습니다.

③ 왼쪽 상단의 [+스트림 추가] 버튼을 클릭하여 스트림을 추가하거나 [+소셜 네트워크 추가]를 선택해서 소셜 계정을 추가로 등록할 수 있습니다.

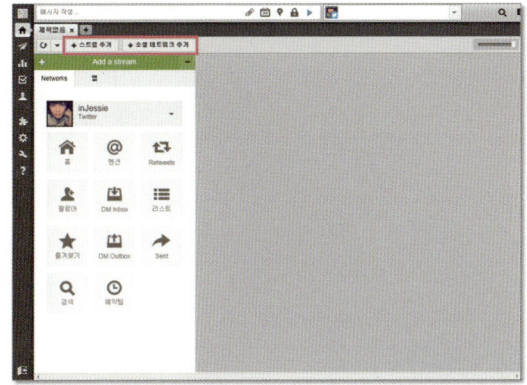

④ 스트림 추가 창에서 소셜 계정별로 원하는 스트림 목록 우측의 [+] 버튼을 클릭하면 훗스위트 화면에 해당 스트림이 추가됩니다.

 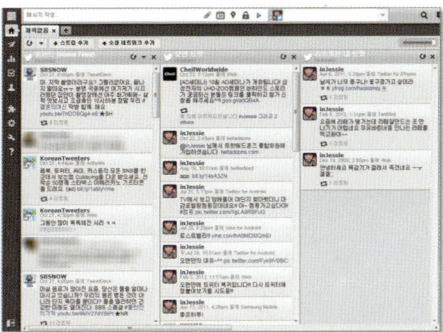

⑤ [+스트림 추가] 버튼 위의 탭에서 [+]를 클릭하여 새로운 탭을 만들 수 있습니다. 탭별로 스트림을 추가할 수 있어 많은 소셜 계정과 리스트를 정렬하여 한눈에 볼 수 있습니다.

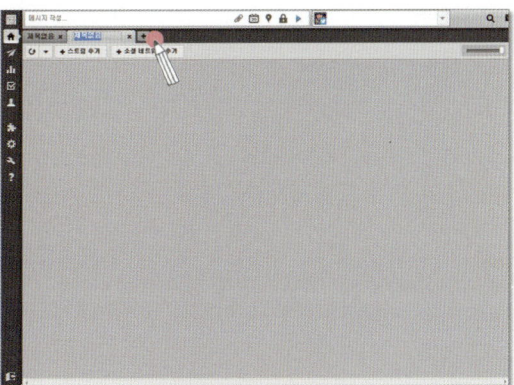

Chapter 03

스마트 모바일 라이프
: 카카오톡

> kakaotalk 기초

카카오톡과 친해지기

카카오톡은 '카톡'(카카오톡의 줄임말)을 하기 위해 스마트폰을 산다는 말이 나올 정도로 많은 사람들이 사용하는 국민 메신저 앱입니다. 카카오톡으로 무료 메시지를 주고받을 수 있고 실시간 그룹 채팅 및 1:1 채팅, 음성 대화와 사진, 동영상 공유 등을 할 수 있습니다. '카카오톡 시작하기'에서는 가입하기, 채팅방 만들기, 친구 관리, 스마트폰 변경 시 카카오톡 계정 설정 등 카카오톡을 시작하기에 앞서 익혀두어야 할 내용들에 대해 알아보겠습니다.

Lesson 01
카카오톡 사용하기

카카오톡을 사용하려면 먼저 계정이 있어야 합니다. 여기서 계정이란 우리가 흔히 쓰는 아이디와 같습니다. 카카오톡 계정은 전화번호로 간단하게 만들 수 있으며, 없는 전화번호나 해외 가상 번호, 인터넷 전화번호 등은 카카오톡 가입이 제한됩니다.

01 계정 등록

카카오톡은 내 스마트폰에 등록되어있는 전화번호로 친구를 자동 등록하기 때문에 계정을 처음 등록할 때는 이메일 주소가 아닌 전화번호를 이용합니다. 전화번호로 인증 과정을 거치면 계정을 만들 수 있고 이메일 주소는 계정을 등록한 후 추가로 설정할 수 있습니다.

① 카카오톡 계정을 등록하기 위해 먼저 구글 play 스토어에서 카카오톡 앱을 다운로드합니다. 카카오톡을 실행한 후 스마트폰 번호를 입력하고 [다음] 버튼을 누르면 해당 전화번호로 인증번호가 전송됩니다. 받은 인증번호를 입력한 후 [다음] 버튼을 누릅니다.

❷ 카카오톡의 이용약관을 확인한 후 '동의합니다'에 체크하고 [다음]을 누릅니다. [당신을 표현해 보세요]라는 화면이 나타나면 프로필 사진과 이름을 등록하고 [카카오톡 시작하기]를 누릅니다. 카카오톡 계정이 생성됩니다.

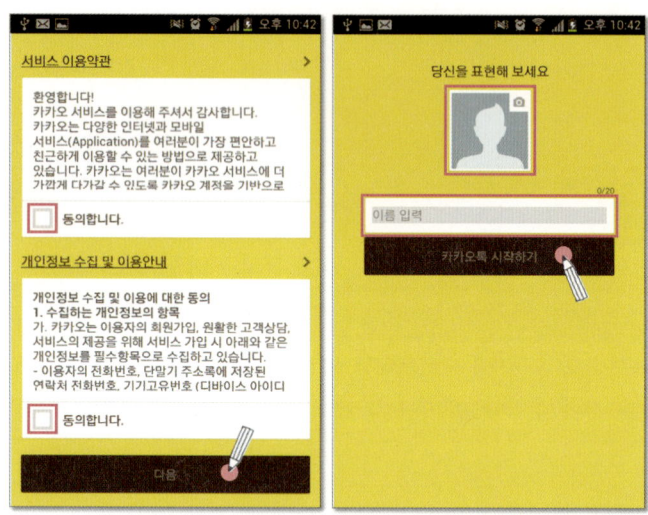

02 이메일 계정 설정

카카오계정을 설정해두면 기기를 교체하거나 전화번호를 변경했을 때 카카오계정으로 로그인하여 이전에 사용했던 카카오톡의 친구 목록, 프로필 사진, 카톡 아이디 등을 전부 불러올 수 있습니다.

카카오계정 사용하기

하나의 카카오계정을 두 개의 전화번호에서 동시에 사용할 수 없습니다. 다른 번호로 동일 카카오계정을 연결하면 전에 사용하던 번호의 카카오계정은 자동으로 로그아웃되어 현재 사용하는 번호로 해당 계정이 연결됩니다. 스마트폰을 변경할 때에도 새로운 핸드폰에 사용하던 카카오계정을 연결하면 이전 핸드폰에 연결된 카카오톡 계정이 자동으로 로그아웃됩니다.

① 카카오계정을 설정하기 위해 카카오톡 상단의 더보기(⋯)를 누르고 [내 프로필]을 선택합니다. [내 프로필] 화면이 나타나면 [카카오계정으로 로그인]을 누릅니다.

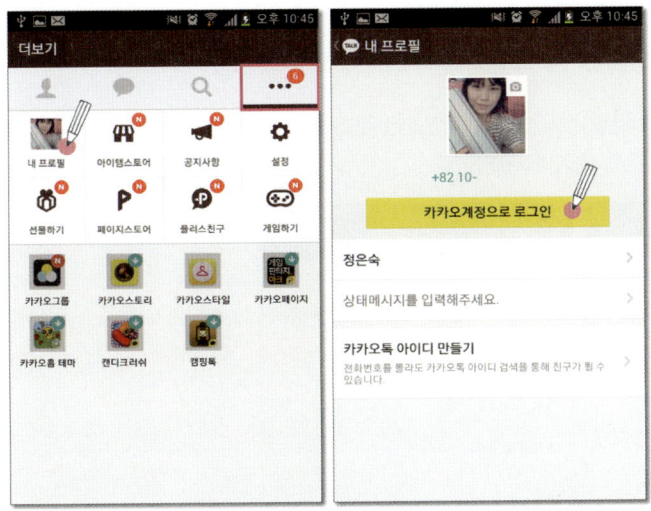

② 등록할 이메일 주소와 비밀번호를 입력한 후 [로그인]을 눌러 카카오톡 이메일 계정으로 로그인합니다. 카카오계정을 연결해놓으면 후에 스마트폰을 변경하거나 전화번호를 변경할 경우 사용하던 정보를 그대로 불러올 수 있습니다.

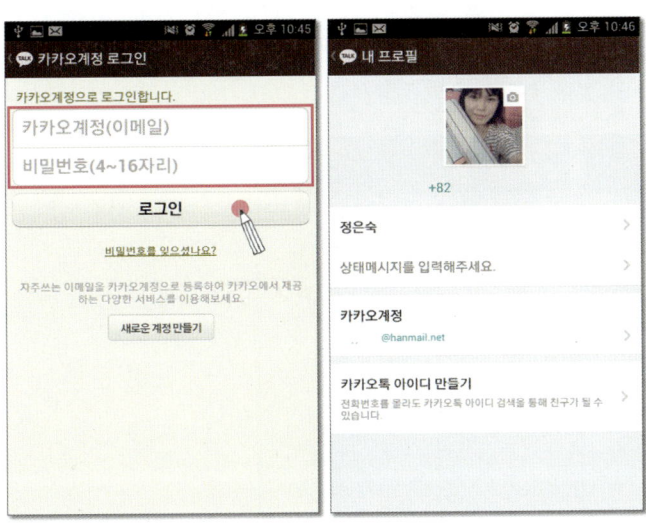

03 카카오계정 변경

카카오계정은 사용자를 확인하기 위한 기능으로 이메일 주소와 비밀번호로 인증합니다. 계정의 이메일 주소와 비밀번호는 언제든지 변경할 수 있으며 이메일 주소를 변경하더라도 기존의 카카오톡 정보는 사라지지 않습니다

① 계정의 이메일 주소와 비밀번호를 변경하기 위해 [더보기]의 [내 프로필]에서 [카카오계정]을 선택하고 [계정 이메일 주소 변경]을 누릅니다.

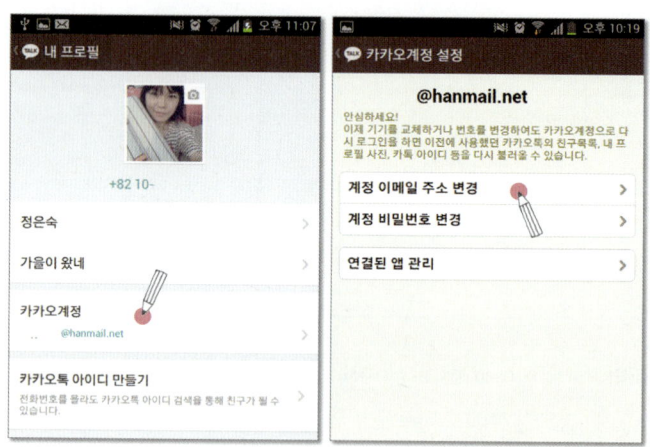

② 변경할 이메일 주소를 입력한 후 [완료]를 누릅니다. [인증코드 요청] 화면에서 [전송]을 누르면 변경할 메일로 인증코드가 전송됩니다. 인증코드를 입력한 후 [확인]을 눌러 계정 이메일 주소를 변경합니다.

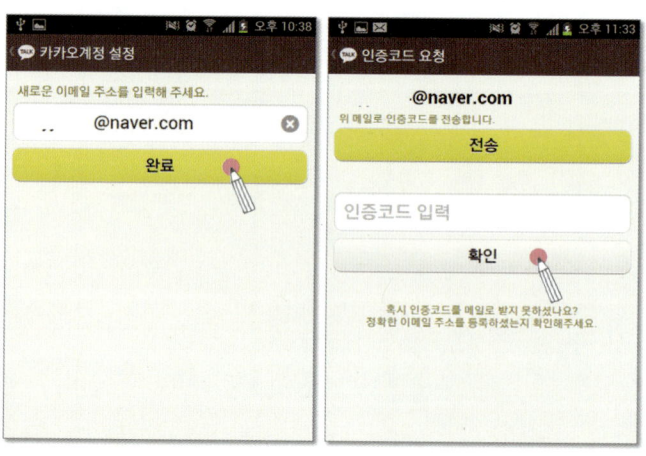

③ 계정의 비밀번호를 변경하기 위해 같은 방법으로 [카카오계정]을 선택한 다음 [계정 비밀번호 변경]을 누릅니다. 카카오계정을 설정한 메일로 전송된 인증코드를 입력하고 변경할 새로운 비밀번호를 입력한 뒤 [완료]를 누릅니다.

  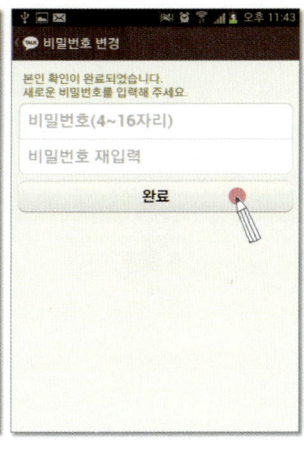

04 카카오톡 아이디 설정

카카오톡 아이디는 전화번호 대신으로 사용할 수 있기 때문에 아이디를 알고 있으면 전화번호를 몰라도 아이디 검색을 통해 간편하게 친구를 추가할 수 있습니다.
카카오톡 아이디를 만들기 위해 [더보기]에서 [내 프로필]을 선택한 후 [카카오톡 아이디 만들기]를 누릅니다. [아이디 등록] 창이 나타나면 입력창에 원하는 아이디를 입력하고 [확인]을 누릅니다.

05 프로필 변경

프로필 사진을 변경하기 위해 [더보기]에서 [내 프로필]을 선택한 후 사진박스를 눌러 [사진 앨범]이나 [카메라]를 선택해 기존에 있던 사진을 불러오거나 새로 사진을 찍습니다.

사진을 원하는 크기로 조정한 후 하단의 체크(✔) 버튼을 눌러 프로필 사진으로 설정하고, 사진박스 하단의 '상태메시지를 입력해주세요'를 선택하여 원하는 메시지를 입력한 후 [확인]을 눌러 내 프로필과 상태메시지를 입력합니다.

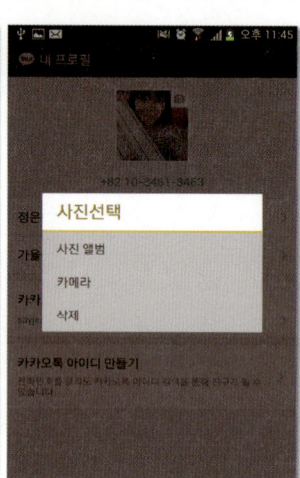
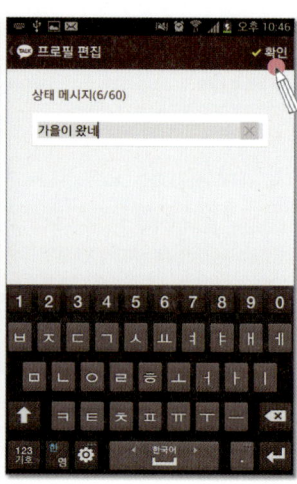

카카오계정과 카카오톡 아이디

카카오계정은 전화번호 인증과정 외에 카카오톡 사용자를 인증할 수 있는 방법으로 이메일 주소와 비밀번호로 되어있고, 카카오톡 아이디는 친구들이 나를 검색할 때 전화번호 대신 사용할 수 있습니다. 카카오계정은 초기 카카오톡 가입 시 이메일과 비밀번호로 만들 수 있으며, 카카오톡 아이디는 내 프로필 정보에 들어가서 추가로 만들어야 합니다. 카카오계정의 이메일 주소는 언제든지 변경이 가능하지만 카카오톡 아이디는 한번 설정하면 변경할 수 없습니다.

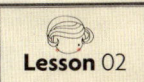

카카오톡 대화하기

카카오톡의 핵심 기능인 [대화하기]를 사용해봅시다. [대화하기]는 친구와의 1:1 채팅이나 두 명 이상의 그룹 채팅이 가능한 메뉴로 채팅방에서는 채팅 외에 사진, 동영상, 파일 등을 공유할 수도 있습니다. 또 음성메시지를 이용하여 타이핑이 어려운 상황에서도 카카오톡 친구들과 메시지를 주고받을 수 있고 채팅방의 공지 기능을 활용하여 친구들에게 중요한 내용을 공지로 알릴 수도 있습니다.

01 채팅방 만들기

카카오톡 상단의 [채팅]을 누른 후 [대화 시작하기] 버튼을 누르면 [대화상대 초대] 화면이 나타납니다. 대화하고자 하는 친구를 선택한 후 [확인]을 눌러 채팅방을 만듭니다. 이때 친구를 여러 명 선택하면 그룹 채팅방이 만들어집니다.

[채팅]에 한 개 이상의 채팅 목록이 있을 경우에는 리스트 하단의 채팅방 만들기(●)를 눌러 채팅방을 추가로 만들 수 있습니다.

Point

채팅방을 나가려면 채팅 목록에서 삭제할 채팅방을 길게 눌러 단축 메뉴의 [나가기]를 누르거나 채팅방에서 [더보기]를 눌러 하위 메뉴의 [나가기]를 누릅니다.

02 친구 초대하기

채팅방에 추가로 친구를 초대하려면 채팅방 상단의 더보기( )를 눌러 나타난 하위 메뉴에서 [대화상대 초대]를 선택한 후에 초대할 친구들을 선택하고 [확인]을 누릅니다.

Point

1:1 채팅방에 친구를 초대하면 그룹 채팅방이 새로 생기고, 그룹 채팅방에 친구를 초대하면 해당 채팅방에 친구가 초대됩니다.

03 사진, 동영상, 파일 공유하기

① 채팅방에서 친구들과 사진이나 동영상, 파일 등을 공유할 수 있습니다. 사진과 동영상을 공유하기 위해 대화창 하단의 [+]를 눌러 나타난 하위 메뉴에서 [앨범] 혹은 [촬영]을 눌러 공유할 사진 혹은 동영상을 선택합니다.

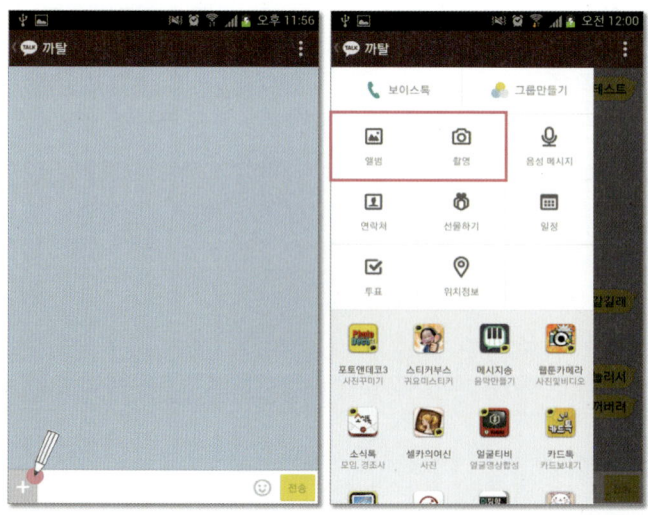

② '사진 보내기 (한장)'를 누르면 필터 효과를 선택하거나 사진을 원하는 크기로 자르고 스티커를 붙이는 등 사진을 편집할 수 있습니다. 편집한 사진은 [전송]을 눌러 채팅방에 공유합니다.

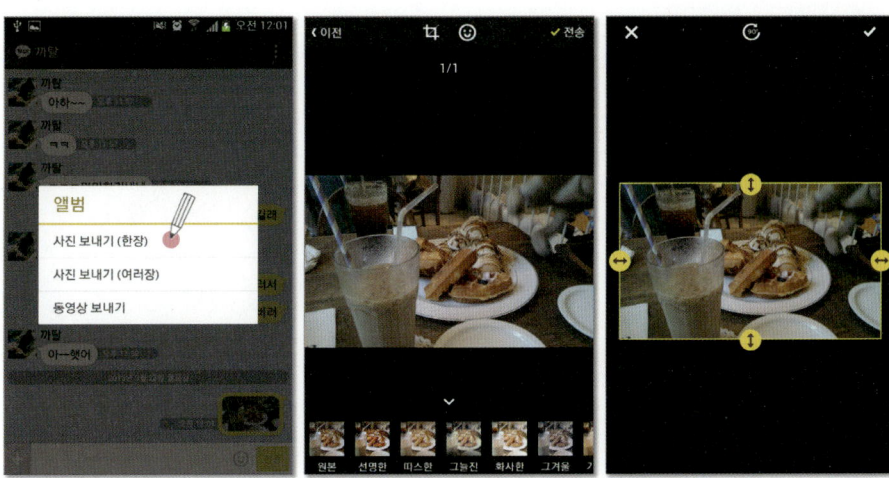

③ '사진 보내기 (여러장)'를 선택하면 여러 장의 사진을 한 번에 보낼 수 있습니다. 사진은 한 번에 최대 10장까지 선택할 수 있고 각 사진은 한 장씩 편집할 수 있습니다.

Point

채팅방에서 공유된 사진이나 동영상을 한 번에 보려면 채팅방의 [더보기]에서 [모아보기]를 누릅니다. 이전의 대화 내용을 찾지 않아도 모아보기를 통해 공유한 사진이나 동영상을 한꺼번에 보거나 핸드폰으로 다운로드 할 수 있습니다.

④ 선택한 사진 리스트에서 사진을 선택하면 미리보기 및 사진 편집이 가능합니다. '사진 보내기 (한 장)'에서와 같이 각 사진을 편집할 수 있습니다. 사진 편집이 끝나면 [전송]을 누릅니다.

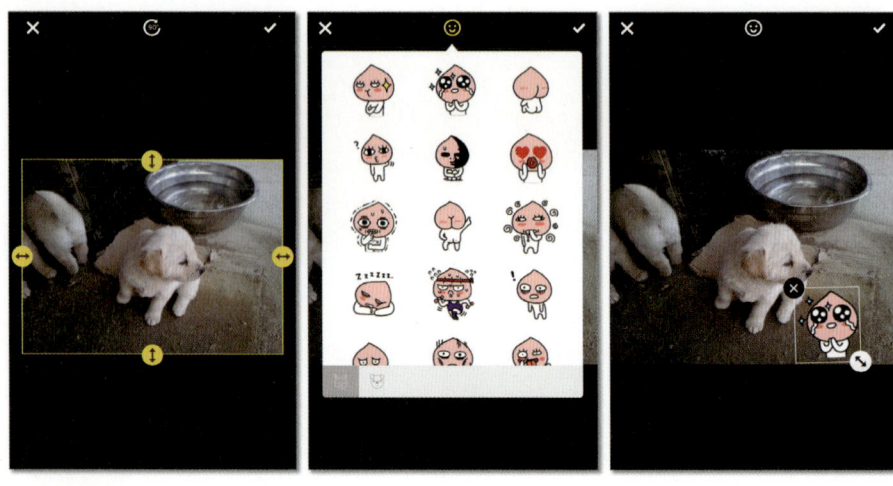

Point
아이폰에서는 사진 전송 시 편집 기능을 지원하지 않습니다.

⑤ 사진을 보내는 것과 같은 방법으로 '동영상 보내기'를 눌러 친구에게 전송할 동영상을 선택합니다.

Point
동영상 1회 전송 시 최대 전송량은 20MB이며 사진 1회 전송 시 최대 전송량은 3M입니다. 해당 용량을 초과할 경우 전송에 제한이 있을 수 있습니다.

04 공지 만들기

1 채팅창에서 공지를 만들어 채팅방 상단에 게시할 수 있습니다. 공지를 등록하기 위해 먼저 채팅방에 글을 작성합니다. 공지글을 길게 누르면 단축 메뉴가 나타납니다. 메뉴의 '공지'를 선택합니다.

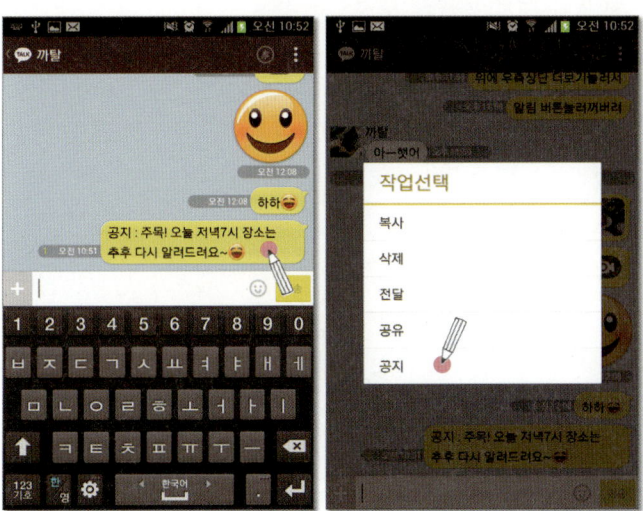

Point
공지는 하나씩 등록할 수 있고 최대 100자까지 가능하며 이모티콘도 함께 사용할 수 있습니다.

2 '공지로 등록하시겠습니까?'라는 창이 나타나면 [확인]을 누릅니다. 해당 글이 상단의 공지로 등록됩니다.

③ 채팅방에서 공지를 없애기 위해 공지를 눌러 [다시 열지 않음]을 선택합니다. [접어두기]를 선택하면 채팅방 상단에 쪽지 모양(🗐)의 아이콘이 나타납니다. 아이콘을 누르면 다시 공지가 펼쳐집니다.

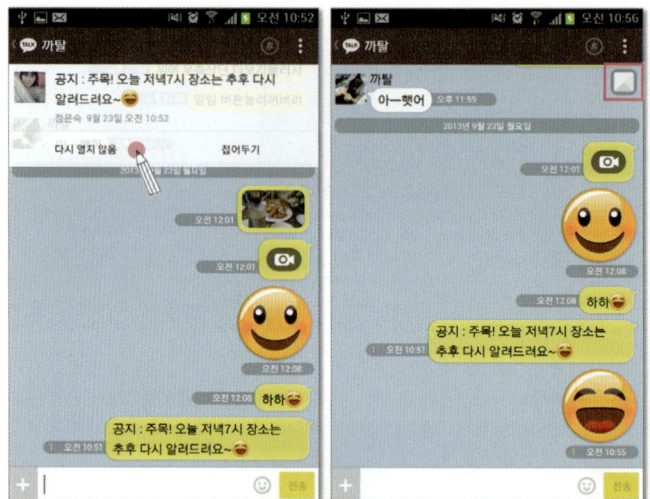

Point
새로운 공지를 등록하려면 기존의 공지를 삭제할 필요 없이 새로 등록하고자 하는 글을 길게 눌러 공지로 지정합니다.

05 채팅방 배경 바꾸기

① 채팅방 설정에서 배경화면을 변경할 수 있습니다. 채팅방 상단의 [더보기]를 눌러 [설정]을 선택한 후 [배경설정]을 누릅니다.

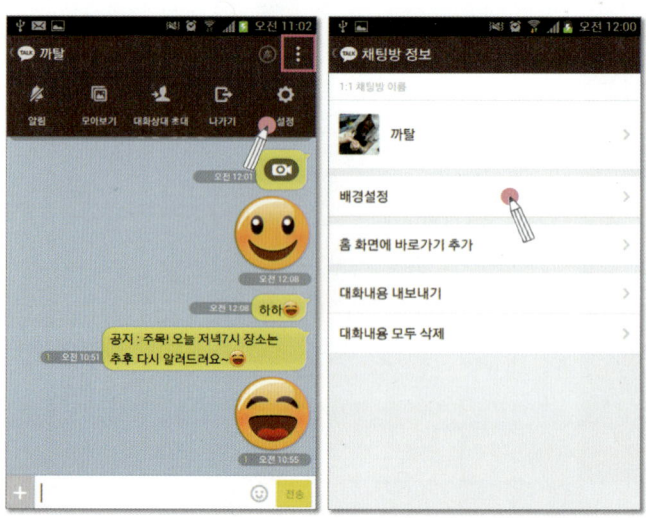

② '기본배경'을 선택하면 채팅방의 배경 색상을 변경할 수 있습니다. 원하는 색상을 선택한 후 [확인]을 누르면 채팅방의 배경색이 변경됩니다.

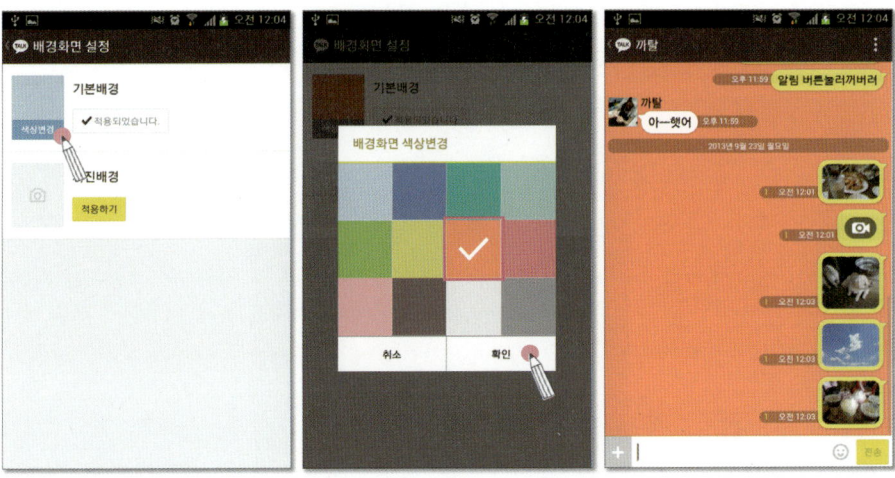

③ '사진배경'을 선택하면 사진으로 채팅방의 배경을 설정할 수 있습니다. 원하는 사진을 선택하여 사진을 편집한 후 [확인]을 누르면 채팅방의 배경이 변경됩니다.

Point

카카오톡의 그룹 채팅방에서는 참여한 멤버들의 프로필 사진이 4개까지 분할하여 나타나며 그룹 채팅방의 프로필 사진을 변경할 수도 있습니다. 프로필 사진을 변경하려면 그룹 대화창의 [더보기]를 누르고 [설정]으로 이동합니다. 프로필 사진 박스의 [카메라]를 눌러 새로운 사진을 촬영하거나 저장된 사진을 불러옵니다.

06 음성 대화하기

① 운전 중이거나 문자를 입력하기 곤란한 상황이라면 카카오톡 음성 메시지를 전송하여 간단한 음성 대화를 할 수 있습니다. 채팅방에서 [+]를 눌러 나타난 하위 메뉴에서 [음성 메시지]를 선택합니다. 채팅방 하단의 [녹음하기]를 눌러 음성 메시지를 녹음합니다.

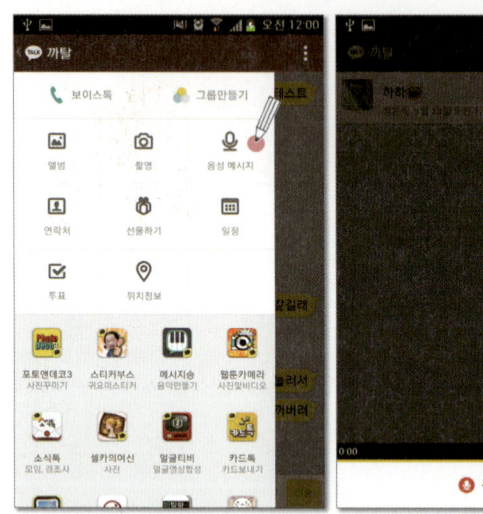

② 음성 메시지는 최대 1분까지 녹음이 가능하며 녹음된 음성 메시지를 다시 재생해볼 수 있어 녹음한 음성 메시지를 확인한 후 친구들에게 전송할 수 있습니다. 메시지를 확인하면 [보내기]를 눌러 친구들에게 공유합니다.

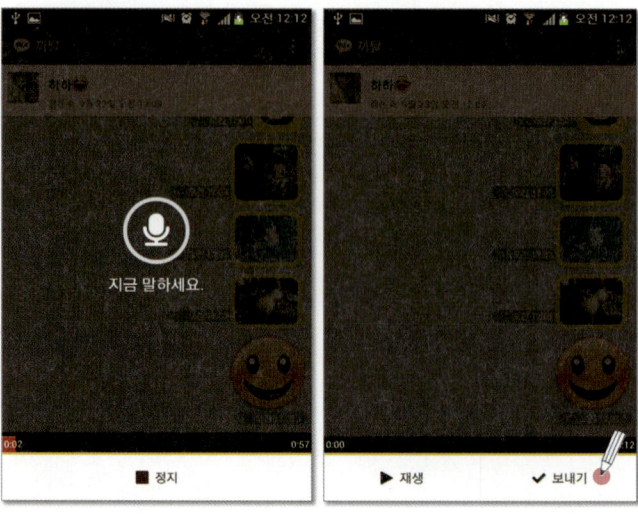

❸ 전송된 음성 메시지 파일을 누르면 채팅방에 있는 모든 친구들이 내가 녹음한 음성 메시지를 들을 수 있습니다.

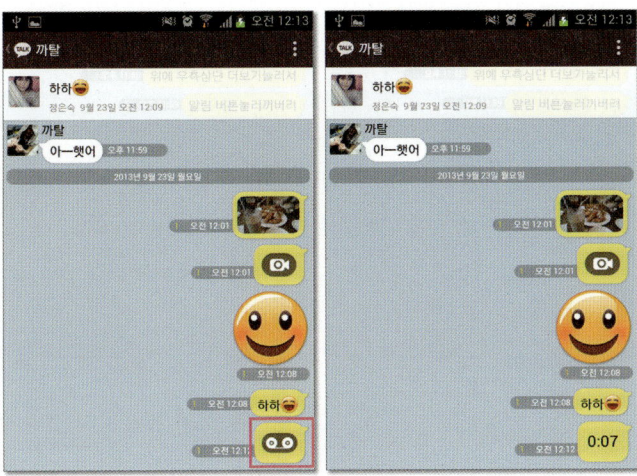

07 카카오톡 대화 기능 활용하기

❶ 복사하려는 대화글을 길게 눌러 나타난 단축 메뉴에서 '복사'를 누르고 입력창을 터치하여 '붙여넣기'를 누르면 해당 대화글이 복사됩니다. 대화 내용을 삭제하려면 대화글을 길게 눌러 나타난 하위 메뉴에서 '삭제'를 누릅니다.

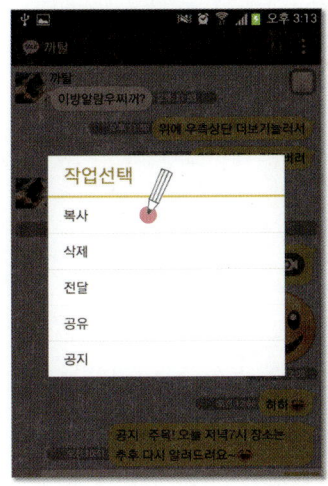 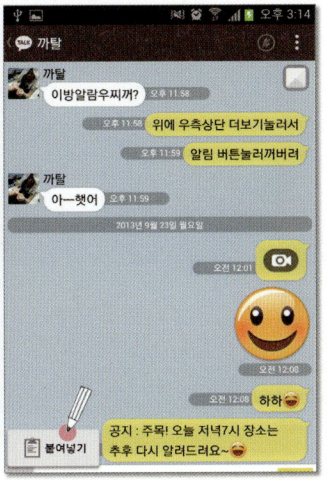

Point
'삭제'를 누르면 내 채팅창에서만 해당 글이 삭제되며 친구 채팅창에는 그대로 남아있습니다.

② 해당 대화글을 길게 눌러 나타난 단축 메뉴에서 [전달]을 누르면 [대화상대 선택] 화면이 나타납니다. 친구를 선택하고 [확인]을 누르면 해당 친구에게 대화글이 전달됩니다. 하위 메뉴에서 [공유]를 누르면 이메일이나 메시지, 다른 메신저 앱을 이용하여 대화글을 공유할 수도 있습니다.

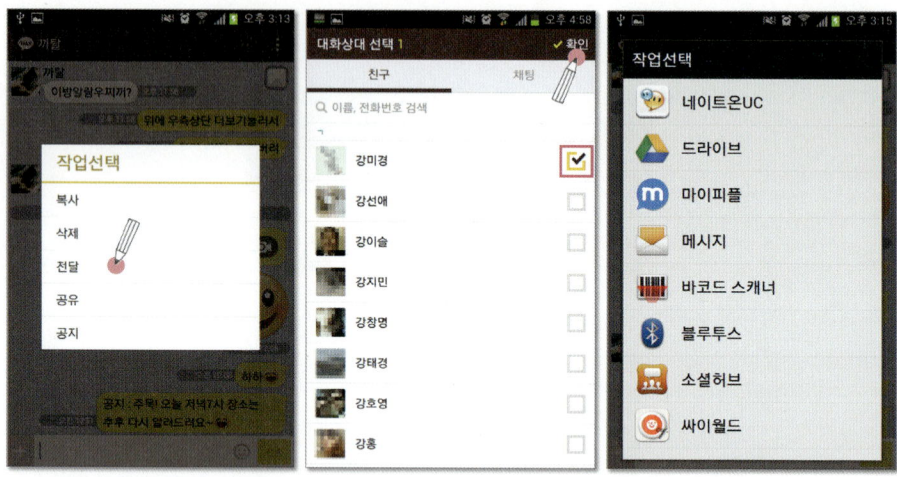

③ 채팅방의 [+]를 눌러 나타난 하위 메뉴에서 [연락처]를 선택합니다. 전송하고자 하는 연락처를 선택한 후 [전송]을 누르면 상대방에게 해당 연락처를 전송합니다.

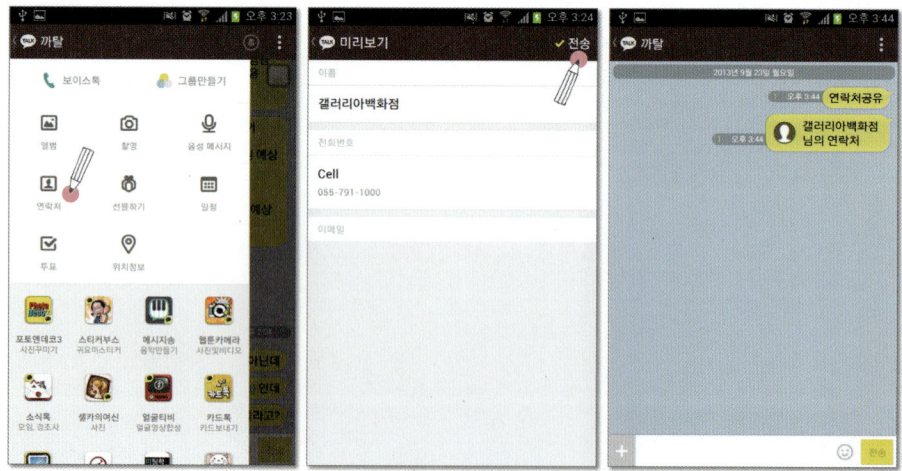

❹ 친구들과 내 일정을 공유하려면 채팅방의 [+]를 눌러 나타난 하위 메뉴에서 [일정]을 선택합니다. '제목'과 '설명'을 입력한 후 [확인]을 눌러 일정을 만듭니다. 하단의 '참석여부 응답요청'에 체크하면 친구들의 참석여부를 확인할 수 있습니다. 만들어진 일정은 채팅방에 공유됩니다.

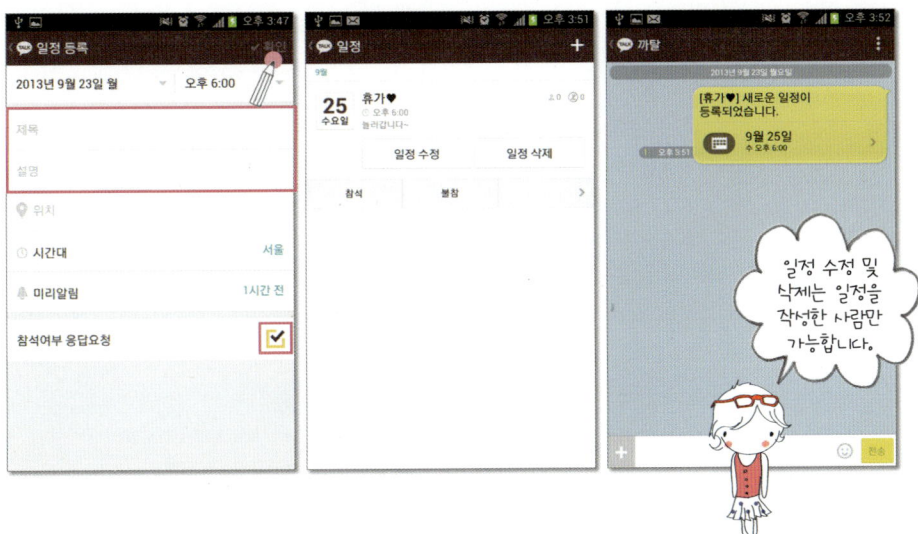

일정 공유받기

친구가 채팅방에 일정을 공유하면 쪽지로 일정이 공유됩니다. 날짜를 누르면 일정의 상세내용을 확인할 수 있고, '참석'과 '불참'으로 참석여부를 표시할 수도 있습니다.

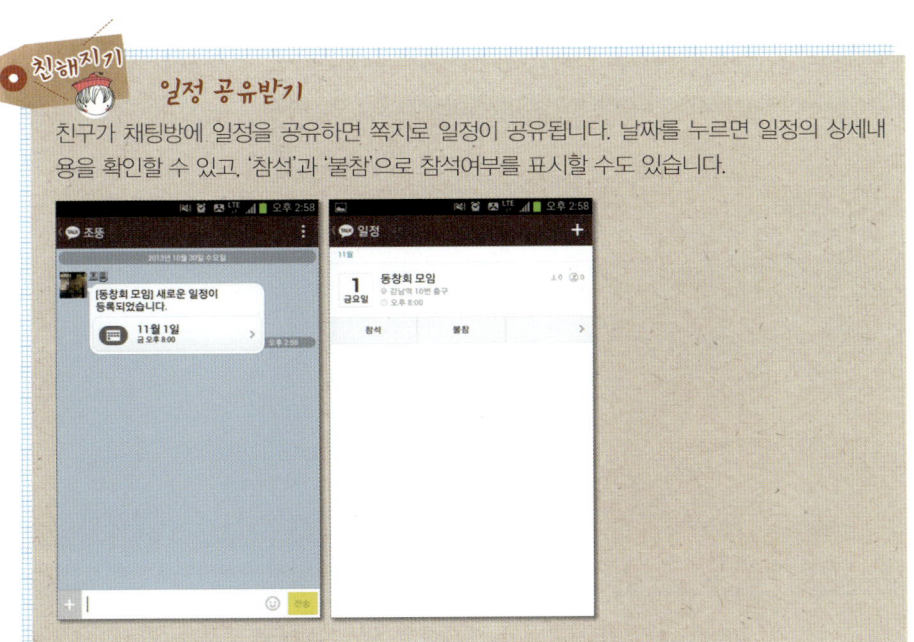

⑤ 채팅방에서 [+]를 누르고 [투표]를 선택합니다. 상단의 [+]를 눌러 투표를 등록합니다. 투표하고자 하는 내용을 입력한 후 [등록하기]를 누르면 채팅방에 투표 메시지가 등록됩니다. 친구들이 해당 투표 메시지를 선택하면 투표에 참여할 수 있고, 결과를 확인할 수도 있습니다.

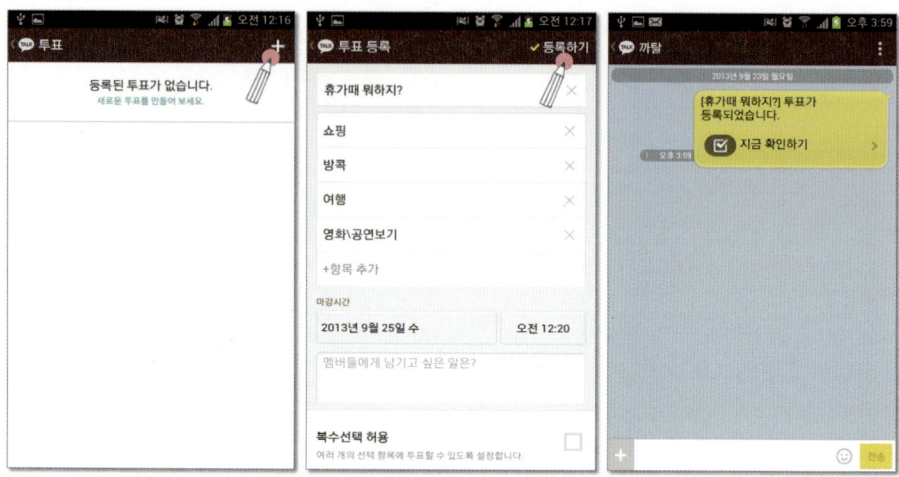

⑥ 채팅방에 참여한 친구들의 숫자가 많을수록 입력하는 대화가 많아 알림이 끊임없이 울리는 경우가 생깁니다. 채팅방의 [더보기] 버튼을 눌러 나타나는 하위 메뉴에서 [알림]을 누르면 해당 채팅방의 알림이 꺼집니다. 다시 [알림]을 누르면 알림 끄기가 해제됩니다.

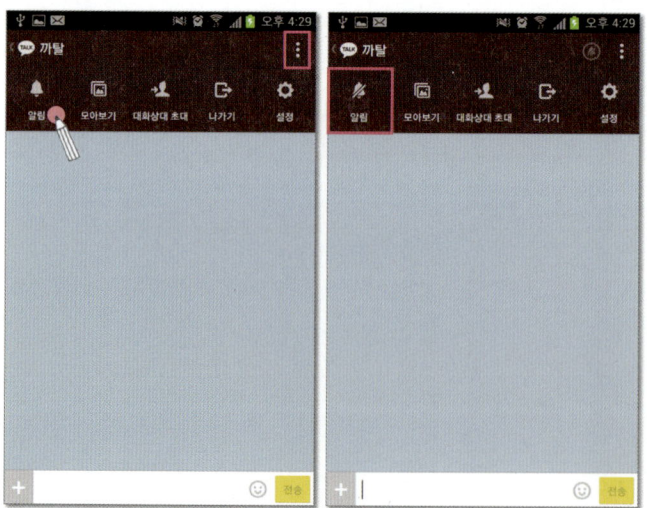

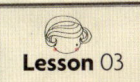

Lesson 03 보이스톡 하기

보이스톡은 음성 메시지와 달리 채팅방에서 음성 통화를 할 수 있도록 연결해주는 mVoIP(모바일 인터넷전화) 서비스로, Wi-Fi나 무선 데이터를 이용한 음성 통화입니다. Wi-Fi에서 보이스톡을 사용하면 청구되는 요금 없이 안정적으로 사용할 수 있으며, 3G나 4G 환경일 경우에는 데이터 요금이 청구됩니다. 통신사의 데이터 요금이 적용되며 일반 전화와 달리 보이스톡은 거는 사람과 받는 사람 각각 별도로 데이터 요금이 적용됩니다.

01 보이스톡

① 친구 목록에서 음성 대화를 원하는 친구를 선택합니다. 나타나는 미니 프로필에서 [보이스톡] 버튼을 누르면 보이스톡 연결창이 나타납니다.

채팅방에서 [+] 버튼을 눌러 나타난 하위 메뉴의 [보이스톡] 버튼을 눌러도 보이스톡 연결창이 나타납니다.

★ 269

❷ 보이스톡은 채팅방에서 음성 대화를 하는 기능입니다. 따라서 보이스톡 요청 시 일반 메시지와 동일하게 푸시 알림으로 도착하므로 친구가 보이스톡 연결이 가능한 상태인지 먼저 확인한 다음 연결하면 친구가 쉽게 인지할 수 있습니다. 친구가 보이스톡을 허락하면 통화가 시작됩니다.

Point
사용 중인 스마트폰의 네트워크 상태가 좋지 않거나 이동 중일 때는 접속된 네트워크망 연결이 불안정하여 보이스톡 연결이 끊길 수 있습니다.

❸ 대화 중 음소거나 스피커폰 통화가 가능하며, 채팅방으로 돌아가기( )를 누를 경우 통화하면서 채팅창을 볼 수 있습니다. 하단의 빨간 버튼을 누르면 통화가 종료되며 통화한 시간과 함께 채팅방에 메시지 형태로 표시됩니다.

Point
보이스톡을 하고 있는 상태에서도 다른 친구의 채팅방에 들어가 채팅을 할 수 있습니다.

02 음성 필터

보이스톡이 연결되면 화면 상단에 음성 필터가 나타납니다. 보이스톡 통화 중 상단의 음성 필터 버튼을 누른 다음 대화하면 친구에게 변조된 목소리가 전달됩니다.

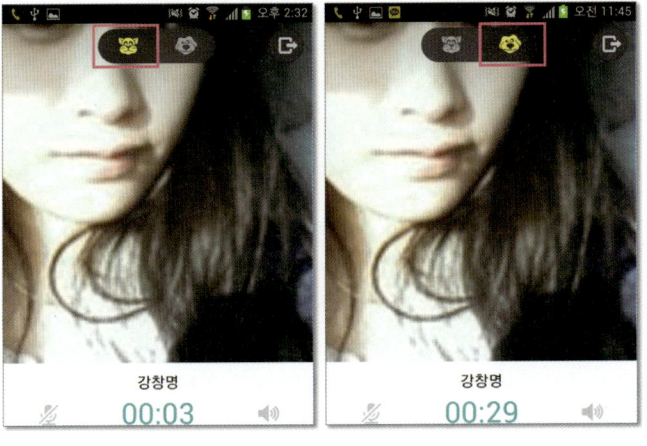

Point
필터 사용을 원하지 않을 경우 설정한 음성 필터의 버튼을 한 번 더 눌러서 해제합니다.

03 그룹콜

그룹콜은 보이스톡과 같은 음성대화 기능으로 그룹 채팅방에서 최대 5명의 친구들과 음성 대화를 주고받을 수 있습니다. 그룹 채팅방에서 [+]를 누른 후 [그룹콜] 버튼을 눌러 그룹콜을 연결합니다. 친구들이 그룹콜을 허락할 경우 참여한 친구들의 인원수가 표시됩니다. 그룹콜도 음성필터를 비롯한 보이스톡의 기능을 사용할 수 있습니다.

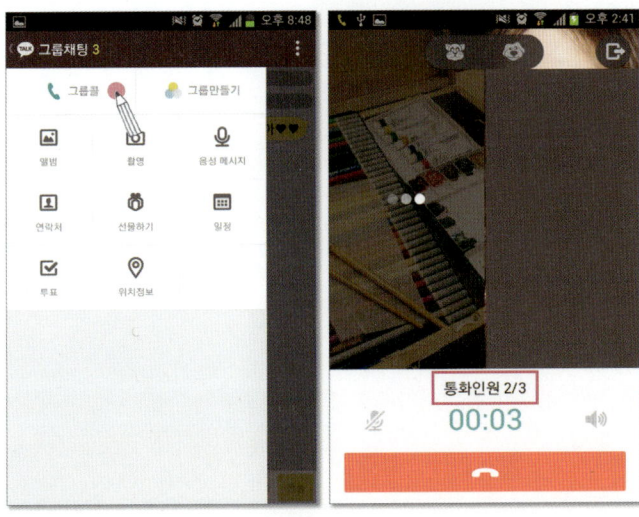

Point
그룹콜은 아이폰 카카오톡 3.2.0 버전, 안드로이드 카카오톡 3.5.1 버전 이상의 사용자끼리 사용할 수 있습니다.

:: 채팅 플러스

카카오톡 채팅 플러스는 카카오톡 대화에 필요한 정보나 기능의 앱을 채팅방에서 쓸 수 있는 서비스로 채팅방 안에서 앱을 이용하여 그림을 그리거나 메모, 할 일 관리를 할 수 있고 친구들과 함께 사다리 타기 게임을 할 수도 있습니다. 또 필터 카메라를 이용하여 바로 사진을 찍거나 마이콘으로 얼굴을 합성하여 스티콘을 만들어 사용할 수도 있습니다.

▶ 친구 위치 확인

아이나비 AIR 앱을 채팅방에서 사용하면 친구들과 함께 아이나비 ON AIR로 접속이 가능합니다. 모임이 있는 날 친구들이 목적지에 어느 정도 오고 있는지 실시간으로 위치를 확인할 수 있습니다. 또 차량으로 이동 시 네비게이션 주행모드를 친구들과 공유할 수도 있습니다. 내가 보낸 초대 메시지를 친구들이 채팅방에서 확인하고 앱으로 연결할 경우 친구들의 위치가 공유됩니다.

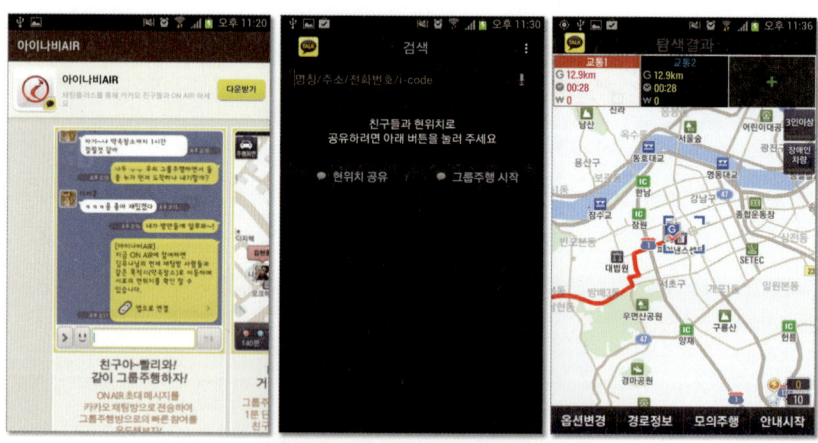

Point

채팅 플러스에서 앱을 다운로드해야 해당 기능을 사용할 수 있습니다.

▶ 스티콘 만들기

마이콘은 얼굴 사진 합성 앱으로 다양한 스티커 모양에 얼굴을 합성하여 재미있는 스티콘을 만들 수 있습니다. 세상에 하나뿐인 나만의 이모티콘을 만들어 채팅방에서 사용해봅니다.

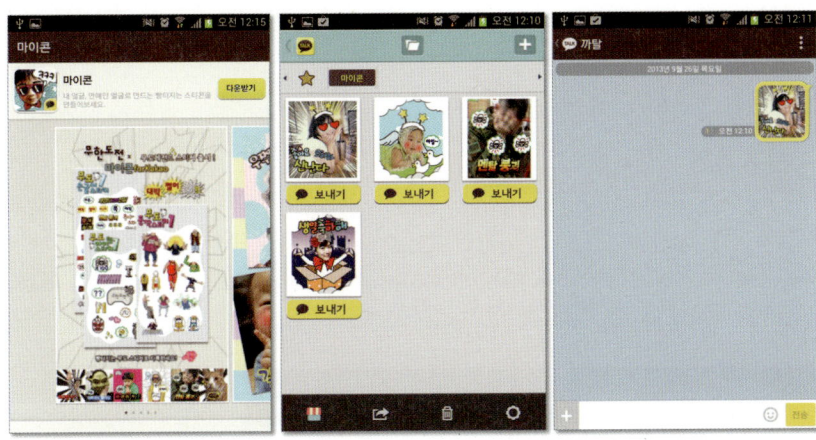

▶ 사다리 타기

친구들과 간식 내기나 간단한 게임을 할 때 사다리 타기를 이용하면 재미있고 빠르게 결과를 볼 수 있습니다. 채팅 플러스의 위자드 사다리 앱을 이용하면 카카오톡 채팅방에서도 쉽게 사다리 타기를 이용할 수 있습니다. 위자드 사다리는 최대 8명까지 참여 가능합니다.

Lesson 04 친구 관리하기

카카오톡은 전화번호에 있는 친구들을 자동으로 등록하고 내 전화번호를 가진 친구들을 추천하여 표시하기 때문에 원치 않는 사람들에게도 내가 노출되어 불편을 겪을 때가 있습니다. 여기서는 친구 관리 메뉴를 이용하여 친구를 차단하고 삭제하는 등 친구 목록을 관리하는 방법에 대해 알아봅니다.

01 친구 추가

카카오톡은 내 스마트폰에 저장된 친구 번호를 인식하고 자동으로 친구를 등록하여 [친구] 리스트에 표시합니다. 친구가 내 전화번호를 저장했지만 나는 친구의 번호를 저장하지 않았을 경우는 [친구찾기]에 친구 이름이 나타납니다. 친구 추가( ) 버튼을 누르면 친구로 등록이 되어 친구 리스트로 이동합니다.

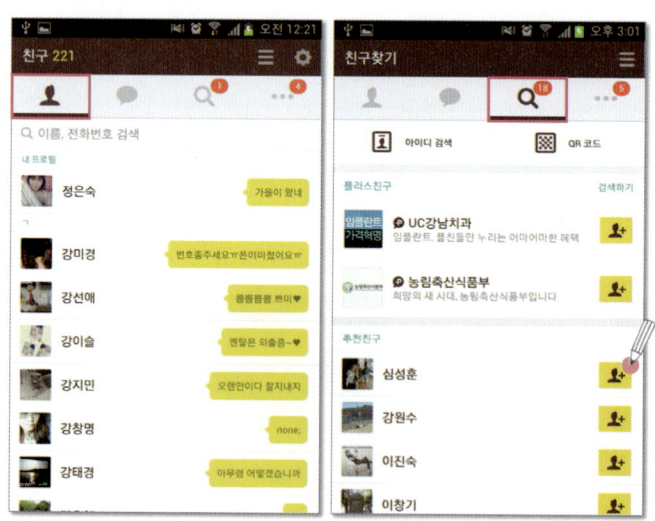

Point

카카오톡 친구 리스트에서 편집할 친구 이름을 길게 누르면 나타나는 단축 메뉴에서 친구 '즐겨찾기 등록', '이름 변경', '미니프로필 보기', '친구 숨기기', '친구 차단' 등을 할 수 있습니다. '즐겨찾기 등록'을 설정하면 해당 친구가 카카오톡 친구 목록의 상단에 나타나 빠르게 대화할 수 있습니다.

02 친구 검색

친구의 전화번호를 몰라도 [아이디 검색], [QR코드]를 통해 간편하게 친구를 추가할 수 있습니다.

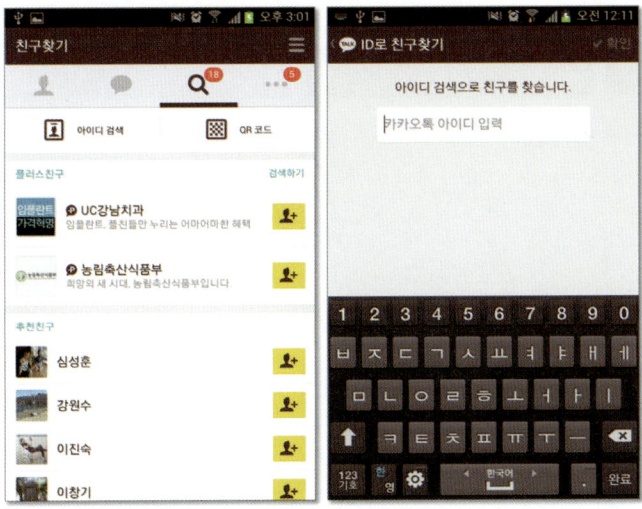

03 친구 삭제/차단/숨김

① 친구 목록에서 변경을 원하는 친구 이름을 길게 누르면 단축 메뉴가 나타나며 친구 [숨김], [차단] 등을 설정할 수 있습니다.

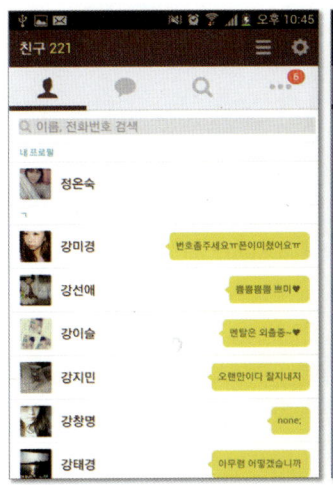
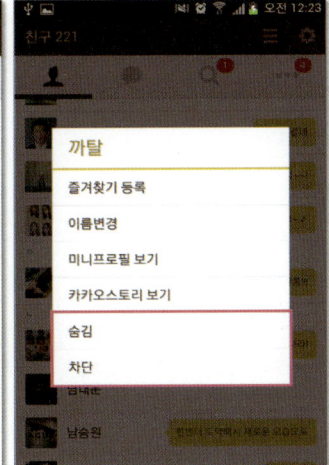

Point
숨기거나 차단한 친구들은 더 이상 내 친구 목록에 표시되지 않습니다.

❷ 숨기거나 차단한 친구를 관리하기 위해 카카오톡 [더보기]의 [설정]에서 [친구관리]를 누릅니다. [숨김친구 관리]나 [차단친구 관리]를 선택하면 내가 숨기거나 차단한 친구의 목록을 관리할 수 있습니다. 숨김이나 차단 여부는 상대방이 알 수 없으며, 친구를 차단할 경우 친구의 메시지는 더 이상 받을 수 없습니다.

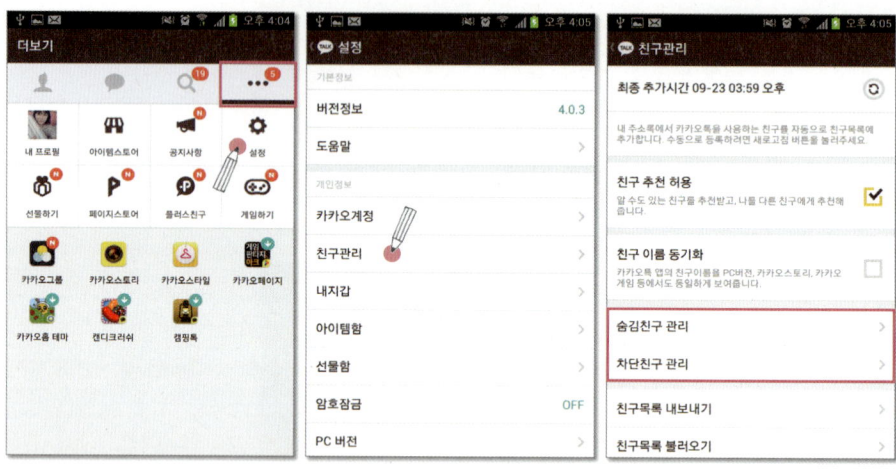

04 친구 추천 해제

친구 추천 기능을 해제하기 위하여 [더보기]의 [설정]에서 [친구관리]를 누른 뒤 '친구 추천 허용'에 체크 해제합니다. 친구 추천 허용에 체크를 해제할 경우 상대방의 친구 추천 항목에 내 이름이 나타나지 않게 되고 나의 카카오톡에도 친구 추천 목록이 나타나지 않습니다.

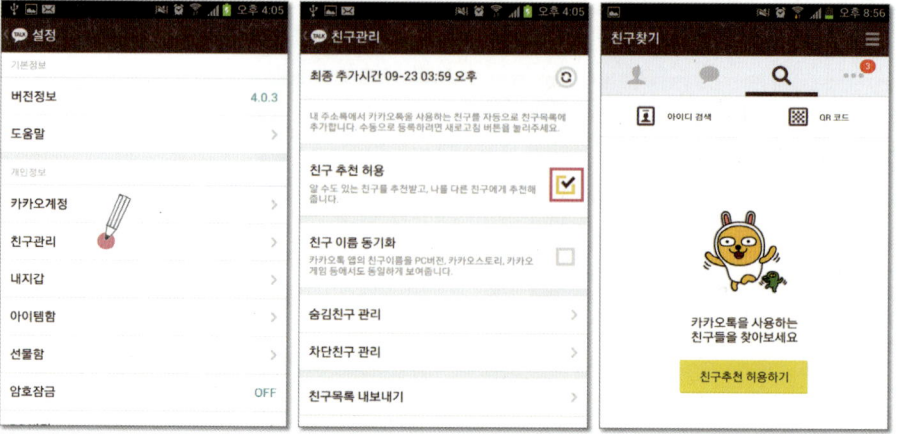

05 플러스 친구

① 좋아하는 브랜드나 스타들의 계정을 카카오톡 친구로 추가하면 다양한 콘텐츠와 혜택, 정보를 받아볼 수 있습니다. 플러스 친구 목록은 카카오톡 [더보기] 메뉴의 [플러스친구]에서 확인할 수 있습니다.

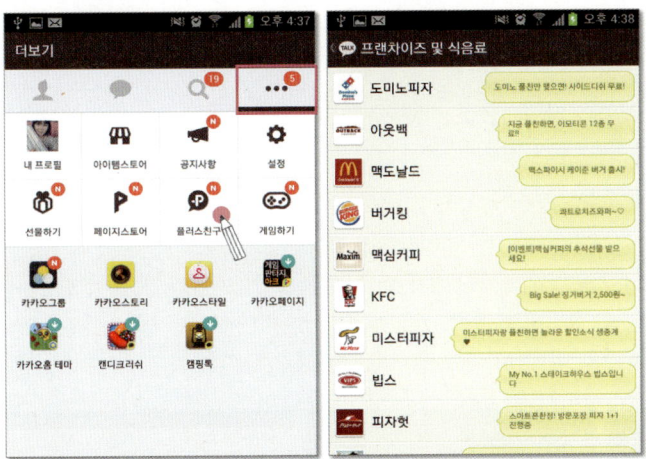

② [플러스친구 전체보기]에서는 플러스 친구들의 실시간 순위 및 카테고리별 플러스 친구 목록을 제공하며 플러스 친구에게 받은 쿠폰은 [쿠폰함]에 자동 저장됩니다. 친구 맺기를 원하는 플러스 친구를 선택하면 미니 프로필이 나타나고 프로필의 [추가] 버튼을 누르면 내 친구 리스트 목록에 친구로 추가됩니다.

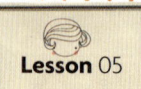

Lesson 05 카카오톡 설정하기

개인적인 부분을 다른 사람이 보는 것이 불편하다면 잠금설정을 통해 비밀번호를 설정하여 다른 사람이 볼 수 없게 할 수 있습니다. 또 쉴 새 없이 울리는 카카오톡 알림 때문에 불편을 느낀다면 알림 기능을 해제할 수도 있습니다. 이 레슨에서는 카카오톡의 기본적인 설정을 변경해봅니다.

01 카카오톡 잠금

카카오톡에 비밀번호를 설정하기 위해 [더보기]의 [설정]에서 [암호잠금]을 선택합니다. '암호잠금 켜기'에 체크한 후 네 자리의 숫자 비밀번호를 입력하면 카카오톡 실행 시 비밀번호를 묻는 화면이 나타납니다.

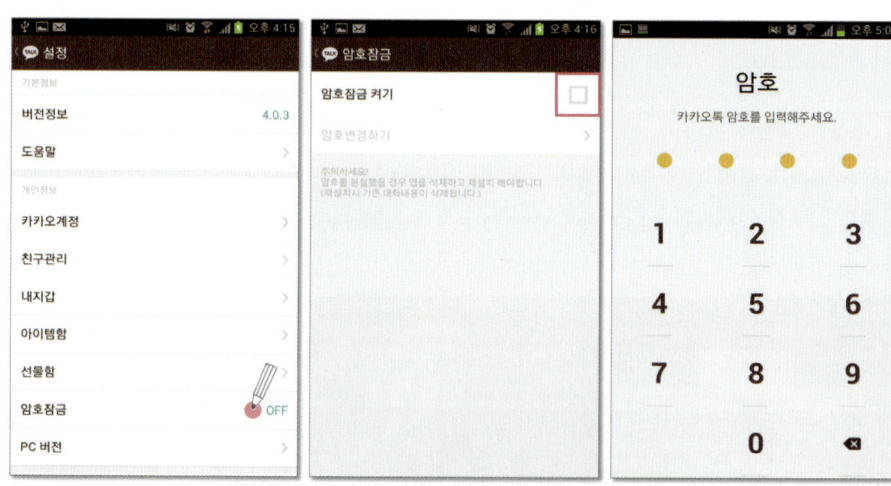

Point

비밀번호 분실 시 앱을 삭제하고 다시 설치해야 하며 재설치를 하면 기존 대화 내용이 삭제되므로 기억할 수 있는 번호로 암호를 설정합니다.

02 비밀번호 변경하기

카카오톡 비밀번호를 변경하기 위해 [더보기]의 [설정]에서 [암호잠금]을 선택합니다. '암호변경하기'를 누른 후 나타나는 암호 입력 화면에서 변경할 비밀번호를 입력합니다.

 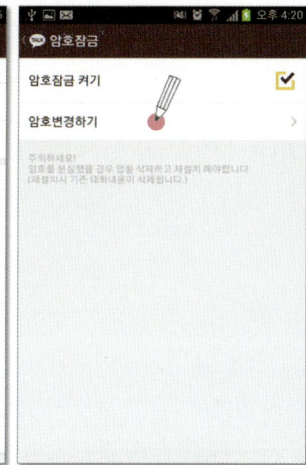 

03 알림 설정

카카오톡 알림을 설정하기 위해 [더보기]의 [설정]에서 [메시지도착 알림 설정]을 선택합니다. [메시지도착 알림 설정] 화면이 나타나면 '메시지도착 알림', '미리보기', '메시지도착 알림팝업'등을 설정할 수 있습니다.

> **Point**
> 카카오톡 알림음을 변경하려면 [알림음 설정]에서 원하는 알림음을 선택하고 [확인]을 누릅니다.

카카오톡 계정 이동

카카오톡은 스마트폰을 변경하더라도 계정 로그인을 통해 친구 목록, 대화 기록 등을 다시 불러올 수 있어 편리합니다. 만약 계정으로 로그인을 하지 않았다면 스마트폰 변경 전에 반드시 계정으로 로그인한 후 스마트폰을 변경해야 새로운 스마트폰에서 이전 정보를 불러올 수 있습니다.

01 계정 이동

① 카카오톡 [더보기]에서 [카카오계정]을 연결해놓으면 기기를 변경하거나 번호를 변경할 때 이전 정보를 그대로 불러올 수 있습니다. 새 스마트폰에 카카오톡을 설치한 후 전화번호로 인증을 받습니다. 새로 인증받은 카카오톡에서 카카오계정으로 로그인합니다.

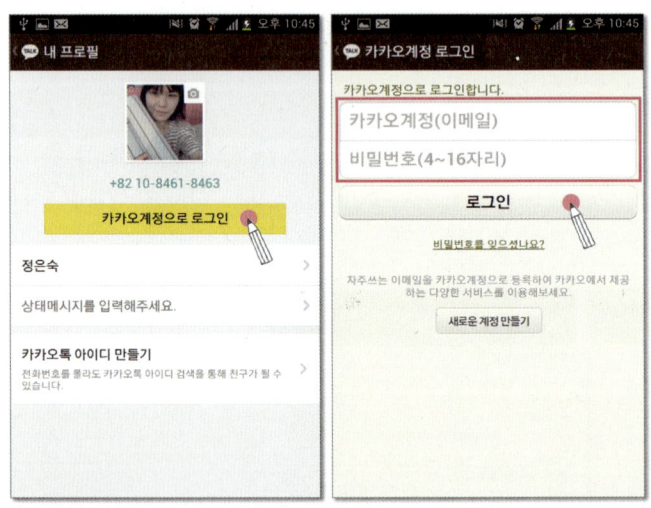

Point

카카오톡 계정을 다른 기기에서 재등록하면 '친구 목록'과 '친구 추천 목록', '차단 친구 목록'을 그대로 불러올 수 있습니다. 또한 선물 받았거나 구입한 아이템의 복구가 가능하고 카카오톡 아이디와 프로필 이미지, 상태 메시지를 그대로 불러와 등록합니다. 만약 새로 변경한 스마트폰에 예전에 저장되어있던 전화번호가 없을 경우엔 카카오톡 친구 목록에 친구가 설정한 이름으로 나타나게 됩니다.

② 번호 변경 시 새로운 번호로 인증받아 이전에 사용하던 이메일 계정을 다시 연결하면 전에 사용하던 카카오톡은 자동으로 탈퇴됩니다. 계정을 새로 인증받기 전에 대화 내용을 저장하려면 채팅방의 [설정]에서 [대화내용 내보내기]를 선택하여 별도로 저장을 해두는 것이 좋습니다.

 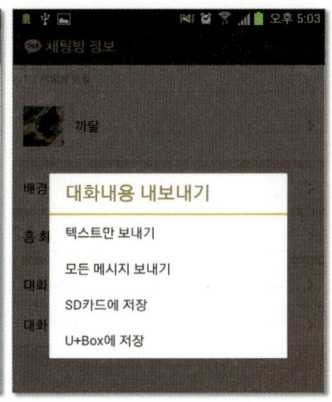

Point
자세한 내용은 p.252 '이메일 계정 설정'을 참고해주세요.

02 카카오톡 탈퇴

카카오톡을 탈퇴하기 위해 카카오톡을 실행한 후 [더보기] 메뉴의 [설정]에서 [카카오톡 탈퇴]를 선택합니다. 카카오톡 탈퇴 시 주의사항을 꼼꼼히 읽어보고 '카카오톡을 탈퇴하고 모든 정보를 삭제합니다'에 체크한 뒤 [카카오톡 탈퇴] 버튼을 누릅니다.
카카오톡 탈퇴 시 내 프로필 정보, 친구 목록, 대화 내용뿐만 아니라 구매하거나 받은 선물, 아이템, 테마 등이 모두 삭제됩니다.

 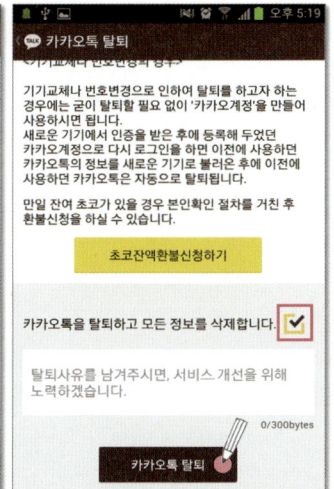

Point
탈퇴 전 남아있는 초코는 [카카오톡 탈퇴] 설정 창 하단의 [초코잔액 환불 신청하기] 버튼을 눌러 본인확인 절차를 거치면 환불 신청을 할 수 있습니다.

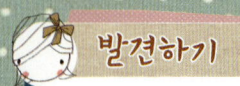

:: 스마트폰 분실 시 카카오톡 탈퇴

스마트폰을 분실한 경우 내 개인정보가 유출될 위험이 있어 카카오톡을 탈퇴하는 것이 좋습니다. 스마트폰에서는 계정을 탈퇴할 수 없으므로 카카오톡 홈페이지에 접속하여 탈퇴 신청을 해야 합니다.

① 카카오톡 탈퇴신청을 하기 위해 카카오톡 홈페이지(http://www.kakao.com/)에 접속하여 상단의 [고객센터]를 클릭합니다.

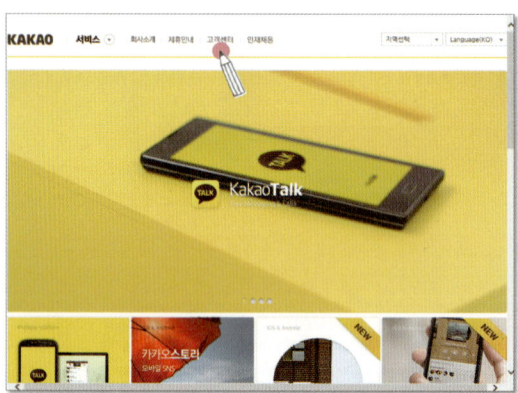

② 도움말 화면이 나타납니다. 화면에서 스크롤바를 내려 하단의 [문의하기] 버튼을 클릭합니다.

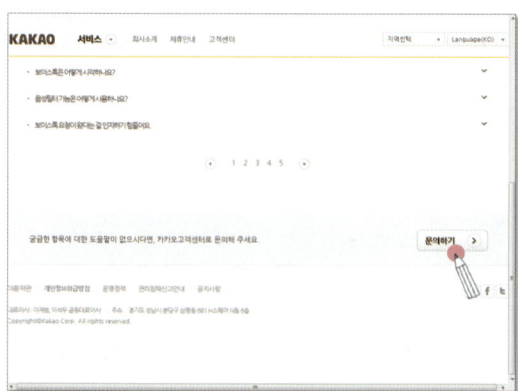

k a k a o t a l k

③ [문의] 화면이 나타나면 [서비스를 선택하세요]에서 '카카오톡'을, [카테고리를 선택하세요]에서 '탈퇴문의'를, [모바일 OS를 선택하세요]에서 '고객센터를 통해 탈퇴' 혹은 '즉시탈퇴' 항목을 선택합니다. '즉시탈퇴'는 탈퇴 관련 안내 페이지가 나타나며 SMS 인증 확인 후 탈퇴가 완료됩니다.

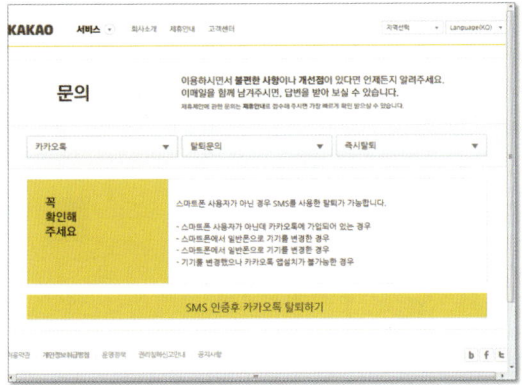

④ '고객센터를 통해 탈퇴'를 신청할 시 휴대폰 이용계약 증명서를 첨부하여 고객센터로 보내면 카카오톡 탈퇴가 완료됩니다.

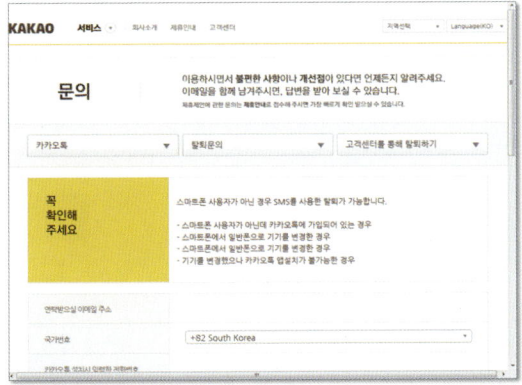

카카오톡
두 배 즐기기

'카카오톡과 친해지기'에서 카카오톡의 기본적인 사용법을 익혔다면
이제 카카오톡을 제대로 활용해봅니다. 카카오톡은 메신저 기능 외에도
다양한 서비스를 제공하고 있습니다. 여기서는 카카오 테마 바꾸기, 선물하기,
카카오스토리, 카카오그룹 등을 사용하여 카카오톡을
두 배로 즐길 수 있는 활용법에 대해 설명합니다.

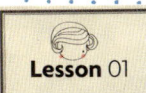

Lesson 01 카카오톡으로 쇼핑하기

카카오톡의 [선물하기] 기능을 이용하면 친구의 생일이나 기념일, 졸업, 입학 등과 같이 각종 축하할 일이 생겼을 때 케익, 초콜릿, 도서, 의류, 상품권, 꽃 배달 등 상품을 쉽게 구매하고 전달할 수 있어 편리합니다. 이뿐 아니라 영화 티켓, 커피, 베이커리 쿠폰을 할인받을 수도 있습니다.

01 선물하기 샵

1 카카오톡의 [더보기]에서 [선물하기]를 선택하거나 대화창의 [+]를 눌러 나타난 하위 메뉴에서 [선물하기]를 선택하면 [선물하기] 화면이 나타납니다.

Point

또는 선물하려는 친구의 프로필을 클릭하여 나타난 미니 프로필에서 선물( )을 눌러 선물하기 페이지로 이동할 수 있습니다.

② 판매하는 상품들은 [브랜드샵]이나 [검색]에서 브랜드별, 카테고리별로 목록을 보거나 검색하여 찾아볼 수 있습니다. [선물함]에서는 받은 선물과 보낸 선물 내역을 확인할 수 있습니다.

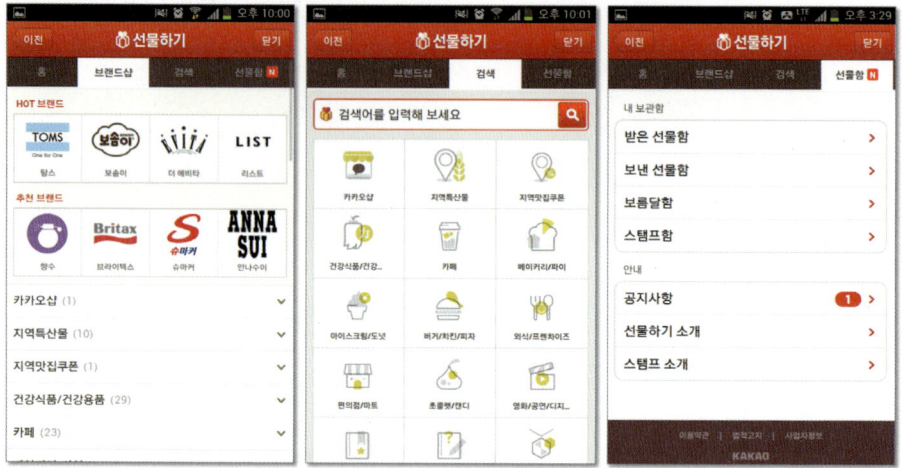

02 친구에게 선물하기

① 친구에게 선물을 보내봅시다. [선물하기]의 [브랜드샵]에서 [편의점/마트] 카테고리를 이용하면 가볍게 선물하기 좋은 저가의 상품을 구매할 수 있습니다.

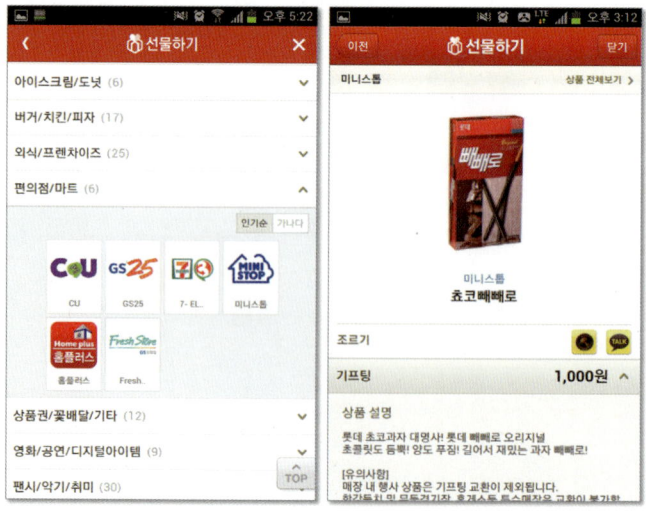

② 선택한 선물의 상세보기 화면에서 [선물하기] 버튼을 누른 후 선물할 친구를 선택하고 [확인] 버튼을 누릅니다.

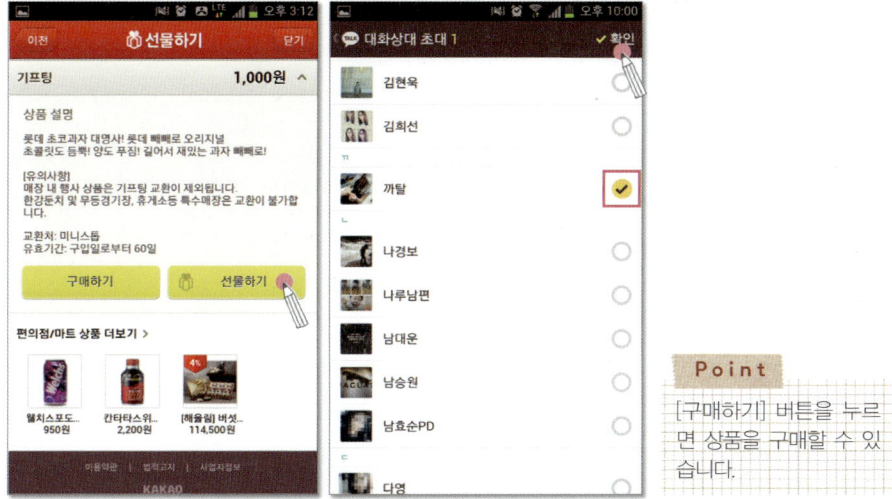

Point
[구매하기] 버튼을 누르면 상품을 구매할 수 있습니다.

③ [신용카드]와 [휴대폰], [실시간 계좌이체]로 결제가 가능합니다. 원하는 결제방법을 선택하여 결제한 후 [결제완료] 화면이 나타나면 [닫기] 버튼을 누릅니다. 친구에게 선물이 발송됩니다.

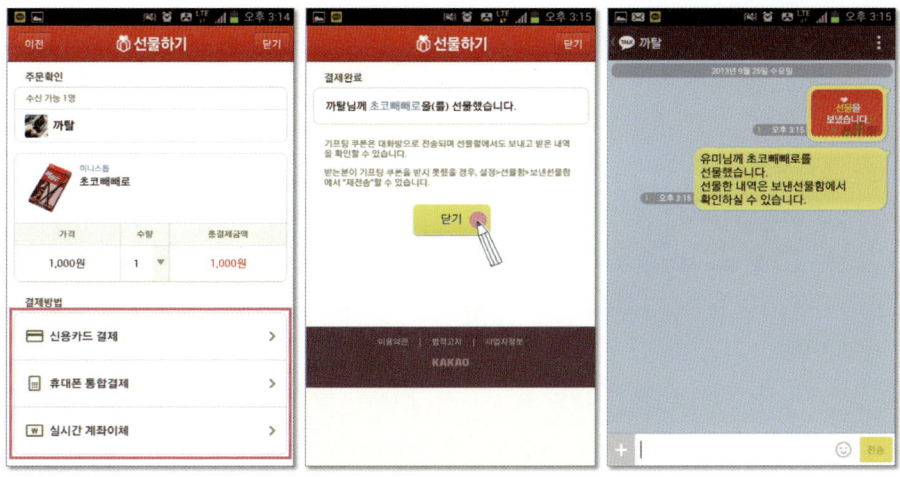

Point
친구에게 상품을 교환할 수 있는 기프티콘 메시지가 전달되며, 배송 상품은 받는 친구가 주소지를 직접 입력할 수 있도록 주소지 입력 페이지가 전송됩니다.

카카오톡의 꽃 이모티콘

카카오톡은 특색 있는 이모티콘을 제공함으로써 더 생동감 있는 대화를 하도록 지원해줍니다. 상황과 대화 내용에 따라 적절한 이모티콘을 선택하여 대화를 재미있게 할 수 있습니다. 기본으로 제공하는 이모티콘은 무료로 이용이 가능하며 아이템 스토어에서 유료 이모티콘을 구매하면 더 다양한 이모티콘을 사용할 수 있습니다.

01 이모티콘 사용하기

① 카카오톡에는 기본적으로 제공하는 이모티콘이 있습니다. 이모티콘을 사용하기 위해 채팅방의 스마일 모양(☺)을 누르면 이모티콘 상자가 나타납니다.

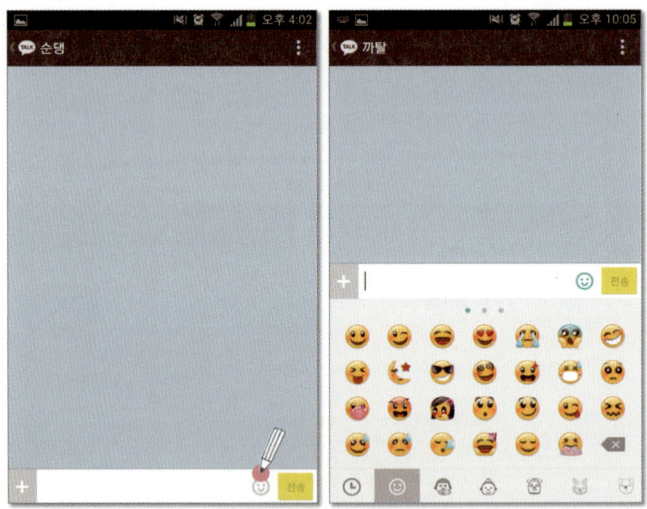

Point

카카오톡에서는 스마일 모양의 표정 이모티콘과 카카오톡 대표 캐릭터가 된 'Muzi and Friends', 'Frodo and Friends' 이모티콘을 기본으로 제공합니다. 더 다양한 이모티콘을 사용하려면 아이템스토어에서 유료 이모티콘을 추가로 구매한 후 다운로드하여 사용할 수 있습니다.

② 이모티콘 상자 하단의 이모티콘 탭을 선택하면 종류를 변경할 수 있고 시계 모양(ⓒ) 탭을 선택하면 최근 사용한 이모티콘 목록이 나타납니다. 원하는 이모티콘을 선택하고 메시지를 입력한 후 [전송]을 누릅니다.

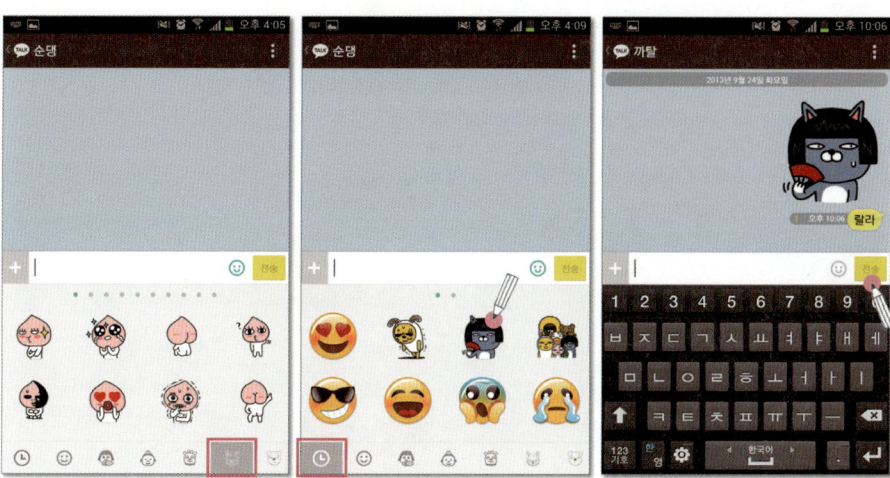

02 이모티콘 다운로드하기

① [아이템스토어]에서는 카카오톡에서 제공하는 기본 이모티콘 외에 다양한 종류의 이모티콘을 다운로드할 수 있습니다. [더보기]에서 [아이템스토어]를 선택하거나 이모티콘 상자 탭의 [+]를 눌러 아이템스토어의 이모티콘 목록 화면으로 이동합니다.

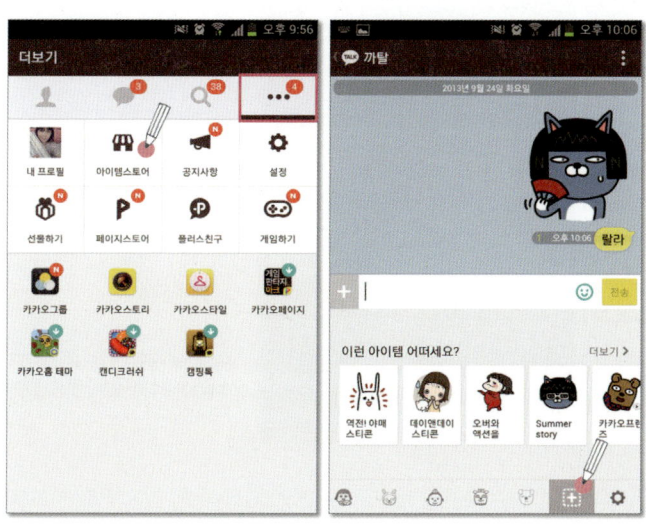

② 마음에 드는 이모티콘을 선택한 후 상세보기 화면에서 [구매하기] 버튼을 누릅니다. 무료 이모티콘일 경우 즉시 다운로드가 가능하며 유료 이모티콘은 결제 후 다운로드할 수 있습니다.

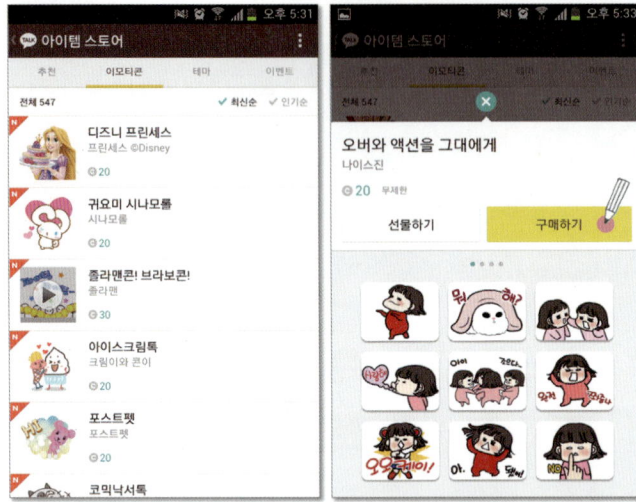

Point
[선물] 버튼을 누르면 카카오톡 친구에게 이모티콘을 선물합니다.

③ 이용약관 동의 후 [확인]을 누르고 [계속]을 눌러 결제수단을 선택합니다. 카카오톡 아이템 샵에서는 '초코'라는 결제 단위를 사용합니다. 1초코당 100원 정도이며, 신용/직불 카드나 휴대폰 결제로 초코를 구매할 수 있습니다.

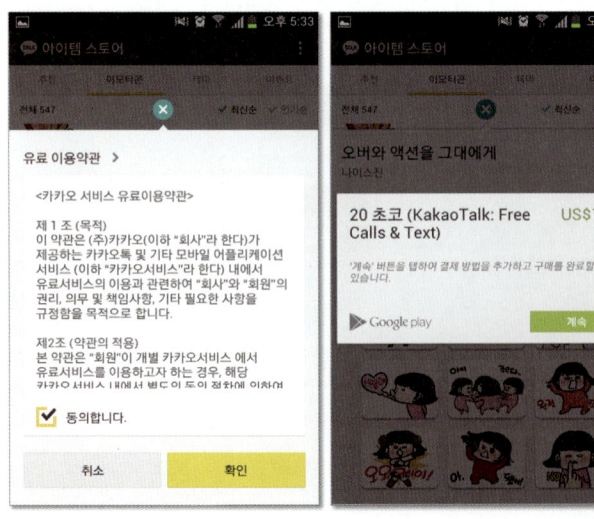

Point
아이폰의 카카오톡은 초코로 결제하지 않고 바로 앱스토어에서 달러로 결제됩니다.

④ [결제 옵션]에서 결제 방식을 선택합니다. 신용카드로 결제 시에는 $(달러)로 결제가 진행되며 결제 당일 환율이 적용됩니다.

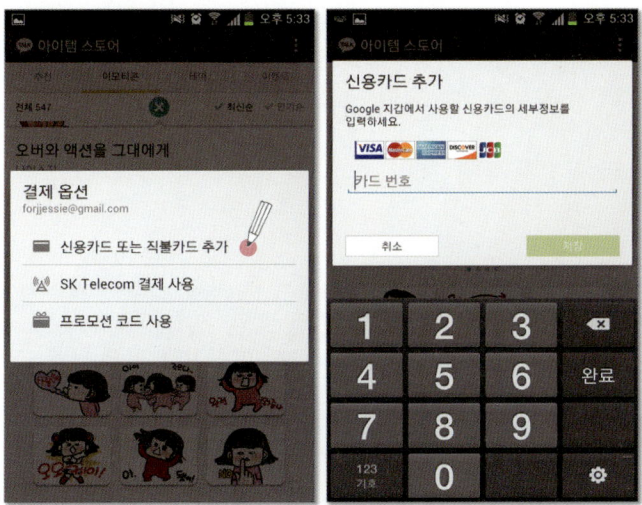

⑤ 구매한 이모티콘은 [아이템 스토어]의 [더보기]를 눌러 나타난 하위 메뉴의 [내아이템]에서 확인할 수 있으며 이모티콘이 삭제되었어도 유효기간 내에는 다시 다운로드할 수 있습니다.

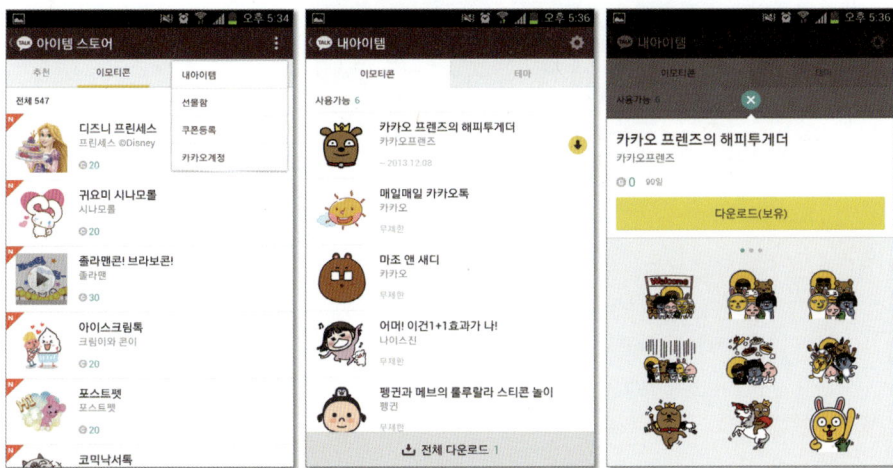

Point

3G, 4G 환경에서 이모티콘 다운로드시 데이터 요금이 부과될 수 있으니 Wi-Fi 환경에서 다운로드하는 것을 권장합니다.

:: 카카오톡으로 게임하기

카카오톡은 다른 메신저 앱과는 달리 카카오톡과 연동하여 이용할 수 있는 게임이 아주 다양합니다. 다양한 장르의 게임을 카카오톡 아이디 하나로 쉽게 이용할 수 있으며 카카오톡 친구들과 점수를 겨루면서 함께 즐길 수 있습니다. 카카오톡의 [더보기]에서 [게임하기]를 눌러 게임을 실행합니다.

▶ **애니팡**

카카오톡 최고 히트 게임으로 유명한 애니팡은 같은 동물을 나란히 놓아 동물들을 팡팡 터트려 1분 내에 가장 많은 점수를 받아야 하는 단순하지만 중독성 강한 게임입니다. 게임을 한 번 실행할 때마다 하트가 1개씩 소진되며 친구들에게 하트를 받을 수 있습니다.

업그레이드 된 '카카오 게임하기'

'카카오 게임하기'가 개편하여 '소셜 추천'과 '내 게임' 탭이 신설되면서 각각의 사용자가 원하는 스타일의 게임들을 쉽고 빠르게 찾아 즐길 수 있게 되었습니다. '소셜 추천'은 카카오 게임을 이용하는 카카오톡 친구들을 게임 목록의 한 줄 소개와 각 게임별 정보 페이지를 통해 소개하는 기능이고, '내 게임'은 사용자가 다운로드한 게임들의 정보를 한데 모아 제공하는 서비스로, 현재 자신이 가입한 게임 목록과 다양한 소식 전달이 가능합니다. 이 밖에도 게임하기의 다양한 정보들을 좌우로 밀어 탐색할 수 있는 '스와이프(Swipe)' 기능과 원하는 게임을 바로 찾아볼 수 있는 '게임 검색' 기능 등 다양한 기능들이 추가되었습니다.

kakaotalk

▶ 쿠키런

쿠키런은 카카오톡에서 사랑받고 있는 달리기 게임으로 닌자맛, 좀비맛, 용사맛 등 다양한 맛의 쿠키들이 달리면서 코인과 젤리들을 먹어 많은 점수를 얻어야 하는 간단한 게임입니다. 쿠키가 업그레이드 될수록 흥미진진한 게임을 즐길 수 있습니다.

▶ 에브리타운

에브리타운은 내 손으로 하나하나 마을을 꾸려가는 재미가 쏠쏠한 육성 게임입니다. 귀엽고 아기자기한 디자인으로 감성을 자극하고 이웃 타운의 친구들과 서로 돕고 농장을 비교해가며 함께 즐길 수 있습니다. 농장에서 농작물을 심고 동물을 키우면서 영토를 확장해 나가며 마을을 운영합니다.

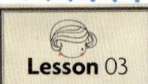

Lesson 03 카카오톡 꾸미기

카카오톡에서는 '테마'라는 꾸미기 기능을 제공하고 있어 카카오톡 화면을 원하는 테마로 변경하여 사용할 수 있습니다. 밋밋한 기본 테마를 벗어나 개성있고 다양한 테마들을 무료 또는 유료로 구매합니다. 테마를 활용하여 나만의 카카오톡 화면을 꾸며봅시다.

01 테마 바꾸기

카카오톡 테마를 변경하기 위해 카카오톡 [더보기]의 [설정]에서 [테마 설정]을 선택합니다. 핸드폰에 저장되어 있는 기본테마와 다운로드 받은 사용자 테마 중 원하는 테마를 선택하여 [적용하기] 버튼을 누르면 해당 테마로 변경됩니다.

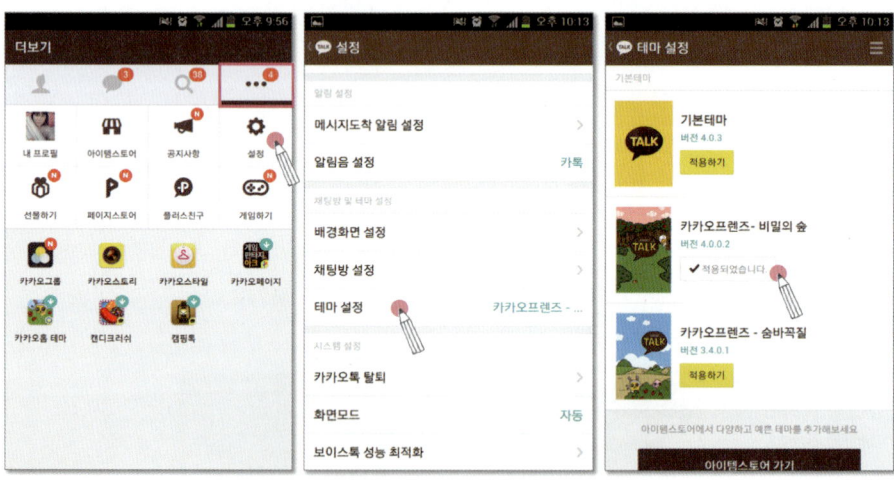

Point
테마를 변경해도 글씨체는 바뀌지 않습니다.

02 테마 다운로드하기

① 핸드폰에 저장된 테마가 없다면 아이템 스토어에서 테마를 다운로드합니다. 카카오톡의 [더보기]에서 [아이템 스토어]를 선택하고 [테마] 탭에서 원하는 테마를 선택한 후 다운로드합니다. 무료 테마일 경우에는 즉시 다운로드 가능하지만 [아이템 스토어]에서 제공하는 테마는 대부분 유료입니다.

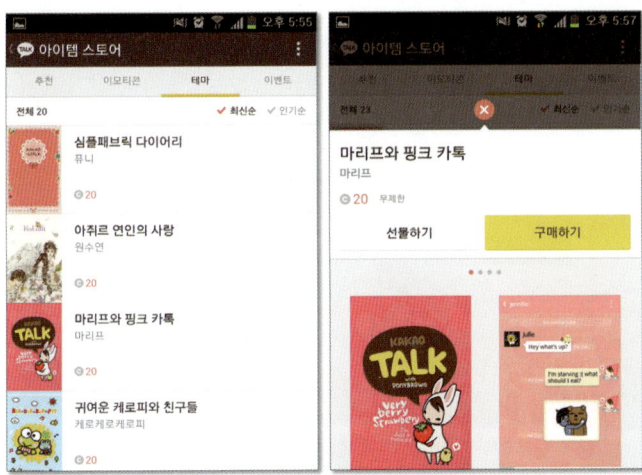

② 유료 테마는 [구매하기] 버튼을 누르고 카카오톡 결제 수단인 '초코'를 충전한 뒤 결제하여 다운로드합니다.

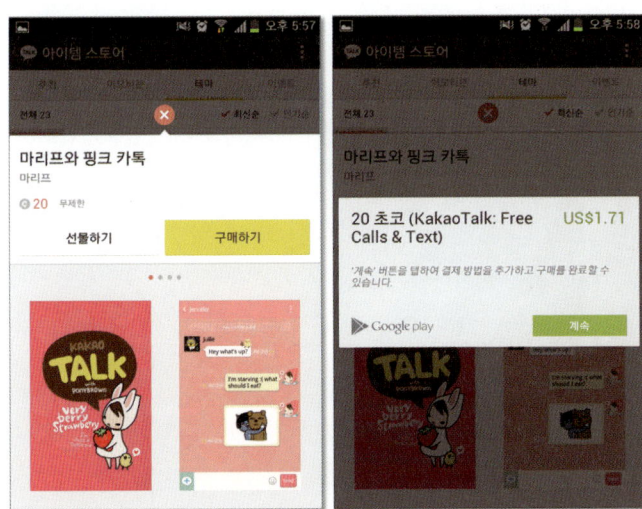

Point
다운로드한 테마는 '01 테마 바꾸기'를 참고하여 변경합니다.

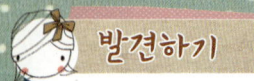

:: 무료 테마 다운로드하기

카카오톡의 아이템스토어를 이용할 경우 유료 테마를 구매해서 사용해야 하지만 카카오톡 테마 앱을 활용하면 테마를 무료로 다운로드할 수 있습니다. 여기서는 폰테마샵 앱을 이용하여 테마를 다운로드합니다.

① 구글 play 스토어에서 '폰테마샵'을 검색하여 다운로드합니다. 폰테마샵 앱을 실행하고 [홈] 화면의 [메신저 테마]를 선택한 후 [카톡 정식 테마]를 선택합니다.

② 마음에 드는 테마를 고른 후 테마 상세보기 화면에서 [다운로드] 버튼을 눌러 테마를 다운로드합니다.

kakaotalk

③ 다운로드 받은 테마의 설치를 진행합니다. 테마 설치 후에 자동으로 카카오톡 테마가 변경되지 않으니 반드시 카카오톡 설정 화면에서 새로 받은 테마로 변경해주어야 합니다.

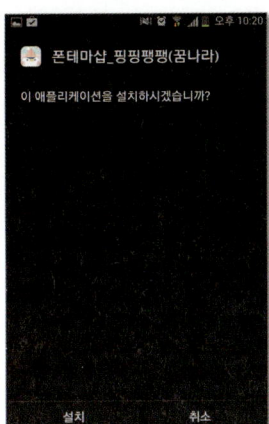 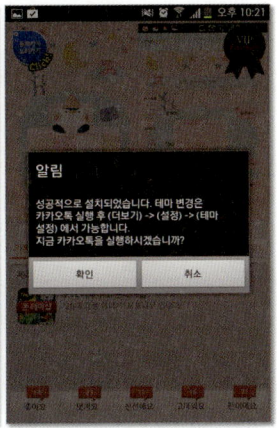

④ 카카오톡 [테마 설정] 메뉴의 [사용자 테마]에서 새로 받은 테마의 [적용하기] 버튼을 눌러 카카오톡에 적용합니다.

Point
기본 테마로 되돌아가려면 [더보기]의 [설정]에서 [테마설정]을 선택한 후 [기본테마]의 [적용하기] 버튼을 선택합니다.

카카오톡 백업하기

카카오톡을 계정으로 로그인하면 자동으로 해당 정보들이 저장되지만, 따로 카카오톡 정보를 백업하여 저장해두면 카카오톡을 탈퇴하거나 계정을 분실했을 때에도 안전하게 정보를 관리할 수 있습니다. 백업을 하면 카카오톡에 저장된 친구 목록과 대화 내용을 텍스트 파일로 저장하여 이메일로 전송합니다.

01 카카오톡 친구 백업

1. 카카오톡 친구 목록을 백업하기 위해 [더보기] 메뉴의 [설정]에서 [친구관리]를 선택합니다.

카카오톡 백업하기

친구 목록을 백업하면 *.txt 파일로 첨부하여 메일로 보내거나 클라우드에 바로 올려 저장할 수 있습니다. 백업한 파일을 불러와 다시 카카오톡 친구 목록에 추가할 수 있으며, 내 휴대폰에 친구 번호가 없을 경우는 친구가 설정한 이름이 목록에 나타납니다. 카카오톡은 친구 목록과 대화 내용만 백업할 수 있습니다.

❷ '친구목록 내보내기'를 선택하고 '사용할 이메일 애플리케이션을 선택해주세요.'라는 대화상자가 나타나면 백업할 이메일을 선택합니다. 내보낸 친구 목록은 '친구목록 불러오기' 메뉴에서 내보내기 할 때 입력한 이메일로 전송된 일련번호를 입력한 다음 상단의 [불러오기]를 누르면 다시 불러올 수 있습니다.

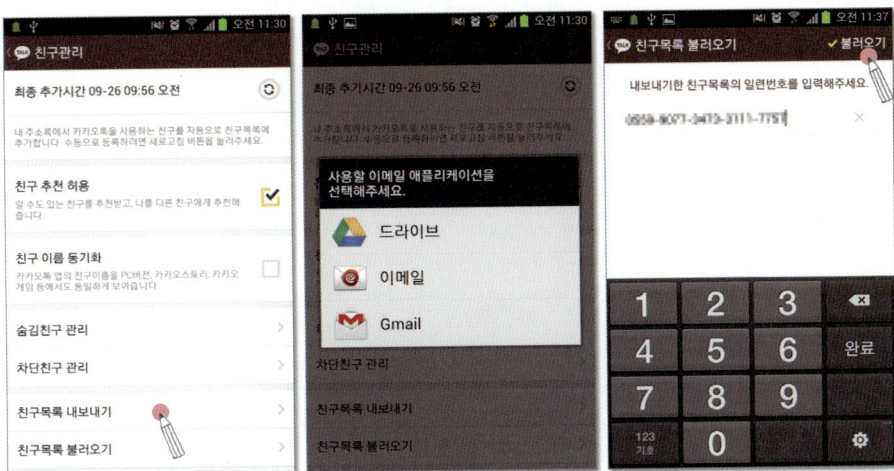

02 카카오톡 대화 백업

❶ 카카오톡 대화 내용을 백업해 봅시다. 백업할 채팅방의 [더보기]에서 [설정]을 선택한 다음 '대화내용 내보내기'를 누릅니다.

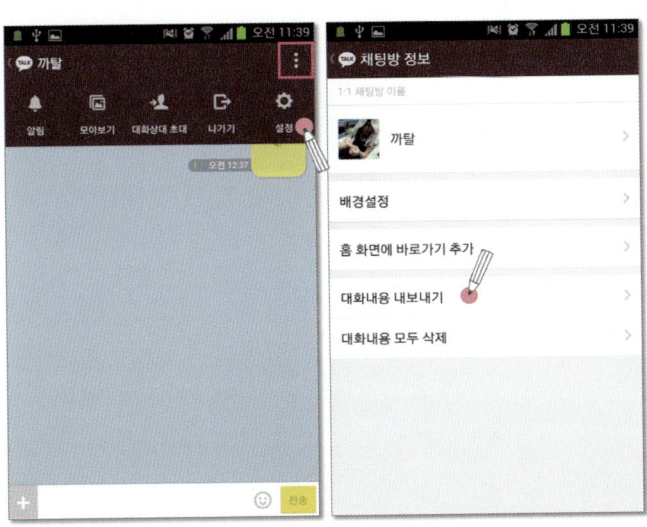

② [대화내용 내보내기] 대화상자가 나타나면 대화내용의 저장 방식을 선택합니다. 여기서는 '텍스트만 보내기'를 선택한 후 이메일로 전송합니다.

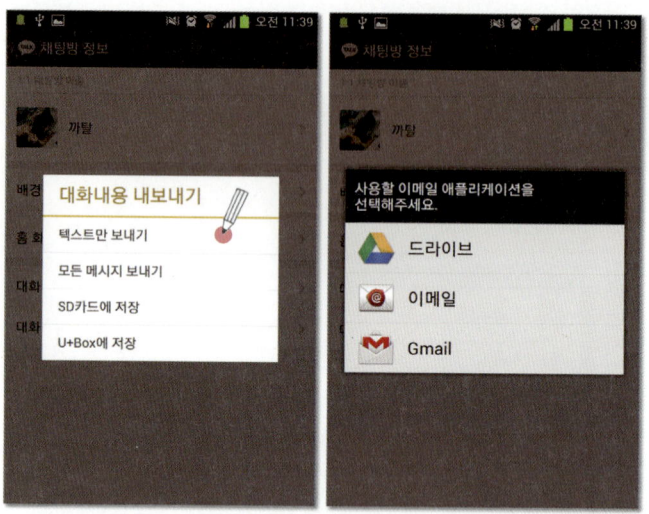

③ 백업할 파일을 보낸 이메일에 접속하면 카카오톡에서 보낸 메일을 확인할 수 있습니다. 해당 채팅방의 대화내용이 *.txt 파일로 저장됩니다.

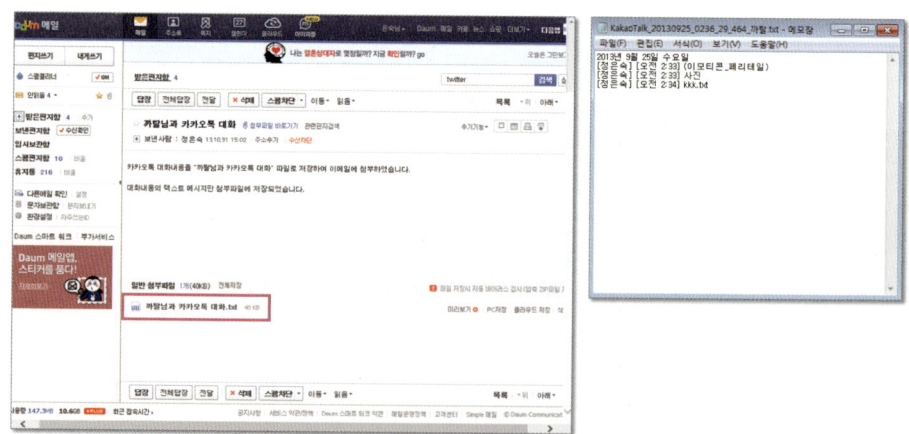

카카오톡 PC 버전

모바일에서만 사용이 가능하던 카카오톡을 PC로 편리하고 빠르게 이용할 수 있습니다. 카카오톡 PC버전은 모바일의 카카오톡과 연동이 되어 동일한 친구 목록과 대화 서비스를 제공하기 때문에 더 편리합니다. 카카오톡 인증 절차를 받아야 PC로 로그인이 가능하여 PC에서도 안전하게 카카오톡을 이용할 수 있습니다.

01 카카오톡 PC 버전 다운로드

① 카카오톡 홈페이지 www.kakao.com/talk로 접속합니다. [PC 버전 다운로드] 버튼을 클릭하여 카카오톡 PC 버전을 다운로드합니다.

PC 버전 카카오톡 사용하기

모바일용 카카오톡이 밖에서 메시지를 빠르고 간편하게 주고받기 편리하지만 집이나 회사 등 PC를 사용하는 곳에서 카카오톡을 사용하다 보면 PC와 핸드폰을 따로 사용해야하기 때문에 오히려 불편할 수 있습니다. 카카오톡 PC 버전을 사용하면 스마트폰과 동일하게 카카오톡을 사용할 수 있습니다. PC 버전에서는 엑셀이나 파워포인트 등의 문서 파일을 전송할 수 있으며, PC에서 전송한 문서 파일은 모바일 카카오톡에서도 확인할 수 있습니다.

② 개인 정보 수집 및 이용에 동의한 후 [다음] 버튼을 눌러 설치를 진행합니다. 설치된 카카오톡 PC 버전은 '카카오 계정'으로 로그인합니다.

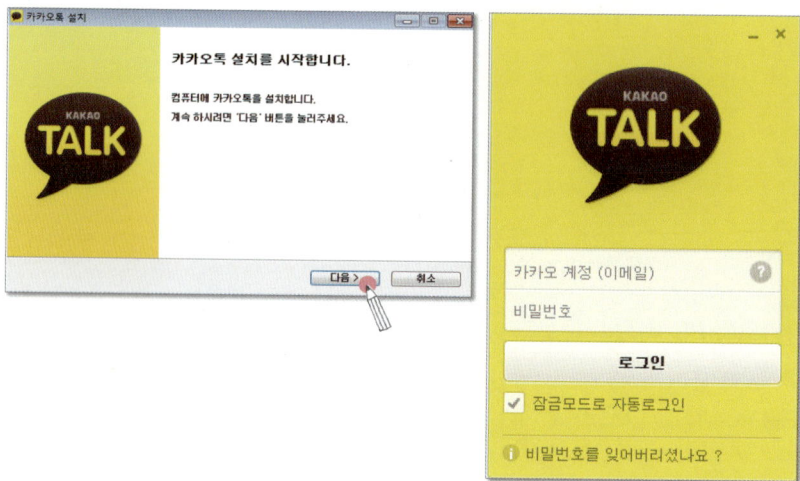

02 카카오톡 사용자 인증

① 카카오톡 PC 버전은 모바일 카카오톡으로 PC 인증을 받은 후 사용할 수 있습니다. [내 PC 인증받기]는 하나의 PC를 등록해두고 해당 PC에서만 카카오톡을 이용할 수 있는 것이고 [1회용 인증받기]는 PC에는 제한이 없지만 로그인할 때마다 매번 인증을 받아야 카카오톡을 이용할 수 있는 인증 방법입니다.

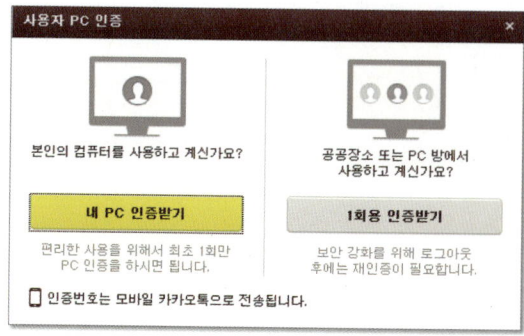

② 원하는 인증 방법을 선택한 후 모바일로 전송된 카카오톡 인증번호를 입력하고 [확인]을 클릭해서 PC인증을 받아 카카오톡 PC 버전을 이용합니다.

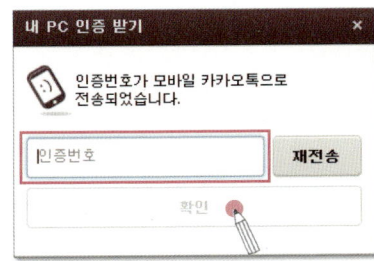

카카오톡 PC 버전이 모바일과 연동되지 않는 항목

카카오톡 PC 버전으로 로그인하면 모바일 버전의 플러스 친구, 채팅방 알림 설정, 알림음, 채팅방 배경화면, 카카오톡 테마 등은 연동되지 않습니다. 해당 항목들은 모바일과 PC 버전이 연동되지 않기 때문에 개별적으로 설정해야 합니다.
카카오톡 메시지는 스마트폰이나 PC에 관계없이 어디에서나 메시지를 전송해도 동일하게 표시되며, PC 버전을 로그아웃 한 이후에 모바일에서 나눈 대화 내용은 PC 버전에는 표시되지 않습니다. 모바일과 PC 버전은 항목에 따라 실시간과 10분 주기로 나뉘어서 동기화됩니다.

③ 카카오톡 PC 버전의 스타일을 변경하고 싶다면 [더보기]의 [설정]에서 [채팅방 설정]을 클릭하고 [채팅방 스타일]을 '기본'에서 '엑셀'로 변경합니다. 채팅방 배경이 엑셀 스타일로 열립니다.

④ 또한 [설정]의 [채팅방 설정]에서 투명도를 조정하거나 대화창 작업표시줄의 스크롤바를 이용하여 채팅창의 투명도를 조절할 수 있습니다. [채팅방 설정]에서의 투명도 조절은 카카오톡의 전체 채팅창에 적용되며 채팅창 상단의 투명도 스크롤바 설정은 해당 채팅창에만 적용됩니다.

새로운 SNS 카카오스토리

카카오스토리는 일상을 사진과 함께 친구들에게 공유할 수 있는 SNS로, 페이스북과 비슷하지만 구성이 단순하여 누구나 쉽게 이용할 수 있습니다. 카카오톡과 연동하여 사용할 수 있지만 카카오톡 친구와는 별개로 친구를 맺을 수 있으며 양쪽 모두 친구 수락을 해야 서로의 스토리를 볼 수 있습니다.

01 카카오스토리 시작하기

1. 카카오스토리를 시작하기에 앞서 구글 play 스토어에서 카카오스토리 앱을 다운로드합니다. [카카오톡으로 시작하기]를 눌러 카카오톡과 연동하여 로그인합니다.

기업용 카카오스토리, '스토리 플러스'

스토리 플러스는 사업자나 브랜드에서 만든 카카오스토리 계정으로 서로 친구를 맺는 개인 계정과 달리 [소식받기]를 통해 해당 스토리를 받아볼 수 있습니다. 평소 관심 있는 기업이나 브랜드의 스토리 플러스 계정을 구독하면 해당 브랜드에서 올린 게시물이 내 타임라인에 나타납니다. 사업자 등록증을 가지고 있는 개인이나 법인사업자에 한해 등록이 가능하며 콘텐츠는 전 연령대의 사람들이 접근 가능한 내용만 등록할 수 있고, 카카오스토리 계정을 스토리 플러스 계정으로 전환할 수 없습니다.

② 계정을 확인한 후 [동의하고 시작하기] 버튼을 눌러 카카오스토리를 시작합니다.

02 프로필 사진 설정하기

① 카카오스토리의 프로필 사진을 설정하기 위해 카카오스토리 상단의 [더보기]를 선택합니다. 프로필 사진 박스를 눌러 나타난 [내 프로필 편집] 화면에서 사진의 '편집'을 누릅니다.

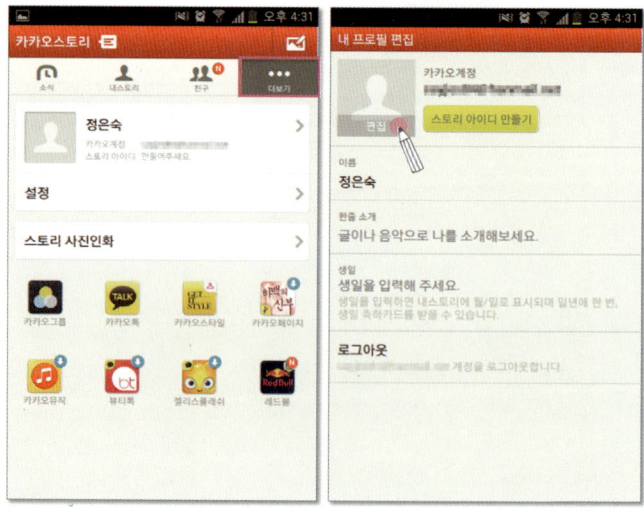

② '촬영'을 눌러 새로 사진을 찍거나 '앨범에서 선택'이나 '내스토리에서 선택'을 눌러 원하는 사진을 불러와 위치와 사이즈를 조절한 후 [v]를 눌러 필터 설정 화면으로 이동하여 원하는 효과의 필터를 선택하고 [완료] 버튼을 눌러 프로필 사진으로 등록합니다.

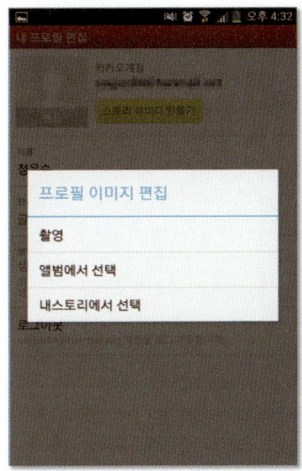
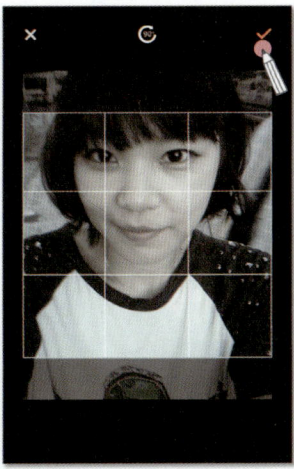

③ 카카오스토리 커버 사진을 설정하기 위해 [내스토리]에서 배경으로 설정된 이미지 사진을 누르면 [배경이미지 편집] 단축 메뉴가 나타납니다. 변경할 사진을 촬영하거나 불러와서 위치와 사이즈를 조절한 후 원하는 필터를 선택하고 완료를 눌러 커버 사진을 등록합니다.

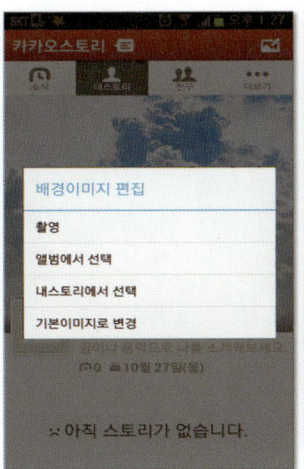

Point

[기본이미지로 변경]을 선택하면 커버 사진이 기본 이미지로 변경됩니다.

03 카카오스토리에 일상 공유하기

① 카카오스토리에 일상을 공유해봅니다. 카카오스토리 화면 상단의 액자 모양( )을 누르면 나타나는 하위 메뉴에서 [글]을 눌러 [글쓰기] 화면으로 이동합니다.

② 사진과 함께 글을 올리려면 [사진]을 눌러 사진을 선택합니다. 사진은 한 번에 최대 5장까지 업로드할 수 있으며, 사진을 선택한 후 상단의 [다음]을 눌러 나타난 사진 편집 화면에서 선택한 사진을 한 장씩 편집할 수 있습니다. 사진을 편집한 후 우측으로 드래그하면 다음 사진을 편집할 수 있습니다.

③ 사진과 함께 메시지를 입력하고 [함께하는 친구]를 선택하면 해당 글에 함께한 친구가 표시될 뿐만 아니라 친구에게 내가 올린 글을 알림으로 알려줍니다. 하단의 [친구공개]를 누르면 '전체공개'와 '친구공개'로 게시글의 공개 여부를 설정할 수 있습니다. '친구공개'를 선택할 경우 내 친구들에게만 해당 글이 보이게 됩니다.

④ 등록한 글을 삭제할 때는 삭제할 글의 상세보기 화면에서 더보기(■)를 눌러 나타나는 하위 메뉴의 [삭제]를 누릅니다.

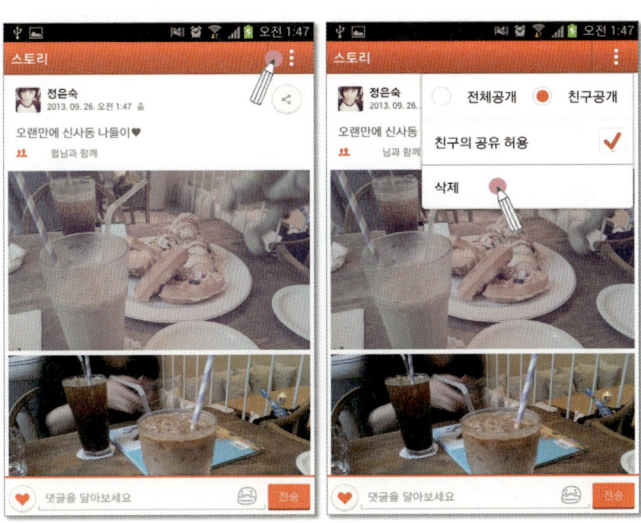

★ 309

04 친구 일상 공유하기

① 카카오스토리 친구가 등록한 글은 [소식]에서 확인할 수 있습니다. 해당 글을 선택하면 상세 글을 볼 수 있으며, 친구 글을 공유하거나 댓글을 달아 소통할 수도 있습니다.

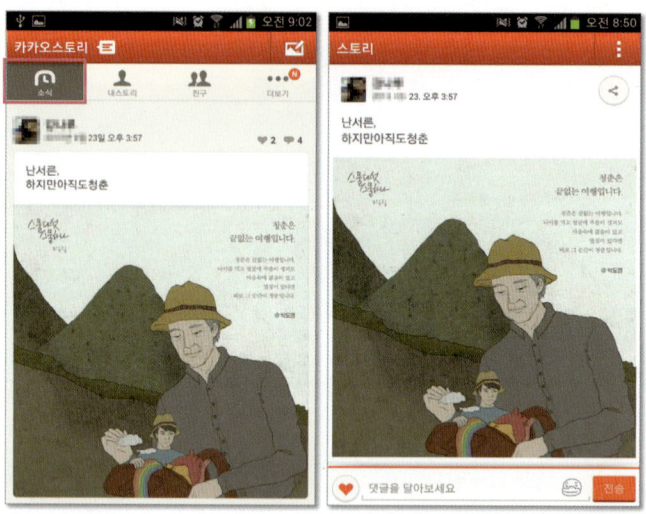

② 친구 글 상세보기 화면에서 상단의 공유하기(<) 버튼을 누르면 카카오스토리나 카카오톡으로 친구 글을 공유할 수 있습니다.

③ 친구 글에 댓글을 남길 때 이모티콘을 사용할 수 있고, '좋아요', '멋져요', '기뻐요', '슬퍼요', '힘내요' 등으로 감정을 표현할 수도 있습니다.

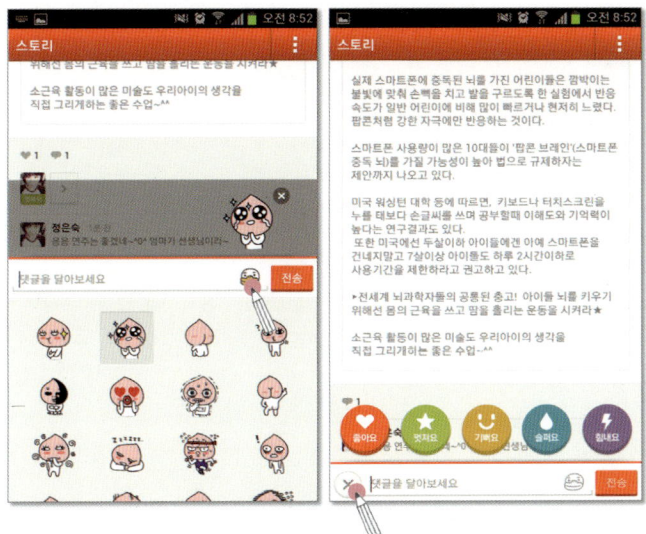

05 카카오스토리에서 친구 관리하기

① 카카오스토리 친구는 카카오스토리 상단의 [친구] 메뉴에서 확인할 수 있습니다. [친구] 메뉴 탭 하단의 [친구]에서는 나와 친구를 맺은 카카오스토리 친구 목록을 보여줍니다.
친구 이름 우측의 [별]을 누르면 해당 친구가 즐겨찾기 되어 친구 목록의 상단에 표시됩니다.

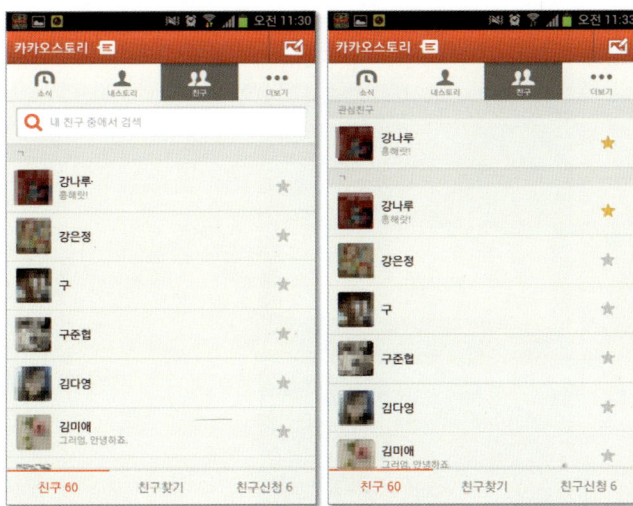

Point
아이폰에서는 친구 이름을 왼쪽으로 슬라이드하면 [친구끊기] 버튼이 나타납니다.

❷ [친구찾기]에서는 '추천 친구' 목록이 나타납니다. '추천 친구'는 내 카카오스토리 친구들과 친구를 맺은 사람들이며 친구추가( )를 눌러 상대방에게 친구 신청 메시지를 보낼 수 있습니다. [카카오톡 친구 초대하기]를 누르면 내 카카오톡 친구들을 카카오스토리로 초대할 수 있습니다.

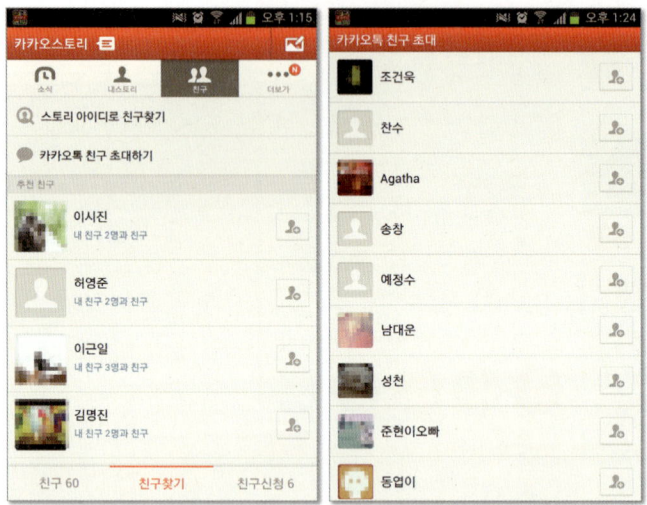

❸ [친구신청]에서는 나에게 친구 신청을 한 친구 목록을 볼 수 있으며 [수락]을 눌러 친구를 맺습니다. 친구 요청을 무시하려면 해당 친구 이름을 길게 눌러 나타난 단축 메뉴에서 [무시하기]를 누릅니다. 친구 요청을 무시할 경우 더 이상 해당 친구의 친구 신청을 받을 수 없으며 상대방은 내가 무시했는지 알 수 없습니다.

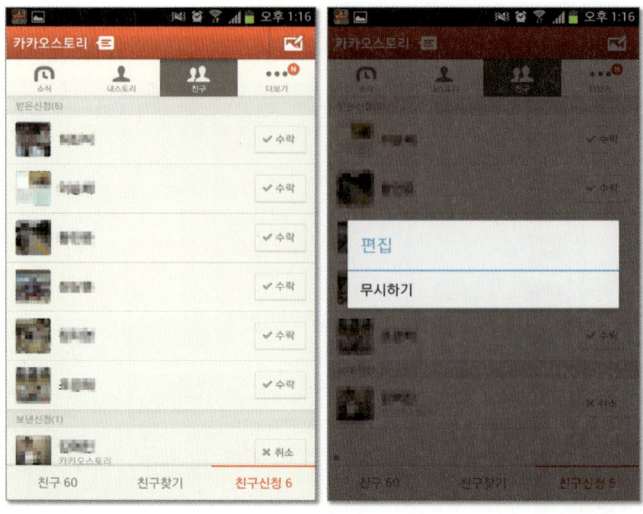

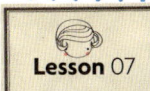

Lesson 07 카카오그룹

카카오그룹은 카카오톡 친구가 그룹으로 모여 대화할 수 있는 그룹 SNS로, 해당 그룹에 포함된 친구끼리 사진과 일상을 공유할 수 있습니다. 또한 소규모 모임에 적합하며 카카오톡과 연결된 친구들을 한 번에 초대할 수 있고 카카오톡 그룹 채팅방을 그대로 옮겨와 카카오 그룹을 만들 수도 있습니다. 여러 그룹에 참여할 수 있으며 별도의 가입 없이 카카오톡 계정으로 연동이 가능합니다.

01 카카오그룹 시작하기

카카오그룹을 시작하기 위해 먼저 구글 play 스토어에서 카카오그룹 앱을 다운로드합니다. [카카오톡으로 시작하기]를 누르고 카카오계정을 확인한 후 [동의하고 시작하기]를 눌러 카카오그룹을 시작합니다.

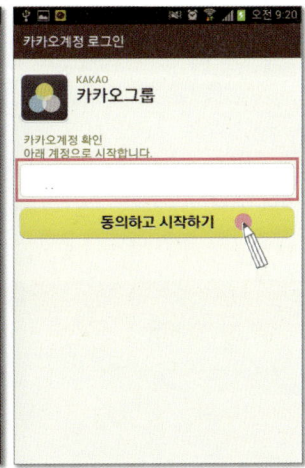

친해지기 — 카카오그룹 vs 카카오톡 단체 채팅

카카오톡의 그룹 채팅방을 이용하면 참여한 친구들과 단체로 대화를 주고받을 수 있지만 참여자가 많을수록 예전에 올린 대화나 사진을 이전 대화 내용에서 찾기가 매우 어렵습니다. 이에 비해 카카오그룹은 내용을 게시물 형태로 업로드하고 친구들은 해당 게시물에 댓글로 소통하기 때문에 그룹의 소식을 한눈에 알 수 있고, 그룹 앨범을 따로 제공하고 있어 사진을 모아보거나 찾기가 쉬워 그룹 관리에 용이합니다.

02 카카오그룹 만들기

1 카카오그룹을 처음 시작하면 카카오톡의 단체 채팅방별로 그룹을 나타내주어 카카오톡에서 단체 채팅 중이던 친구들을 그대로 불러와 카카오그룹을 만듭니다. 또는 하단의 새 그룹( )을 눌러 그룹을 새로 만들 수도 있습니다.

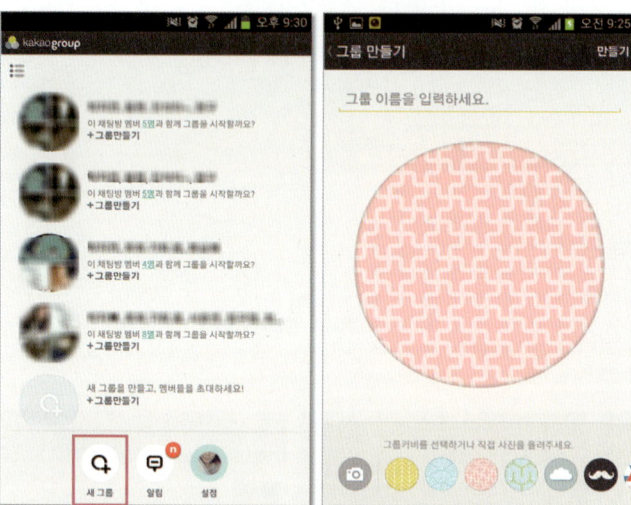

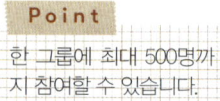

Point
한 그룹에 최대 500명까지 참여할 수 있습니다.

2 그룹을 만들기 위해서 그룹 이름을 입력하고 그룹 커버의 디자인을 선택합니다. 그룹 커버는 제공하는 디자인 외에 사진으로 설정할 수도 있습니다. 그룹 정보 입력을 끝내면 상단의 [만들기]를 눌러 그룹을 만듭니다.

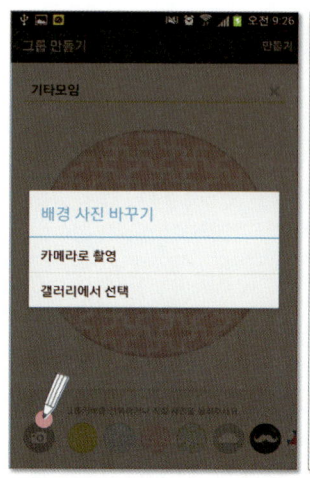

③ 그룹을 시작하기 위해 [멤버 초대하기]를 누릅니다. 나타나는 카카오톡 친구 목록 중 불러올 멤버 이름에 체크한 후 [확인]을 눌러 그룹에 초대합니다.

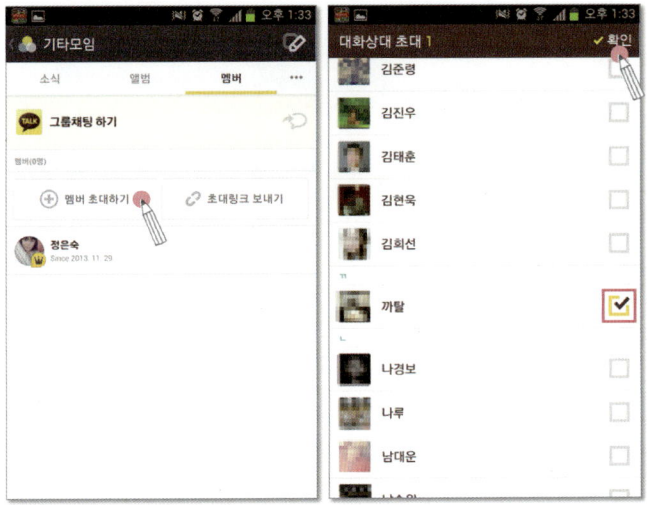

④ 친구가 그룹 초대를 수락하면 그룹에 참여되며 카카오톡에 해당 그룹의 그룹 채팅방이 '[그룹이름] 그룹 채팅방입니다'라는 메시지와 함께 자동으로 만들어져 카카오톡 대화 목록에 나타납니다. 카카오그룹 실행화면에 만들어진 모임이 표시되며 해당 모임의 커버 사진을 선택하여 그룹 소식들을 올리거나 게시글을 볼 수 있습니다.

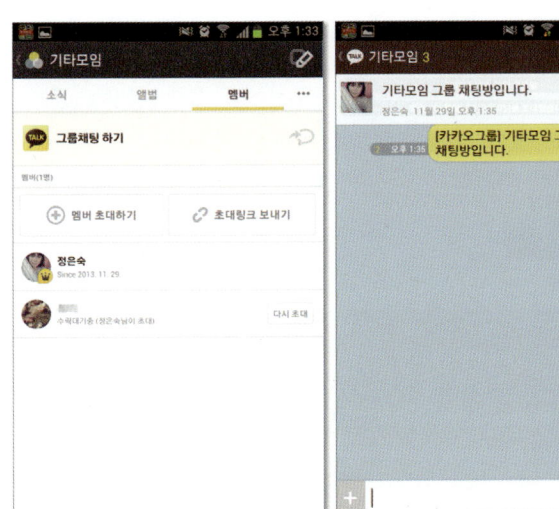

Point
그룹원들과 실시간 대화를 하려면 [멤버]에서 [그룹채팅 하기]를 눌러 카카오톡 단체 채팅방으로 이동합니다.

03 그룹에 글 올리기

1. 카카오그룹에 글을 등록하기 위해 해당 모임 커버 사진을 선택하고 그룹 소식 상세보기 화면으로 이동하여 상단의 글 작성하기(✏️)를 누릅니다.

2. [포스트 올리기] 창이 나타나면 메시지를 입력합니다. 메시지에 사진을 첨부하려면 [사진] 버튼을 눌러 게시할 사진을 선택하고 [완료]를 누릅니다. [완료]를 누르면 게시한 글이 [소식]에 등록됩니다.

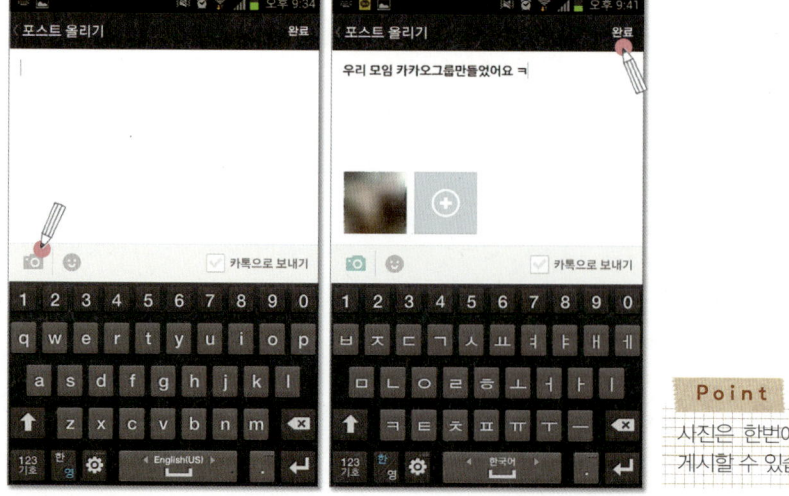

Point
사진은 한번에 10장까지 게시할 수 있습니다.

③ 그룹에 공지를 설정할 수 있습니다. 공지로 지정하고자 하는 글을 상세보기 하여 화면에 나타난 더보기(▤)를 누릅니다. '공지로 올리기'를 누르면 '그룹 공지로 올렸습니다.'라는 대화 상자가 나타납니다. [소식]의 상단에 공지가 표시됩니다.

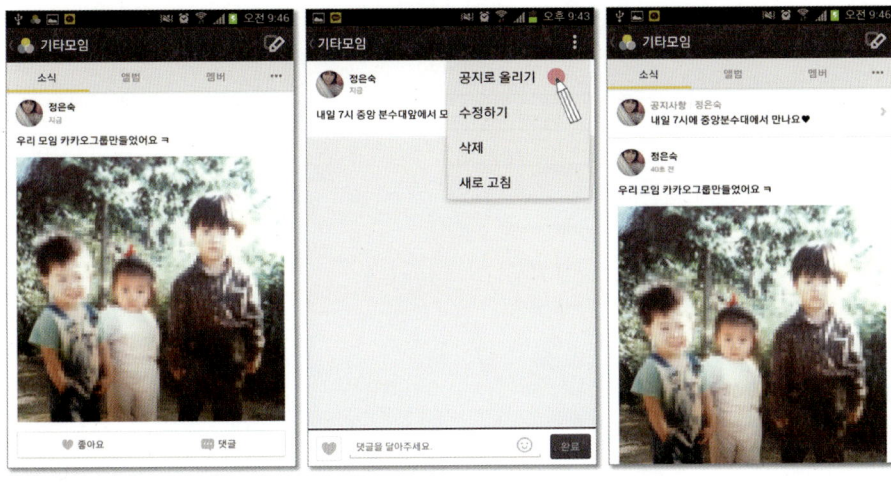

Point
공지는 그룹 친구들에게 카카오톡 그룹 채팅방으로 알릴 수도 있습니다.

④ 게시글을 삭제하기 위해 글의 상세보기 화면에서 [더보기]를 누르고 '삭제'를 선택하여 해당 글을 삭제합니다.

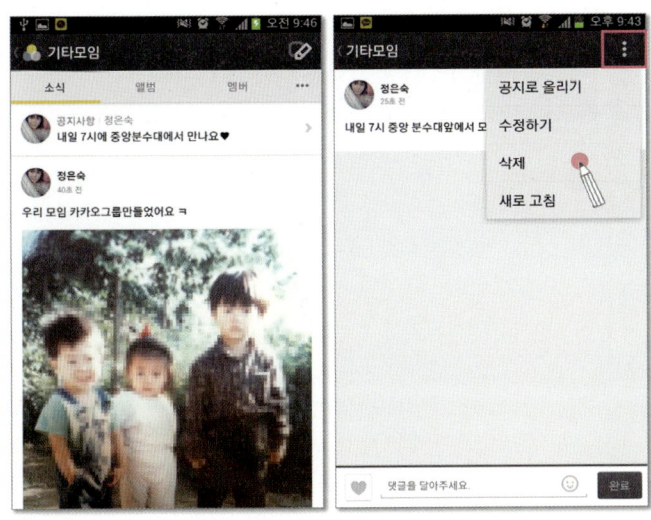

04 카카오그룹 나가기

① 카카오그룹 나가기를 하려면 카카오그룹 상세 보기화면의 더보기(…)를 눌러 이동한 설정 창에서 [그룹 나가기]를 누릅니다. 그룹 나가기를 할 경우 해당 그룹에 초대받지 않으면 다시 들어갈 수 없으며 그룹 채팅방도 함께 나가기가 됩니다.

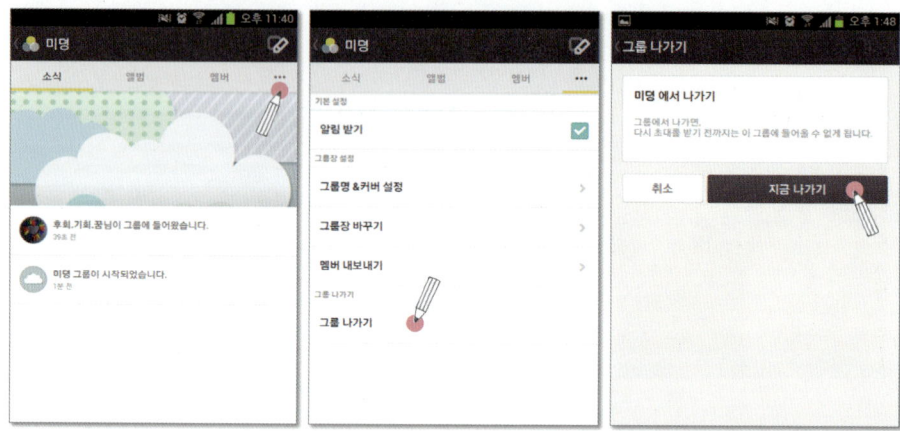

② 내가 그룹장일 경우 그룹 나가기를 할 수 없으며, 내가 만든 그룹이라 하더라도 그룹 멤버가 존재할 경우 그룹을 삭제할 수 없습니다. 다른 그룹 멤버에게 그룹장을 양도한 후 나가기를 하거나 멤버 내보내기로 그룹 멤버들을 내보낸 후 그룹을 삭제합니다. 여기서는 [그룹장 바꾸기]를 눌러 나타난 멤버 리스트에서 그룹장 양도를 원하는 멤버 이름 옆의 [선택] 버튼을 누른 후 '그룹장을 바꾸시겠습니까?'라는 대화상자가 나타나면 [예]를 눌러 그룹장을 변경한 후 [그룹 나가기]를 선택합니다.

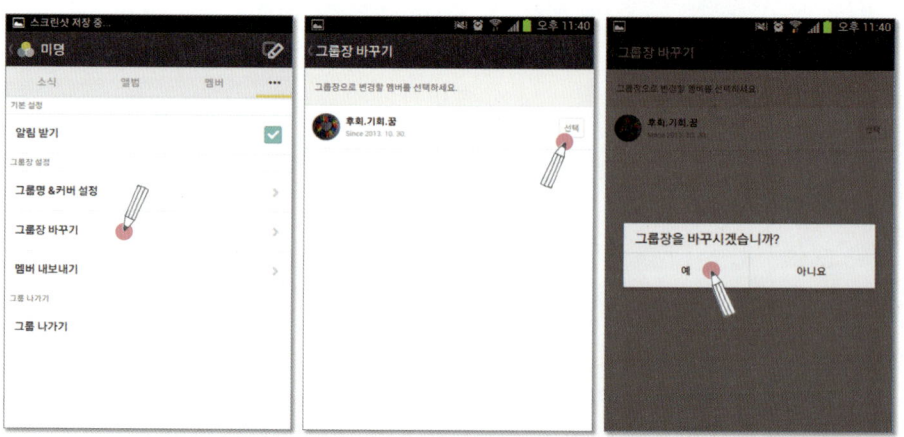

카카오 페이지

카카오 페이지는 모바일에서 디지털 콘텐츠 상품을 체험해보고 구매할 수 있는 오픈 마켓 형태의 모바일 콘텐츠 마켓입니다. '만화', '요리 레시피', '헤어스타일 연출법', '영어 학습법' 등 다양한 콘텐츠를 이용할 수 있고 기업이나 개인이 텍스트, 이미지, 음성, 동영상 등의 콘텐츠를 올려 유료로 판매할 수도 있습니다.

01 카카오 페이지 시작하기

카카오 페이지는 '함께 크는 모바일 콘텐츠 마켓'이란 콘셉트로 디지털 콘텐츠의 유료화를 통해 콘텐츠 제작자들에게 정당한 수입을 올리게 한다는 취지로 탄생하였습니다. 누구나 콘텐츠를 만들어 쉽게 사고팔 수 있어 자신만의 콘텐츠를 가진 사람들을 모아 경쟁력 있는 콘텐츠를 제공하며, 카카오톡과 연동하여 콘텐츠의 전파력을 높일 수 있는 장점이 있습니다. 하지만 디지털 콘텐츠는 무료라는 인식이 강한 사용자의 지갑을 열기가 쉽지 않고 창작 영역이 아닌 기존의 서적 콘텐츠들이 주를 이루고 있어 아직 풀어야 할 과제가 남아있습니다.

1. 카카오 페이지를 시작하기 위해 먼저 구글 play 스토어에서 카카오 페이지 앱을 다운로드 합니다. 카카오 페이지 이용약관에 체크하고 [시작하기]를 누르면 카카오톡으로 연결됩니다.

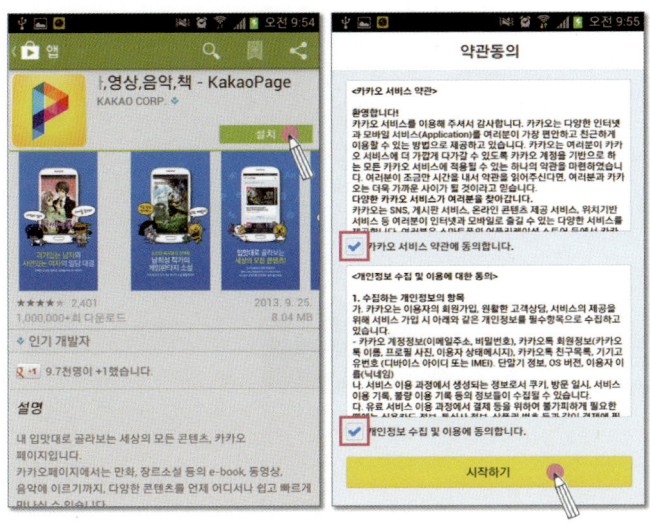

❷ [카카오 계정으로 로그인]을 누르면 자동으로 카카오 계정과 연동하여 로그인합니다. [동의하고 시작하기]를 눌러 카카오 페이지를 시작합니다.

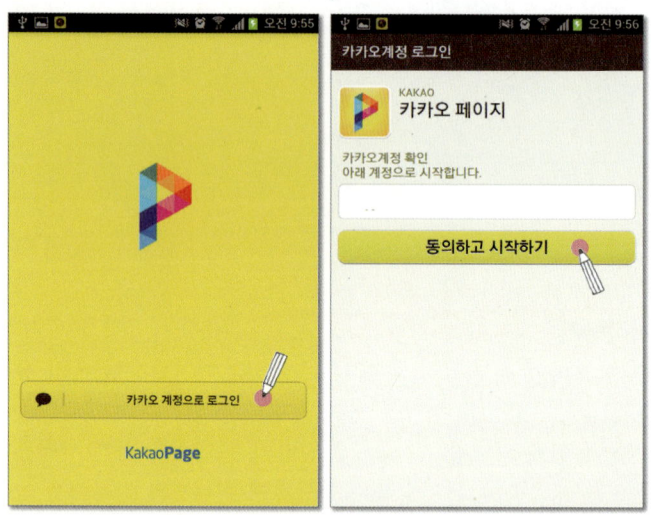

❸ 카카오 페이지에서 사용할 닉네임을 입력하고 [변경 완료]를 누르면 카카오 페이지 실행화면으로 이동됩니다.

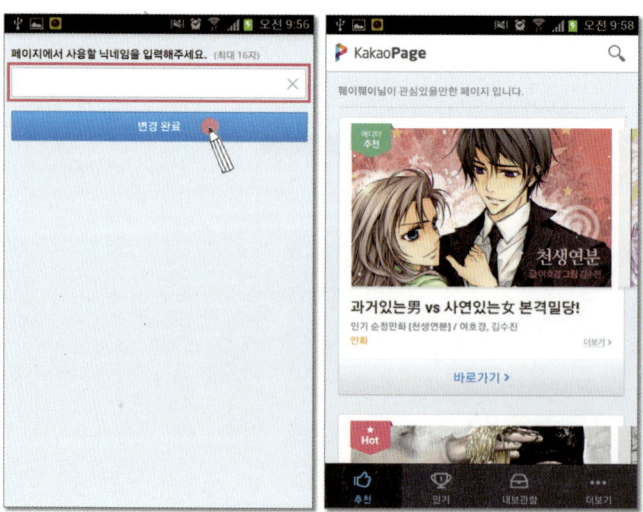

02 카카오 페이지 이용하기

카카오 페이지를 보려면 이용권이 필요합니다. 이용권은 페이지 사용을 위한 도구입니다. 콘텐츠마다 가격이 다르며 캐시를 통해 이용권을 구매한 후 콘텐츠를 이용할 수 있습니다. 카카오 페이지에서는 추천 콘텐츠와 인기 콘텐츠 목록을 제공하고 있어 관심 카테고리의 콘텐츠를 쉽게 찾아볼 수 있습니다.

1. 콘텐츠를 보기 위해 해당 콘텐츠의 상세보기 화면에서 [구매] 버튼을 눌러 이용권을 충전합니다. 이용권을 사용하면 콘텐츠 목록에서 [보기] 버튼을 눌러 콘텐츠를 감상할 수 있습니다.

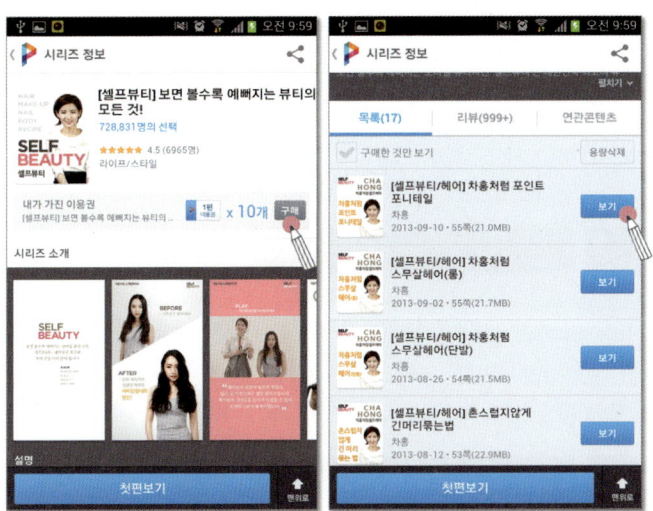

콘텐츠 목록 삭제하기

내가 구독한 콘텐츠 목록을 삭제하려면 카카오페이지의 [내 보관함]을 선택합니다. [내보관함]의 [편집] 버튼을 눌러 삭제를 원하는 콘텐츠에 체크한 후 [선택한 항목 삭제]를 눌러 구독한 콘텐츠 목록을 삭제합니다.

❷ 다운로드한 콘텐츠는 [내보관함]에 저장됩니다. [더보기]에서는 '내 정보', '캐시 충전 내역' 및 '이용권 구매/사용 내역' 등을 확인할 수 있습니다.

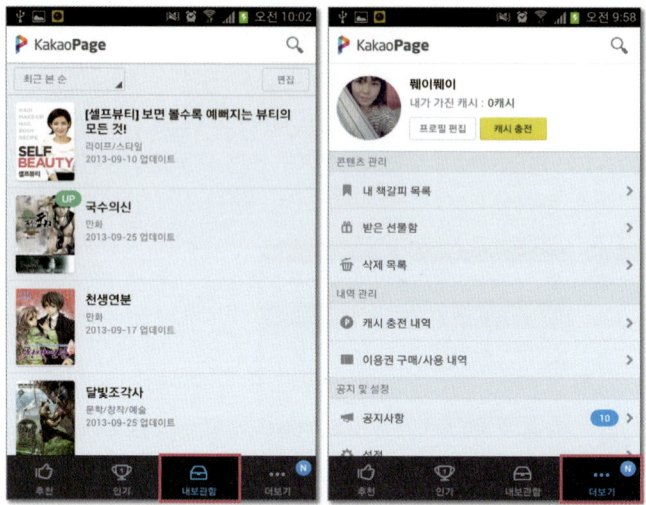

❸ [더보기]의 [설정]에서 [관심카테고리 설정]을 선택하면 카카오 페이지의 관심 카테고리를 선택합니다. 관심 카테고리를 설정하면 선택한 카테고리의 콘텐츠를 추천받을 수 있습니다. 관심 카테고리를 선택한 후 [확인]을 누르면 추천받은 콘텐츠 목록이 나타납니다.

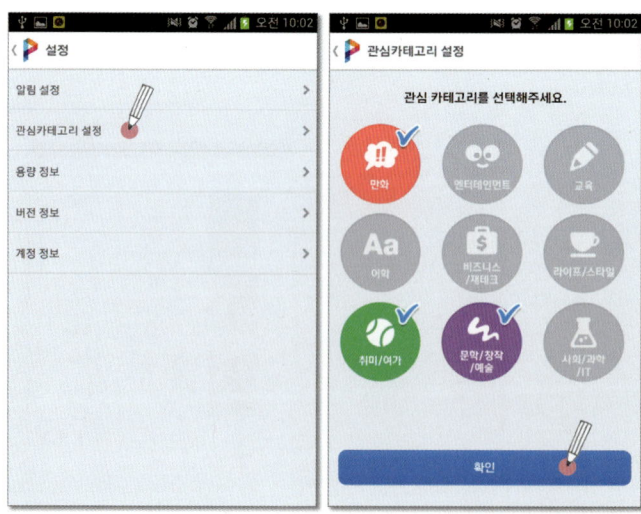

Point
모든 카테고리를 선택할 수도 있습니다.

03 카카오 페이지 캐시, 이용권 구매하기

카카오 페이지의 콘텐츠를 이용하기 위해서는 이용권이 필요하며 이용권을 구매하려면 캐시를 충전해야 합니다. 이용권 한 장당 캐시 가격은 콘텐츠별로 다르므로 확인 후 구매합니다. 여기서는 이용권과 캐시를 구매하는 방법을 익혀 카카오 페이지를 사용해봅니다.

1 캐시는 이용권을 구입하기 위한 카카오 페이지 전용 화폐이며, 캐시를 충전하여 이용권을 구매합니다. 구매를 원하는 콘텐츠 시리즈의 상세보기 화면에서 [구매] 버튼을 누릅니다.

콘텐츠 다운로드 관련 tip

구매한 콘텐츠는 결제 완료일로부터 3년간 횟수 제한 없이 최대 3대의 모바일 기기에서 다운로드할 수 있습니다. 다운로드를 위해서는 반드시 구매한 카카오 계정으로 로그인해야 합니다. 구매한 상품의 결제를 취소할 수는 없으며, 콘텐츠를 다운로드할 때는 콘텐츠의 용량을 확인한 후 스마트폰에 저장 공간을 확보해야 합니다. 콘텐츠 구매 시 구독한 콘텐츠 목록을 삭제할 수는 있지만 구매 내역을 삭제할 수는 없습니다.

❷ 카카오 페이지 유료 이용약관을 확인하고 [약관에 동의합니다.]에 체크한 뒤 [다음]을 눌러 결제를 진행합니다. 1캐시는 한화의 1원에 해당하며, 1000캐시부터 1,000원 단위로 충전할 수 있습니다. 충전을 원하는 캐시 금액을 선택한 후 [충전하기]를 누릅니다.

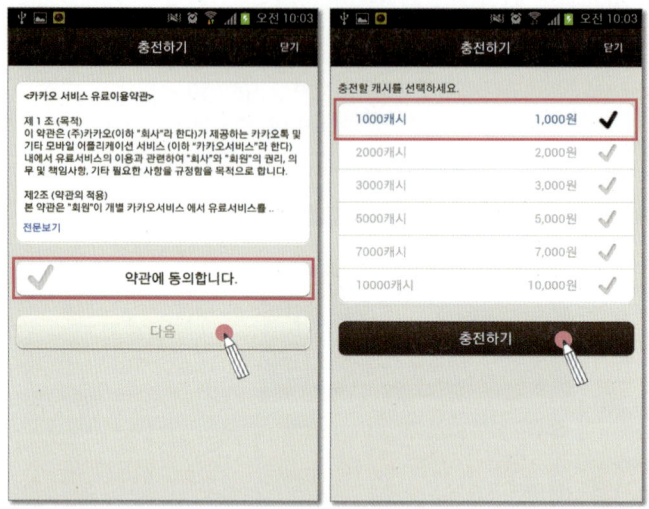

❸ '휴대폰', '신용카드', '문화상품권' 중 원하는 결제 방법에 체크한 후 [다음]을 눌러 결제를 위한 정보를 입력하고 캐시를 충전합니다. 캐시로 구매한 이용권으로 해당 콘텐츠를 볼 수 있습니다.

Point
문화상품권으로 결제를 하려면 컬쳐랜드 아이디로 로그인 후 캐시를 충전해야 합니다.

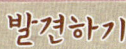

:: 카카오 페이지 콘텐츠 등록하기

카카오 페이지는 열린 콘텐츠 마켓으로 별도의 앱을 개발하지 않고도 직접 만든 콘텐츠를 쉽게 등록하여 판매할 수 있습니다. 단 유료 판매를 위한 서류 및 인증 절차를 거친 후 등록이 가능합니다.

① PC에서 카카오톡 홈페이지로 접속하고 [카카오 페이지]를 클릭합니다. [카카오 페이지] 화면 중간의 [콘텐츠 등록하기] 버튼을 클릭하여 콘텐츠 등록화면으로 이동합니다.

② 상단의 [로그인] 버튼을 눌러 회원으로 로그인 후 [등록센터] 메뉴에서 콘텐츠를 등록합니다. 특히 페이지 에디터를 제공하고 있어 기본 레이아웃을 이용하여 어렵지 않게 콘텐츠를 정리하여 접수할 수 있습니다.

③ 접수된 콘텐츠는 카카오 페이지 심사 기준 가이드에 적합할 경우 등록할 수 있습니다. 카카오 페이지 발행자가 되려면 연회비를 납부해야 하며 개인일 경우 개인 사업자를 등록해야 합니다.

Point
카카오 페이지는 크롬 브라우저에서 사용을 권장합니다.

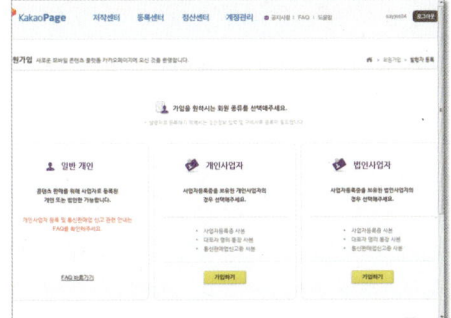

Lesson 09 스마트폰 테마 만들기

카카오홈은 내 스마트폰의 환경을 편리하고 개성 있게 꾸밀 수 있도록 도와주는 런처 서비스입니다. 런처(Luncher)란 안드로이드 운영체계가 탑재된 스마트폰에서 배경화면이나 홈화면 등을 사용자의 취향에 맞게 변경할 수 있는 응용프로그램으로, 카카오홈에서 제공하는 배경화면과 위젯을 이용하여 하나뿐인 나의 스마트폰 테마를 만들 수 있습니다.

01 카카오홈 시작하기

① 구글 play 스토어에서 카카오홈 앱을 다운로드하고 카카오 홈앱을 실행한 후 [다음] 버튼을 눌러 튜토리얼을 확인합니다.

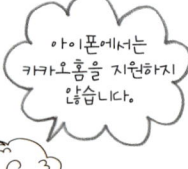

아이폰에서는 카카오홈을 지원하지 않습니다.

② [화면배치 선택]에서 '이전화면을 최대한 유지'를 선택하면 기존에 쓰던 테마가 그대로 유지되며 '새로운 화면 적용'을 선택하면 카카오홈에서 제공하는 기본 테마가 적용됩니다. [지금 적용하기] 버튼을 눌러 해당 테마를 적용한 카카오홈을 시작합니다.

Point
해당 설정은 언제든 변경할 수 있습니다.

02 테마 변경하기

① 테마를 변경하기 위해 스마트폰의 홈 화면에서 [메뉴]를 누르고 카카오홈 설정 메뉴가 나타나면 [추천 테마]를 눌러 테마 제공 페이지로 이동합니다.

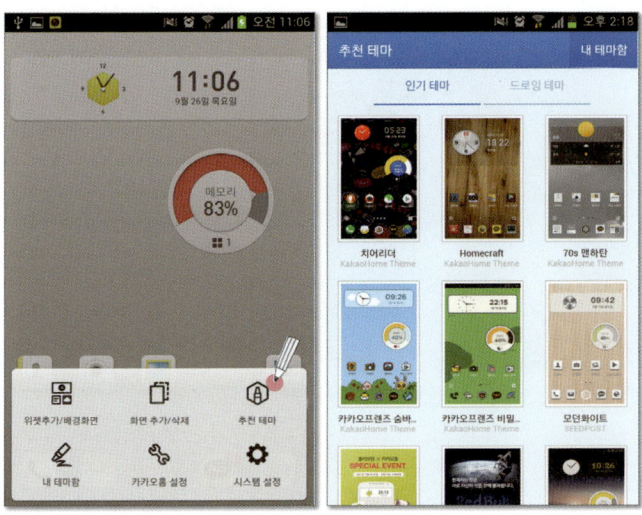

② 제공되는 테마 중에서 원하는 테마를 선택한 후 [설치]를 눌러 해당 테마를 다운로드합니다. 다운로드가 완료되면 [열기]를 누릅니다.

③ '이 테마를 카카오홈에 지금 적용할까요?'라는 화면이 나타납니다. [예] 버튼을 눌러 테마를 적용한 후 홈 화면으로 되돌아가면 해당 테마가 적용된 것을 확인할 수 있습니다.

Point
이미 설치하여 적용된 테마를 삭제할 때는 [삭제]를 누르면 바로 메인 배경 화면으로 되돌아갑니다. 해당 테마의 배경화면은 그대로 남아있어 별도로 다시 변경해야 합니다.

03 위젯 설치하기

다운로드받은 테마에 위젯을 설치하면 예쁘고 실용적인 화면을 꾸밀 수 있습니다. 스마트폰의 메뉴를 눌러 나타난 하위 메뉴에서 [위젯추가/배경화면]을 선택합니다. 위젯 편집화면이 나타나면 설치하고자 하는 위젯을 드래그하여 화면에 배치합니다.

친해지기 - 홈 화면에 바로가기 아이콘 만들기

위젯 추가 외에도 하단의 [바로가기]와 [배경화면] 탭을 누르면 바로가기 아이콘을 창에 설치하거나 배경화면을 변경할 수 있습니다.

Chapter 04

개성 있는 커뮤니케이션
: 라인

라인 살펴보기

라인(LINE)은 네이버에서 제공하는 모바일 메신저 앱으로 전 세계 231개국에서 이용되며, 국내보다 해외에 더 많은 이용자를 보유하고 있습니다.
라인으로 무료 메시지 대화, 실시간 그룹 대화 및 음성통화 등이 가능하며 사진, 동영상, 위치정보 등을 공유할 수 있습니다. '라인 살펴보기'에서는 가입하기, 대화하기, 음성통화하기, 라인 잠금 및 스마트폰 변경 등 라인을 시작하기에 앞서 익혀두어야 할 내용들에 대해 알아보겠습니다.

Lesson 01 라인 가입하기

라인을 사용하려면 먼저 계정이 있어야 합니다. 라인 계정은 전화번호로 간단하게 만들 수 있으며 계정을 만든 후 네이버 아이디를 등록해두면 네이버 아이디로도 로그인을 할 수 있습니다. 또한 스마트폰 변경 시 등록한 네이버 아이디로 로그인하면 기존에 사용하던 정보 그대로 라인을 이용할 수 있어 편리합니다.

01 계정 등록

1 라인 계정에 가입하기 위해 먼저 구글 play 스토어에서 라인(LINE)을 다운로드합니다. 라인 실행 후 [신규가입]을 눌러 새로운 계정을 만듭니다.

라인이란?

라인은 전 세계 231개국 2억 9000명 이상이 사용하고 있는 글로벌 메신저로 언제 어디서나 무료 메시지와 무료통화를 즐길 수 있습니다. 메신저로 사진은 물론 동영상, 음성메시지, 위치 정보까지 전송할 수 있으며 전 세계의 인기 캐릭터들을 스티커로 제공하고 있어 다채로운 표정의 스티커로 재미있는 대화를 할 수 있습니다.

★ 333

② 전화번호를 입력하고 [다음] 버튼을 누릅니다. 라인 서비스 이용약관을 확인한 후 '동의합니다'에 체크하고 [약관동의 및 번호인증]을 선택합니다.

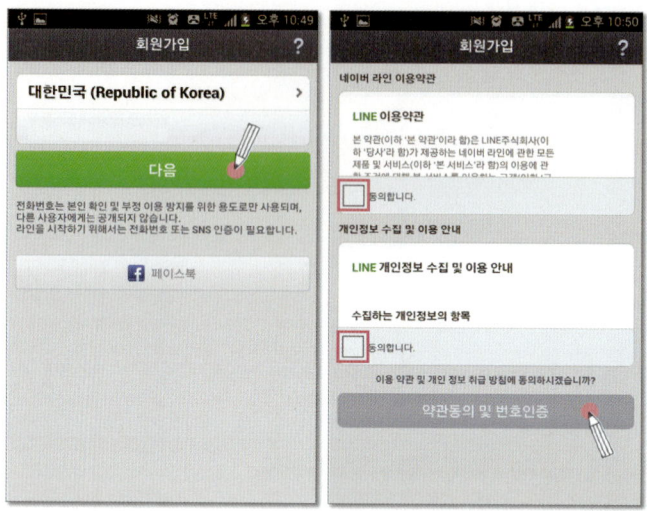

③ 해당 전화번호로 인증번호가 전송되면 인증번호를 입력하고 [다음]을 눌러 계정 등록을 진행합니다. [자동 친구 추가 설정] 화면이 나타나면 '자동 친구 추가'와 '친구 추가 허용'에 체크한 후 [확인]을 누릅니다.

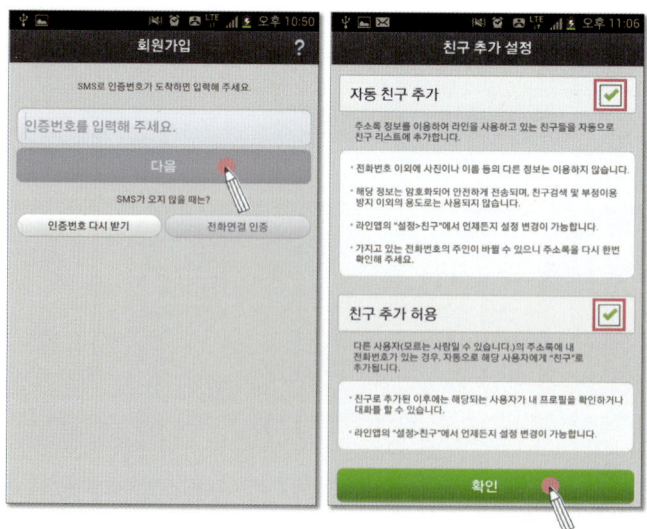

④ 프로필 사진을 등록하기 위해 화면에서 [+]를 눌러 '사진 촬영'으로 새로 사진을 찍거나, '사진앨범에서 선택'에서 사진첩에 저장된 사진을 불러온 후에 사진의 사이즈를 조절합니다. 선택한 사진은 라인에서 제공하는 필터로 꾸며서 등록할 수 있습니다. 원하는 필터 종류를 선택한 뒤 [전송] 버튼을 누릅니다. 프로필 사진으로 등록됩니다.

Point
프로필은 친구들에게 나를 표현하는 직접적인 수단으로 상대방이 나를 찾기 쉽도록 실명이나 혹은 친숙한 별명으로 설정하고 내 이미지에 맞는 프로필 사진을 등록하는 것이 좋습니다.

'자동 친구 추가'와 '친구 추가 허용'

라인에 가입하면 내 전화번호를 가지고 있는 사용자의 친구 목록에 내 이름이 자동으로 추가되지만 상대방이 '자동 친구 추가'를 꺼놓을 경우에는 상대방의 친구 목록에 친구 추가가 되지 않습니다. 반대로 내가 '자동 친구 추가'에 체크를 해제하고 라인에 가입했을 경우 내 주소록에 라인을 사용하고 있는 친구들을 친구 리스트에 자동으로 추가할 수 없습니다.
내 전화번호가 저장되어 있는 사용자에게 자동으로 친구 추가되는 것을 원치 않을 경우에는 '친구 추가 허용'에 체크를 해제합니다. 이미 상대방이 나를 친구로 추가한 경우에는 설정을 변경할 수 없습니다.

⑤ 라인에서 사용할 이름을 입력하고 [등록]을 누르면 [네이버 아이디 등록] 화면이 나타납니다. '라인 사용정보를 네이버에 제공합니다'에 체크한 후 [지금 등록하기]를 눌러 네이버 아이디를 등록하거나 [다음에 하기]를 눌러 아이디를 등록하지 않고 회원가입을 완료합니다.

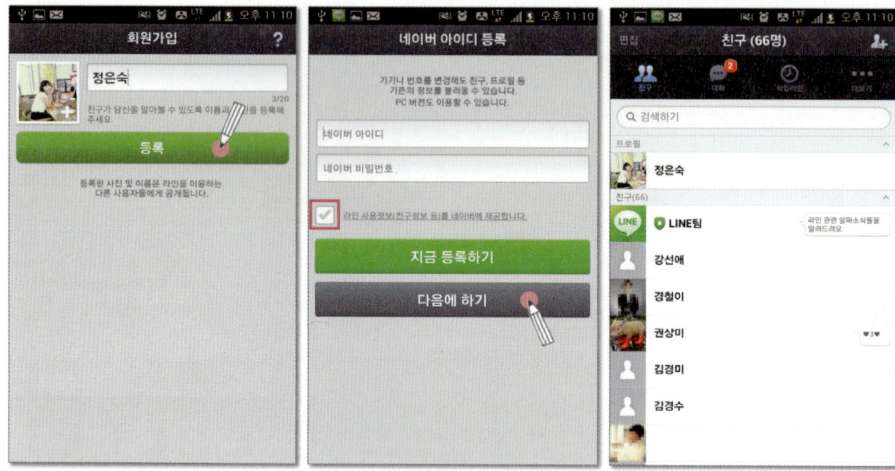

02 네이버 아이디 등록

라인 계정에 네이버 아이디를 등록해두면 스마트폰을 교체하거나 전화번호를 변경했을 때 네이버 아이디로 로그인하여 이전에 사용했던 라인의 친구 목록, 프로필 사진 등을 전부 불러올 수 있어 편리합니다.

친해지기 - 접속 중인 다른 기기 해제하기

라인 모바일 앱에서는 외부에서 접속하고 있는 다른 기기를 확인하고 연결을 해제할 수 있습니다. 라인 [더보기]의 [설정]에서 [계정]을 누르고 [접속 중인 기기]에서 접속 중인 다른 기기에 [로그아웃] 버튼을 선택합니다. 만약 외부 기기를 해제하지 않고 라인 앱을 삭제했다면 라인 앱을 새로 설치하고 [이미 가입하셨다면]을 선택해서 네이버 아이디로 로그인한 뒤 접속 중인 기기를 해제할 수 있습니다.

① 라인 계정에 네이버 아이디를 등록하기 위해 [더보기]의 [설정]에서 [계정]을 선택합니다.

② [네이버 아이디 등록]을 눌러 네이버 아이디와 비밀번호를 입력한 후 약관에 체크하고 [로그인]을 누릅니다. [네이버 아이디가 등록되었습니다.]라는 창이 나타나면 [확인] 버튼을 누릅니다.

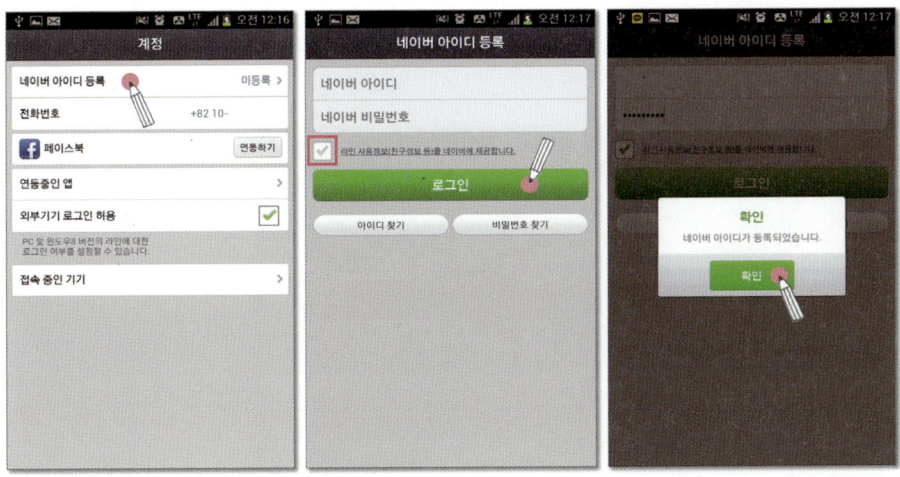

❸ [계정]으로 돌아가 [네이버 아이디 등록]이 '등록됨'으로 바뀌었는지 확인합니다. '등록됨'으로 나타나면 정상적으로 네이버 아이디가 등록된 것입니다. 등록을 해제하려면 [네이버 아이디 등록] 화면에서 [등록 해제] 버튼을 누릅니다.

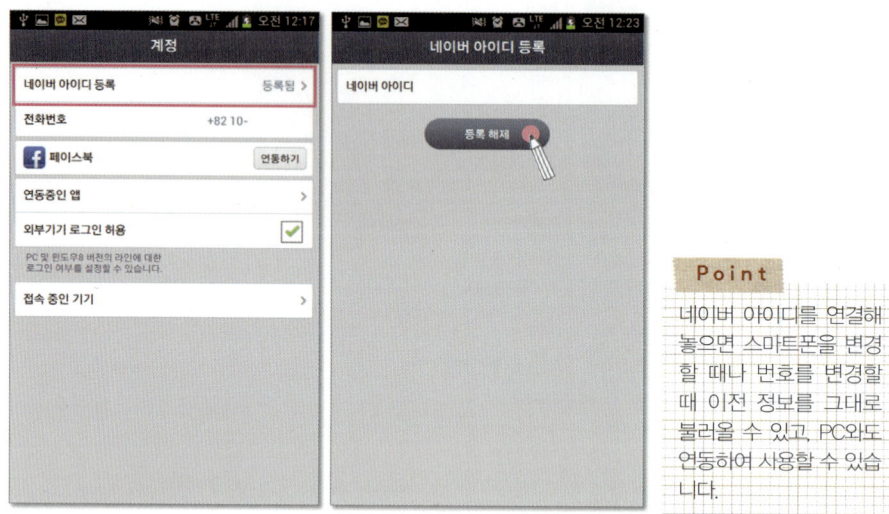

Point
네이버 아이디를 연결해 놓으면 스마트폰을 변경할 때나 번호를 변경할 때 이전 정보를 그대로 불러올 수 있고, PC와도 연동하여 사용할 수 있습니다.

03 프로필 수정

❶ 계정 설정 시 등록한 프로필 사진을 변경하려면 [더보기]의 [설정]에서 [프로필]을 선택한 후 프로필 사진을 수정합니다. 수정 방법은 프로필 등록 방법과 동일합니다.

Point
자세한 내용은 p.333 '계정 등록'을 참고합니다.

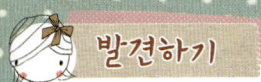

:: [프로필] 메뉴 살펴보기

'프로필 사진 변경을 공개'에 체크를 하면 라인 타임라인에 사진 변경사항이 게시되어 친구들이 변경된 프로필을 볼 수 있습니다. [이름] 항목을 누르면 이름 변경이 가능하며 실명 공개를 원하지 않을 경우 닉네임이나 별명 등을 사용할 수도 있습니다.

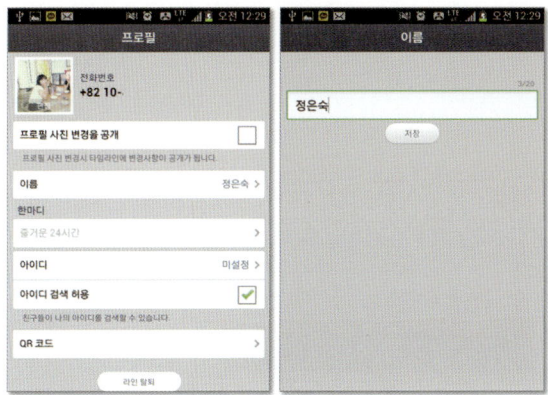

[한마디]는 나의 지금 기분을 한마디로 표현할 수 있는 곳으로 [한마디]를 등록하고 [전송] 버튼을 누르면 [친구] 탭에 이름과 함께 나타납니다. [아이디]는 전화번호 대신으로 사용할 수 있습니다. 라인 아이디를 알고 있으면 전화번호를 몰라도 아이디 검색을 통해 간편하게 친구를 추가할 수 있으며 아이디 검색 허용에 체크를 해두어야 친구가 나를 검색할 수 있습니다.

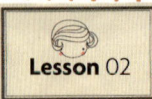

멀티미디어 대화하기

라인의 핵심 기능인 멀티미디어 대화를 사용해봅시다. 라인의 대화하기는 친구와의 1:1 대화나 여러 명의 그룹대화가 가능한 메뉴로 대화방에서 사진, 동영상, 파일 등을 공유하여 멀티미디어 대화를 즐길 수 있습니다. 라인 카드, 라인 카메라 앱과 연동하여 대화 중에 다양한 기능들을 활용할 수도 있습니다.

01 대화방 만들기

라인의 [대화]를 선택하여 대화방을 만들어봅시다. [대화 시작] 버튼을 눌러 친구를 선택한 후 하단의 [대화] 버튼을 눌러 대화방을 만듭니다. 이때 친구를 여러 명 선택하면 그룹 대화방이 만들어집니다.

대화 리스트 상단의 대화방 만들기(🗨)를 눌러 초대할 친구를 선택한 후 대화방을 만들 수도 있습니다.

Point

대화방의 드롭 다운 버튼을 누르면 무료통화, 친구 초대, 알림 설정, 친구 차단, 스티커 선물, 앨범, 사진 등의 기능을 활용할 수 있으며, 그룹 채팅방에서는 친구 초대, 알림 설정, 대화방 나가기, 그룹 만들기, 사진, 대화 설정 등의 기능을 실행할 수 있습니다.

02 친구 초대하기

대화방에 친구를 초대하기 위해 대화방 상단의 드롭 다운 버튼(▼)을 눌러 나타나는 하위 메뉴에서 [초대]를 선택합니다. [친구 선택] 화면이 나타나면 초대할 친구 이름에 체크한 후 [대화] 버튼을 누릅니다. 여러 명을 한 번에 초대할 수도 있습니다.

03 사진, 동영상, 파일 공유하기

① 친구에게 사진과 동영상을 공유하기 위해 대화방의 [+]를 눌러 나타난 하위 메뉴에서 [사진선택/촬영] 혹은 [동영상선택/촬영]을 눌러 공유할 사진 또는 동영상을 선택합니다.

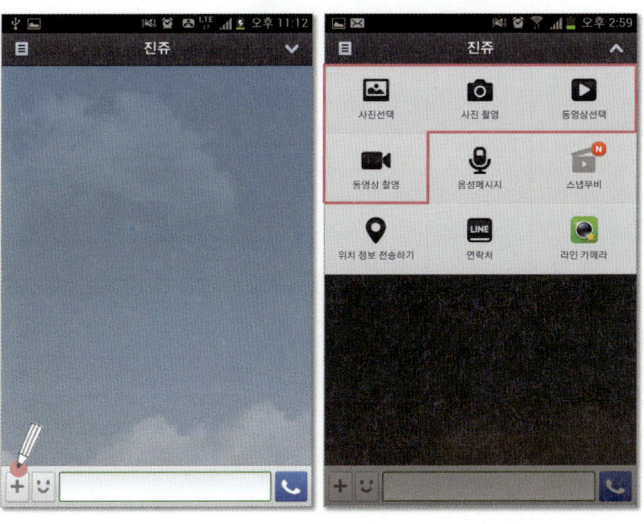

② [사진선택]에서 '한장 전송'을 눌러 공유할 사진을 선택 후 사진을 꾸밀 필터를 선택합니다. 사진 편집이 완료되면 하단의 [전송] 버튼을 눌러 사진을 공유합니다.

③ '여러장 전송'을 선택하면 여러 장의 사진을 한 번에 공유할 수 있습니다. 사진은 한 번에 최대 10장까지 전송할 수 있으며 선택한 사진 리스트에서 각 사진을 선택하면 미리보기 및 필터 변경이 가능합니다.

④ [동영상선택/촬영]을 눌러 앨범에 있는 동영상을 선택하거나 새로 촬영하여 대화방에 공유할 수도 있습니다.

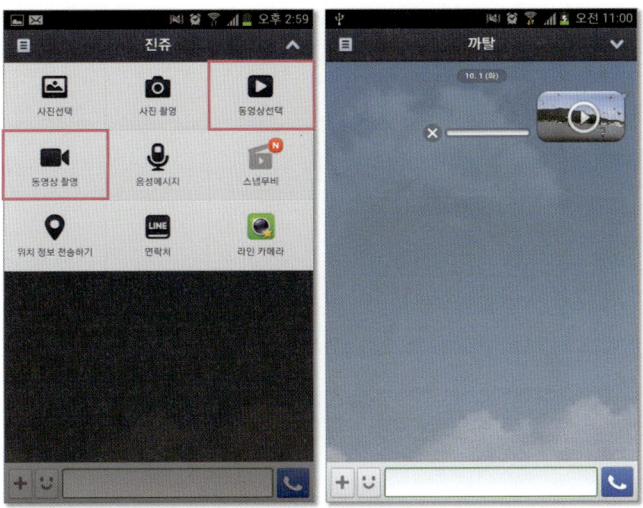

04 위치 정보 전송하기

① 대화방에서 현재 내가 있는 위치나 만나야 할 약속 장소 등을 검색하여 친구에게 공유할 수 있습니다. 위치를 공유하기 위해 대화방의 [+]를 눌러 나타난 하위 메뉴에서 [위치 정보 전송하기]를 선택합니다.

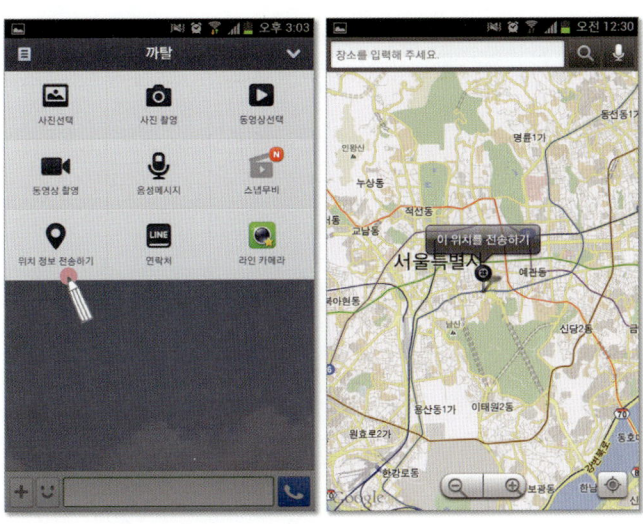

❷ 찾고자 하는 위치를 검색한 후 [이 위치를 전송하기]를 눌러 친구에게 위치를 전송해줍니다. 친구가 해당 메시지를 선택하면 지도 상세보기를 할 수 있습니다.

❸ 내가 현재 있는 위치를 공유하려면 지도 하단의 GPS( ) 버튼을 눌러 나의 위치를 찾은 후 [이 위치를 전송하기]를 눌러 공유합니다.

:: 라인 앱으로 멀티 대화하기

▶ 라인 카드

라인 카드는 축하, 감사, 위로, 재미 등의 다양한 테마의 카드와 함께 메시지를 담아 친구에게 전송할 수 있는 서비스로 라인뿐만 아니라 카카오톡, 이메일, 트위터 등의 다른 SNS로도 전송할 수 있습니다.

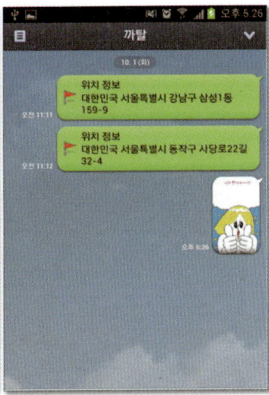

▶ 라인 카메라

라인 카메라는 다양한 필터로 사진을 찍고 700개 이상의 스탬프와 100개 이상의 프레임을 이용하여 사진을 꾸밀 수 있는 카메라 앱입니다. 라인 친구는 물론, 다른 SNS 친구들에게도 사진을 전송하여 공유할 수 있습니다.

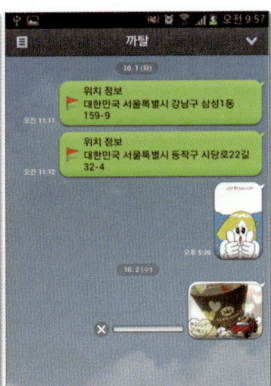

대화 노트 사용하기

친구와 대화하는 중에 중요한 정보들을 기록하려면 따로 메모를 하거나, 어플을 이용하여 기록을 해야만 했습니다. 하지만 라인 대화 노트를 이용하면 친구와 대화하는 중에도 쉽게 메모를 할 수 있고 이미지와 동영상은 물론 위치까지 함께 기록하여 저장할 수 있어 편리합니다.

01 대화방 노트 만들기

① 대화방에서 노트를 만들어 친구와 공유해봅시다. 대화방 상단의 노트(☰)를 눌러 노트를 실행합니다. 노트 화면이 나타나면 [글쓰기] 버튼을 눌러 글을 작성할 수 있습니다.

Point
약속, 연락처, 여행 준비물 등 친구들과 함께 공유할 내용을 노트로 공유하세요. 대화 내용이 삭제되어도 노트는 지워지지 않아 중요한 정보를 저장하기에 유용합니다.

② 노트 작성 화면에서 메시지와 함께 스티커나 이모티콘을 첨부할 수 있습니다. 노트 작성이 끝나면 [완료]를 눌러 작성한 글을 등록합니다.

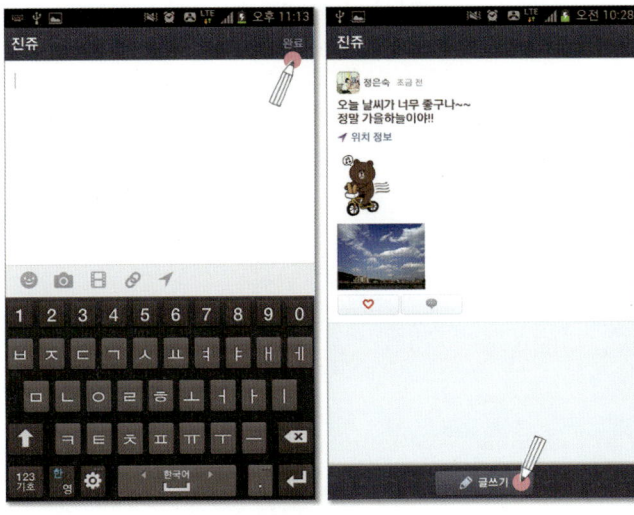

Point
노트에 글 외에 사진이나 동영상, 공유할 링크 주소, 위치정보 등을 올릴 수도 있습니다.

③ 작성한 노트에 좋아요(♥)를 달거나 댓글(💬)을 눌러 댓글을 등록할 수도 있습니다.

④ 노트에 추가한 위치 정보를 확인하려면 [위치정보] 링크를 선택하여 상세 위치 지도를 확인합니다.

02 그룹 노트 만들기

① 그룹에 노트를 만들어 여러 명의 그룹 친구들과 공유할 수 있습니다. 친구 리스트에서 그룹을 선택하여 그룹 상세보기 화면으로 이동합니다. 상단의 [노트] 버튼을 눌러 그룹에 노트를 작성합니다.

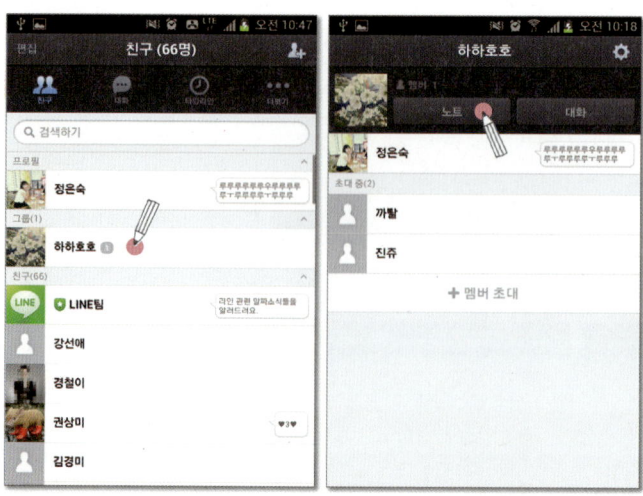

② 이모티콘이나 사진, 동영상 등을 첨부한 뒤 [완료]를 눌러 글을 등록합니다. 그룹 친구들과 함께 작성한 글을 볼 수 있고 댓글을 달아 의견을 실시간으로 나눌 수도 있습니다.

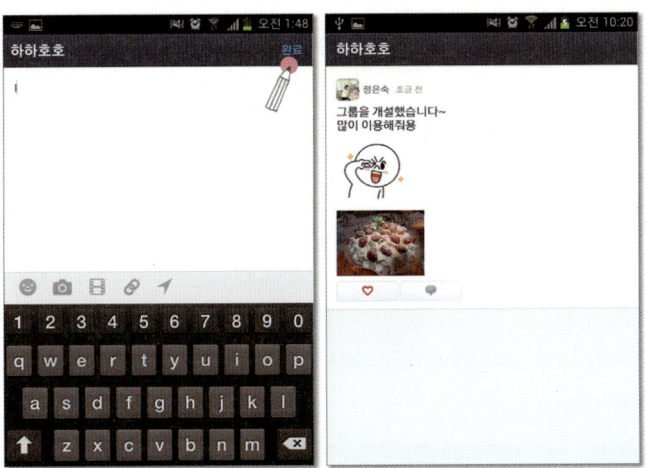

③ 노트에 참고 링크나 위치 등의 정보 공유도 가능합니다. 링크( )를 누른 후 첨부하려는 링크를 복사하여 붙여넣기합니다. 위치( )를 선택하여 공유를 원하는 위치를 검색하거나 GPS( ) 버튼을 눌러 현재 위치를 선택한 후 [이 위치를 전송하기] 버튼을 눌러 위치를 지정하고 [완료]를 눌러 노트를 저장합니다.

Point
노트 내용을 수정하려면 노트 상세보기 화면에서 더보기( )를 눌러 나타난 단축 메뉴에서 [수정]을 선택합니다.

전 세계 어디든 무료 음성통화

라인을 이용하여 전 세계 어디든 친구들과 음성통화를 즐길 수 있습니다. Wi-Fi 환경일 때는 무료로 사용할 수 있으며, 3G/4G 환경에서 이용할 시에는 데이터 통화료가 부과됩니다. 일반 전화와 달리 라인 음성 통화는 거는 사람과 받는 사람 각각 별도로 요금이 적용됩니다.

01 음성통화하기

① 라인 친구와 음성통화를 하기 위해 Wi-Fi 환경을 확인한 후 대화방의 [전화] 버튼을 누르고 [무료 통화]를 선택합니다.

해외에 있는 친구와 무료통화하기

라인은 전 세계적인 서비스로 해외에서도 많은 사람들이 라인을 사용하고 있습니다. 해외에 사는 친구와도 라인 음성통화를 사용하여 무료 통화를 즐길 수 있습니다. 단, 통화를 하려는 사람 모두 라인 앱이 설치되어 있어야 하며 Wi-Fi 환경에서 통화할 경우 무료로 이용이 가능합니다.

❷ 또는 대화방 상단의 하위 메뉴에서 [무료 통화]를 누르거나 친구 목록에서 통화를 원하는 친구를 선택하여 나타난 미니 프로필 대화상자에서 [무료 통화] 버튼을 눌러 음성통화를 연결합니다.

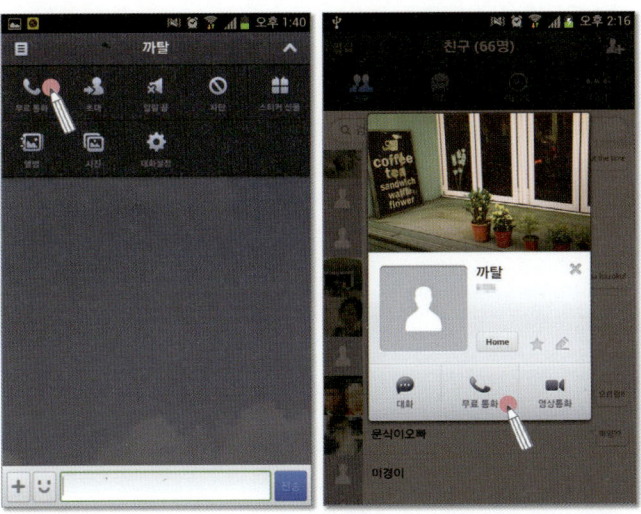

❸ 친구가 음성통화를 수락하면 통화가 연결됩니다. 대화 중 음소거를 하거나 스피커폰으로 통화를 할 수 있으며, 하단의 [메인 화면 표시] 버튼을 누르면 통화를 하면서 대화방을 볼 수 있습니다.

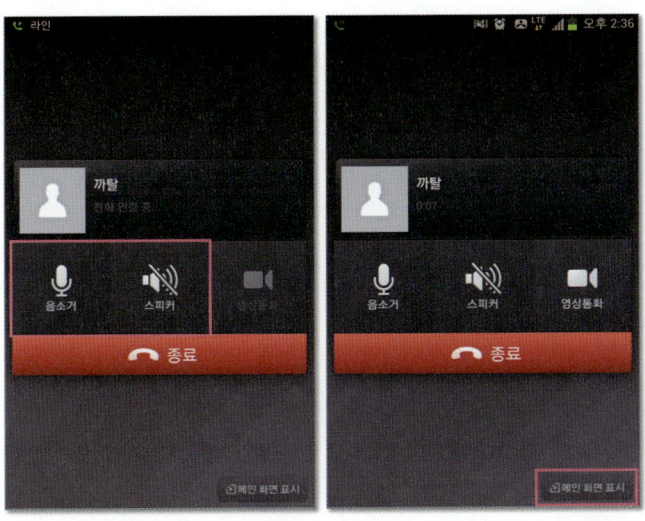

02 음성메시지 보내기

① 음성메시지는 음성통화와 달리 짧게 녹음하여 메시지처럼 전달할 수 있어 문자를 전송하기 어려운 상황에서 요긴하게 사용할 수 있습니다. 대화방의 [+]를 눌러 나타난 하위 메뉴에서 [음성메시지]를 선택합니다. [녹음하기] 버튼을 누르면 음성메시지를 녹음할 수 있습니다.

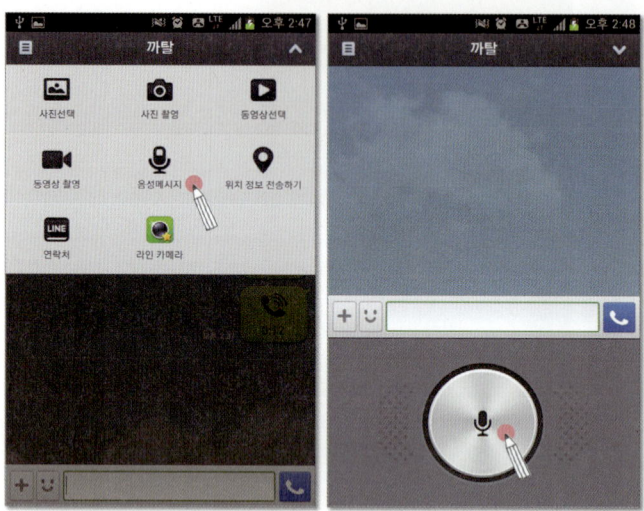

② 버튼을 누르고 있는 동안 녹음이 되며 버튼에서 손을 떼면 자동으로 음성메시지가 전송됩니다. [재생] 버튼을 눌러 녹음된 음성메시지를 대화방에서 다시 재생해보거나 [공유] 버튼을 눌러 다른 친구들에게 공유할 수 있습니다.

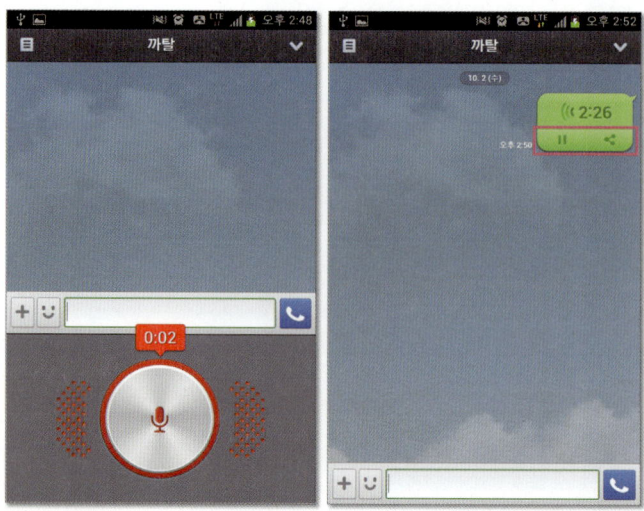

03 음성통화 거절하기

1 라인의 음성통화 수신을 제한할 수 있습니다. 음성통화를 제한하기 위해 라인의 [더보기]에서 [설정]을 선택합니다.

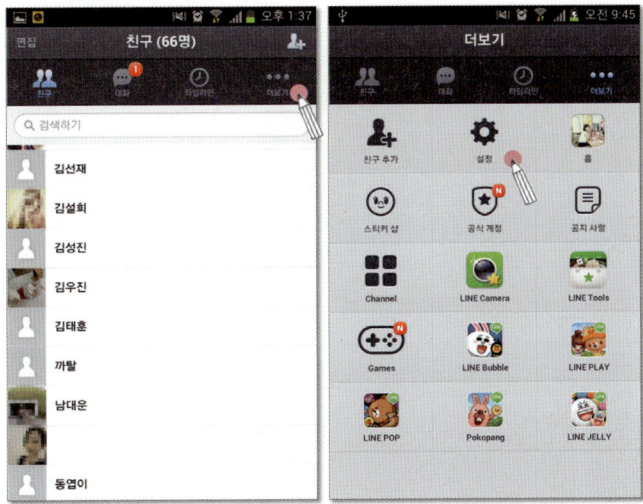

2 [대화·통화]를 선택하고 '통화 수신 허용'의 체크박스에 체크를 해제하면 음성통화가 수신되지 않습니다.

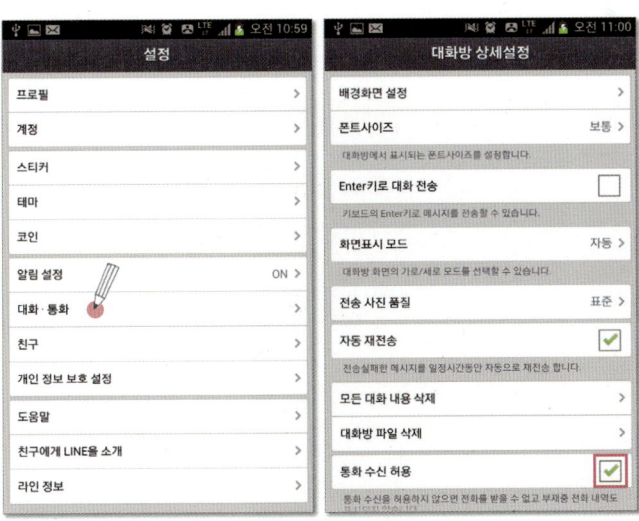

★ 353

04 영상통화하기

① 라인에서는 영상통화도 무료로 이용할 수 있습니다. Wi-Fi 환경을 확인한 후 친구목록에서 영상통화를 원하는 친구를 선택합니다. 미니 프로필 화면이 나타나면 [영상통화] 버튼을 눌러 통화를 연결할 수 있습니다.

② 친구가 영상통화를 수락하게 되면 통화가 연결됩니다. 영상통화 중 상단의 카메라 버튼을 눌러 카메라 촬영 화면을 전환할 수 있으며, 하단의 [음소거] 버튼을 눌러 음소거를 하거나 하단의 [영상] 아이콘을 눌러 영상 화면을 표시하지 않을 수도 있습니다.

Point

음성통화와 마찬가지로 3G/4G 환경에서 이용 시 데이터 통화료가 부과될 수 있으며 통신사의 데이터 요금이 적용됩니다.

Lesson 05 친구 추가하기

라인은 내 스마트폰에 저장된 전화번호로 친구를 찾아 등록해줍니다. 친구 추가 기능 외에도 친구 차단/숨김 기능을 통해 효과적으로 친구 관리를 할 수 있고 친구끼리 그룹을 만들어 그룹별로 목록 관리도 할 수 있어 편리합니다.

01 친구 추가

라인에서는 내 스마트폰에 저장된 친구 번호를 검색하여 자동으로 친구 등록을 합니다. 자동으로 친구를 추가하기 위해 [더보기]의 [설정]에서 [친구]를 선택합니다. '자동 친구 추가'에 체크하면 자동으로 주소록을 검색하여 라인에 가입된 친구를 찾아 추가해줍니다.

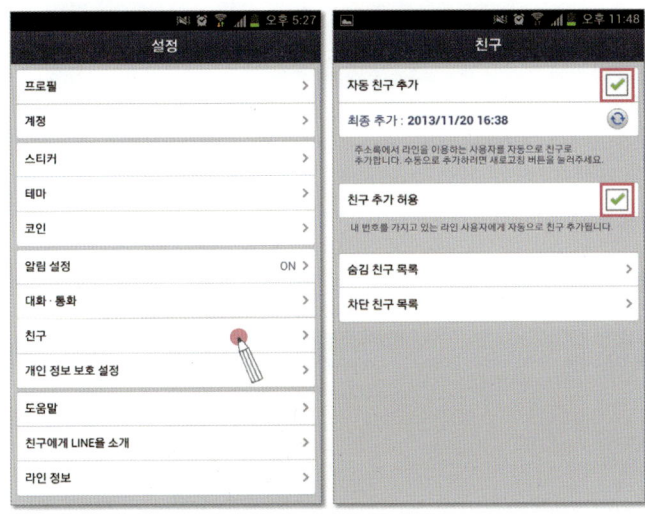

Point
내 전화번호를 가지고 있는 친구들에게 자동으로 친구 등록되는 것을 원치 않는다면 '친구 추가 허용'의 체크를 해제합니다.

:: 여러 가지 방법으로 친구 추가하기

자동으로 친구를 추가하는 방법 외에도 친구를 직접 검색하여 추가할 수도 있습니다. 라인의 [친구] 탭에서 친구 추가( )를 누른 후 [주소록]에서 이메일이나 SMS로 친구를 찾아 추가하거나 [검색]을 사용하여 친구의 라인 아이디를 검색할 수 있습니다.

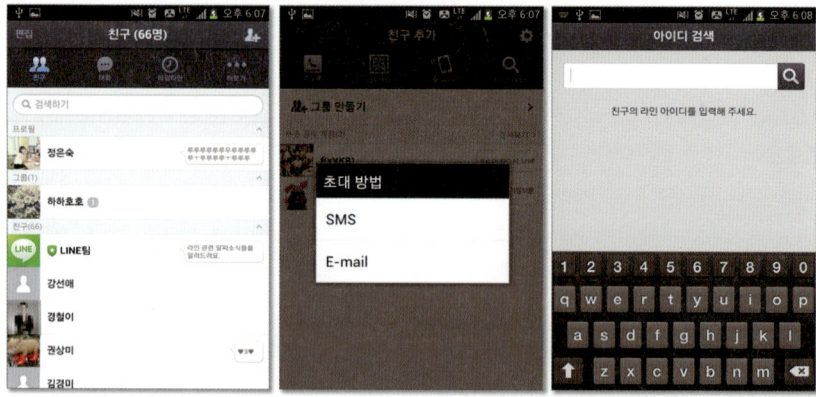

[Shake It!] 메뉴를 이용하여 친구를 추가할 수도 있습니다. [Shake It!]은 기기 내의 위치 정보를 이용해 주변의 라인 사용자를 검색하는 기능이며, 스마트폰을 흔들거나, 화면을 탭하면 주변에서 함께 [Shake it!]을 하고 있는 라인 사용자를 검색하여 친구로 추가할 수 있습니다. [Shake it!] 이용 시 서로 친구 승인을 하여야 친구 등록이 가능하며 [QR코드]를 인식하여 친구를 찾아 추가할 수도 있습니다.

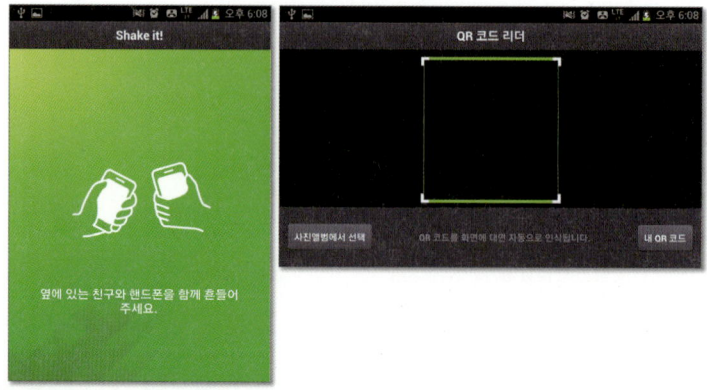

02 친구 차단/숨김

① 라인 친구를 차단하거나 목록에서 숨기고 싶을 때는 친구 목록에서 친구의 이름을 길게 눌러 나타나는 하위 메뉴에서 '숨기기', '차단' 등을 선택합니다. [더보기]의 [설정]에서 [친구] 항목을 선택하면 [친구] 창이 나타납니다. '숨김 친구 목록', '차단 친구 목록'에서 숨기거나 차단한 친구의 관리 및 삭제가 가능합니다.

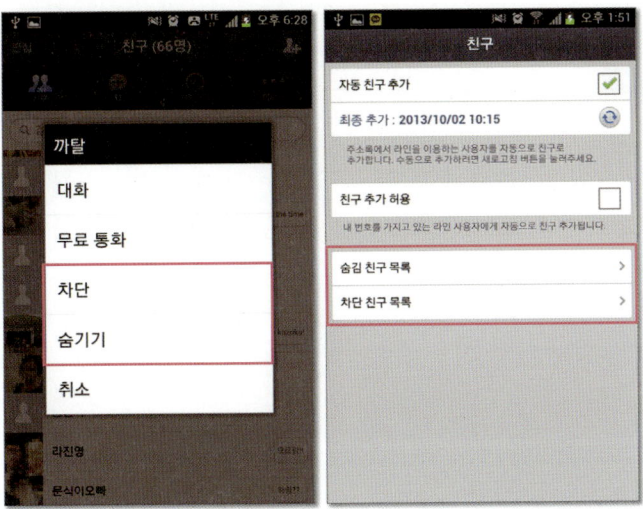

② 숨기거나 차단한 친구는 더 이상 내 친구 목록에 표시되지 않으며, 숨김이나 차단 여부는 상대방이 알 수 없습니다. 친구를 차단할 경우 친구의 메시지는 더 이상 받지 못합니다.

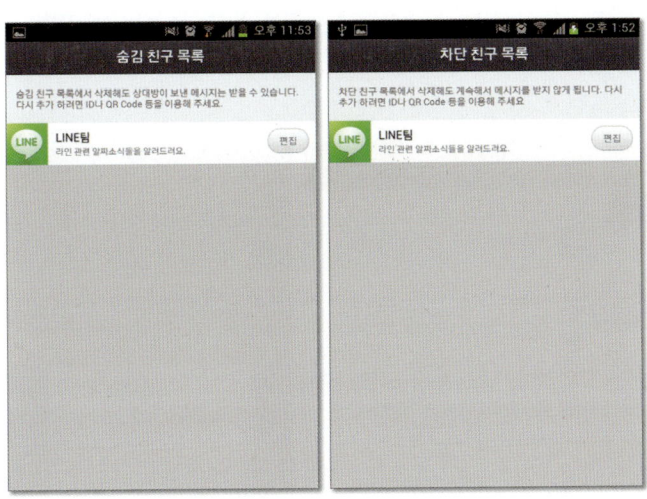

03 그룹 만들기

여러 친구들과 그룹을 만들기 위해 라인의 [친구]에서 [친구 추가]를 눌러 나타난 [친구 추가] 화면에서 [그룹 만들기]를 선택한 후 그룹 이름과 프로필 사진, 추가할 멤버를 선택하여 그룹을 만듭니다. 그룹끼리 노트를 이용해 소식을 공유하거나 그룹 대화를 즐길 수 있습니다.

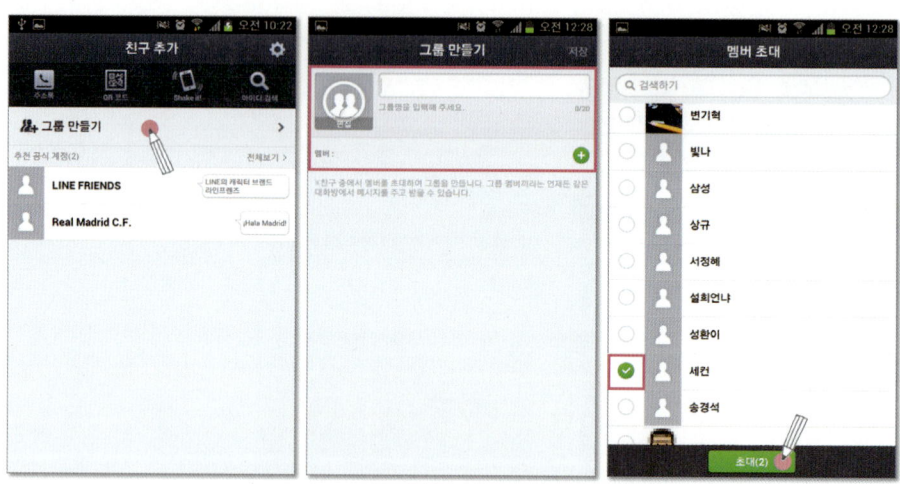

04 공식 계정

공식 계정은 유명한 브랜드나 아티스트의 공식 라인 계정을 말합니다. 공식 계정을 친구로 추가하면 해당 브랜드나 아티스트의 소식을 1:1 대화로 받아볼 수 있습니다. 공식 계정은 [더보기]에서 [공식 계정]을 누르면 확인할 수 있으며, 리스트에서 원하는 계정을 선택하여 친구를 추가할 수 있습니다.

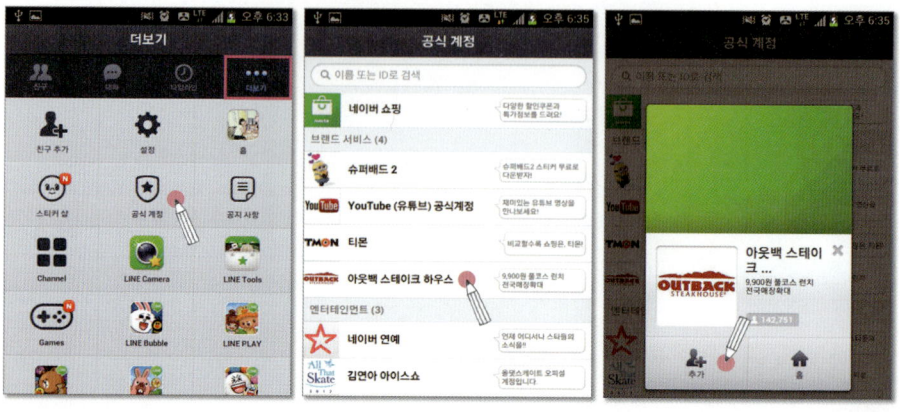

Lesson 06 라인 설정 변경

라인 설정에서는 다른 사람들이 볼 수 없게 라인에 잠금을 설정하거나, 알림을 켜서 라인의 새로운 소식들을 실시간으로 받고, 귀찮은 알림은 해제할 수도 있습니다. 또 대화방 설정은 라인 어플을 열지 않고도 핸드폰 홈 화면에서 친구와의 대화방을 열 수 있는 바로가기 설정을 할 수 있고 배경화면 및 대화 내용 백업 등 설정 정보 변경을 통해 라인을 편리하게 이용할 수 있도록 도와줍니다.

01 라인 잠금

1. 라인을 잠금 설정하고 싶다면 [더보기]의 [설정]에서 [개인 정보 보호 설정]을 선택합니다. '암호 잠금'에 체크한 후 숫자로 된 네 자리의 비밀번호를 입력하면 라인 실행 시 비밀번호를 묻는 화면이 나타납니다.

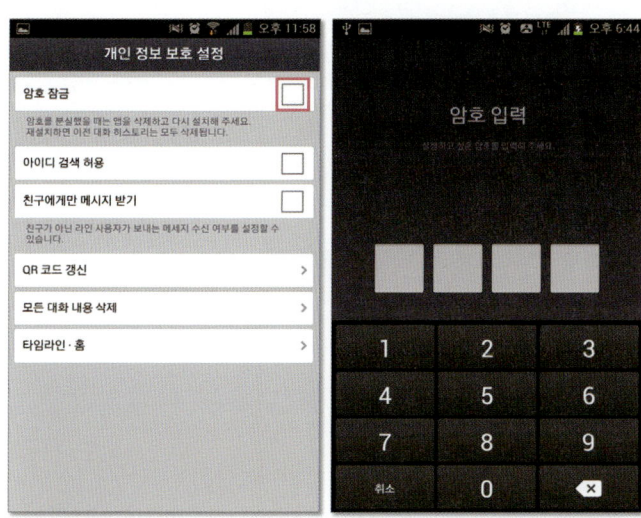

Point

나와 친구인 라인 사용자에게만 메시지를 받고 싶다면 '친구에게만 메시지 받기'에 체크합니다. 친구가 아닌 사용자가 메시지를 보낼 경우 메시지를 수신할 수 없습니다.

❷ '암호 변경'은 [개인 정보 보호 설정]에서 '암호 잠금'에 체크가 되어있을 때 나타나며 새로운 비밀번호를 입력하여 변경할 수 있습니다.

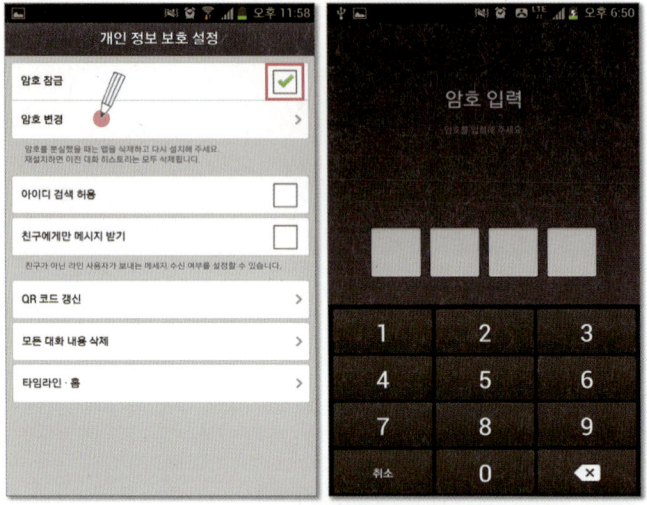

··02 알림 설정

❶ 라인 알림 설정을 하기 위해 [더보기]에서 [설정]의 [알림 설정]을 선택합니다. '알림 설정'에 체크를 해제하면 라인의 알림이 해제됩니다.

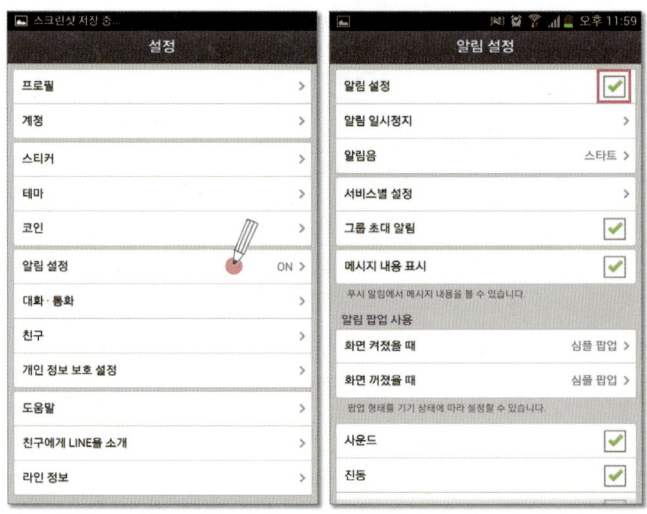

❷ [알림 설정]의 '사운드'에 체크를 해제할 경우 진동이나 LED로만 알림이 나타나며 '사운드', '진동' 모두 체크 해제할 경우 LED로만 알림이 설정됩니다. [서비스별 설정]에서는 '노트', '홈', '앨범'별로 알림 설정을 할 수 있습니다. 이외에도 라인 메시지가 왔을 때 푸시 알림 여부와 메시지 미리보기 여부 등의 설정 변경도 가능합니다.

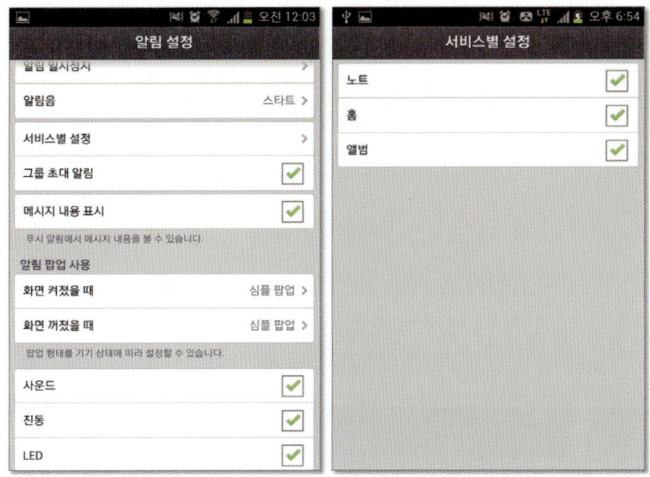

03 대화방 바로 가기

라인의 [대화방 바로 가기] 기능을 이용하면 스마트폰 홈 화면에서 친구와의 라인 대화방으로 바로 이동이 가능합니다. 대화방 상단의 드롭 다운 버튼(▼)을 눌러 나타난 하위 메뉴의 [대화설정]을 선택한 후 나타난 메뉴에서 '대화방 바로가기 만들기'를 선택하면 스마트폰 홈 화면에 대화방 바로가기 아이콘이 만들어집니다.

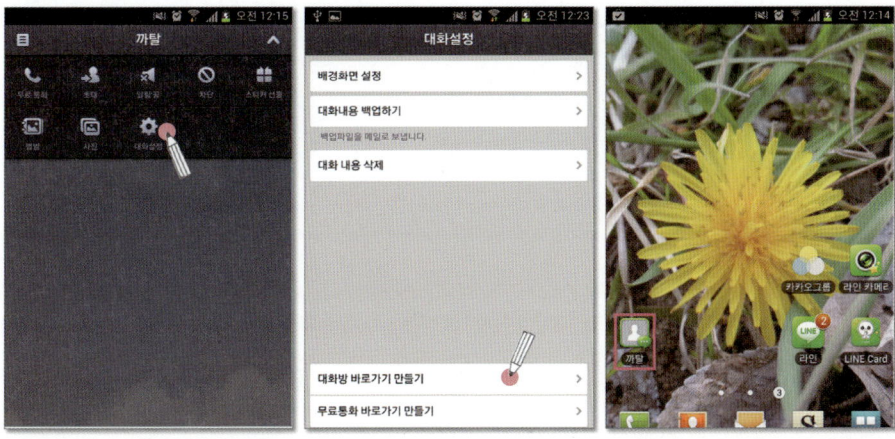

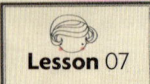

Lesson 07 스마트폰을 바꾸었어요

라인은 스마트폰을 변경하더라도 네이버 아이디 로그인을 통해 친구 목록, 대화 기록 등 이전의 내용을 다시 불러 올 수 있어 편리합니다. 만약 네이버 아이디를 등록하지 않았다면 스마트폰 변경 전 반드시 네이버 아이디를 등록 해야 새로운 스마트폰에서 이전 정보를 불러 올 수 있습니다.

01 계정 이동

네이버 아이디를 등록하면 기기변경 후에도 라인 계정을 그대로 유지할 수 있습니다. 계정을 이동하기 위해 라인을 삭제한 후 재설치하여 새 전화번호로 인증을 받습니다. 새로 인증 받은 라인에서 이전에 등록해둔 네이버 아이디로 로그인합니다.

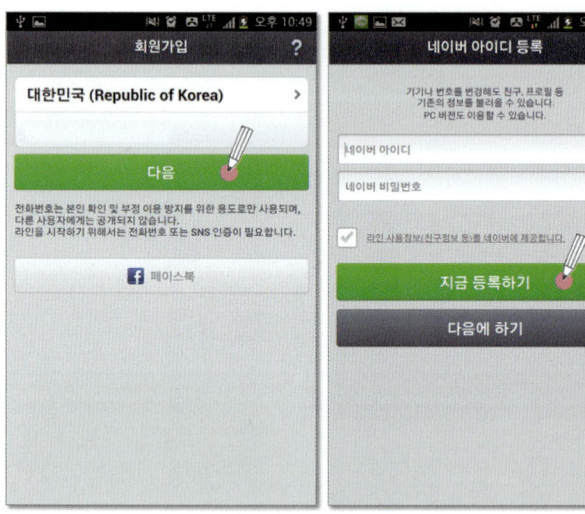

Point
네이버 아이디 등록 시 그룹을 포함한 친구 리스트, 프로필 설정, 유료 스티커 구입 이력이 그대로 유지됩니다.

02 라인 탈퇴

라인 앱을 삭제 하더라도 계정은 삭제되지 않으며, 라인 앱 내에서 별도로 탈퇴 처리를 해야 합니다. 계정을 삭제하기 위해 [더보기] 메뉴에서 [설정]을 선택합니다. [프로필]에서 [라인 탈퇴] 버튼을 눌러 라인을 탈퇴합니다.

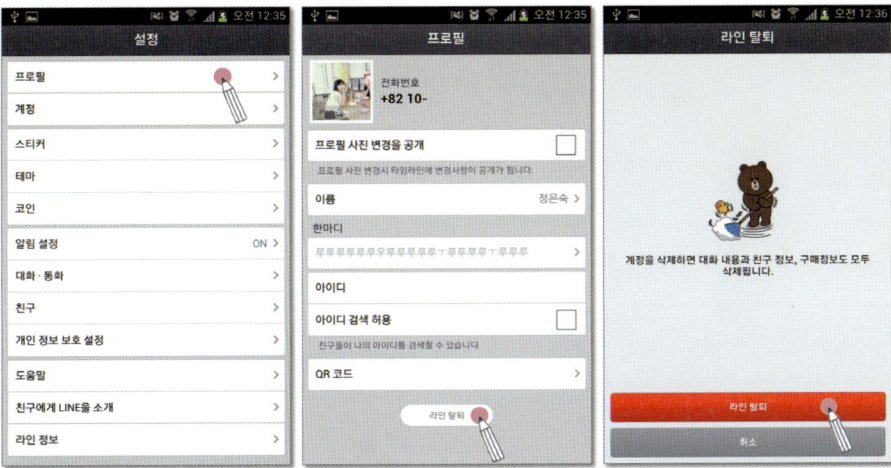

Point

계정을 삭제하면 구입한 스티커 및 라인에 등록된 전화번호, 친구 및 그룹 리스트, 대화 이력이 모두 삭제됩니다. 네이버 아이디 등록 및 Facebook 연동하기 정보도 삭제되어 로그인할 수 없으며, 라인 재설치 후에도 이전 데이터는 복구되지 않으니 주의해야 합니다.

친해지기 — 태블릿 PC에서 라인 이용하기

라인을 이용하려면 반드시 전화번호로 본인 인증을 해야 하지만 iPad나 iPod touch, 태블릿 PC와 같이 전화번호가 없는 기기에서 라인을 사용할 때는 페이스북 인증을 이용하여 등록할 수 있습니다. 전화번호와 페이스북 계정 모두 없을 경우에는 라인을 이용할 수 없습니다.

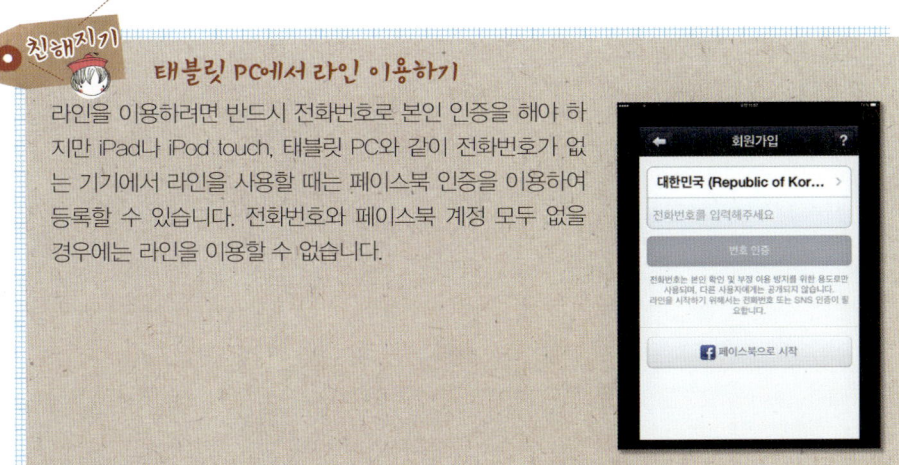

라인 제대로
사용하기

'라인 시작하기'에서 라인의 기본적인 사용법을 익혔다면, 이제 라인을 제대로 사용해봅시다. 라인은 메신저 기능 외에도 다채로운 서비스들을 제공하고 있으며, 귀엽고 재미있는 스티커를 제공해주고 있어 친구들과 즐거운 대화를 할 수 있습니다. 또 라인의 [타임라인·홈]을 통해 트위터나 페이스북처럼 친구들과 실시간으로 소식을 나눌 수 있습니다. 여기서는 라인의 활용법과 라인 테마 꾸미기, 게임하기 등은 물론 라인 PC 버전의 사용법과 소규모 모임 커뮤니티 서비스인 밴드와 같은 라인 연동 앱에 대한 활용방법을 알려드립니다.

Lesson 01 개성있는 라인 스티커 대화

라인에서는 스티커라는 재미있는 서비스를 제공하고 있어 상황에 맞게 다양한 느낌과 감정을 표현하여 대화할 수 있습니다. 기본적인 무료 스티커를 제공하고 있으며 유료로도 스티커를 구매할 수 있습니다. 네이버 모바일 버전을 이용하면 네이버 블로그에서도 라인 스티커 사용이 가능합니다.

01 스티커 사용

라인 스티커는 무료로 제공하는 기본 스티커 외에 다양한 유료 스티커도 제공하고 있으며 구매한 스티커는 모바일과 PC에서 모두 사용할 수 있습니다. 개성 있는 스티커를 이용하여 친구들과 즐거운 대화를 나눠봅니다.

1 라인에서 스티커를 사용하기 위해 대화방에서 스마일 모양( )의 버튼을 눌러 스티커 탭으로 이동하여 사용할 스티커를 선택합니다.

Point
라인에서는 '문&제임스', '브라운&코니', '일상생활', '체리코코'를 기본 스티커로 제공하고 있으며, 처음 사용할 때는 해당 스티커 아이콘을 선택한 후 [다운로드] 버튼을 눌러 스티커를 다운로드해야 합니다.

★ 365

② 새로운 스티커를 다운로드하려면 스티커 탭의 [+]를 눌러 스티커샵으로 이동합니다. 원하는 스티커를 선택한 후 [구입하기]를 눌러 결제합니다.

③ 유료 스티커는 코인을 충전하여 구매합니다. 스티커는 구글 play 스토어에 등록한 구입 정보를 통해서 구매할 수 있으며 한 번 구입한 스티커는 결제 취소나 환불을 할 수 없습니다. 신용카드와 스마트폰 결제 중 원하는 방식을 선택하여 결제합니다.

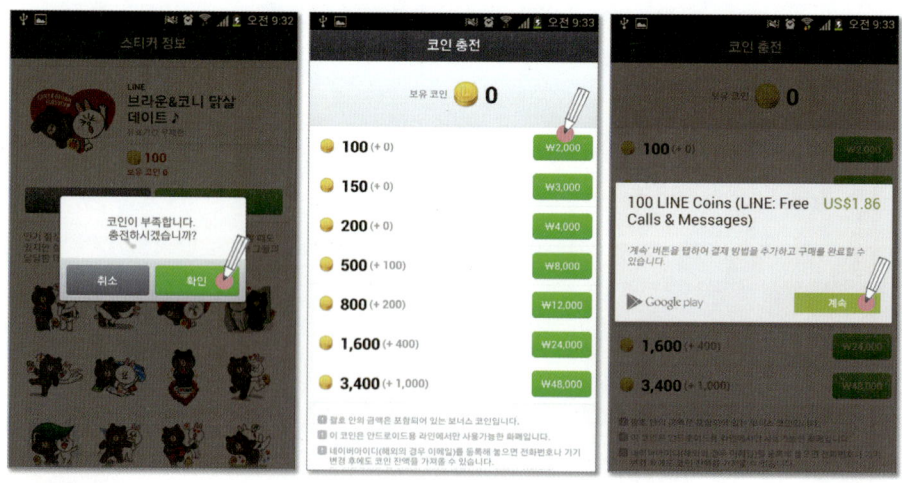

Point

아이폰에서는 코인 충전 없이 바로 결제창으로 이동하고, 안드로이드에서도 구글 play 스토어에 카드 정보를 미리 입력해 둘 경우 바로 해당 카드로 결제됩니다.

④ 무료 스티커를 다운로드하려면 스티커샵 상단의 [free]를 눌러 원하는 스티커를 선택한 후 [다운로드] 버튼을 누릅니다.

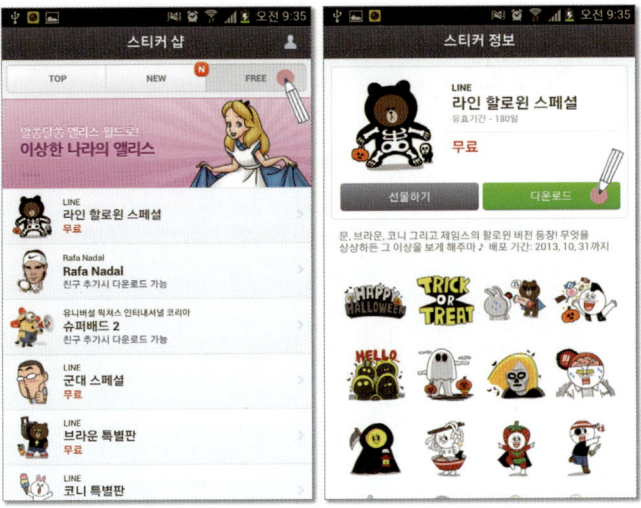

02 스티커 관리 및 삭제

① 다운로드받은 스티커 관리 및 삭제를 위해 스티커샵 상단의 마이페이지(　)를 누른 후 [마이 스티커]를 선택합니다.

❷ 상단의 [편집]을 누른 후 [삭제] 버튼을 누르면 스티커를 삭제할 수 있습니다. 또한 스티커 이름 옆의 순서 변경(☰)을 길게 누른 상태에서 스티커를 이동하면 메시지 입력 화면의 스티커 순서를 변경할 수도 있습니다.

❸ 마이페이지의 구매내역에서 구매한 스티커를 친구에게 선물할 수 있습니다. 무료 스티커일 경우 별도의 추가 비용 없이 선물할 수 있지만 유료 스티커일 경우는 이미 결제를 했더라도 다시 결제한 후 선물해야 합니다. 선물하려는 스티커를 선택한 후 [선물하기] 버튼을 누릅니다. 선물을 보낼 친구를 체크한 후 하단의 [선택] 버튼을 누르고 [선물하기] 버튼을 누르면 선물한 스티커가 메시지로 전송됩니다.

발견하기

:: 네이버 블로그에서 라인 스티커 사용하기

네이버 블로그 앱에서도 라인 스티커를 이용하여 덧글을 남길 수 있습니다. 이웃의 블로그에 라인 스티커로 덧글을 남겨 블로그 이웃들과 재미있게 소통해봅니다. 라인 스티커로 덧글을 남기려면 네이버 블로그 앱을 사용해야 하며, PC의 블로그에서는 스티커 앱을 사용할 수 없습니다.

① 먼저 구글 play 스토어에서 네이버 블로그 앱을 다운로드하여 네이버 아이디로 로그인합니다.

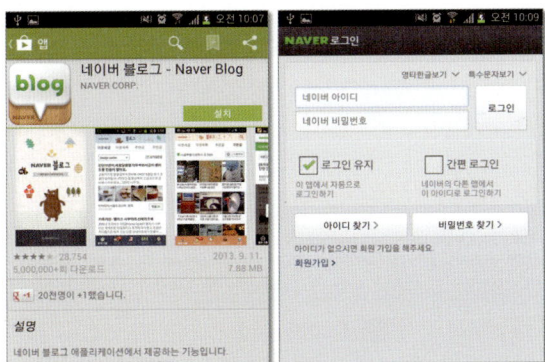

② 포스팅 하단의 [덧글]을 눌러 나타난 덧글 화면의 스마일 모양(☺) 버튼을 누르면 라인에서 다운로드한 스티커가 나타납니다.

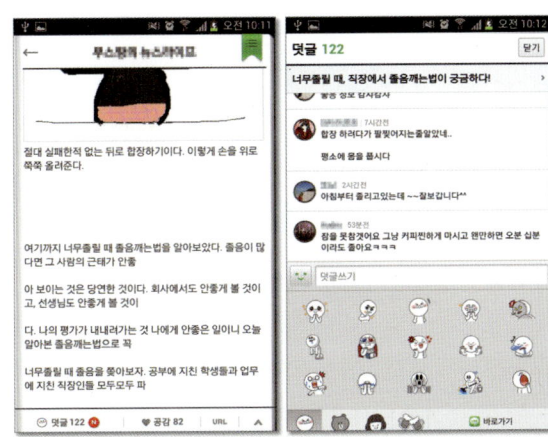

Point
스티커 덧글은 라인에서 제공하는 기본 스티커만 사용할 수 있습니다.

Lesson 02

라인 타임라인·홈 사용하기

타임라인은 나와 친구가 올린 글이나 스티커, 이미지 등이 시간순으로 표시되는 공간입니다. 또한 친구가 올린 게시물에 [좋아요] 스티커를 달아 감정을 표현하거나 댓글을 남길 수 있습니다. 홈은 내가 타임라인에 올린 게시물이 표시되는 나만의 공간이며, 홈에 올린 내용은 친구의 타임라인에도 표시됩니다. 타임라인을 통해 친구들의 활동을 실시간으로 볼 수 있고 나의 소식을 친구들과 공유할 수도 있습니다.

01 타임라인에 글쓰기

라인에서는 대화창이 아닌 타임라인에서도 친구와 소통할 수 있습니다. 타임라인은 미니 블로그처럼 내가 올린 글을 나의 친구들이 읽고 댓글을 달거나 [좋아요]하여 공감을 표시할 수 있는 공간입니다. 타임라인에는 내가 쓴 글 뿐만 아니라 친구들이 쓴 글도 시간 순서대로 나타납니다.

① 타임라인에는 스티커, 이미지, 동영상, 위치 정보를 첨부해 글을 올릴 수 있으며 스티커와 동영상은 하나의 게시물에 한 개의 파일만 첨부할 수 있고 사진은 한 번에 9장까지 첨부할 수 있습니다. 라인 상단의 [타임라인] 메뉴에서 작성( )을 눌러 글을 작성할 수 있습니다.

② 스티커, 사진, 동영상, 링크 및 위치정보를 첨부하여 글을 남길 수 있습니다. [완료]를 누르면 나의 타임라인에 해당 글이 올라오며, 친구들의 타임라인에서도 내 글을 볼 수 있습니다.

③ 타임라인 글을 선택한 후 하단의 [좋아요]를 눌러 스티커를 선택합니다. 선택한 스티커와 함께 [좋아요]가 남겨집니다. 내 게시물에 친구가 [좋아요] 스티커나 댓글을 남기면 타임라인 메뉴 상단에 있는 알림에 숫자가 나타납니다.

Point

[알림 설정]의 [서비스별 설정]에서 '홈'에 체크하면 알림이 설정됩니다.

02 타임라인 글 관리하기

게시물을 타임라인에 등록하면 수정과 삭제가 가능하며, 내가 남긴 댓글도 삭제할 수 있습니다. 친구가 올린 글을 내 타임라인에서 삭제할 수는 없지만 타임라인에서 숨기기를 하여 타임라인에 나타나지 않도록 할 수 있습니다.

1 삭제하려는 글의 상세보기 화면에서 [더보기]를 누르고 [게시글 삭제]를 선택합니다. 게시글을 삭제하면 타임라인에서도 해당 게시글이 삭제됩니다.

2 한 번 남긴 [좋아요] 스티커는 삭제할 수 없지만, 다른 스티커로 변경할 수는 있습니다. 해당 글을 선택한 후 다시 한 번 [좋아요]를 누른 다음 다른 스티커를 선택합니다.

③ 타임라인에 새 글이 올라오면 알림(📩)에 표시되어 새 글이 있음을 알려줍니다. 알림을 누르면 글을 확인할 수 있습니다.

👁‍🗨·· 03 [홈] 놀러가기

[홈]은 친구들의 소식과 나의 소식이 함께 나타나는 타임라인과 다르게 내가 올린 글과 활동만 나타나는 곳으로 나의 프로필과 스킨 사진을 볼 수 있습니다. 홈에 올린 글은 친구의 타임라인에도 나타납니다.

① 친구 리스트에서 친구 이름을 누른 다음 [Home] 버튼을 누르거나 대화방에서 친구 프로필을 선택하고 [Home] 버튼을 누르면 친구 홈으로 이동합니다. 타임라인이나 댓글에서 친구의 이름을 선택해도 친구의 홈으로 이동할 수 있습니다.

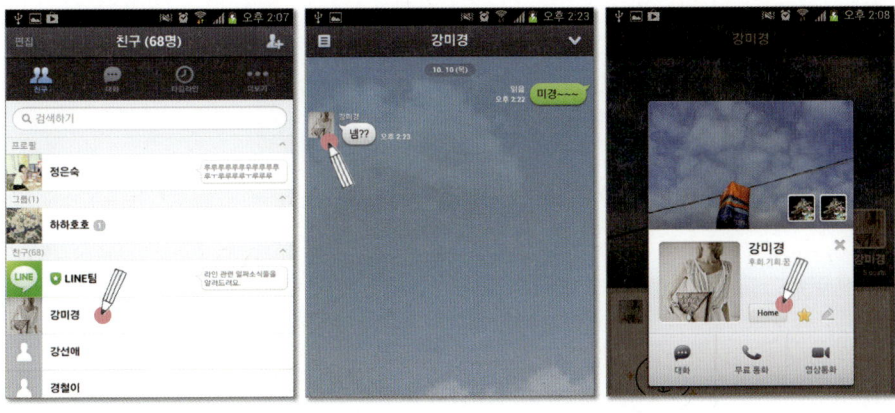

❷ 내 홈으로 이동하려면 [친구]에서 '나'를 선택하거나 타임라인에서 내 이름을 선택합니다.

04 타임라인 공개 설정하기

타임라인 공개 설정을 통해 내가 올린 글의 공개 범위를 설정할 수 있습니다. 공개 범위를 설정하면 내 글을 보여주고 싶지 않은 특정 친구에게 내 글을 숨길 수 있습니다.

❶ 라인 상단의 [더보기]에서 [설정]의 [개인 정보 보호 설정]을 누른 뒤 [타임라인·홈]을 선택합니다.

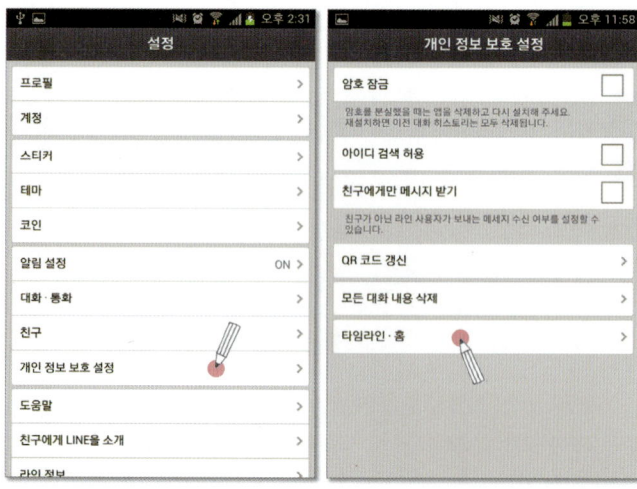

❷ [공개 범위 설정]을 누르면 나오는 친구 리스트에서 공개하고 싶지 않은 친구 이름 옆의 [공개] 버튼을 눌러 [비공개]로 변경한 후 [저장] 버튼을 누릅니다. [비공개]로 설정된 친구들에게는 내 타임라인 게시글이 보이지 않게 됩니다.

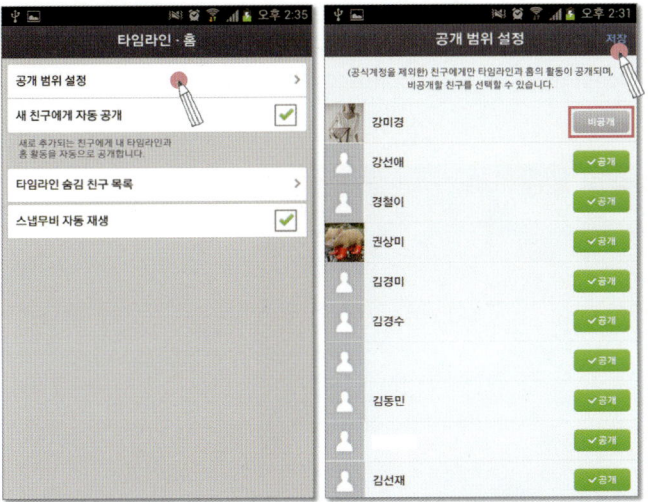

❸ 새로 추가되는 친구는 자동으로 공개 설정이 되어있어 나의 타임라인 글이 보이게 됩니다. 새로 추가되는 친구에게 내 타임라인을 공개하고 싶지 않을 때는 [개인 정보 보호 설정]에서 [타임라인·홈]의 '새 친구에게 자동 공개'의 체크를 해제하면 됩니다.

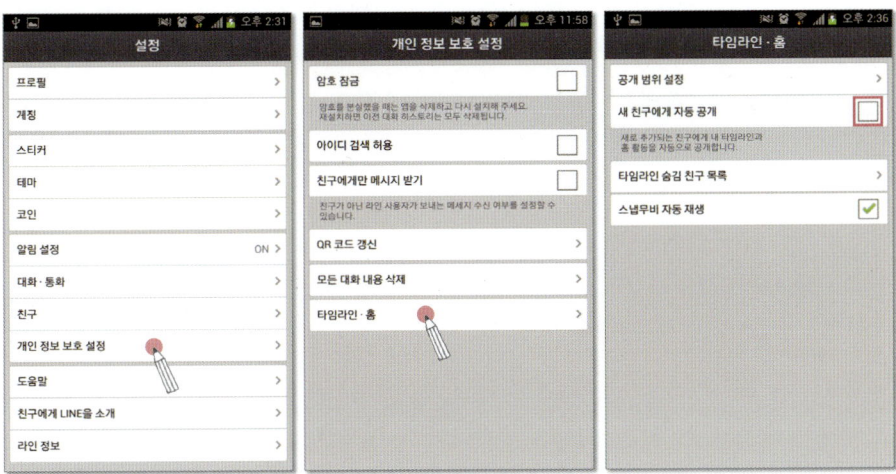

05 특정 친구 글 숨기기

숨김 설정한 친구의 모든 글은 내 타임라인에서 삭제되고 숨김 설정 이후에 새로 작성하는 글도 보여지지 않습니다.

① 특정 친구의 글을 내 타임라인에서 숨기려면 타임라인에서 보고 싶지 않은 친구의 글을 옆으로 슬라이드 하거나 길게 누릅니다. 단축 메뉴가 나타나면 [숨기기] 버튼을 눌러 해당 친구의 글을 숨길 수 있습니다.

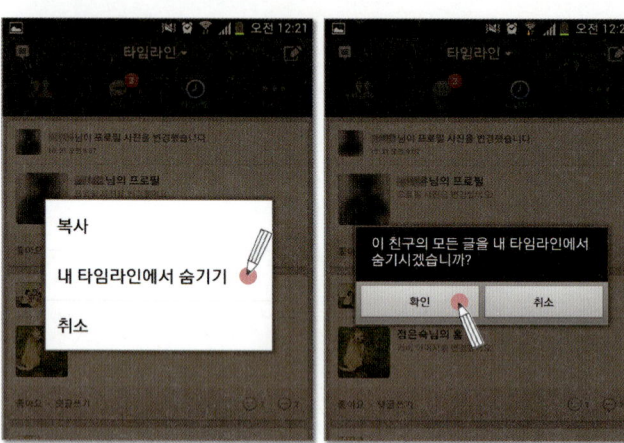

Point
숨기기를 해도 상대 친구는 내가 숨기기를 했는지 알 수 없습니다.

② 숨김 설정한 친구의 글을 다시 보고 싶다면 라인의 [설정]에서 [개인정보 보호설정]을 누르고 [타임라인·홈]을 선택합니다. [타임라인 숨김 친구 목록]을 선택하고 숨긴 친구 목록에서 친구의 [숨기기 취소] 버튼을 누르면 해당 친구의 숨기기가 해제됩니다.

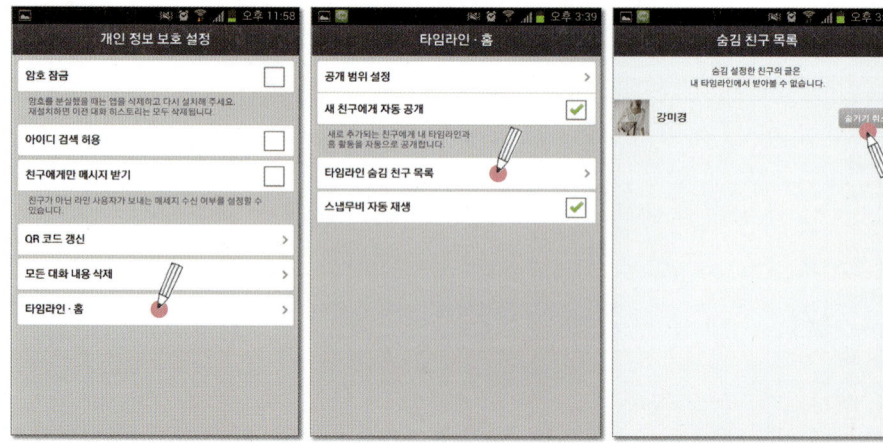

06 공개 리스트 만들기

[설정]에서 타임라인 공개 설정을 하면 내가 타임라인에 쓰는 모든 글에 설정이 적용됩니다. 공개 리스트를 만들면 리스트에 포함되는 친구에게만 특정 글이 보이도록 설정할 수 있습니다.

① 타임라인의 글쓰기 화면에서 공개 설정(👥)을 누르고 [새 리스트] 버튼을 선택합니다.

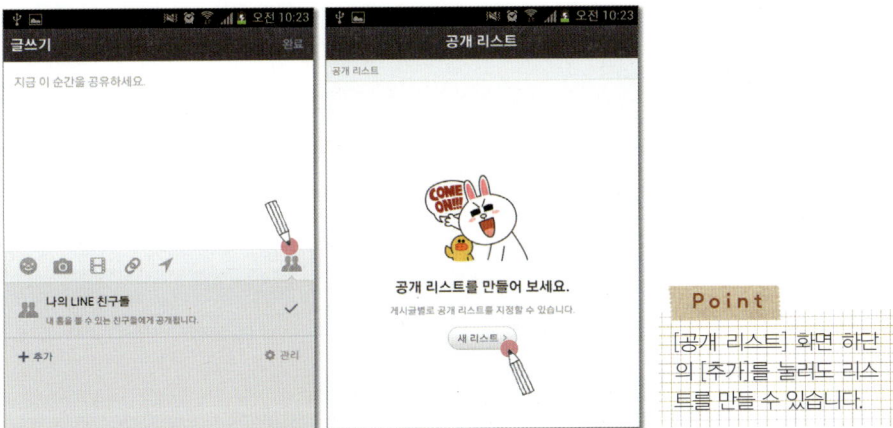

Point
[공개 리스트] 화면 하단의 [추가]를 눌러도 리스트를 만들 수 있습니다.

② 리스트에 포함할 친구를 선택하고 리스트 이름을 작성한 후 [완료]를 눌러 새 리스트를 만들어 줍니다. 타임라인에 글을 작성한 후 [공개 설정]을 눌러 공개할 리스트에 체크하면 리스트에 포함된 친구에게만 해당 글이 공개됩니다.

★ 377

③ 공개 설정 창 하단의 [관리]를 눌러 나타난 리스트에서 [편집] 버튼을 선택하면 리스트의 이름을 변경하거나 리스트 목록을 삭제하는 등 리스트를 편집할 수 있습니다.

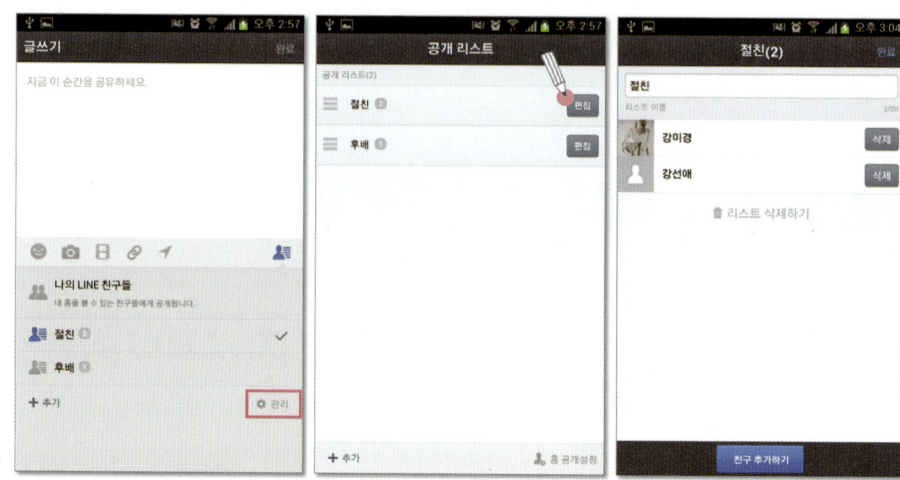

게시글 공개 설정하기

공개 리스트를 설정할 경우 원치 않는 사람에게 나의 글이 공개되는 것을 방지할 수 있습니다. 학교, 직장, 친구 등 성격별로 리스트를 만들어 해당 리스트의 친구들에게만 게시물을 공개하여 공유할 수 있습니다. 몇몇의 친구에게만 내 게시글을 공유하고 싶지 않은 경우에는 리스트로 공개 설정을 하는 것보다 [설정]의 [개인 정보 보호 설정]에서 [타임라인·홈]을 누르고 [공개 범위 설정]을 눌러 원치 않는 친구들을 비공개로 설정하는 것이 더 효율적입니다.

라인 꾸미기

라인도 카카오톡처럼 테마 기능을 제공하고는 있지만 다양한 유료 테마를 제공하는 카카오톡과는 달리 아직 세 가지 기본 테마만 제공됩니다. 여기서는 라인에 테마를 적용하여 사용하는 법을 배워봅니다.

01 대화창 배경화면 변경하기

① 대화창의 배경화면을 변경하려면 먼저 대화창 상단의 드롭 다운 버튼(▼)을 눌러 나타난 하위 메뉴에서 [대화설정]의 [배경화면 설정]을 선택합니다.

Point
직접 촬영한 사진을 대화창의 배경화면으로 사용하기 위해 [배경화면 설정]에서 [사진 촬영]을 눌러 사진을 촬영하고 [사진사용]을 눌러 배경화면으로 등록합니다. [사진앨범에서 선택]을 누르면 핸드폰에 저장된 사진을 불러와 배경화면을 설정할 수 있습니다.

★ 379

❷ [배경 선택] 혹은 [사진 촬영]이나 [사진앨범에서 선택]을 눌러 적용하고자 하는 배경을 선택하면 대화창의 배경이 변경됩니다.

Point
이전 테마 배경으로 돌아가려면 [배경화면 설정]에서 [현재의 테마 배경 적용]을 눌러 현재 설정된 테마의 기본 배경화면으로 설정할 수 있습니다.

02 테마 변경하기

라인에서는 기본 테마 외에 코니와 브라운 테마를 무료로 제공하고 있습니다. 테마를 변경하기 위해 [더보기]의 [설정]에서 [테마]를 선택합니다. [다운로드] 버튼을 눌러 무료로 제공되는 테마를 다운로드한 후 [적용]을 선택하면 해당 테마가 바로 적용됩니다.

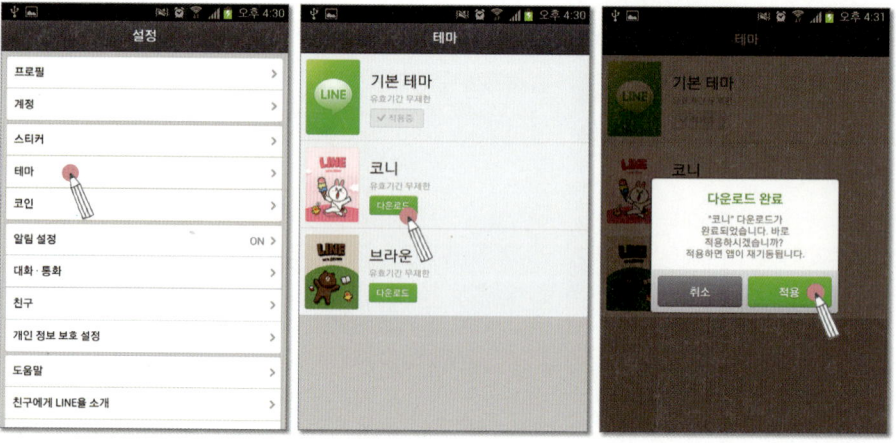

03 커버 이미지 꾸미기

커버 이미지는 내 홈 상단에 표시되는 사진으로 나의 홈에서 커버 이미지를 눌러 사진을 변경할 수 있습니다. 나를 잘 나타낼 수 있는 이미지로 커버를 변경하여 내 홈을 꾸며봅니다.

① 라인 홈에서 커버 이미지를 누르면 사진을 새로 찍거나 저장된 사진으로 커버 이미지를 선택할 수 있습니다.

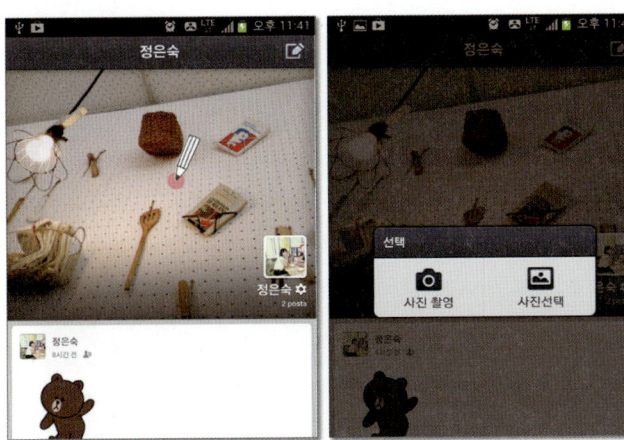

② 선택한 사진의 사이즈를 설정한 뒤 필터를 이용해 원하는 효과를 선택한 후 [전송]을 눌러 커버 이미지를 저장하면 나의 홈 화면의 커버 이미지가 바뀐 것을 확인할 수 있습니다.

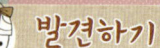

:: 테마 리팩

리팩은 라인 테마를 다른 테마로 덮어 바꾸는 것입니다. 라인에서 제공하는 테마 외에 직접 만든 라인 테마 혹은 다른 사람들이 만들어 공유한 테마를 인터넷에서 다운로드하여 라인 테마로 변경하고 싶을 때 기존 테마 파일에 덮어씌워 변경할 수 있습니다. 테마 리팩은 안드로이드 OS에서만 가능합니다.

① 먼저 라인에서 '코니' 또는 '브라운' 테마를 다운로드하고 변경하려는 테마를 스마트폰에서 바로 다운받거나 PC에서 다운받은 테마 파일을 스마트폰으로 이동시킵니다.

② 스마트폰의 파일관리자 앱을 실행 한 후 [Android]〉[data]〉[jp.naver.line.android]〉[theme]〉[ec4a14ea-7437-407b-aee7-96b1cbbc1b4b]의 경로로 이동하여 다운로드한 테마 파일을 덮어쓰기 합니다.

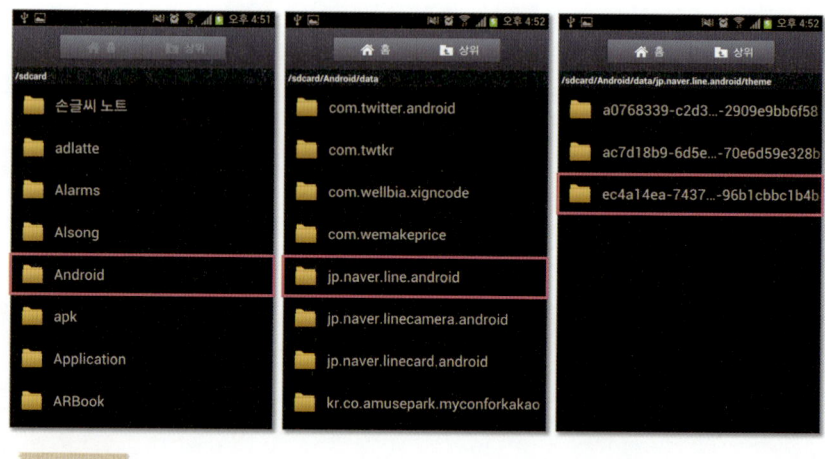

Point

테마 번호 '브라운' 테마 폴더 : 7437, '코니' 테마 폴더 : 768339

③ 라인으로 돌아와 [더보기]-[설정]의 [테마]에서 덮어씌운 테마를 적용하면 다운받은 테마가 적용됩니다. 이름은 '코니'나 '브라운'으로 표시되기 때문에 덮어씌운 폴더의 테마를 적용하면 됩니다.

대화 내용 백업하기

라인앱에 네이버 아이디를 등록해두면 자동으로 해당 정보들이 저장되지만, 따로 대화 내용을 백업하여 저장해두면 라인을 탈퇴하거나 정보를 분실했을 시에도 안전하게 대화 내용을 관리할 수 있습니다. 백업한 대화 내용을 그대로 불러와 복구를 할 수도 있습니다.

01 라인 대화 백업

라인 대화 내용을 백업하여 저장해봅시다. 백업할 대화방에서 드롭 다운 버튼(▼)을 누르고 [대화 설정]을 선택한 후 [대화내용 백업하기]를 눌러 백업 방식을 선택합니다.

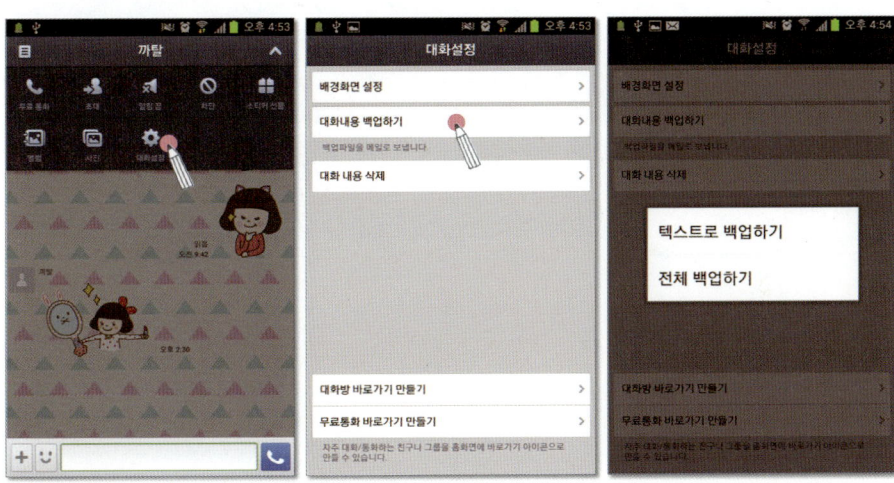

Point
대화 내용을 백업할 경우 백업폴더가 새로 생성되어 '/LINE_Backup/LINE_Android-backup-chat-xxxxxxxxxx.zip' 경로로 저장됩니다.

02 라인 대화 복구

라인을 재설치하거나 혹은 스마트폰을 변경할 때 앞에서 백업해둔 대화 내용을 그대로 불러와 복구할 수 있습니다. 백업 폴더에 백업할 파일을 옮겨 저장한 후 백업할 대화방의 드롭 다운 버튼(▼)을 누릅니다. [대화설정]을 선택하고 [대화내용 불러오기]를 눌러 대화 내용을 복구합니다.

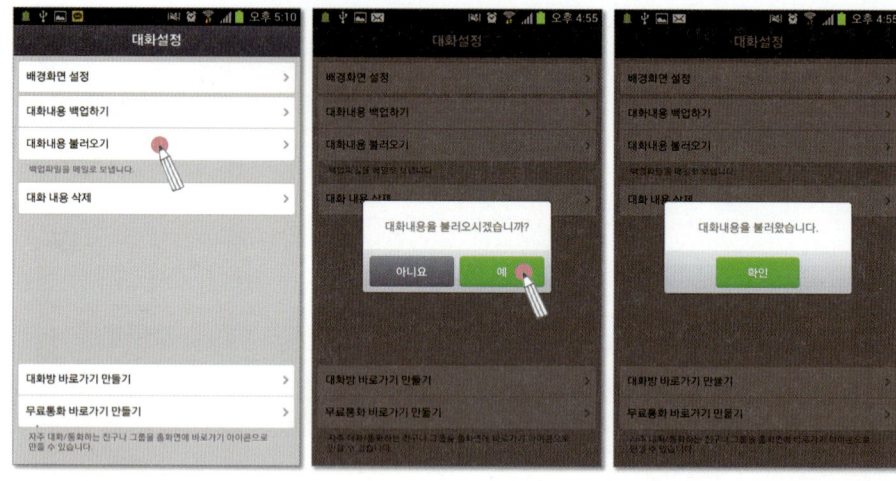

Point
대화 내용을 백업할 때 '전체 백업하기'로 저장했을 때만 [대화내용 불러오기]가 가능합니다.

스마트폰 초기화 시 라인 백업 파일 복원하기

스마트폰을 초기화하거나 기기를 변경했을 시에는 스마트폰 안에 백업 폴더가 존재하지 않습니다. 라인에서 백업을 불러올 때는 'LINE_Back up' 폴더 이름을 자동으로 인식하여 파일을 가져오므로 백업 폴더를 새로 만들어야 합니다. 새로운 대화창에서 백업을 실행할 경우 백업 폴더가 자동으로 생기는데, 이 폴더에 백업해두었던 파일을 덮어쓰고 백업 파일을 불러오기 하면 전에 백업해두었던 파일을 불러올 수 있습니다.

PC에서 라인 사용하기

라인 PC 버전을 이용하여 사무실이나 집에서 PC로 편리하게 라인 서비스를 사용해봅시다. 라인 앱에 네이버 아이디 등록이 되어있으면 라인 PC 버전의 프로그램을 다운받아 설치한 후 간편하게 이용할 수 있습니다. PC에서도 모바일과 동일하게 1:1 대화는 물론 무료 음성통화나 영상통화 등의 서비스를 자유롭게 이용할 수 있습니다.

01 라인 PC 버전 다운로드

1. 라인 PC 버전을 설치하려면 먼저 라인 홈페이지(http://line.naver.jp/ko)에서 [LINE APP DOWNLOAD]를 클릭하고 컴퓨터의 OS를 선택하여 다운로드합니다.

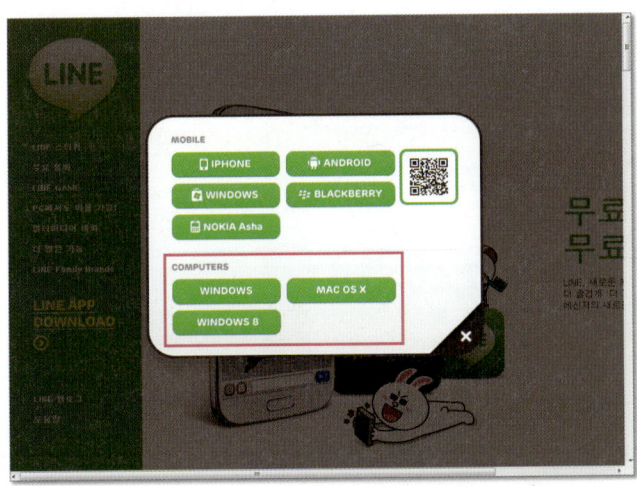

검색창에서 'LINE PC 버전'을 검색해도 다운로드할 수 있습니다.

LINE으로 대용량 파일 전송하기

사진, 동영상, 음성 파일의 전송만 가능한 모바일 LINE과는 달리 LINE PC 버전에서는 대용량의 일반 파일을 전송할 수 있습니다. 최고 300MB까지 전송할 수 있으며 PPT, 엑셀, 한글, PDF, MS워드 등 다양한 형식의 파일을 전송합니다. PC에서 전송된 파일은 핸드폰에서도 실행할 수 있습니다.

② LINE 설치 대화상자가 나타나면 [다음]을 클릭하여 설치를 진행합니다. LINE 이용약관을 꼼꼼히 읽은 후 [동의함]을 선택하고 [설치]를 클릭하여 설치를 계속 진행합니다. 설치가 끝나면 [마침] 버튼을 선택합니다.

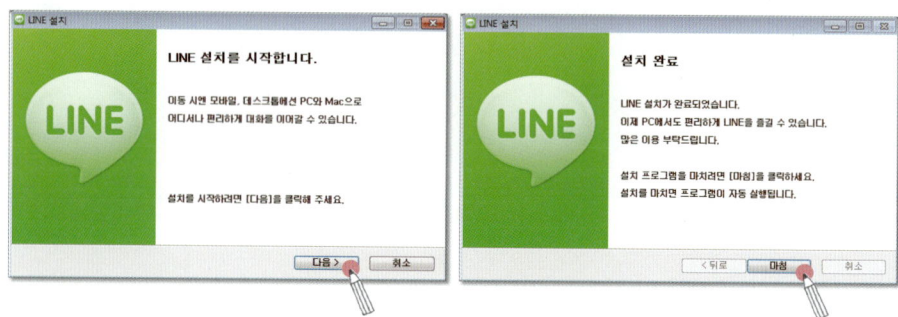

02 라인 PC 로그인

① 라인 PC 버전 실행 후 모바일 라인앱에 등록한 네이버 아이디로 로그인하면 PC에 본인 확인 인증번호가 나타납니다.

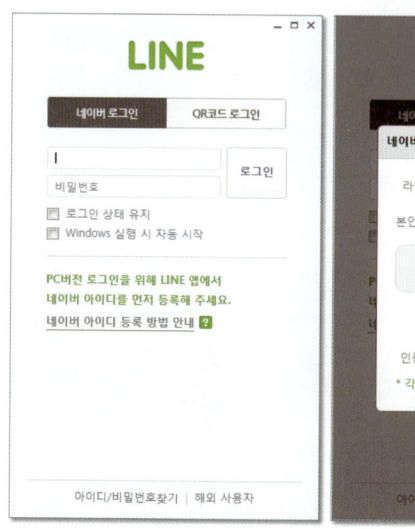
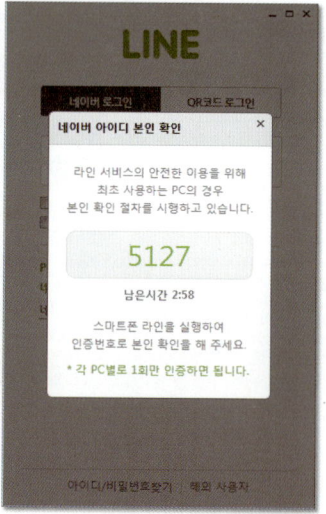

❷ 모바일 라인앱을 실행하여 PC에 나타난 인증번호를 입력하고 [본인 확인] 버튼을 눌러 본인 인증을 합니다.

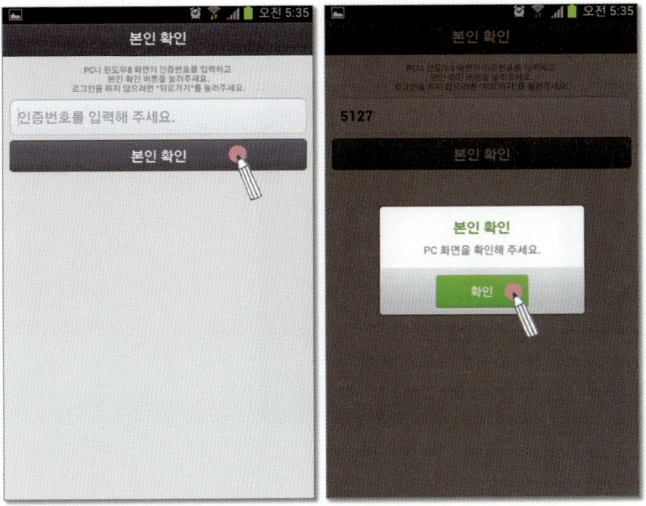

❸ 모바일 본인 인증 후 PC에 라인이 실행됩니다. 모바일과 동일하게 1:1 대화나 그룹대화 등을 이용할 수 있습니다.

④ PC의 라인 창에서 리스트( )를 선택하면 '프로필', '그룹 만들기', '환경 설정', '로그아웃' 등의 설정이 가능하며, 대화창에서 [리스트]를 선택하면 친구를 초대하거나 알림을 해제하는 등의 설정을 할 수 있고 대화창 [리스트] 왼쪽의 조절바를 움직여서 대화창의 투명도를 조절할 수도 있습니다.

03 PC에서 무료통화

라인 PC에서도 모바일과 마찬가지로 음성통화 혹은 영상통화가 가능합니다. 친구와의 대화방 화면에서 하단의 [무료통화] 버튼이나 [영상통화] 버튼을 눌러 통화할 수 있습니다.

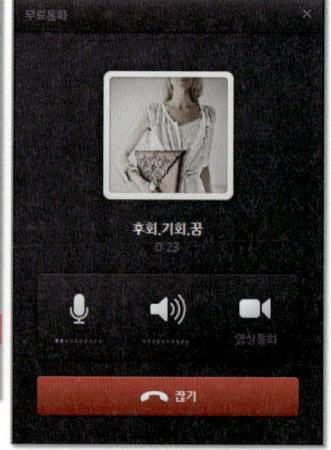

Point
PC에서 영상 통화를 하려면 마이크와 카메라가 PC에 연결되어 있어야 합니다.

새로운 개념의 모임, 밴드

밴드는 네이버 제공 모바일 커뮤니티 서비스로 모임을 밴드로 만들어 해당 모임만의 공간을 제공해줍니다. 모두가 참석 가능한 일정이나 모임 장소 선정 및 서로의 기념일을 챙기는 등 밴드에 모여 이야기를 공유할 수 있습니다. 또, 밴드 사진첩에 사진을 올리면 과거에 메신저로 주고받은 사진을 찾느라 고생할 필요가 없고 앨범별로 사진을 정리하여 모임 멤버들과 함께 공유할 수도 있습니다.

01 밴드 만들기

1. 밴드를 사용하기 위해 구글 play 스토어에서 밴드를 다운로드한 후 [회원 가입]을 누릅니다.

친해지기

라인 밴드 vs 카카오톡 그룹

라인 밴드와 카카오톡 그룹은 페이스북, 트위터와 같은 개방형 SNS와 달리 모임에 참여한 친구들만 볼 수 있는 폐쇄형 SNS라는 공통점이 있습니다. 밴드는 가족, 친구, 학교 동창 단위로 모임을 만들어 팀 프로젝트 활동을 하는 대학생이나 직장인이 '모임을 쉽게 한다.'는 생각을 갖게 합니다. 최대 200명이 밴드에 참여할 수 있고 밴드에서 단체 채팅을 할 수도 있는 반면, 카카오 그룹은 카카오톡에서 그룹으로 묶여진 친구끼리의 모임을 특징으로 합니다. 최대 500명까지 그룹에 참여할 수 있고, 카카오톡 채팅방과 연결해 사람들을 한 번에 초대할 수 있습니다.

❷ 밴드에 가입하기 위해 이름, 생일, 연락처 등을 적고 이용약관과 개인정보활용에 체크한 후 [밴드 시작하기]를 누르면 스마트폰으로 인증번호가 전송됩니다. 번호 인증 후 [확인] 버튼을 누르면 라인을 시작할 수 있습니다.

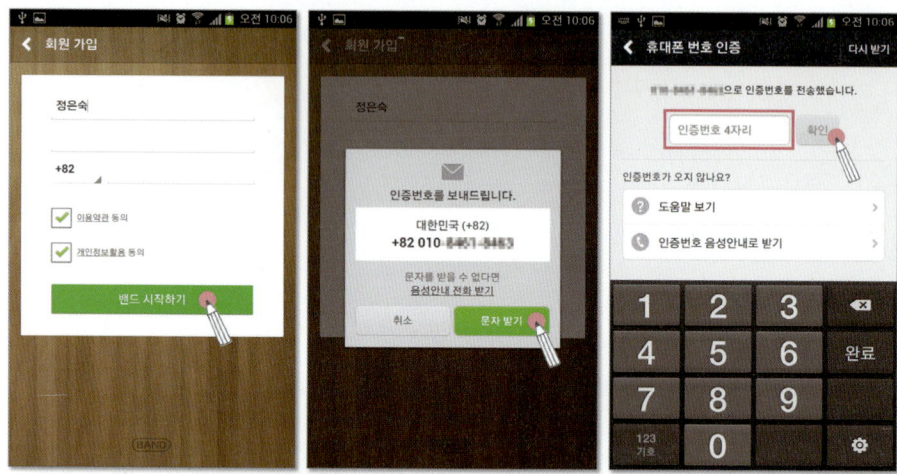

❸ 밴드 실행 화면에서 [새 밴드 만들기]를 누릅니다. [밴드 만들기] 창에서 밴드 이름을 입력하고 커버를 선택한 후 [완료]를 눌러 새 밴드를 만들어줍니다.

④ 밴드에 멤버를 초대하기 위해 밴드 하단의 [멤버]를 누른 후 [멤버초대]를 눌러 친구를 초대합니다. 혹은 [멤버 초대하기]의 '라인 친구 초대', '카카오톡 친구 초대' 오른쪽의 [+]를 눌러 라인이나 카카오톡 친구들을 밴드로 초대할 수 있습니다. 다른 앱의 친구를 초대할 시 해당 앱 사용에 동의 후 사용할 수 있습니다.

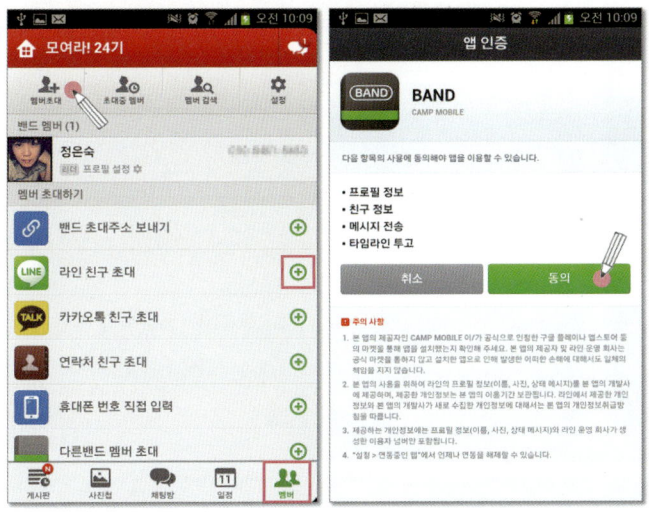

⑤ 라인 친구들을 밴드로 초대해봅시다. '라인 친구 초대'를 누른 후 초대할 친구를 선택하고 [초대]를 눌러 밴드로 초대합니다. 친구가 밴드 초대에 수락해야 모임에 참여할 수 있습니다.

⑥ 카카오톡의 친구를 초대할 때는 '카카오톡 친구 초대'를 누른 후 [카카오톡으로 초대하기]를 눌러 초대할 친구 목록에 체크하고 [확인]을 누릅니다. 카카오톡 채팅창에 밴드 초대 메시지가 전송됩니다.

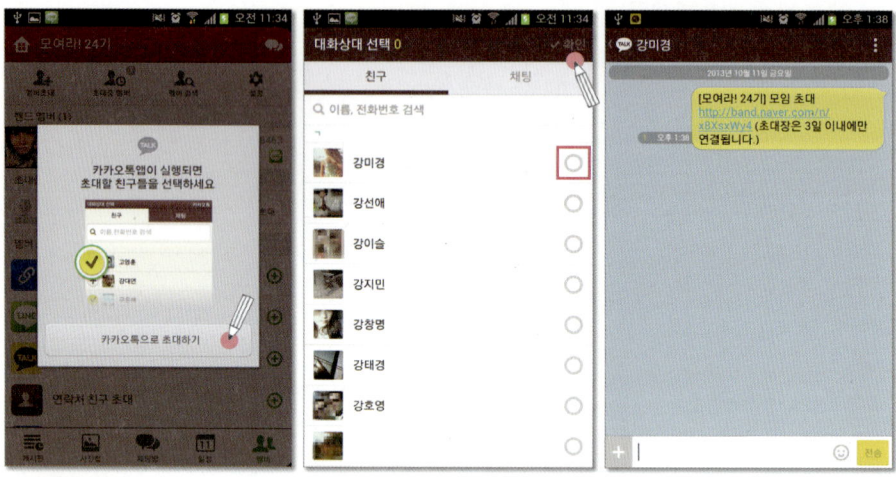

Point
아이폰에서는 카카오톡 대화창이 연결되지 않고 링크가 자동 복사됩니다. 복사된 링크를 카카오톡 대화창에 붙여넣기하여 친구를 초대할 수 있습니다.

친해지기

밴드 커버 사진 설정하기
커버를 설정할 때 카메라 버튼을 눌러 사진을 새로 찍거나 기존의 사진을 선택하여 사진으로 커버를 꾸밀 수 있습니다. 사진을 선택한 뒤 위치를 지정하고 하단의 [자르기] 버튼을 눌러 커버 사이즈에 맞게 잘라낸 후 [완료]를 누릅니다.

⑦ 커버와 밴드 이름은 밴드 커버 하단의 [설정]을 눌러 나타난 [밴드 설정]에서 [밴드 이름 및 커버 설정]을 선택하여 변경할 수 있습니다.

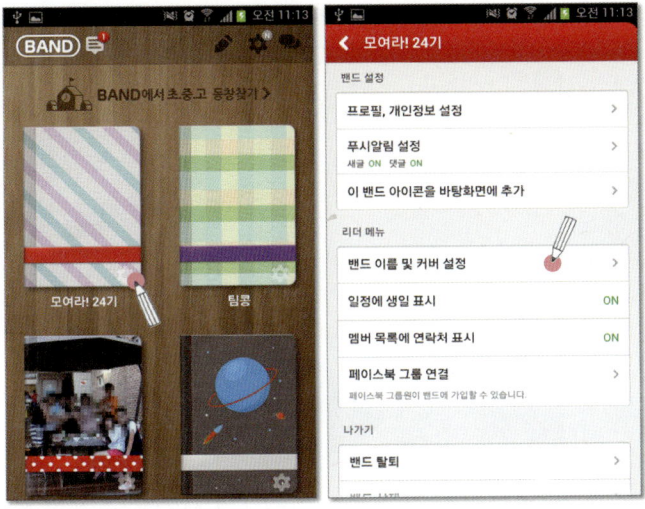

02 밴드에 글쓰기

① 밴드에 글을 올리려면 밴드 목록에서 모임을 선택한 후 [글쓰기] 버튼을 눌러 [글쓰기] 화면으로 이동합니다.

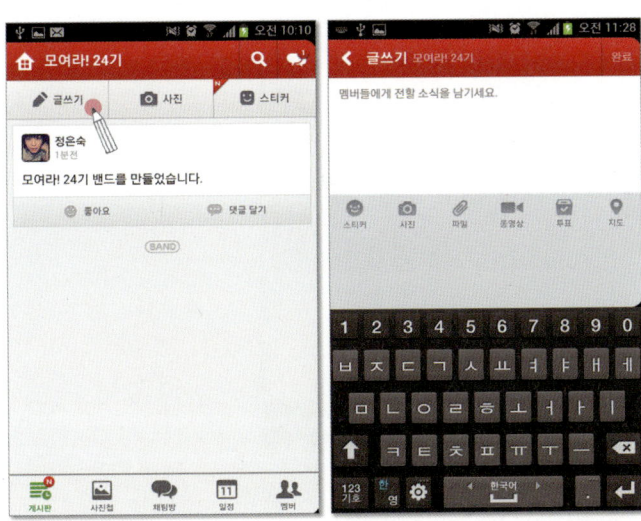

❷ 친구들에게 남길 메시지에 스티커, 사진, 파일, 동영상, 위치 정보 등을 첨부할 수 있습니다. 글 작성 후 [완료]를 선택하여 글을 등록합니다.

❸ 내가 올린 글은 밴드에 가입된 친구들만 볼 수 있으며 친구들이 올린 글에 [좋아요]를 하여 감정을 표현하거나 [댓글 달기]로 의견을 남길 수 있습니다.

④ 하단의 [채팅방]을 선택하면 밴드 친구들과 그룹대화가 가능하여 다른 메신저로 이동 없이 밴드에서 실시간으로 대화를 주고받을 수 있습니다.

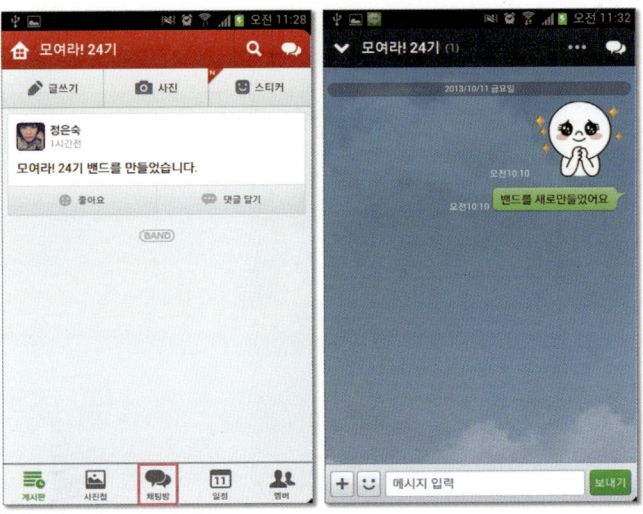

03 일정 공유&투표하기

① 멤버의 생일, 모임 날짜 등의 일정 공유를 위해 하단의 [일정]에서 일정을 확인하거나 또는 새로 추가할 수 있습니다. [+]를 눌러 새로운 일정을 추가합니다.

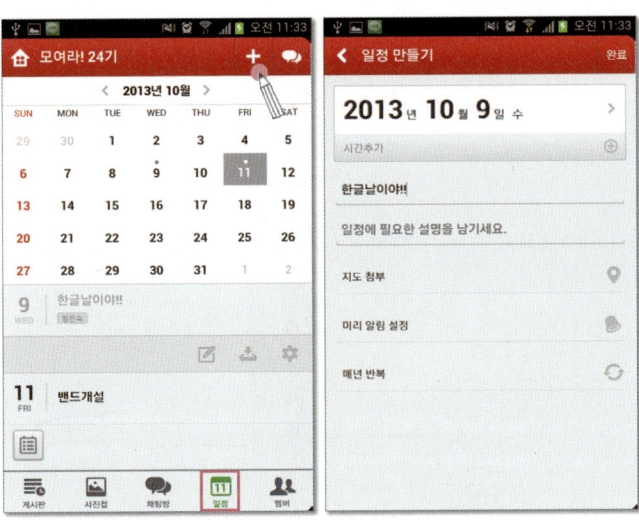

❷ 일정을 추가하면 밴드의 멤버들이 볼 수 있으며 해당 일정 목록을 눌러 나타난 [설정]에서 일정을 수정하거나 삭제할 수 있습니다.

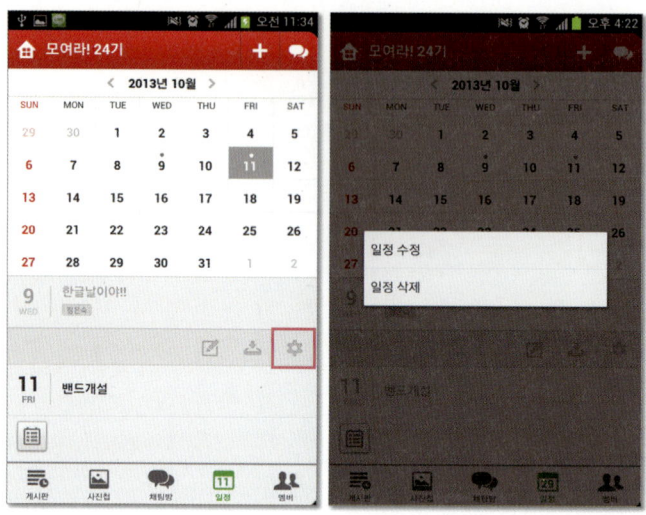

❸ 투표 기능을 사용하려면 밴드의 [글쓰기] 창에서 하단의 [투표]를 선택하여 '투표제목'과 '항목'을 입력한 후 [첨부]를 눌러 투표를 첨부합니다.

Point
투표를 만들 때 '무기명 투표로 진행'에 체크하면 밴드 멤버들이 무기명으로 투표에 참여할 수 있습니다.

④ 투표 메시지를 작성한 후 [완료]를 눌러 투표가 첨부된 글을 등록합니다. 해당 글에 멤버들이 투표를 할 수 있습니다. [종료하기]를 선택하면 해당 투표가 종료되며 멤버들에게 투표 결과가 전송됩니다.

04 밴드 테마 변경하기

① 밴드에서 지원하는 테마로 변경하기 위해 밴드 목록에서 [설정] 아이콘을 누르고 [테마 설정]을 선택합니다.

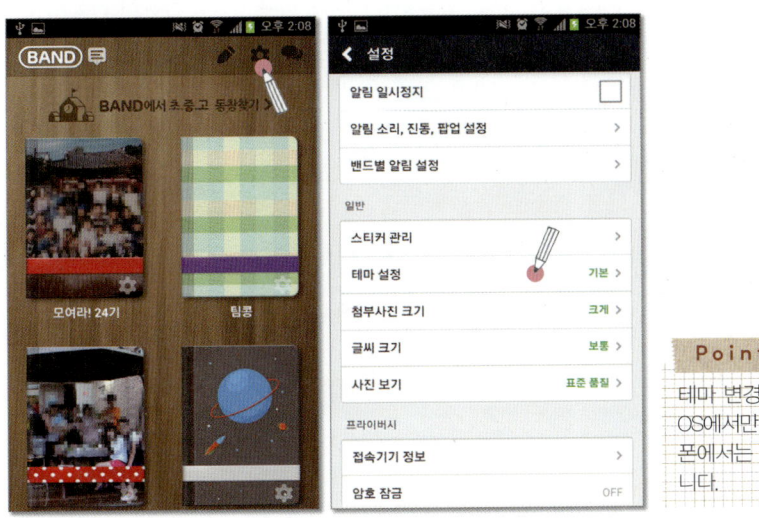

Point
테마 변경은 안드로이드 OS에서만 가능하며 아이폰에서는 지원하지 않습니다.

❷ 하단의 [스페셜테마 설치하기]를 눌러 나타난 목록에서 원하는 테마의 [다운로드]를 누른 후 '이 애플리케이션을 설치하시겠습니까?'라는 화면이 나타나면 [설치]를 눌러 스킨을 설치합니다.

❸ 다시 라인의 [테마 설정]으로 돌아가 다운로드한 테마를 선택하고 [테마를 변경하시겠습니까?]에 [예]를 눌러 테마를 변경합니다.

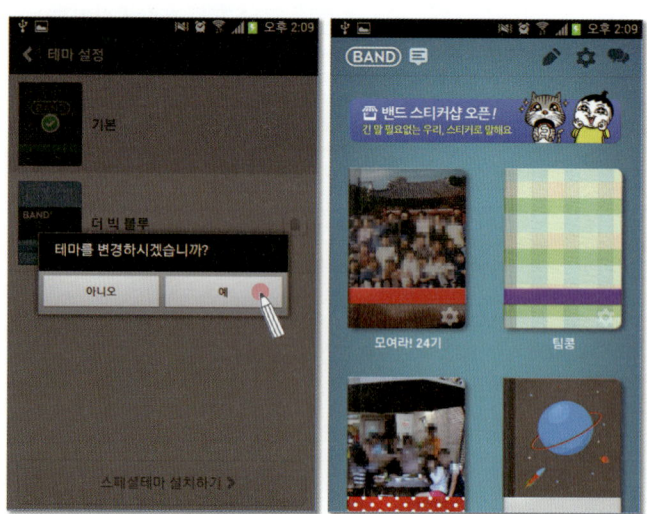

Point

좀 더 다양한 종류의 밴드 테마를 다운로드하려면 구글 play 스토어에서 '폰테마샵'을 다운로드한 후 [메신저 테마]의 [밴드 테마]를 선택하여 원하는 테마를 다운로드합니다.

05 이벤트별 사진보기

① 밴드의 [사진첩]에서 [사진 올리기]를 선택하여 사진을 등록할 수 있습니다. 등록할 사진을 선택한 후 [올리기] 버튼을 누르고 '그냥 올리기' 혹은 '앨범 선택하기'를 선택하여 사진을 등록합니다.

② 사진 올리기에서 '그냥 올리기'를 선택할 경우 따로 앨범을 지정하지 않고 기본 사진첩에 저장됩니다.

❸ 앨범별로 사진을 올리려면 먼저 [앨범] 탭에서 [앨범 만들기]를 선택하고 앨범 이름을 입력한 뒤 [확인] 버튼을 눌러 새로운 앨범을 만들어줍니다. 앨범에서 [사진 올리기]를 누르고 사진을 등록합니다.

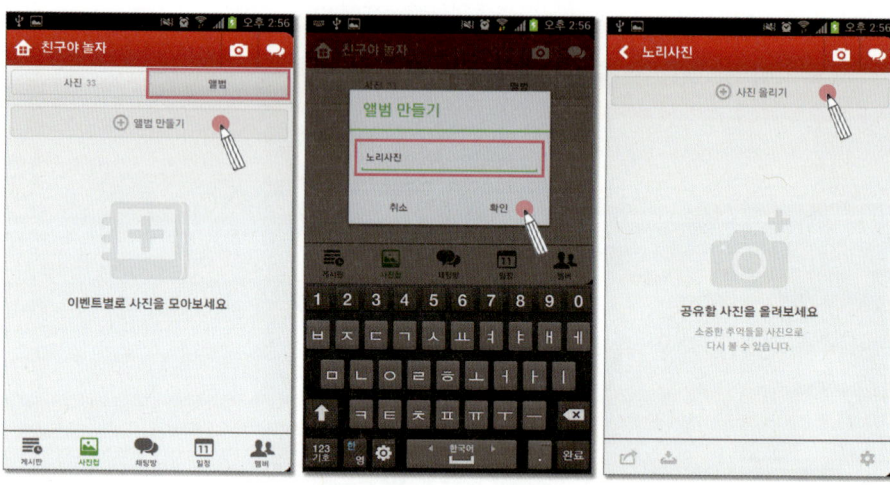

❹ 앨범 리스트에서 앨범별로 사진을 분리하여 볼 수 있습니다. 앨범 목록에서 앨범 이름이나 사진을 클릭하면 사진 상세 보기가 가능합니다. 앨범 상세보기 화면에서 하단의 [다운로드]( ) 버튼을 누르면 밴드의 사진을 내 스마트폰으로 저장할 수도 있습니다.

06 밴드 정보 수정

① 나의 전화번호나 생일 등의 개인정보가 공개되는 것이 싫다면 밴드 목록에서 정보를 변경할 수 있고, 별명을 설정하여 밴드에서 사용할 수도 있습니다. 정보를 수정할 밴드 커버의 [설정]을 누르고 [밴드 설정]의 [프로필, 개인정보 설정]을 선택합니다.

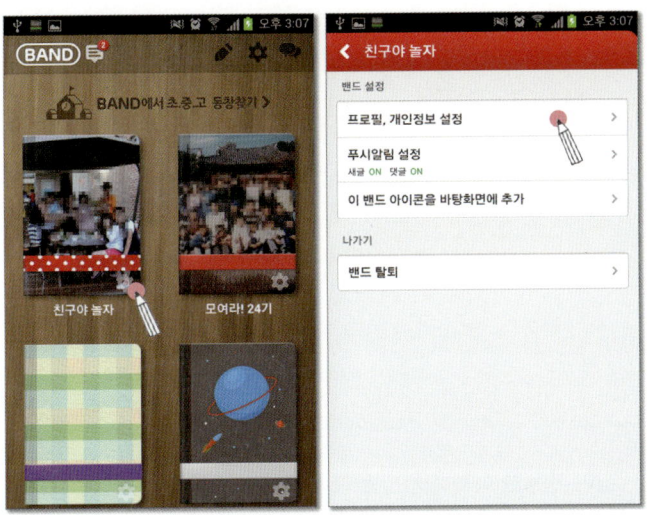

② '이 밴드에서 생일 공개' 혹은 '이 밴드에 전화번호 공개'의 체크를 해제하면 정보가 공개되지 않습니다. 프로필 사진 하단의 별명 입력창에 별명을 입력하면 밴드별로 별명을 설정할 수도 있습니다. 설정을 변경한 후 [확인]을 누릅니다.

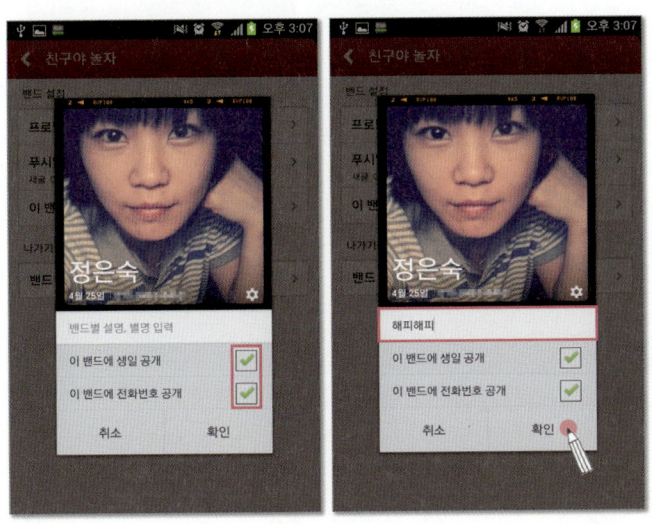

07 밴드 탈퇴 및 계정 삭제하기

1. 현재 밴드 모임에서 나가고 싶다면 밴드 목록 화면에서 탈퇴할 밴드 커버의 [설정]을 누르고 [나가기]의 [밴드 탈퇴]를 누릅니다. '이 밴드에서 탈퇴하겠습니다.'에 체크한 후 [확인]을 눌러 탈퇴합니다.

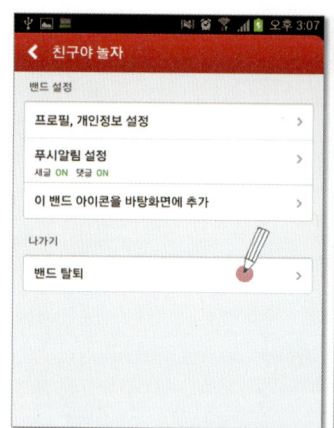
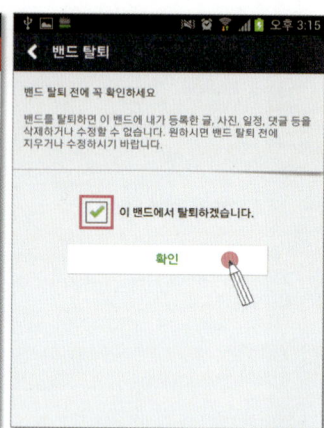

Point
밴드를 탈퇴하더라도 밴드에 내가 등록한 게시물은 지워지지 않습니다. 공유를 원하지 않는다면 밴드 탈퇴 전에 미리 게시글을 삭제합니다.

2. 밴드를 더 이상 사용하지 않아 계정을 삭제하려면 밴드 목록 상단의 [설정]을 눌러 나타난 [밴드 설정]에서 [서비스 탈퇴]를 선택한 후 '밴드 계정을 삭제합니다'에 체크하고 [확인] 버튼을 누릅니다. 계정 삭제 시 참여 중인 모든 밴드에서 자동으로 탈퇴되며 내 프로필, 스티커 구매 및 다운로드 내역이 모두 사라집니다.

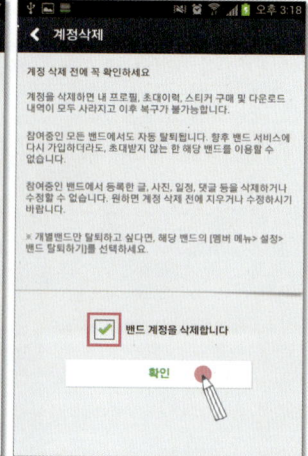

08 밴드 PC 버전

1. 네이버 ID를 밴드와 연동하면 PC에서도 밴드를 자유롭게 이용할 수 있습니다. PC 버전 밴드는 별도의 프로그램 다운로드 없이 웹에서 바로 이용이 가능합니다. 긴 글을 입력하거나 많은 모임의 관리를 빠르고 쉽게 이용하려면 PC 버전을 사용합니다. 밴드 앱에서 네이버 아이디를 등록해야 PC에서 밴드를 이용할 수 있습니다. 밴드의 [설정] 화면에서 [로그인 계정]을 선택한 후 '네이버'를 눌러 네이버 아이디로 로그인합니다.

2. 등록이 완료되면 밴드 PC 웹 사이트(http://www.band.us/about)로 접속합니다. [로그인]을 클릭하여 모바일 앱에 등록한 네이버 아이디로 로그인합니다. 밴드 앱과 동일하게 밴드 PC 버전을 이용할 수 있습니다.

발견하기

:: 밴드 숨은 기능 찾기

알고 쓰면 재미있고 유익한 밴드의 숨은 기능을 이용하여 밴드를 더 편리하고 재미있게 이용해봅시다.

▶ 멤버 태그하기

글을 쓸 때 '@+멤버이름'을 입력하면 게시글이나 덧글에서 해당 멤버의 이름을 지목하여 태그할 수 있습니다.

▶ 중요한 소식은 공지로 등록

중요한 소식들은 밴드의 공지로 등록하여 멤버들에게 알릴 수 있습니다. 공지로 등록할 게시글을 길게 누르면 단축 메뉴가 나타납니다. [공지로 등록]을 누르면 나타나는 창에서 [예]를 누르면 게시글이 공지로 등록됩니다. 기존의 공지가 있다면 최근에 설정한 공지로 자동 변경됩니다.

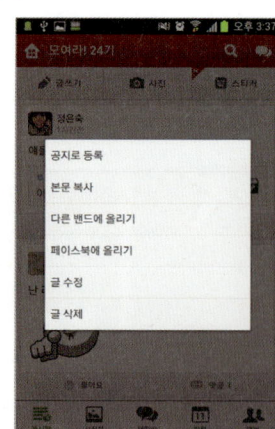
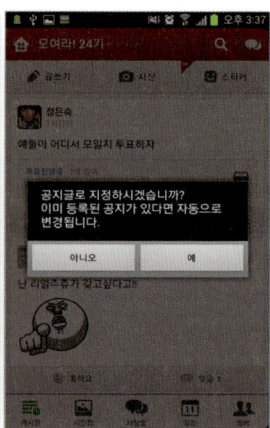

Point
아이폰에서는 게시글 상세보기 화면의 [더보기]에서 '공지로 등록'을 설정합니다.

▶ 밴드별 알림 설정

중요한 밴드의 소식은 밴드 커버의 [설정]을 눌러 나타난 화면에서 알림을 설정할 수 있습니다. 채팅방의 알림이 너무 많아 불편하다면 채팅방의 [더보기]에서 [알림설정]을 눌러 해당 채팅방의 알림을 해제합니다.

▶ 밴드 띠의 비밀

밴드 띠로 메뉴의 컬러를 결정할 수 있습니다. 밴드 띠 컬러는 해당 밴드의 전체 메뉴 컬러와 연동되어있어 밴드의 전체적인 분위기를 바꿀 수 있습니다. 특별한 날짜마다 밴드 띠의 컬러를 바꿔 밴드를 새롭게 꾸며보세요.

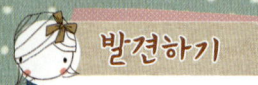

:: 라인 패밀리 앱 활용

라인에서는 여러가지 패밀리 앱을 제공하고 있어 게임이나 카메라 등 다양한 기능을 이용하여 친구들과 즐기거나 공유할 수 있습니다. 특히 라인 툴은 실생활에 필요한 계산기, 손전등, 타이머 등의 15가지 기능을 제공해주어 편리하게 이용할 수 있고, 라인 백신을 이용하면 스마트폰의 바이러스를 관리할 수도 있습니다.

▶ 라인 브러시(LINE Brush)

라인 브러시는 그림을 그리거나 리터칭하여 사진에 스케치 느낌을 줄 수 있는 앱으로 27종의 기본 브러시를 제공하고 있어 펜과 크레용은 물론 수채화나 펠트펜 같은 효과를 표현할 수 있습니다. 완성된 그림은 [전송] 버튼을 눌러 저장하거나 라인 친구들에게 공유할 수 있고, [다른 앱에 공유]를 선택하면 카카오톡, 밴드, 트위터, 페이스북 등 다른 SNS는 물론 이메일이나 사진 편집 앱으로도 전송이 가능합니다.

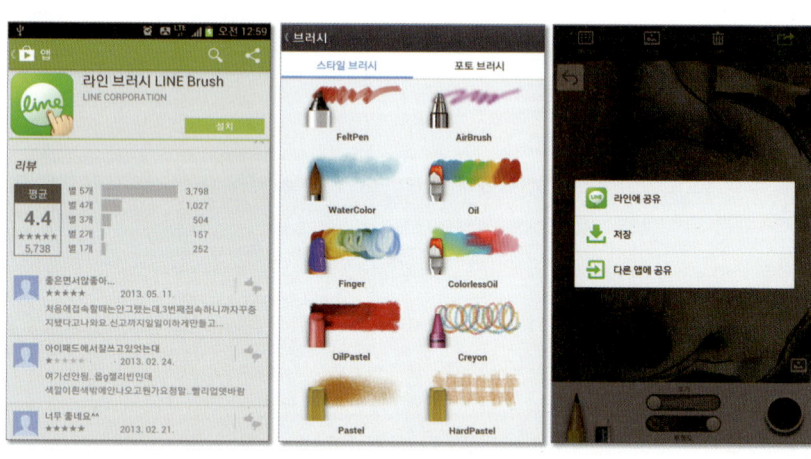

▶ 라인 툴(LINE Tools)

라인 툴은 편리 도구 일체형 앱으로 실생활에 꼭 필요한 15가지의 도구를 제공해줍니다. 손전등이 필요할 때, 작은 글씨를 확대해 보고 싶을 때, 방향을 확인하거나 거울을 보고 싶을 때 등 일상생활 속에서 편리하게 사용할 수 있는 도구들이 포함되어 있고 이외에도 소음 측정기나 수평계와 같은 따로 장만하기 쉽지 않았던 측정도구, 사용할수록 편리함이 느껴지는 요리 타이머 기능과 사이즈 변환기, 스파게티 저울 같은 재미있는 기능들도 사용할 수 있습니다.

Line

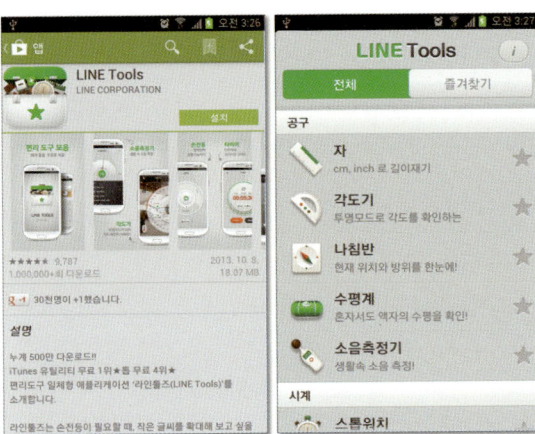

▶ 라인 백신

라인 백신은 무료 모바일 백신 앱으로 스마트폰에 잠복하는 바이러스나 부정 프로그램으로부터 개인 정보를 안전하게 보호하며, 스마트폰의 상태 확인부터 검사까지 한 번에 실행할 수 있습니다. '실시간 감시' 기능을 [on]으로 설정하면 악성 앱 감지는 물론 앱이 비정상적으로 실행되거나 보안상 의심 가는 변화가 있을 때 위젯과 알림 바를 통해 바로 사용자에게 알려주어 위험 상황에 최대한 빨리 대처할 수 있도록 돕습니다. 또한 스마트폰을 분실하였을 경우 분실폰 위치 확인 기능을 통해 현재 폰의 위치 정보와 내장 카메라를 통해 촬영된 사진을 설정된 전송 주기에 따라 E-mail로 전달 받을 수 있습니다.